Hans Woller

# MUSSOLINI

# Diktatoren des 20. Jahrhunderts

Herausgegeben von Thomas Schlemmer,
Andreas Wirsching und Hans Woller

Institut für
Zeitgeschichte
München–Berlin

Hans Woller

# MUSSOLINI
## Der erste Faschist

Eine Biografie

C.H.Beck

Mit 27 Abbildungen

2., korrigierte Auflage. 2016

© Verlag C.H.Beck oHG, München 2016
Umschlaggestaltung: Rothfos & Gabler, Hamburg
Umschlagabbildung: Profil von Benito Mussolini, um 1935 © akg-images
Satz: Fotosatz Amann, Memmingen
Druck und Bindung: GGP Media GmbH, Pößneck
Gedruckt auf säurefreiem, alterungsbeständigem Papier
(hergestellt aus chlorfrei gebleichtem Zellstoff)
Printed in Germany
ISBN 978 3 406 69837 8

*www.chbeck.de*

# Inhalt

# Einleitung

Mussolini lebt – in der Erinnerung seiner Landsleute, in Buchhandlungen und nicht zuletzt in zahlreichen italienischen Souvenirläden, die viel Geld mit ihm verdienen. Mussolini lebt aber auch im kollektiven Gedächtnis der Welt, die freilich oft gar nicht weiß, dass sie sich auf ihn beruft. Der von ihm geprägte und auf ihn gemünzte Begriff «Faschist» ist allgegenwärtig und dient als Kennzeichnung all dessen, was als rechts, autoritär und populistisch gelten kann. Mussolini, der erste Faschist,[1] lebt – aber in welcher Gestalt? Als gnadenloser Despot, der Italien von 1922 bis 1945 mit eiserner Faust regierte und dabei um seine Zukunft betrog? Als Erneuerer Italiens, der seinem Land ein Imperium eroberte und es in den Rang einer Großmacht hob? Als wichtigster Verbündeter Adolf Hitlers, der ihn als seinen Lehrmeister betrachtete und mit ihm zusammen die Welt in Brand setzte? Als Marionette und Opfer des deutschen «Führers»? Als charismatischer Diktator, der eine neuartige, auf Konsens und blanken Terror gestützte totalitäre Herrschaft errichtete, die vielen anderen Diktatoren als Vorbild diente? Als Präzeptor Europas und der Welt, der im Faschismus eine Zauberformel fand, die zu den «zentralen ideologischen Innovationen des 20. Jahrhunderts»[2] zählt, weil sie einen dritten Weg zwischen Demokratie und Kommunismus verhieß?

Wer war dieser so schwer fassbare Mann, der Geschichte geschrieben und Bilder hinterlassen hat, die noch heute lebendig sind? Man kennt ihn – auf der Piazza Venezia im Massenmonolog mit seinem Volk – klein, untersetzt, mit glühenden Augen und vorgerecktem Kinn, gebieterisch. Man sieht ihn vor sich – kahlköpfig, hoch zu Ross, mit bloßer Brust am Strand, strotzend vor Energie und Willenskraft. Dann das Ende auf dem Piazzale Loreto in Mailand im April 1945 – der geschändete Leichnam, kopfüber an einer Tankstelle aufgehängt, verhöhnt und verspottet, vom antifaschistischen Furor aus der Geschichte gejagt. Bilder über Bilder, die doch kein Bild ergeben.

Schon den Zeitgenossen fiel es nicht leicht, sich auf Mussolini einen Reim zu machen. Der «Duce» stand zu seinen Lebzeiten im heftigen Meinungsstreit. Die Propagandaoffensive in eigener Sache eröffnete er selbst, seine Jünger bauten sie mit den Jahren zu einem regelrechten Imagefeldzug aus. Am Ende war Mussolini überall – er war der erste Popstar der Politik und der Geschichte. Keiner kam an ihn heran, kein anderer großer Mann konnte sich mit ihm messen. Die Reihe der Vergleichsopfer reichte von Aeneas über Cäsar und Napoleon bis Garibaldi; selbst Jesus Christus gehörte dazu.[3]

Mussolinis italienische Propagandisten und ihre europäischen Brüder im Geiste erfanden damit nicht nur den in den 1920er und 1930er Jahren omnipräsenten «Duce»-Kult, der erst im Zweiten Weltkrieg brüchig wurde. Zugleich schufen sie ein reiches Erinnerungsdepot, das mit seinen Mythen und Bildern die spätere Wahrnehmung nicht minder belastete als die bald auftauchenden Gegenentwürfe von Antifaschisten jeglicher Nation und Couleur. Diese Antifaschisten sprangen mit den Fakten zwar nicht ganz so hemmungslos um wie ihre faschistischen Kontrahenten. Sie dachten in der Regel aber ebenfalls nicht daran, die historische Realität sine ira et studio zu erfassen. Auch ihr Anliegen war politischer Natur: die Dämonisierung und – deren Zwillingsschwester – die Ridikülisierung des Diktators, der als Person und Politiker fast unkenntlich blieb.

Selbst die Historiker taten sich schwer, dem Gift der tradierten Legenden zu entrinnen und die schier undurchdringlichen zeitgenössischen Deutungs- und Erinnerungsschichten abzutragen – verständlicherweise, denn Italien, Europa und die Welt kehrten nach 1945 nicht einfach zur Normalität zurück. Der blutige Bürgerkrieg, der Italien zuvor entzweit hatte, ging mit politischen Mitteln weiter und verband sich mit dem Kalten Krieg, in dem sich ein östlich-kommunistisches und ein westlich-demokratisches Lager jahrzehntelang feindlich gegenüberstanden. In dieser globalen Konfrontation wurde alles zur Waffe gemacht – auch die Geschichte des Faschismus und die Biografie des «Duce». Die Linke beschuldigte die Rechte, den Faschismus in seinen vielfältigen Erscheinungsformen zu verharmlosen und mit einer Neuauflage zu liebäugeln. Und die Rechte zahlte mit gleicher Münze zurück. Sie leugnete die Verbrechen des Faschismus und denunzierte ihre Kontrahenten als totalitäre Stalinisten, die lieber vor der eigenen Haustür kehren sollten. Wenn gar nichts mehr half, musste Hitler herhalten: Der Vergleich mit dem großen Teufel sollte die kleineren faschistischen Teufel, also Franco in Spanien, Pavelić in Kroatien und eben Mussolini in Italien, entlasten und ihre Missetaten in einem milderen Licht erscheinen lassen. «Wir verstecken unser Böses hinter dem noch Böseren», so brachte es ein italienischer Historiker auf den Punkt.[4] Der reale «Duce» blieb dabei auf der Strecke – Empörung und Empathie standen vertiefter Erkenntnis im Wege.

Groß sind die Fragen, die sich auf diese Jahrhundertgestalt beziehen. Sie richten sich auf den Charakter des faschistischen Regimes, auf Mussolinis Herrschaftsstil, auf seine Rolle als Initiator und Anführer einer faschistischen Internationale, auf seinen Rassismus und Antisemitismus und auf seine fast obsessiven Bemühungen, einen «uomo nuovo» zu schaffen. Nichts Geringeres schwebte ihm ja vor, als zur Rettung der «weißen Rasse» eine neue supranationale Zivilisation mit neuen Menschen zu begründen. Beginnen wollte er dabei mit den Italienern der Gegenwart. Sie sollten zu «Römern der Moderne»[5] geformt und dann in eine homogene Volksgemeinschaft verwandelt werden, die er auf eine kriegerische Expansion schicken wollte. Lebensraum im Süden hieß sein Traum, den er zur gleichen Zeit träumte wie Hitler seinen Traum vom Lebensraum im Osten. Das führte Faschismus und Nationalsozialismus zusammen und bildete die Basis der «Achse» Rom–Berlin, deren historische Bedeutung allzu lange ignoriert worden ist. Dabei handelte es sich bei diesem Bündnis um eine Kriegsallianz, die sich wegen ihrer Vitalität und konzertierten Zerstörungskraft grundlegend von traditionellen Koalitionen unterschied. Von den Faschisten und Nationalsozialisten wurde hier der in der neueren Geschichte einzigartige Versuch unternommen, zwei Staaten und zwei Regime zu synchronisieren und auf Krieg zu trimmen.

Mussolini prägte das «Katastrophenzeitalter»,[6] das 1945 zu Ende ging, wie wenige andere. Er war Sozialist, Faschist, Diktator und Hitlers älterer, aber kleinerer Bruder. Verehrt und bewundert, gefürchtet und gehasst, schwankt sein Bild in der Geschichte – hoffentlich nicht mehr lange.

Ziel dieses Buches ist es nicht, eine Gesamtbiografie Mussolinis zu liefern, die ausschließlich für das Fachpublikum geschrieben ist. Es geht hier wie in der gesamten von Thomas Schlemmer, Andreas Wirsching und mir herausgegebenen Reihe «Diktatoren des 20. Jahrhunderts» darum, das Wesentliche zu erfassen und im Lichte der modernen Forschung neu zu deuten: den Kern der Hauptperson, die wichtigsten Merkmale des von ihr diktatorisch geführten Regimes und den historischen Ort dieses Regimes in der Geschichte unserer Zeit. Vieles kann mit dem groben Netz, das hier ausgeworfen wird, nicht eingefangen werden. Mut zur Lücke ist deshalb fast Gesetz, essayistische Zuspitzung ebenso gefragt wie erzählerische Verdichtung, die ganz im Zeichen von Klarheit und Verständlichkeit stehen soll. Wenn dieses Ziel wenigstens ansatzweise erreicht worden ist, so sind dafür nicht zuletzt meine Freunde und Helfer verantwortlich. Ihnen möchte ich von Herzen danken: Renate Bihl und Barbara Schäffler für tägliche Kost und angenehme Logis, Franz-Josef Brüggemeier und Rudolf Neumaier für die kritische Durchsicht von großen Teilen des Manuskripts; ihren Anregungen und Vorschlägen bin ich ebenso gerne gefolgt wie den Hinweisen von Hermann Graml, der meine wissenschaftlichen Arbeiten seit mehr als 35 Jahren fördert und auch diesmal wieder vieles zurechtgebogen hat. Wohl dem, der solche Stützen, ein dicht geknüpftes Hilfswerk wie das Institut für Zeitgeschichte als Basislager und dort einen bewährten Freund und intellektuellen Partner wie Thomas Schlemmer hat, der auch dieses Buch so intensiv begleitet hat, als wär's ein Stück von ihm. Danken möchte ich außerdem dem C.H.Beck Verlag, namentlich Sebastian Ullrich. Mit ihm und seinen hochprofessionellen Kolleginnen und Kollegen zu arbeiten ist eine Ehre und ein Vergnügen. Mein besonderer Dank richtet sich schließlich an meine Frau Gabriele Jaroschka, ihr und dem Andenken an meinen Freund Konrad Maria Färber ist das Buch gewidmet.

München, 20. September 2015

## Herkunft und politische Lehrjahre

Der große Mann war bereits im Kind und Jugendlichen zu erkennen, meinen die Biografen. Sie zeigen Mussolini als Sozialrebell, als mitreißenden Anführer einer Kinderbande und als wissbegierigen Schüler, der Wert auf weite Horizonte legte. Dumm nur, dass diese Schilderungen nicht auf unabhängigen Quellen basieren, sondern von Mussolini selbst, seinen nächsten Verwandten und einigen Bekannten stammen, die über ihn befragt wurden, als er bereits der «Duce» und damit im Vollbesitz seiner Vergangenheit war.

Gesichert ist demgegenüber nur wenig:[1] Benito Mussolini kam am 29. Juli 1883 in Dovia auf die Welt. Der kleine Weiler gehörte zur Gemeinde Predappio, die 15 Kilometer von Forlì entfernt in der Emilia Romagna liegt und nichts hatte, was sie von tausend anderen gottverlassenen Provinznestern im ländlichen Italien unterschied. Die größeren Städte Bologna und Florenz, die heute in einer Stunde bequem zu erreichen sind, waren weit weg – sie zählten fast schon zu einer anderen Welt. Mussolinis Vater, Alessandro, war Hufschmied und betrieb nebenbei eine kleine Gastwirtschaft, die freilich nicht viel abwarf. Seine Mutter, Rosa Maltoni, eine gläubige Frau, die es schwer hatte mit ihrem atheistischen Mann, stammte aus etwas besseren Kreisen. Sie hatte eine höhere Schule besucht und unterrichtete als Grundschullehrerin. Ihr Arbeitsplatz war nicht weit von Bett und Tisch entfernt: Die Schule, der heutige Palazzo Varano, war zugleich das Wohnhaus der Mussolinis, die dort mit ihren drei Kindern zwei Zimmer hatten.

Ganz so ärmlich, wie die spätere «Duce»-Saga es will, waren die Verhältnisse dennoch nicht. Die Familie hatte zwei geringe, aber sichere Einkommen, und Rosa Maltoni machte kurz nach der Jahrhundertwende eine kleine Erbschaft, so dass sich die Mussolinis ein Stück Grund und ein Anwesen kaufen konnten, das sie verpachteten. Sie waren damit nicht wohlhabend, hatten aber doch so viel, dass sie sich Hoffnung auf Besseres für ihre Kinder machen konnten. Anders als die meisten ihrer Mitschüler litten Benito, seine Schwester Edwige und sein Bruder Arnaldo keinen Hunger und blieben kaum einmal sich selbst, der Langeweile und dem verführerischen Müßiggang überlassen. Im Gegenteil: Die Eltern waren auf das Wohl ihrer Kinder bedacht, sie sorgten für eine gute Ausbildung und taten nicht wenig, um ihrem Nachwuchs den sozialen Aufstieg zu ermöglichen. Nicht umsonst sprach man im Hause Mussolini Italienisch statt Dialekt, und nicht umsonst hielt man die Kinder an, Bücher zu lesen und ein Musikinstrument zu lernen.

Fürsorge und Förderung genoss vor allem der älteste Sohn. Benito, der Geige spielte, besuchte die ersten beiden Klassen bei seiner Mutter in Predappio. Danach schickte man den talentierten Jungen auf ein von Salesianern geführtes Internat in Faenza, das er aber nach zwei Jahren wieder verlassen musste, weil er sich mit den auf Zucht und Ordnung bedachten Patres überworfen hatte. Besser lief es für den kleinen Nonkonformisten dagegen in der höheren weltlichen Schule in Forlimpopoli. Hier entwickelte sich Mussolini zu einem passablen Schüler, der im Großen und Ganzen auch keine Probleme bereitete. Er blieb sieben Jahre in der neuen Schule und machte dort 1901 das Abitur. Die Universität blieb ihm verschlossen; den Eltern fehlte das Geld und ihm die Neigung, weitere geregelte Studien zu treiben. Mit 18 Jahren blickte er aber doch auf eine solide elfjährige Ausbildung zurück, die ihm in seinem Umfeld eine gewisse Ausnahmestellung sicherte. Nur die wenigsten seiner Altersgenossen erreichten ein vergleichbares Bildungsniveau: Viele hatten die Schule nur sporadisch besucht, frühzeitig abgebrochen und dort so gut wie nichts gelernt. In der Emilia Romagna zählte man um 1900 gut 46 Prozent der über Sechsjährigen zu den Analphabeten. In anderen Regionen lag die Quote um mehr als 30 Prozent höher. Im

Die Eltern

noch ganz von der Landwirtschaft geprägten Königreich Italien mit seinen verkrusteten Feudalstrukturen konnte nur jeder Zweite lesen und schreiben.[2]

Vieles spricht dafür, dass Mussolini bereits als Schüler sehr viel las und dass er sich früh für politische Fragen zu interessieren begann. Geweckt hatte diese Neigung sein Vater, der zu den führenden Linken in Predappio und Umgebung gehörte. Alessandro Mussolini, dessen Vorfahren bessere Zeiten erlebt hatten, war brennend ehrgeizig und wollte nach oben, kam aber nicht voran. Die sozialen Schranken erwiesen sich als unüberwindlich. Er fand deshalb schon bald Gefallen an allerlei linken Revolutionsträumen, die unter den tagein, tagaus um ihre Existenz kämpfenden Handlangern, Saisonarbeitern und Kleinpächtern der Emilia Romagna weit verbreitet waren. In diesen seit Menschengedenken geknechteten Schichten grassierte um die Jahrhundertwende eine Umsturzwut, die sich immer wieder in gewalttätigen Ausschreitungen Luft verschaffte – ge-

gen die Obrigkeit, die reichen Landbesitzer und nicht zuletzt gegen
die allgegenwärtige katholische Kirche, die sie als Stütze des Esta-
blishments betrachteten und heftig kritisierten. Mussolinis Vater, ein
leicht entflammbarer cholerischer Geist, legte in diesen Groß- und
Kleinkonflikten selbst Hand an und wanderte dafür zweimal ins Gefängnis.

Gleichzeitig versuchte er, ein theoretisches Fundament für seine
Revolutionsfantasien zu gewinnen – und zwar in zähem Selbststu-
dium, weil er nie die Schulbank gedrückt hatte, und mit erstaun-
lichem Erfolg: Alessandro Mussolini war ein grobschlächtiger proletarischer Intellektueller, der einige Standardwerke des internationalen
Sozialismus kannte, für sozialistische Blätter schrieb und schließlich
in seinen Kreisen so großes Ansehen genoss, dass er zum zweiten
Bürgermeister von Predappio bestellt wurde. Politik war seine Leidenschaft, die er nirgends verhehlte – nicht am Arbeitsplatz, nicht
im eigenen Gasthaus und nicht im Kreise der Familie, die nicht selten in den Genuss von Abendlesungen kam und immer wieder von
der Polizei gesuchte Genossen beherbergen musste.

Dieses hochpolitisierte konspirative Familienklima prägte den
jungen Mussolini umso stärker, als die Ideen und Emanzipations-
konzepte, die in seinem Elternhaus kursierten, eine bessere Zukunft
versprachen. Im Königreich Italien hielt damals die industrielle
Revolution Einzug. Zwischen 1896 und 1908 wuchs die Industrie-
produktion um durchschnittlich 6,7 Prozent, wobei die chemische
Industrie mit 13,7 Prozent die größten Zuwachsraten erzielte, dicht
gefolgt von der Metall- und Maschinenbauindustrie mit über 12 Prozent. Als Folge davon erhöhten sich die Zahl der Industriebeschäftig-
ten von 1,3 Millionen (1903) auf 2,3 Millionen (1911) und der Anteil
der Industrie am Bruttoinlandsprodukt von 15 (1898) auf 21 Prozent
(1909).[3]

Vor allem im Nordwesten des Landes entstanden zahlreiche größere und kleinere Betriebe, die einen ganz neuen Menschenschlag
hervorbrachten. Selbstbewusst und politisch anspruchsvoll schlossen sich die Industriearbeiter und Handwerker, in vielen Gegenden

aber auch die frustrierten Landarbeiter zu schlagkräftigen Organisationen zusammen, die sich sozialistischen Ideen verschrieben und sich Ungeheuerliches zum Ziel setzten: die politische und soziale Revolution. Überall bildeten sich Ortsgruppen der sozialistischen Partei, der Gewerkschaften und Arbeiterkammern. Diese Basisstützpunkte organisierten Streiks, gaben Zeitungen heraus und legten Bildungsprogramme auf, wobei ihre lokalen Protagonisten mit einem geradezu herausfordernden Selbstbewusstsein auftraten, das ansteckend wirkte und vor allem junge ambitionierte Burschen wie Mussolini in seinen Bann zog. Linke saßen in vielen Gemeinderäten, selbst das Parlament in Rom, eigentlich eine Domäne großbürgerlich-aristokratischer Kreise, blieb ihnen nicht verschlossen – trotz eines äußerst restriktiven Wahlrechts, das um 1900 nur zehn Prozent der rund 32 Millionen Italiener (Männer, versteht sich) eine Stimme gab.

Die anderen politischen Formationen hatten im Vergleich dazu wenig zu bieten. Mussolini verachtete den ranzigen Liberalismus der besseren Leute. Er hasste die Vorfeldorganisationen der katholischen Kirche, weil sie in seinen Augen nur der Bewahrung des Status quo dienten und die Armut der Landbevölkerung ignorierten, und ihm missfielen die Republikaner, die zwar die richtige Staatsform forderten, in sozialen Fragen aber viel zu zahm waren. Der Sohn dachte hier ganz wie der Vater, der einige Befriedigung daraus zog, dass die Saat seiner Erziehung aufzugehen schien. Nicht zufällig hatte er seinem Erstgeborenen die Vornamen von drei linken Revolutionären gegeben: Benito stand für den mexikanischen Präsidenten Benito Juarez, Andrea sollte an Andrea Costa, den ersten sozialistischen Abgeordneten im italienischen Parlament, erinnern, und Amilcare war eine Hommage an den Anarchisten Amilcare Cipriani. In ihre Fußstapfen sollte der Sohn nach dem Willen des Vaters treten.[4]

Zuvor musste Mussolini sich freilich auf die Suche nach einem Arbeitsplatz machen. Im Grunde stand ihm und zahlreichen anderen Abiturienten ähnlicher Herkunft nur der Weg in den öffentlichen Dienst offen. Eine Karriere als Dorfschullehrer war dabei noch am vielversprechendsten – wenn man eine Stelle fand. Für Außenseiter mit revolutionärem Touch wie Mussolini war das besonders schwer. Unverdrossen bewarb er sich dennoch immer wieder um eine Anstellung, bis er schließlich Anfang 1902 die Zusage einer kleinen von Sozialisten geführten Gemeinde in der Po-Ebene erhielt, wo er bis zum Sommer als äußerst schlecht bezahlter Hilfslehrer tätig war.

Viel Gefallen fand er nicht an seinem Beruf, obwohl er sich durchaus bemühte. Er kam seinen Pflichten geflissentlich nach und erwarb sich bei seinen Schülern einen guten Ruf, den er aber durch sein Verhalten in der Öffentlichkeit sofort wieder zunichte machte: Der neue Dorflehrer zog nachts abgerissen und betrunken durch die Straßen und stürzte sich in ein leidenschaftliches Verhältnis mit einer verheirateten Frau, was im ganzen Ort für Aufregung sorgte – und ihn schließlich nach einem halben Jahr den Job kostete.

Mussolini stand damit erneut vor dem Nichts und musste völlig mittellos in die Heimat zurückkehren, in der ihn nichts als lauernder Spott empfing. Im Juli 1902 ließ er die Enge von Predappio erneut hinter sich. Sein Ziel war – wie für zahlreiche andere verzweifelte Arbeitsemigranten vor und nach ihm – die Schweiz, wo sich vor allem in den größeren Städten starke italienische Kolonien mit eigenen Gewerkschaften, Zeitungen und Kulturvereinen gebildet hatten. Was ihn dort erwartete, war ihm nicht klar. Einen Arbeitsplatz hatte er jedenfalls nicht, als er seine Reise begann. Entsprechend schwierig waren die ersten Wochen. Er schlief unter Brücken, wechselte häufig den Aufenthaltsort, litt Hunger und wurde als Landstreicher verhaftet. Er verdingte sich als Maurer, Laufbursche und Verkäufer, hielt es aber nirgends lange aus. Schwere körperliche Arbeit war seine Sache nicht – er ächzte unter den Belastungen und fühlte sich auch in seinem Stolz als «professore» gekränkt, wenn er auf einer Baustelle richtig zupacken musste.

Spätere Selbststilisierungen sprechen hier eine andere Sprache. In ihnen nahm das proletarische Martyrium auch kein Ende.[5] In Wahrheit kam Mussolini schon bald in Kontakt zu linken Kreisen in Lausanne, wo sich der Sitz der italienischen Sozialisten in der Schweiz und die Zentrale einer italienischen Maurergewerkschaft befand, die händeringend nach gebildeten Genossen für ihre Verbandsarbeit und für ihre Wochenzeitung «L'Avvenire del Lavoratore» (Die Zukunft des Arbeiters) suchten. Mussolini war der richtige Mann für sie: Er konnte reden, er konnte schreiben, und er traf mit seiner Aufsässigkeit den Nerv der italienischen Arbeiter, die auch in der Fremde aufbegehrten und ihre Rechte forderten.

Mussolini verschaffte sich in Lausanne als Sekretär der Gewerkschaft eine gewisse materielle Basis, und er absolvierte dort im Umkreis der Sozialisten eine Art politischen Selbstfindungskurs. Die erste Erkenntnis war, dass es Interessanteres gab, als Lehrer zu sein. Hinzu kam, dass er in der Schweiz sein Talent als Organisator entdeckte und zugleich eine Bühne für seinen Geltungsdrang fand. Er hatte schon als Schüler und erst recht als stellungsloser Lehrer unter emotionalen Verstockungen und ewig pochender Unruhe gelitten, die mit seinen unbefriedigten Aufstiegsambitionen zu tun hatten. Dafür gab es nun ein Ventil: Der verzehrende Wunsch, anerkannt zu werden, und die bisher nie bestätigte Überzeugung, etwas Besonderes zu sein – diese Kompensationsbedürfnisse konnte er jetzt ebenso ausleben wie seine Neigung zur radikalen Provokation. Je größer der Streit, desto besser.[6]

Mussolini rackerte in der Schweiz fast Tag und Nacht für die sozialistische Bewegung. Das linke Migrantenmilieu bot ihm einen Ersatz für seine verlorene Heimat, und er knüpfte dort ein dichtes Netz persönlicher Beziehungen, das seiner weiteren Karriere überaus förderlich sein sollte. Herausragende Bedeutung erlangte der Kontakt zu der russischen Revolutionärin Angelica Balabanoff, die ihn wegen ihres weltläufigen Auftretens, ihrer umfassenden Bildung und ihrer spröden Reize besonders anzog und ihm in diesen Jahren am meisten gab. «Die» Balabanoff, die Lenin kannte und die klassischen Schriften des Sozialismus im Schlaf hersagen konnte, nahm Mussolini unter ihre Fittiche und gab ihm in puncto Ideologie einen gewissen Schliff.[7]

Nötig hatte er ihn. In seinem geistigen Marschgepäck befanden sich eigentlich nur die eindimensionalen Weltweisheiten des Vaters, die er durch Schullektüre und leidenschaftliches Privatstudium nicht entscheidend hatte weiterentwickeln können. Das änderte sich in der Schweiz, wo er rasch erkannte, dass es in der Partei ohne ideologisches Basiswissen kein Fortkommen gab. Wer hier mitreden und mitentscheiden wollte, musste die Geschichte der Arbeiterbewegung sowie ihrer wichtigsten Protagonisten kennen und vor allem mit den einzelnen Flügeln der Partei und ihren weltanschaulichen Spezifika vertraut sein. Den Ton gaben um die Jahrhundertwende die Reformer an, die zwar noch weit davon entfernt waren, ihren Frieden mit der kapitalistischen Welt zu machen, für punktuelle Kompromisse mit der Regierung aber durchaus zu haben waren. Mit diesen Pragmatikern rivalisierten die Revolutionäre, die auf Klassenkampf und gewaltsamen Umsturz setzten, und die revolutionären Syndikalisten, die ähnlich weitreichende Ziele verfolgten, diese aber mit anderen Mitteln erreichen wollten – mit den Gewerkschaften und nicht mit der Partei. Erschwert wurde diese verworrene Lage noch dadurch, dass die drei Hauptströmungen in zahlreiche Unterströmungen zerfielen und dass noch im kleinsten Rinnsal ein Exzentriker beheimatet war, der seinen eigenen Kopf hatte.

Mussolini fand sich in diesem Dschungel rasch zurecht. Er erarbeitete sich in der Schweiz unter der Anleitung von Angelica Balabanoff ein ideologisches Koordinatensystem, dessen Eckpunkte aus dem Marxismus stammten. Der Antagonismus von Kapital und Arbeit, die Verelendung der Arbeiterklasse und der Klassenkampf gehörten seitdem ebenso zu seinen Denk- und Argumentationsfiguren wie die Diktatur des Proletariats und die Umwandlung des Privateigentums in Kollektivbesitz. Keine Rede, keine Schrift, in der er bis zum Ersten Weltkrieg nicht auf diese Begriffe rekurriert oder sich sonst irgendwie auf Marx berufen hätte.

Dabei blieb Mussolini aber nicht stehen. Er sog alles auf, was modern klang und in linken Kreisen diskutiert wurde. Er saß dafür in jeder freien Minute in der Bibliothek, verfolgte die Theoriedebatten der internationalen Arbeiterbewegung und schrieb sich sogar an der Universität Lausanne ein, wo er gelegentlich Seminare des Soziologen Vilfredo Pareto besuchte.[8] Vor allem dessen Elitentheorie schien ihn zu überzeugen: «Die Geschichte», so fasste Mussolini die Lehre Paretos später zusammen, «ist nichts anderes als die Abfolge herrschender *Eliten*. Wie das Bürgertum an die Stelle des Klerus und des Adels getreten ist […], wird es vom Proletariat ersetzt werden, der neuen sozialen *Elite*, die heute in eigenen Gewerkschaften, in eigenen Kooperativen, in eigenen Arbeiterkammern den Kern der künftigen Wirtschaftsorganisation auf kommunistischer Grundlage hervorbringt.»[9]

Ähnlich verhielt es sich mit den Schriften von Georges Sorel, die Mussolini noch stärker prägten als die Weltdiagnosen von Pareto. Der französische Sozialphilosoph war damals in aller Munde. Er galt als origineller Denker, der den Marxismus aus seinen Abgelebtheiten befreite und in eine zeitgemäße Form brachte. Solche Modernisierungs- und Vitalisierungsversuche gab es um die Jahrhundertwende viele, aber nur wenige fanden so viel Gehör wie die von Sorel. Seine These, dass die Geschichte ein endloser «Kampf gegen die Dekadenz»[10] sei, dass die bürgerliche Gesellschaft in diesem Kampf versagt habe und nun alle Hoffnungen auf dem Proletariat ruhten, leuchtete Mussolini ebenso ein wie seine Behauptung, der Kapitalismus werde niemals jene von Marx prophezeiten inneren Widersprüche entwickeln, die zum großen revolutionären Knall führten.

Mussolini teilte schließlich auch die Konsequenz, die Sorel aus dieser Einsicht zog: Um zur Endabrechnung mit dem Bürgertum zu gelangen, müsse man den Klassenkampf verschärfen und einen künstlichen «Empörungsprozess neuer Art»[11] auslösen. Nötig für diese «apokalyptische Konfrontation»[12] sei nicht zuletzt die Umwandlung der bestehenden Arbeiterorganisationen in antikapitalistische Kampfmaschinen, die im finalen Konflikt mit der Bourgeoisie freilich nur bestehen könnten, wenn sie bis zum Äußersten aufgepeitscht würden. Mittel dazu waren in Sorels Augen weder Bildung noch Vernunft, sondern der permanente Appell an die animalischen Instinkte der Massen, die am leichtesten durch Mythen zu wecken seien. Dass dabei viel Blut fließen würde, war Sorel ebenso klar wie die Tatsache, dass solche Mythen erst noch erfunden und auf ihre Praxistauglichkeit hin erprobt werden mussten. Der Generalstreik mit seinen völlig überzogenen Verheißungen war einer davon, die proletarische Gewalt als reinigende Kraft ein zweiter.

Mussolini war fasziniert von solchen radikalen Zukunftsentwürfen. Marx, Sorel, Pareto – er schnappte überall etwas auf, vertiefte es durch Lektüre und Diskussion und schmolz diese Weisheiten – wie die meisten seiner Genossen – zu einer Art Privatsozialismus zusammen, der mehr oder weniger gut begründet war. Mussolini munitionierte sich auf solche Weise nicht nur für den Alltag als Parteifunktionär und Agitator. Zugleich sammelte er Stoff für seinen eigentlichen Beruf, der neben der Arbeit für Partei und Gewerkschaft immer stärker in den Vordergrund trat und schließlich zu einer wahren Leidenschaft wurde: der Journalismus. Dass er auf diesem Feld ein gewisses Talent hatte, dass er packend schreiben und die Menschen fesseln konnte, war ihm bereits in der Schule bewusst geworden. Jetzt bewährten sich diese Gaben – und wie!

Mussolini schrieb bereits in der Schweiz fast unentwegt. Unter den Themen, die er behandelte, war vieles, was dem journalistischen Kleinklein zugerechnet werden muss: die giftigen Attacken gegen Monarchie und Kirche, die Hetze gegen die liberale Regierung Giovanni Giolittis und nicht zuletzt die Dauerpolemik gegen die Reformer in der sozialistischen Partei, die an schneidender Inbrunst kaum zu übertreffen war. Daneben widmete er sich aber auch komplexen historischen, soziologischen und kulturellen Themen, die er so geschickt aufbereitete, dass auch seine proletarischen Leser etwas davon hatten. Seine Artikel über den französischen Anarchisten Sébastien Faure und Vilfredo Pareto belegen das ebenso wie kleinere Aufsätze über die Französische Revolution, Ferdinand Lassalle und andere Themen aus der sozialistischen Welt, nicht zu vergessen seine Sonette und Gedichte, von denen einige noch aus der Schulzeit stammten, aber erst jetzt veröffentlicht wurden.

Mussolini erwies sich dabei als durchaus reflektierter Kopf mit vielfältigen Interessen, die sich – nicht ungewöhnlich für einen gerade 20-Jährigen – ständig verlagerten und immer anspruchsvolleren Themen zuwandten. Der spätere Diktator schrieb kleinere Traktate über August von Platen, Friedrich Gottlieb Klopstock und Karl Marx, er übersetzte Schriften von Karl Kautsky und Pjotr Alexejewitsch Kropotkin, und er verfasste ein antiklerikales Pamphlet über «L'uomo e la divinità», in dem er sich vor lauter Pfaffenhass fast ganz vergaß.[13]

Es waren anregende zwei Jahre, die Mussolini in der Schweiz verbrachte, und emotional aufregende dazu. Amouröse Abenteuer waren nämlich an der Tagesordnung und verwandelten sich regelmäßig in giftige Affären, weil er nicht nur einer Frau Hoffnungen gemacht hatte. Hinzu kamen permanente Probleme mit der Polizei, die seine politische Arbeit mit Argusaugen verfolgte und ihn mehrmals ins Gefängnis schickte. Dass diese unruhige Zeit um die Jahreswende 1904/05 zu Ende ging, hatte aber nichts mit diesen Verwicklungen zu tun, die Mussolini auch nicht allzu tragisch nahm. Die kleine Welt der Emigranten in der Schweiz reichte ihm nicht mehr, sie war zu eng. Wenn er als Journalist und Politiker avancieren wollte, blieb nur eine Alternative: die Rückkehr nach Italien, die im Herbst 1904 möglich wurde. König Vittorio Emanuele III. erließ nämlich anlässlich der Geburt eines Thronfolgers eine Amnestie, die auch denjenigen Straffreiheit in Aussicht stellte, die sich wie Mussolini dem Wehrdienst entzogen hatten und deshalb zu Haftstrafen verurteilt worden waren.

Dem Militär entkam er damit natürlich nicht; es bestimmte von Januar 1905 bis September 1906 sein Leben. Mussolini diente im 10. Bersaglieri-Regiment mit Sitz in Verona und entpuppte sich dort als überaus disziplinierter Soldat, dem nichts ferner lag, als sich den militärischen Zwängen zu widersetzen und unter seinen Kameraden für seine politischen Ziele zu werben. Einmal legte er gegenüber einem Vorgesetzten sogar ein feierliches Bekenntnis zum italienischen Vaterland ab, das gegen die «Barbaren des Nordens» mit allen

Mitteln verteidigt werden müsse und niemals wieder auf einen «geografischen Begriff» reduziert werden dürfe. Devoter Opportunismus reicht als Erklärung dafür nicht aus: Mussolini war schon als Sozialist nicht immun gegen die Suggestionen überzogener Italienbilder, die auf den linksnationalen Eiferer Giuseppe Mazzini zurückgingen und um die Jahrhundertwende eine neue Blüte erlebten.[14] Dass Italien etwas Besonderes und anderen Nationen überlegen war und dass sich daraus eine spezielle Weltmission ableitete, war offizielle Staatsdoktrin, die zwar in der Gesellschaft noch kaum zündete, namentlich in intellektuellen Kreisen und höheren Schulen aber viel Anklang fand.

In Mussolinis sozialistischen Lehrjahren blieben Nationalstolz und Superiorità-Denken oft im Hintergrund. Diese Einstellungen, die in krassem Widerspruch zum Internationalismus der sozialistischen Partei standen, brachen aber immer wieder durch und gewannen in seinem Weltbild schließlich schon vor 1914 beträchtliche Bedeutung. Im Juli 1908 beispielsweise sprach er von der glorreichen Vergangenheit Italiens, «die aus uns ein großes Volk gemacht hat, unsterblich in der Geschichte».[15] Ein Jahr später behauptete er: «Die Heimat des Schöpfergeistes war und ist Italien.»[16] Und im Januar 1914 überraschte er seine Genossen mit der Forderung: «Im übrigen ist es an der Zeit, ein anderes Problem anzupacken und zu sehen, ob der Sozialismus antinational ist oder ob es sich dabei im Gegenteil um eine einigende Kraft der Nation handelt. Wann in Vergangenheit und Gegenwart haben wir denn je gegen die Nation gehandelt?»[17]

Beruflich brachte der Militärdienst Mussolini keinen Schritt weiter. Er war nichts und versuchte sich deshalb noch zweimal als Lehrer – wieder ohne dauerhaften Erfolg. Sein Ruf als Revolutionär stand ihm ebenso im Wege wie die starren Klassenschranken, die auch zahlreiche andere begabte Underdogs am Aufstieg hinderten. Selbst eine Zusatzprüfung, die ihn für den Französisch-Unterricht an höheren Schulen qualifizierte, eröffnete ihm keine neuen Berufschancen. Auch in der Politik und im Journalismus gab es für ihn kaum etwas zu ernten. Im Partito Socialista Italiano (PSI) hatten damals die Reformkräfte das Sagen, während die Revolutionäre in eine Legitimationskrise geraten waren, die freilich nicht lange dauerte. Mussolini musste deshalb im Sommer 1908 erneut nach Predappio zurückkehren, wo er sich als Agitator profilierte und dafür eine saftige Haftstrafe kassierte. Ansonsten saß er frustriert im Haus seines Vaters und brütete monatelang über Friedrich Nietzsche, dessen Kritik an den Pharisäern der bürgerlichen Gesellschaft ihn ebenso begeisterte wie dessen Vision vom «neuen Menschen».[18] Auch auf Nietzsches Motto, «Lebe gefährlich», kam er später häufig zurück.

Die Nietzsche-Exerzitien waren so wenig Zufall wie die Rezeption von Pareto und das Studium von Sorel. Mussolini zielte auch damit auf eine Belebung von Marx, dessen Lehren für ihn nicht sakrosankt waren. Sie mussten ergänzt und damit dem Geist der Zeit angepasst werden. Elite, «neue Menschen», Mythos und Gewalt – so hießen die Ergänzungsstoffe, die er bei seinen neuen intellektuellen Stichwortgebern fand und in seine Weltsicht integrierte. Diese war im Grunde noch immer vom Marxismus bestimmt – allerdings von einer speziellen Variante, die man als kämpferischen Marxismus des Willens und der Tat bezeichnen kann.

1909 bot sich Mussolini völlig unerwartet eine Chance, seinen revolutionären Tatendurst in der Praxis zu beweisen. Seine Partei schickte ihn in das Habsburger Reich, genauer nach Trient,[19] das damals wie das gesamte Gebiet zwischen Brenner und Gardasee unter österreichischer Herrschaft stand. Er sollte dort als Sekretär der Arbeiterkammer und als Schriftleiter eines sozialistischen Wochenblatts arbeiten und einen wichtigen politischen Auftrag erfüllen: die sozialistische Partei aus ihrem Dornröschenschlaf reißen, die italienischen Gemeinden im Trentino politisieren und für den Sozialismus gewinnen. Das war keine leichte Aufgabe, wie Mussolini schnell merkte. In der Stadt und im ländlichen Umland dominierte die katholische Kirche, die mit ihrem dichten Netzwerk aus Kooperativen, Vereinen und Banken die deutschsprachige Bevölkerung ebenso erfasste wie die Italiener, die sich im habsburgischen «Völkerkerker» überhaupt ganz gut eingerichtet hatten. Die italienischen Vereine und Parteien pflegten zwar ihre Sprache und Kultur und forderten auch gewisse Autonomierechte. Sie agierten dabei aber so zaghaft, dass man sich in Wien keine Sorgen wegen einer italienischen «Heim ins Reich»-Bewegung machen musste. Hinzu kam, dass es im Trentino keine größeren Industriebetriebe und deshalb auch so gut wie keine Arbeiterschaft gab. Das «Proletariat» war selbst in der Stadt kaum mehr als eine Propagandafloskel, eine Gefahr ging von ihm in diesem von Beamten, Handwerkern und Bauern geprägten Milieu nicht aus.

Mussolini musste in Trient mithin eine Art Zwei-Fronten-Krieg führen – gegen das katholisch geprägte Establishment und gegen die gipsernen Genossen, die ihm von Beginn an zeigten, dass sie nicht auf ihn gewartet hatten. Er ließ sich von solchen Widerständen jedoch nicht entmutigen. Im Gegenteil, sie reizten ihn und versetzten ihn in einen wahren Arbeitsrausch, wobei sein Hauptaugenmerk zunächst der Zeitung galt. «Die Zukunft des Arbeiters» – so hieß sie – sah düster aus. Das Blatt hatte eine Auflage von 1600 Stück, war technisch und redaktionell schlecht gemacht und stieß nicht einmal in den eigenen Reihen auf größere Resonanz.

Das änderte sich ab Februar 1909 – und zwar schlagartig. Mussolini schrieb die Wochenzeitung fast allein und verwandelte sie mit seinen Leitartikeln in ein auf Krawall programmiertes Kampfblatt. Am meisten hatte die katholische Konkurrenz unter dieser kalkulierten Streitsucht zu leiden. Mussolini schoss aus allen Rohren: Er zerrte lange zurückliegende Skandale der Kirche ans Licht, scheute sich nicht, die höchsten Glaubensinstanzen herabzusetzen, und griff einzelne Protagonisten der katholischen Gegenseite mit den übelsten Methoden an. Er fand dabei zu einem ganz eigenen journalistischen Stil: kurz und knapp, sarkastisch und voll beißenden Spotts – fast jeder Satz ein apodiktisches Ausrufezeichen, das keinen Widerspruch litt und seine Widersacher an einer empfindlichen Stelle traf.

Die beschauliche Bischofsstadt glich so plötzlich einem Weiher, in den man nicht nur einen, sondern mehrere große Steine geworfen

hatte. Die Wellen der Aufregung erreichten natürlich auch die italienischen Sozialisten in Stadt und Land, die sich nun wieder ihrer
revolutionären Pflichten erinnerten und jetzt doch Gefallen an Mussolini fanden. Es ging ein Ruck durch die örtliche Partei, die Zahl
der Mitglieder stieg, auch die Auflage der Parteizeitung schnellte auf
2400 hoch.[20]

Es blieb deshalb nicht aus, dass Mussolini im Trentino bald ein
überaus gefragter Mann war. Er übernahm neben dem Wochenblatt
eine Tageszeitung und deren samstägliche Feuilletonbeilage und war
sich auch in der Partei für nichts zu schade. Er stürzte sich wie ein
Besessener in die Kärrnerarbeit an der Basis, besuchte die Ortsgruppen im Umland und ging immer wieder auf größere Vortragsreisen,
die ihn bis nach Innsbruck führten. Schließlich fand Mussolini in
Trient auch noch Zeit, seine literarischen und – ja – wissenschaftlichen Interessen zu pflegen. Er saß häufig in der Bibliothek und
sammelte dort Material für einen Roman, der 1910 in 57 Folgen in
einer Tageszeitung erschien und den Titel trug: «Die Geliebte des
Kardinals. Claudia Particella».[21] Der Roman beruhte auf einer wahren
Begebenheit aus dem 17. Jahrhundert. Er drehte sich um die leidenschaftliche, am Ende tragische Liebesbeziehung zwischen dem
Fürstbischof von Trient, Carlo Emanuele Madruzzo, und einer ebenso
schönen wie feurigen Hofdame, deren echte Liebe an den Umständen scheitern musste. Mussolini wollte später von seinem erotischen
Jugendwerk nicht mehr viel wissen. Die Kardinalsgeschichte, sagte
er 1932, sei ein «gräßlicher Schmöker», er habe sie «mit politischer
Absicht» geschrieben,[22] weil er Geld brauchte. Die Geschichtsschreibung ist diesem purer Taktik geschuldeten Verdikt gefolgt und
hält den Roman, ohne genauer hinzusehen, für ein antiklerikales und
frauenfeindliches Machwerk.

Bei genauerer Lektüre zeigt sich freilich: Mussolini war durchaus kein seichter Kopf, sondern erwies sich auch in seinem Roman
als gewandter Schreiber mit beträchtlichem Bildungshorizont. Davon zeugen Anspielungen auf Dante und Horaz, Bezüge zu Vergil,
Cervantes und D'Annunzio, vor allem aber genaue Kenntnisse der

Kirchengeschichte und die spielerische Adaption der katholischen Begriffs- und Bilderwelt; dieses Stilmittel setzte Mussolini auch in seinen Zeitungsartikeln immer wieder ein, es verlieh ihnen vielfach ihr ganz spezielles Pathos.

Heutigen Lesern dürfte der Roman wenig sagen. Das Erregungs- und Empörungspotenzial, das er damals ansprach, ist längst erloschen. Ähnliches gilt für Mussolinis historisch-soziologische Studie «Das Trentino aus der Sicht eines Sozialisten», die er ebenfalls 1910 abschloss und auch einem brennenden Thema widmete: der Rivalität von Österreichern und Italienern südlich des Brenners.[23] Seine erste und einzige wissenschaftliche Schrift ist nicht leicht einzuordnen. Der Deutungsstreit entzündete sich vor allem an der Frage, ob der spätere «Duce» schon in Trient zum Nationalismus konvertiert sei oder ob sein dortiger Aufenthalt keine ideologischen Spuren hinterlassen habe. Mussolini selbst bezeichnete sich im Untertitel der Studie als «Sozialist» – und nichts berechtigt dazu, an dieser Selbsteinschätzung zu zweifeln.

Das heißt aber nicht, dass ihm das Schicksal der Italiener im österreichischen Kaiserreich gleichgültig gewesen wäre. Zahlreiche Indizien sprechen für das Gegenteil: In dem sozialistischen Internationalisten schlummerte tatsächlich, wie sich schon beim Militär gezeigt hatte, ein Patriot, der lange so gut wie unsichtbar blieb, weil er zugleich als geschworener Gegner der italienischen Monarchie auftrat. Er betrachtete das Problem der «unerlösten» Region aus nationaler Perspektive, er empfand die Situation der Italiener im Trentino als «erniedrigend», ließ sich aber kaum einmal zu chauvinistischen Tiraden und Angriffen auf Österreich hinreißen.

Diese Zurückhaltung hatte einen paradoxen Grund. Mussolini sah im Reich der Habsburger einen verhassten Rivalen Italiens, der ihm viele Rätsel aufgab. Im Grunde aber bewunderte und fürchtete er den mächtigen Nachbarn im Norden – und zwar nicht zuletzt wegen der einigenden Kraft des Pangermanismus, den er damals für die eigentliche Staatsideologie des österreichischen Kaiserreiches und des Deutschen Reiches hielt. Große Imperien, meinte er, brauchten solche mythischen Zukunftsprojekte, wenn sie sich behaupten und wenn sie expandieren wollten. Fehlten sie, dann drohten Stillstand und Verfall, wie man am Beispiel Italiens sehen konnte, das Ende des 19. Jahrhunderts seinen ganzen imperialistischen Ehrgeiz aufgegeben zu haben schien und ihm abschreckend vor Augen stand. Vielleicht konnte man sich den Pangermanismus zum Vorbild nehmen, ihn umformatieren und in eine italienische Form bringen?

Mussolini beschäftigte diese Frage intensiv. Die Vordenker des Pangermanismus zogen ihn aber noch aus anderen Gründen in ihren Bann. Allem Anschein nach reizte ihn schon in Trient die von ihnen aufgeworfene Rassenfrage, die Arthur de Gobineau, Housten Stewart Chamberlain und die anderen Theoretiker des «Ariertums» ins Zentrum ihrer Welterklärungsfantasien gestellt hatten und die um 1900 auch in Italien die Gemüter reizten.[24] Selbst im sozialistischen Milieu gab es Einfallstore für solche Theorien. Es waren vor allem jüngere, revolutionär gestimmte Genossen, die Gefallen an diesem in der Partei eigentlich verpönten Thema fanden. Mussolini, immer empfänglich für alles Neue, was der Zeitgeist auftischte, war einer der Ersten, der sich kundig machte. Er kannte einige Klassiker aus erster Hand, war aus zweiter Hand – durch Aufsätze aus französischen Zeitschriften – aber auch mit kleineren Lichtern der Rassentheorie vertraut.[25]

Mussolini experimentierte mit diesen Theorien und legte sie sich – wie vorher schon den Sozialismus – auf seine Weise zurecht: unsicher, tastend, mal so, mal so. Auffällig ist aber doch, dass er immer wieder auf diese Themen und auch auf eugenische Fragen wie «Rassenzüchtung» zurückkam, die er von Chamberlain übernommen hatte. Diese Thesen waren stets präsent, verdichteten sich aber – anders als bei Hitler, der sich zum selben Zeitpunkt mit ähnlichen Problemen beschäftigte – nicht zu einer Obsession und zu einer geschlossenen Weltanschauung, die er zur Richtschnur seiner Politik gemacht hätte.

Dennoch: Auch in seinen Augen gab es höher- und minderwertige Rassen, die in Gestalt ihrer Eliten in einer Art ewigem Kampf miteinander konkurrierten. Mussolini verknüpfte hier Pareto mit den Rassisten – und zwar tendenziell gegen Marx, dem solche Kombinationen völlig fremd gewesen wären. Der Ausgang dieses Rassenringens war ungewiss. Die weiße oder arische Rasse konnte ihre Überlegenheit verlieren, wenn sie unachtsam wurde, ihre Fruchtbarkeit und Homogenität einbüßte und damit auf die schiefe Bahn der Dekadenz geriet. Homogenität war dabei nicht nur eine Frage der Abstammung, sie ließ sich auch durch Assimilierung erreichen. Wenn stärkere Rassen sich mit schwächeren mischten und diese aufsogen, konnte daraus sogar eine Kräftigung resultieren. Rassenvermischung war für Mussolini damals also kein Übel, sondern das «Salz der Weltgeschichte».[26]

Viele Jahre später dachte er in dieser Frage um. Auch bei der rassentheoretischen Einordnung seines eigenen Volkes blieb er nicht bei den Einsichten stehen, die er in Trient gewonnen hatte. Damals meinte er, die Italiener gehörten zur weißen Rasse und damit zu den Besseren, zugleich hatte er aber schwere Bedenken wegen der rassischen Heterogenität seines Landes. «Italien ist keine Einheit. [...] Die moralischen Bindungen, die zwischen einem Piemontesen und einem Sizilianer bestehen, sind zweifelhaft. Die rassischen sind es noch mehr», schrieb er 1908.[27] Ein Jahr später warf er diese Ansichten über Bord, und am Ende scheint er in den Italienern einen eigenständigen «mediterranen Strang der arischen Rasse»[28] gesehen zu haben, der eine «herausragende assimilatorische Kraft» habe, wie er 1916 betonte.[29]

Waren es Unsicherheiten, taktische Anpassungen oder neue Einsichten? Kursschwankungen dieser Art finden sich auch beim Thema Antisemitismus, auf das er nicht erst beim Studium des Rassismus stieß. Mussolini wird mit entsprechenden Vorurteilen bereits in seinem Elternhaus und in der katholischen Kirche in Berührung gekommen sein, die er an der Hand seiner Mutter Sonntag für Sonntag besuchte. In der Schule werden sich diese Dispositionen verstärkt haben. Wie sonst wäre es zu erklären, dass er in zahlreichen Zeitungsartikeln und mehreren größeren Schriften auf antijüdische

Stereotype zurückgriff, die aus dem Fundus des katholischen Anti-
judaismus stammten? In einer Erzählung, die im Februar 1909 erschien, ließ er einen Kaufmann mit einer «typisch jüdischen Krumm-
nase» auftreten.[30] In seinem Kardinalsroman ist von «Doktoren des
jüdischen Rechts» die Rede, die Jesus tadelten, weil er auch am ge-
heiligten Samstag Wunder bewirkt habe.[31] Und einige Dutzend Seiten später wird Jesus gelobt, weil er am Tag des Purimfestes eine
Ehebrecherin rettete, die man aufgrund der «alten Gesetze des jüdischen Volkes» zum Tod durch Steinigung verurteilt hatte.[32]

Solche antijüdischen Ressentiments finden sich bei Mussolini
immer wieder. Wie fest sie 1908/09 saßen und wann sie rassistisch
aufgeladen wurden, lässt sich nicht klären. Sicher ist, dass schon der
junge Mussolini die Standardwerke des rassischen Antisemitismus
kannte, dass er über sie schrieb und sich nie explizit von ihnen distanzierte. Viele Äußerungen lassen sogar eine starke Affinität und die
Umrisse eines durchgehend negativen Judenbildes erkennen: Die
Juden waren für Mussolini eine eigene, minderwertige Rasse. Er
hielt sie für anders, moralisch krank und geldgierig, vor allem aber
für «das Volk der ‹Rache›»,[33] das seit der Vertreibung aus Jerusalem
auf Zerstörung und Vergeltung aus sei. Ihr erstes Opfer sei das Römische Reich gewesen. Die «bleichen Juden»[34] würden aber nicht
ruhen, ihre zersetzende Kraft überall einsetzen und den Frieden
und die Eintracht der Völker immer wieder stören.

Mussolini legte sich bei den Themen Antisemitismus, Rassismus
und Nationalismus lange nicht fest. Er befasste sich aber intensiv damit und operierte auffallend oft mit entsprechenden Begriffen, die
im marxistischen Gedankengut eigentlich keinen Platz hatten. An
den mürben Rändern der sozialistischen Bewegungen wurden sie
aber nicht nur in Italien aufgegriffen – wegen ihres scheinbaren Er-
neuerungspotenzials und ihrer aufreizenden Modernität, die gerade
Mussolini faszinieren musste. Sie infizierten seine früheren, vom
Vater ererbten und dann verfeinerten eindimensionalen Weltweisheiten und zersetzten deren Hermetik, ohne dass man aber sagen
könnte, in Trient sei aus dem revolutionären Sozialisten ein Nationa-

list und Rassist geworden, der schon damals auf den Abweg zum Faschismus geraten sei. Noch ahnte Mussolini nicht einmal, was das war. In Trient wurde aber eine Saat ausgebracht, die langsam zu sprießen begann und schließlich im Reizklima des Ersten Weltkrieges fatale Blüten trieb.

Mussolinis Umgebung in Trient blieben diese neuen Akzente nicht verborgen. Man sah aber über sie hinweg oder nahm sie nicht weiter ernst. Die Spitze des PSI war selbst nicht ganz frei von rassistischen und antisemitischen Vorurteilen. Sie hatte auch mit der Nation längst nicht so radikal gebrochen, wie ihre internationalistischen Proklamationen vermuten ließen. Vor allem aber wollte sie ein politisches Talent wie Mussolini nicht desavouieren, das in Trient im Feuer stand und täglich mit der Ausweisung rechnen musste. Erste Bemühungen, den streitsüchtigen Sozialisten wieder loszuwerden, gab es bereits wenige Wochen nach seiner Ankunft.[35] Die lokalen Behörden forderten die Abschiebung des «ausländischen Hetzers» ebenso wie die Staatsanwaltschaft in Innsbruck und Vertreter der katholischen Volkspartei, dem Partito popolare. Gründe dafür gab es in ihren Augen zuhauf. Mussolinis Reden und Schriften glichen einem einzigen Amoklauf gegen alles. Seine Zeitung wurde deshalb häufig beschlagnahmt und verboten, er selbst immer wieder verwarnt und mehrmals inhaftiert, ohne dass er eingelenkt hätte. Er verschärfte die Gangart sogar noch und provozierte damit immer härtere Gegenreaktionen, die ihn allerdings nicht störten, weil sie seinen Bekanntheitsgrad erhöhten und sein Image im sozialistischen Milieu verbesserten.

Schließlich war es nur noch eine Frage der Zeit, bis man ihn nach Italien zurückschickte. Der Anlass war nichtig – einige beschlagnahmte Zeitungen und ein Brief, in dem sich der spätere «Duce» als Irredentist zu erkennen gab. Das brachte das längst volle Fass zum Überlaufen. Er wurde erneut verhaftet, vor Gericht gestellt, freigesprochen – und noch am selben Tag, es war der 26. September 1909, in den Zug nach Italien gesetzt, wo für ihn ein neues Kapitel begann. Mussolini, der Märtyrer und das Justizopfer, war

nun jemand! Das Nachspiel in Trient bewies das ebenso wie die
Reaktion in der Heimat. Im Trentino hatte bereits seine Verhaftung
für große Aufregung im sozialistischen Lager gesorgt, die sich von
Tag zu Tag steigerte und bei seiner Ausweisung in dem Entschluss
gipfelte, einen Generalstreik auszurufen. Bereits zuvor war es zu
größeren und kleineren Demonstrationen gekommen, und natürlich
hatte es sich auch die linke Presse nicht nehmen lassen, die österreichischen Behörden zu geißeln und Mussolini im hellsten Licht zu
zeigen.[36]

Im Königreich Italien war das publizistische Echo auf Mussolinis Ausweisung kaum weniger groß. Unnötig zu sagen, dass der
«Avanti!», das Organ der sozialistischen Partei, ausführlich über den
Fall berichtete und Mussolini in den höchsten Tönen lobte. Er habe
«großes Talent», sei «umfassend gebildet», ebenso «stolz» wie «un-
beugsam» und habe sich ganz der Arbeiterklasse verschrieben.[37] Andere sozialistische Zeitungen äußerten sich ähnlich, und selbst «Il
Resto del Carlino», das renommierte konservative Blatt aus Bologna,
griff das Thema auf. Am Ende beschäftigten Mussolinis Abenteuer
in Trient sogar das italienische Parlament.

Mussolini war ein anderer, als er nach Italien zurückkehrte. In
Trient wurde aus dem unbekannten Parteifunktionär und Publizis-
ten binnen weniger Monate ein erfahrener, gut vernetzter Journalist
und Politiker, der nicht nur im Umfeld der sozialistischen Partei
etwas galt. Die alte, schon seit Längerem nur halbherzig verfolgte
Option, vielleicht doch noch einmal als Lehrer zu arbeiten, war damit endgültig passé. Mussolini drängte in die Öffentlichkeit, und er
wollte hoch hinaus.

## Der totalitäre Sozialist

Der Karrieretraum endete aber auch diesmal mit Katzen-
jammer. Der neue Ruhm ließ sich nicht in berufliche Perspektiven
ummünzen, so dass Mussolini – nun schon 26 Jahre alt – ein weiteres
Mal bei seinem Vater unterkriechen musste, der mittlerweile nach
Forlì gezogen war. Ihm erneut auf der Tasche zu liegen, war umso
demütigender, als Mussolini mittlerweile mit der 19-jährigen, aus
ärmlichen Verhältnissen stammenden Rachele Guidi zusammen-
lebte, die ihm im September 1910 eine Tochter gebar. Er brauchte
also dringend Geld und bewarb sich in seiner Verzweiflung sogar bei
der publizistischen Konkurrenz – bei einem liberalen Blatt in Turin
und beim konservativen «Il Resto del Carlino», der unverhohlen die
Interessen der Großagrarier vertrat. Der Erfolg blieb beide Male
aus, er stellte sich aber völlig überraschend vor der Haustür in Forlì
ein, wo ihm die eigene Partei einen dürftig dotierten Posten verschaffte.

In Forlì und Umgebung war damals – wie in vielen anderen
ländlichen Gegenden Italiens – der Teufel los. Die Großgrundbesit-
zer und das Sklavenheer der bäuerlichen Unterschichten standen
sich in verstockter Feindschaft gegenüber, wobei Letztere nicht zuletzt deshalb fast immer den Kürzeren zogen, weil sich die Klein-
pächter trotz ihrer Armut für etwas Besseres hielten und mit den
Tagelöhnern und Saisonarbeitern kaum einmal einen gemeinsamen
Nenner fanden. Die örtlichen Sozialisten spielten in diesen Konflikten nur eine Nebenrolle. Sie hatten kein Gesicht und kein Programm, sie waren in sich zerstritten und nie in der Lage, der tonangebenden proletarischen Kraft der Stadt, den Republikanern, den

Rang abzulaufen. Die Sozialisten in Forlì hielten es deshalb für eine gute Idee, mit Mussolini, dem Helden von Trient, einen Neuanfang zu probieren. Sie übertrugen ihm die Leitung der Sektion und gründeten eigens eine Zeitung für ihn, die ab Januar 1910 einmal pro Woche erschien und schon im Titel ihr Programm verkündete: «La Lotta di Classe» – der Klassenkampf.[1]

Mussolini war damit erneut in seinem Metier, und wie in Trient legte er sofort mächtig los. Seine wichtigste Waffe war hier wie dort die Zeitung, die er binnen Kurzem zu einem modernen, auf die Interessen der ländlichen Hungerleider zugeschnittenen Organ machte. «La Lotta di Classe» verschaffte den Sozialisten endlich die Aufmerksamkeit, die sie sich immer gewünscht hatten. Parallel dazu brachte er die örtliche Partei auf Linie und in die Höhe: Die Zahl der Mitglieder stieg rapide; auch viele Frauen und Jugendliche entdeckten ihre Sympathie für die Sozialisten. Gleichzeitig zwang Mussolini seine Partei, ihre stickigen Hinterzimmer zu verlassen, wo die Genossen doch nur unter sich waren. Sie sollten Präsenz zeigen und den öffentlichen Raum erobern, der bis dahin den Republikanern und dem konservativen Establishment gehört hatte.

Schließlich widmete sich Mussolini mit ganzer Kraft der Fortbildung der Parteimitglieder, die vom Sozialismus keine Ahnung hatten und auch sonst nicht viel wussten. Wie denn auch? Die meisten konnten weder schreiben noch lesen. Mussolini hatte schon in Trient an einer Art improvisierter proletarischer Volkshochschule mitgewirkt – jetzt intensivierte er diese Bemühungen. Er hielt zahlreiche Vorträge, organisierte Filmabende und Lesungen und kümmerte sich sogar um die Vereinslokale, die er am liebsten in permanente Bildungsstätten verwandelt hätte – ohne Wein und Kartenspiel.

Die sozialistische Partei als Glaubensgemeinschaft, deren Mitglieder ihr ganzes Leben auf die Politik ausrichteten und daraus die Kraft für die Revolution bezogen – so stellte sich Mussolini die Zukunft vor. Die Sozialisten, schrieb er im Januar 1910, schaffen «die neuen Menschen, die sich der ererbten moralischen und geistigen Sitten einer untergehenden Gesellschaft entledigen».[2] Die Gegenwart blieb natürlich weit hinter solchen Prospekten zurück. Richtig ist aber schon, dass die Sektion des PSI in Forlì binnen eines Jahres einen veritablen Aufschwung erlebte und als eine der schlagkräftigsten und radikalsten Gliederungen der gesamten Partei betrachtet wurde. Mussolini hatte ihr seinen revolutionären Geist eingehaucht und galt nicht umsonst als ihr «geliebter und verehrter» Führer – als «Duce», wie man damals bereits gelegentlich sagte.[3] Selbst in Bologna, Mailand und Rom war er bald kein Unbekannter mehr.

Letztlich war Forlì aber doch nur Forlì und damit zu eng für den Mann aus Predappio, der unverkennbar schon jetzt die nationale Bühne im Blick hatte. Mussolini wagte deshalb den Aufstand gegen die Führung der sozialistischen Partei, die ihm schon lange ein Dorn im Auge war. Vor allem die Reformer um Leonida Bissolati und Ivanoe Bonomi brachten ihn schier zur Weißglut. Er hielt sie, aber auch die radikaleren Sozialisten um Filippo Turati, für Maulhelden, die es sich im Parlament bequem machten und – die Hände im Schoß – seelenruhig für die Revolution kämpften. Im März 1911 beriet Bissolati den König bei der Regierungsbildung, und im Jahr darauf brachte er es sogar fertig, Vittorio Emanuele III. zu beglückwünschen, der ein Attentat überlebt hatte. Eine Todsünde für einen Sozialisten, wie Mussolini meinte, der den Monarchen per definitionem für einen «überflüssigen» Bürger[4] hielt und nichts Verwerfliches an dem Anschlag finden konnte.

Bissolati musste weg und mit ihm die ganze reformistische Brut, die der Partei nur schadete und ihm selbst im Wege stand. Mussolini forderte deshalb im Frühjahr 1911 im Namen seiner Sektion den sofortigen Ausschluss Bissolatis und kehrte der Partei schließlich den Rücken, als er auf taube Ohren stieß.[5] Seine revolutionären Gesinnungsgenossen, die es überall in Italien gab, schlossen sich zwar seiner Forderung an, zogen aber – anders als Mussolini es erwartet hatte – keine Konsequenzen. Die Einheit der Partei war ihnen wichtiger als die Gründung einer reinen Revolutionspartei, die ganz von vorne hätte beginnen müssen. Mussolini steckte damit in einer Sackgasse. Alle Bemühungen, ihn zur Rückkehr zu bewegen, scheiterten, und wer weiß, was mit ihm geschehen wäre, wenn der Krieg in Libyen nicht eine neue Situation geschaffen hätte.

Libyen, genauer Tripolitanien und die Cyrenaika, befand sich schon seit Langem im Fadenkreuz italienischer Expansionsbestrebungen. Das Königreich Italien, wie das Deutsche Reich eine «verspätete Nation» mit entsprechendem Nachholbedarf, litt seit seiner Gründung unter der Dominanz seiner Nachbarn und unter heftigen Phantomschmerzen mangelnder Größe. In Europa gab es dafür keine Linderung, in Afrika schien sich aber im Frühjahr 1911 die ersehnte Möglichkeit für kolonialen Landerwerb abzuzeichnen, als Frankreich in Marokko intervenierte und damit die fragile Machtbalance im Mittelmeerraum gefährdete. Das Deutsche Reich fand sich mit dieser Veränderung ebenso wenig ab wie Italien, das sofort seine Ansprüche auf die unter der Herrschaft des Osmanischen Reiches stehenden libyschen Gebiete anmeldete. Italien, so redete man sich ein, dürfe nicht leer ausgehen, es habe ebenfalls ein Recht auf Kolonien und werde sich holen, was ihm zustehe. Die Regierung dachte hier nicht anders als die Krone, die katholische Kirche ließ sich, aus Glaubensgründen versteht sich, von der kolonialen Beutegier ebenso anstecken wie die Unternehmerschaft und die Presse, die sich vor Begeisterung über das angebliche Schlaraffenland in Nordafrika fast überschlug.[6]

Von Forlì und dem sozialistischen Häretiker, der seine eigene Partei herausforderte, sprach nach dem Ausbruch der Kampfhandlungen niemand mehr. Alle Augen richteten sich auf die italienischen Truppen in Nordafrika und den Krieg gegen die Türken, die dort ihr Osmanisches Reich verteidigten. Italien befand sich in einem Zustand nationaler Selbstberauschung, nur die Sozialisten blieben standhaft abstinent. Sie sahen keinen Sinn in einem Krieg um eine Wüstenkolonie, in dem vor allem die kleinen Leute ihre Köpfe hinhalten mussten. Sie riefen zum Generalstreik auf, der freilich nur in einigen Provinzen die beabsichtigte Wirkung hatte. Zu diesen zählte, wen wundert es?, Forlì, wo Mussolini nichts unversucht ließ, die Opposition gegen den Krieg zu schüren und den Streik in einen

Volksaufstand zu verwandeln. Er stachelte seinen Anhang zu gewalttätigen Demonstrationen an, stand bei Straßenschlachten in vorderster Linie und blockierte mit seinen Getreuen sogar einen Eisenbahnzug, der Truppen an die Front transportieren sollte.[7]

Dieser Sabotageakt blieb nicht ohne Antwort. Das Gericht in Forlì verurteilte Mussolini Ende November 1911 zu einer Strafe von einem Jahr verschärfter Haft, die nach dem Berufungsverfahren auf fünf Monate reduziert wurde – und die er tatsächlich absitzen musste. Nicht ganz schweren Herzens, wie es schien, denn er nutzte das Gerichtsverfahren, um sich als unschuldiges Opfer einer unerbittlichen Klassen- und Kriegsjustiz zu stilisieren,[8] und seine Anhänger in der Provinz und seine Gesinnungsgenossen in der großen Parteipresse ließen keinen Tag verstreichen, ohne an ihren Märtyrer hinter Gittern zu erinnern. Konflikte mit Justiz und Polizei waren für sie nicht ehrenrührig, sie gehörten zum Markenzeichen echter Sozialisten und hatten Mussolinis Karriere schon einmal befördert. Jetzt war es wieder so: Aus allen Teilen der sozialistischen Partei schlug ihm eine Welle der Solidarität entgegen, die ihn erneut ein Stück höher trug. Nach seiner Entlassung aus dem Gefängnis konnte er sich Hoffnung machen, beim nächsten Parteitag in Reggio Emilia im Juli 1912 eine viel größere Rolle zu spielen als beim letzten Parteikonvent zwei Jahre zuvor, wo er nur eine unbedeutende Nebenfigur als proletarischer Exzentriker gewesen war.[9]

Dass Mussolini zum Hoffnungsträger avancierte, hatte auch mit der politischen Großwetterlage in Italien zu tun. Hier standen die Zeiten seit Langem auf Sturm. Klassenkampf und Bürgerkrieg waren keine leeren Worte, sondern bittere und blutige Realität. Monat für Monat, ja Woche für Woche verschärften sich die sozialen Spannungen, in Handel und Gewerbe ebenso wie in der Landwirtschaft. Überall hielt die Industrialisierung Einzug – und mit ihr so viel Zukunftsangst wie Zukunftseuphorie, die sich in Italien ebenfalls nur schwer vertrugen. Der Krieg in Libyen riss die Gräben in der Gesellschaft noch weiter auf, und auf beiden Seiten waren es die Hardliner, die Aufwind verspürten und ihre Konzepte durchsetzten.

Für das sozialistische Lager hieß das: Die Revolutionäre erhielten massenhaften Zulauf, während die eher reformorientierten, auf Konsens und gesellschaftliche Kooperation bedachten Kräfte in die Defensive gerieten und um ihre Führungsrolle in der Partei fürchten mussten. Mussolini, der schon seit Längerem für einen härteren Kurs plädierte, konnte sich bestätigt fühlen. Er hatte jetzt den Genossen Trend auf seiner Seite, und da spielte es auch keine größere Rolle, ob er in der Partei war oder nicht. Er trat – mit seinem schlagkräftigen Verband aus Forlì, der mittlerweile die Führung in der gesamten Emilia Romagna übernommen hatte – stillschweigend wieder ein und arbeitete mit ganzer Energie auf den Parteitag in Reggio Emilia hin, der eine Richtungsentscheidung bringen musste.

Wie sie ausfallen würde, war nach den Urwahlen in den Sektionen und Regionalverbänden klar. Die radikale Linke durfte mit einem Sieg rechnen. Dessen Höhe ließ sich freilich kaum abschätzen, weil das revolutionäre Lager gespalten war und Parteitage der Sozialisten ihren eigenen Gesetzen folgten; das Sensationspotenzial war traditionell groß. Entsprechend nervös war Mussolini, als er am Nachmittag des 8. Juli 1912 die Rednertribüne im Theater «Ludovico Ariosto» betrat. Gewiss, er hatte in Reggio Emilia eine Art Heimspiel. Die Stadt war eine Hochburg der Revolutionäre, und die Stimmung, die dort herrschte, ließ die Delegierten im Parkett und auf den Rängen nicht unbeeinflusst. Ebenso sicher war, dass Mussolini im revolutionären Mehrheitsflügel keine Konkurrenz hatte; in den Vorbesprechungen war er es, der den Ton angab.[10]

Dennoch werden ihn bange Fragen beschäftigt haben: Sollte er wirklich aufs Ganze gehen und den Versuch machen, den PSI umzukrempeln und in eine Revolutionspartei zu verwandeln? War sein Anhang stark und einig genug, oder brauchte er doch Bündnispartner aus den weniger radikalen Strömungen der Partei? Nach intensiven Sondierungen machte sich Mussolini keine Illusionen. Der PSI war noch nicht reif für eine Generalüberholung, wie sie ihm vorschwebte. Für sein Konzept einer straff organisierten Kampfpartei, die das gesamte sozialistische Lager dominieren und auf die Revolution vorbereiten sollte, fand er nicht einmal im eigenen Lager eine überzeugende Mehrheit. Von den anderen Gruppen nicht zu reden: Die gemäßigte Fraktion im Abgeordnetenhaus beharrte auf ihrer Autonomie, die eher reformorientierten Gewerkschaften wollten sich ebenso wenig von Beschlüssen der Parteiführung binden lassen wie die pragmatischen Kooperativen. Sie hatten zu viel erreicht, als dass sie zu riskanten Experimenten aufgelegt gewesen wären.

Ähnliche Widerstände zeigten sich, als Mussolini hinter den Kulissen mit seinem zweiten großen Ziel herausrückte. Er wollte Chefredakteur des Parteiorgans «L'Avanti!» werden,[11] nach Mailand übersiedeln und dort in der ersten Reihe mitspielen. Führung und Fußvolk hingen zwar nicht am alten Schriftleiter, einem akademischen Zauderer, der den «Avanti!» im Ungefähren stagnieren ließ. Genauso wenig wollten sie das Blatt aber einem revolutionären Hitzkopf wie Mussolini ausliefern, von dem niemand wusste, ob er auch andere Stimmen zulassen oder nur seine eigene dulden würde.[12]

Mussolini musste sich also bescheiden. Er deutete in seiner Rede auf dem Parteitag zwar immer wieder an, was er eigentlich wollte. Offen nannte und verfolgte er seine Pläne allerdings nicht. Ins Visier rückte so fast automatisch ein leichteres Ziel: die Reformer, die ihre Basis im Abgeordnetenhaus und nicht nur Mussolini zum Feind hatten. Ihre Politik der kleinen Schritte war in der Partei lange konsensfähig gewesen. Doch nach dem Libyenkrieg und der Verschärfung der sozialen Spannungen war sie nicht mehr zeitgemäß; die Mehrheit der neuen Revolutionsschwärmer sehnte sich nach großen Taten, begnügte sich aber, wenn es gefährlich wurde, auch mit Worten – nur groß mussten sie eben sein. Insbesondere Leonida Bissolati und Ivanoe Bonomi waren ein rotes Tuch für sie geworden.

Sie traf der Bannstrahl denn auch vor allem, als Mussolini in seiner Rede so richtig zu wüten begann.[13] Die führenden Köpfe der Reformer mussten als Erste ausgeschaltet werden, wenn die schläfrige sozialistische Fraktion im Abgeordnetenhaus und der PSI insgesamt wieder auf Touren kommen sollten. Danach konnte man weitersehen und vielleicht auch größere Hindernisse aus dem Weg räu-

Ein viel-
versprechender
Sozialist

men. Mussolini, der bei anderen Fragen durchaus kompromissbereit war, kannte hier kein Pardon. Er zog alle Register und überwältigte mit seiner raffinierten Wortgewalt beträchtliche Teile der Delegierten, die – anders als die Parteiführung ein Jahr zuvor – nun tatsächlich bereit waren, Bissolati und Co. zu opfern. «Wenn wir nicht rasch Gegenmaßnahmen ergreifen, werden die unreinen Elemente die Partei zersetzen, genauso wie Krankheitskeime, die sich in den Blutkreislauf eingeschlichen haben, schließlich einen Menschen töten, wenn die Antikörper – aus Altersgründen – unfähig sind, sie zu eliminieren.»[14]

Zeitgenossen, die dabei waren, als verdiente Sozialisten wegen abweichender Meinungen als «Krankheitserreger» bezeichnet und schließlich aus der Partei ausgeschlossen wurden, schildern Mussolini als eine Art Naturgewalt: wild, bleich und ein bisschen geheimnisvoll in seinem verschossenen schwarzen Anzug, der lange nicht mehr gereinigt worden war. Selbst besonnene Gemüter ließen sich von diesem neuen Politikertyp beeindrucken, der sagte, was er dachte, und tat, was er sagte, der – mit einem Wort – die Revolution lebte, bevor sie stattgefunden hatte. «Ein wunderbarer junger Bursche, schlank, von stakkatohafter Eloquenz, brüsk, feurig, originell. Ein Mann mit großer Zukunft; man wird noch viel von ihm hören. Er wird die Partei beherrschen.»[15]

Der bürgerliche Schöngeist, der diese Sätze schrieb, wurde, wie viele andere Zeitgenossen innerhalb und außerhalb der sozialistischen Partei, ein Opfer des Charismas, das Mussolini bereits als Sozialist umgab und sich nichts anderem als seiner ungewöhnlichen Persönlichkeit verdankte.[16] Die Realität sah aber doch ein wenig anders aus. Der revolutionäre Flügel des PSI ging aus dem Parteitag zwar als triumphaler Sieger hervor. Er stellte die gesamte Führung der Partei, zu der auch Mussolini gehörte. Die Reformer behaupteten aber ihre Hochburgen im Parlament, in den Gewerkschaften und in zahlreichen anderen Organisationen, so dass die Parteizentrale mit ihren radikalen Parolen häufig auf taube Ohren stieß. Die gemäßigten Sozialisten hielten auch die Frage, wer die Parteizeitung leiten sollte, noch monatelang in der Schwebe, bis Mussolini im Dezember 1912 doch noch seinen Willen bekam.

Aber selbst als Chefredakteur saß er noch lange nicht fest im Sattel.[17] Der Mann aus der Provinz fand sich im mondänen Mailand nur schwer zurecht und bestätigte damit die Meinung seiner Widersacher, die ihm den Posten sowieso nicht zugetraut hatten. Die Skepsis wuchs, als er einige alte Mitarbeiter entließ und seine eigenen Leute in die Redaktion holte, die in der Regel noch unerfahrener waren als er selbst. Noch größeren Unmut erregte aber sein autoritärer, ja fast schon totalitärer Führungsstil. Der Chef war Mussolini schon in Trient und Forlì gewesen, jetzt in Mailand, wo er sich unsicher und verkannt fühlte, trat er noch herrischer, mitunter sogar diktatorisch auf.

Besonders unzugänglich zeigte sich Mussolini, wenn es um den Kurs der Zeitung ging. Das Parteiorgan war bis dahin ein Spiegelbild des überaus heterogenen PSI gewesen; vor allem die gemäßigten Schriftgelehrten waren zu Wort gekommen. Damit war jetzt nicht schlagartig Schluss. Mussolini machte aber doch unmissverständlich klar, dass er dem «Avanti!» seinen Stempel aufdrücken und ihn in ein Blatt verwandeln wollte, das nur ein Ziel kannte: zum Klassenkampf aufzustacheln. Manche hielten den Chefredakteur deshalb für einen «neuen Marat», der den «heiligen Krieg des Proletariats» proklamierte,[18] für andere war er ein Anarchist, während wieder andere von «mussolinismo» sprachen und diesen – voller böser, aber noch unpräziser Ahnungen – mit «nazionalismo socialista»[19] gleichsetzten.

Mussolinis Karriere stand so 1912/13 fast dauernd auf der Kippe, in der Zeitung ebenso wie in der Partei.[20] Er war den Gemäßigten zu radikal, den Radikalen zu revolutionär und den Revolutionären zu anarchistisch, zu diktatorisch und zu unberechenbar. Die Führungsgremien beschäftigten sich mehrmals sehr kritisch mit dem unsicheren Kantonisten, hielten ihm aber letztlich doch die Stange, weil er Erfolg hatte und an der Basis überaus populär war. Der «Avanti!» blühte unter seiner Führung förmlich auf. Die Auflage, die zuvor kaum einmal 30 000 Exemplare überschritten hatte, lag nun deutlich höher und erreichte in Spitzenzeiten sogar die 100 000er-Grenze. Diese Zuwachsraten fielen Mussolini nicht in den Schoß. Er musste hart dafür arbeiten, nicht selten 15 bis 16 Stunden pro Tag, auch an den Wochenenden war er in der Redaktion anzutreffen. Er verwandte viel Mühe auf treffsichere Schlagzeilen, experimentierte mit beißenden Karikaturen und ließ den Satzspiegel so ändern, dass auch rasche Leser auf ihre Kosten kamen. Auch seine schärfsten Gegner mussten zugeben: Das traditionsreiche Parteiblatt wurde unter seiner Regie ansprechender und moderner; außerdem war es wirtschaftlich erstmals seit Langem wieder gesund.[21]

Einen ähnlichen Aufschwung erlebte die Partei, die den Puls der Zeit nun sehr viel besser traf als vor dem Parteitag in Reggio Emilia. Das zeigte sich besonders deutlich in den Parlamentswahlen vom Herbst 1913, als der PSI mit fast 18 Prozent der Stimmen so viele wie nie zuvor erhielt. Hinzu kam, dass die Zahl der Mitglieder rapide stieg. 50 000 zählte man 1914, während es zwei Jahre zuvor nur 30 000 gewesen waren – ein spektakulärer Erfolg, der sich auch darin äußerte, dass viele Neumitglieder von echtem revolutionären Schwung beseelt waren und fast schon dem Idealtypus entsprachen, den Mussolini ständig predigte. Sie fühlten sich als Kämpfer und Gläubige, die der Partei nahezu alles unterordneten. Sie folgten Mussolini, als er die Freimaurer aus der Partei vertrieb, und sie hatten nichts dagegen, als er von den Sozialisten die demonstrative Abkehr vom katholischen Glauben verlangte; selbst ihre Frauen und Kinder sollten sich dem Gift der Kirche entziehen. Neben der Partei durfte es keine fremden Götter geben.

Mussolini gab sich damit nicht zufrieden. Er kümmerte sich weiter intensiv um die Basis des PSI, aus der er eine Elite von Berufsrevolutionären rekrutieren wollte, die für den Endkampf gerüstet war. Nur sie interessierte ihn. Der Kampf sei in der Geschichte immer «ein Kampf der Minderheiten» gewesen und werde es immer bleiben, schrieb er im März 1913 im Parteiorgan: Auch der «Klassenkampf ist im Grunde eine Sache von Minderheiten. Die Massen folgen und dulden.»[22] Das galt für das Proletariat ebenso wie für das Gros der normalen Parteimitglieder, die als Fußvolk der Revolution primär glauben und gehorchen sollten. «Die Masse ist vor allem Quantität, sie ist Trägheit. Die Masse ist statisch, die Minderheiten sind dynamisch.»[23]

Trotz dieser Erfolge blieb Mussolini umstritten. Sein vulgäres Revoluzzertum hatte ebenso viele Freunde wie Feinde, die nur auf eine günstige Gelegenheit warteten, den zu rasch zu groß gewordenen Genossen in die Schranken zu weisen. Größere und kleinere Nadelstiche versetzten sie ihm aber jetzt schon, wo immer es ging. Vor allem im «Avanti!» musste er mehr Kritik einstecken und mehr

Kompromisse machen, als ihm lieb war. Der Hausherr war nicht immer Herr im Haus. Mussolini blieben die gegen ihn gerichteten Aktionen nicht verborgen. Er fühlte sich zunehmend eingeschränkt und gründete deshalb im November 1913 eine eigene Zeitschrift, die alle zwei Wochen erschien und «Utopia» hieß.[24] Hier konnte er allein schalten und walten, und hier konnte er auch unorthodoxe Autoren zu Wort kommen lassen, die im offiziellen Parteiorgan keinen Platz hatten.[25]

Man konnte es drehen und wenden, wie man wollte. Die «Utopia»-Gründung war eine Kampfansage an die Partei, der Mussolini mit dem gleichen verdeckten Argwohn begegnete wie sie ihm. Sie war – genau genommen – aber sehr viel mehr: nämlich der ernste Versuch, die Zukunftstauglichkeit des Marxismus zu überprüfen, der noch immer die oberste ideologische Richtschnur des PSI war. Auch Mussolini hielt daran fest, obwohl er seit Jahren zweifelte, ob Marx die richtigen Antworten auf die entscheidenden Fragen der Gegenwart gab.

Der Chef des «Avanti!» stand mit diesen Zweifeln nicht allein. In allen sozialistischen Parteien und Bewegungen der Welt gab es kluge Köpfe, die eine Neuausrichtung des Sozialismus forderten, und überall gab es nicht weniger kluge Köpfe, die sich weigerten, an den alten Dogmen zu rütteln. Mussolini suchte Orientierung in diesem bis heute nicht ganz verstummten Jahrhundertstreit und lud deshalb junge kreative Denker aus allen linken Lagern ein, in seiner «Utopia» über diese Fragen zu diskutieren. Besonders großen Wert legte er auf die Meinung der revolutionären Syndikalisten, die im Fahrwasser von Sorel schon seit Längerem einen neuen Ton in die Marxismus-Debatte gebracht hatten. Er bewunderte ihren Kampfgeist, ihm gefielen ihre radikalen Aktionsformen, und er teilte ihren Hass auf die bürgerliche Welt, die nichts als den Untergang verdient hatte. Zeitweise fühlte er sich diesen Revolutionären so nahe, dass er sich selbst als Syndikalist bezeichnete.[26]

Ungebrochen war diese Wertschätzung allerdings nie.[27] Die revolutionären Syndikalisten waren selbst Mussolini zu unbeherrscht und wild. Namentlich ihre Neigung, bei allen möglichen Anlässen den Generalstreik auszurufen, hielt er für kontraproduktiv. Er sah in ihr eine Art «Selbstbefriedigung»,[28] die dem Proletariat eher schadete als nützte. Die Geister schieden sich auch an der Frage nach den treibenden Kräften in der Revolution. Die Syndikalisten setzten ganz auf die Gewerkschaften, während Mussolini der sozialistischen Partei die Führungsrolle zusprach, auch wenn er erhebliche Zweifel hatte, ob sie sie ausfüllen könne. Als intellektuelle Sparringspartner hielt er die Syndikalisten dennoch für unverzichtbar. Ihr revolutionäres Potenzial war ebenso enorm wie die Popularität ihrer Führer, beides durfte der Arbeiterbewegung nicht verloren gehen. Das galt in gleichem Maße für zahlreiche andere unruhige Geister, die sich im Einzugsbereich des PSI bewegten, ideologisch aber doch relativ frei vagabundierten. Sie waren Mussolini ebenfalls lieber als die verstaubten Parteiexzellenzen vom Schlage eines Turati, die sich im Dienste der Revolution nun schon seit Jahrzehnten die Finger wund schrieben, mehr aber nicht.

Mussolinis Skepsis, ob seine Partei in der Lage sei, eine Revolution herbeizuführen und zum Ziel zu bringen, erhielt im Frühsommer 1914 weitere Nahrung. Nach dem Libyenkrieg hatte sich die innenpolitische Situation in Italien ständig verschärft. Oft genügte schon ein nichtiger Anlass, dass Unruhen ausbrachen oder Kundgebungen sich in blutige Straßenschlachten verwandelten. Die Regierung fand nie ein Mittel gegen diese sozialen Gärungen – oder immer nur das falsche, wie sich Anfang Juni 1914 zeigte: Damals feuerten in Ancona verunsicherte Carabinieri in eine Gruppe von Demonstranten, die an die Opfer des Militarismus erinnern und dabei auch den Staat provozieren wollten. Drei Tote und zahlreiche Verletzte blieben auf der Straße liegen. Die Nachricht von diesen Vorfällen verbreitete sich wie ein Lauffeuer. Der Staat, so hieß es, habe schon wieder ein «Massaker am Volk» verübt. In vielen Städten traten empörte Arbeiter in den Streik, ehe sich auch die Führungen des PSI und der Gewerkschaften entschlossen, einen Generalstreik auszurufen, der in manchen Provinzen eskalierte. Kasernen und

Kirchen wurden verwüstet, Straßen und Schienenwege zerstört, ehrgeizige Streikführer riefen sogar die Republik aus.[29]

Regierung, Polizei und Heer sahen in diesen Protesten und Ausschreitungen, die als «settimana rossa» (rote Woche) in die Geschichte eingingen,[30] nur die Vorboten eines von langer Hand geplanten Umsturzes. Entsprechend reagierten sie – mit völlig überzogener Härte, die nicht ohne Antwort blieb und die Zahl der Opfer weiter erhöhte. Das Menetekel eines Bürgerkrieges, der in den zurückliegenden Jahren schon mehrmals gedroht hatte, stand jetzt wieder an der Wand.

Was dachte Mussolini, als er von der neuerlichen Bluttat der «Mörderbande an der Regierung»[31] in Ancona und von der entschlossenen Reaktion der Arbeiterbewegung hörte? Glaubte auch er, dass die Stunde der Revolution geschlagen hatte? Wohl eher nicht – dazu hatten ihm die Organisationen der Arbeiterbewegung schon zu viele Enttäuschungen bereitet. «Es lebe der Generalstreik! Es lebe die Revolution!», rief er zwar am 9. Juni 1914 in Mailand den Streikenden zu.[32] Zwei Tage später forderte er aber selbst zum «Waffenstillstand» auf, als er sah, dass die Streikfront schon bröckelte, ehe sie geschlossen war. Die sozialistischen Gewerkschaften waren nur mit halbem Herzen dabei, bei den syndikalistischen war es nicht viel besser, und auch seine eigene Partei rückte von ihren resoluten Streikbeschlüssen bald wieder ab und blies zum Rückzug.[33] Mussolinis Zweifel am PSI verwandelten sich in der «settimana rossa» in Verzweiflung, weil die Partei erneut zögerte und sich gegenüber den Gewerkschaften selbst dann nicht hätte durchsetzen können, wenn sie entschiedener gewesen wäre. Sie war und blieb ohnmächtig, und zwar ganz gleich, ob an ihrer Spitze die Reformer oder – wie jetzt – die Revolutionäre standen, die er seit Jahren auf den rechten Weg zu führen versuchte. Auch mit ihnen war keine Revolution zu machen – jetzt nicht und vielleicht auf lange Sicht nicht.

Auch in das Proletariat setzte Mussolini keine großen Hoffnungen mehr; vermutlich hatte er es nie getan. Er machte es zwar mit keiner Silbe für den Fehlschlag des Generalstreiks verantwortlich.

Im Gegenteil, er schwärmte von der «Schönheit der Bewegung»[34] und behauptete sogar, das italienische Proletariat habe im Generalstreik sein «Klassenbewusstsein»[35] gefunden und sei für die Zukunft nun besser gerüstet. Gleichzeitig wusste er aber, dass die Führungen der Gewerkschaften und des PSI nicht nur aus eigenem Antrieb gehandelt hatten, als sie den Generalstreik beendeten. Sie waren dazu auch von der Basis gedrängt worden, die sich angesichts der Übermacht von Polizei und Heer keine großen Illusionen machte oder generell gegen revolutionäre Experimente war. Nach Mussolinis eigener Zählung hatte der PSI von den «sieben Millionen Proletariern» nur eine Million auf die Beine gebracht,[36] und selbst davon waren die meisten auf einen Pfiff der Gewerkschaften bald wieder nach Hause gegangen. Auch das Proletariat war also für die große Revolution nicht reif, es musste noch lange dafür trainiert werden.

Im Juni 1914 brauchte Mussolini noch keine Konsequenzen aus solchen Einsichten zu ziehen, die er auch mit Blick auf die sozialistischen und sozialdemokratischen Parteien und auf das Proletariat der industrialisierten europäischen Nachbarländer gewinnen musste. Die Schlussfolgerungen wären schmerzlich gewesen. Er hätte sich nämlich eingestehen müssen, dass er mit seinem Revolutionsprojekt gescheitert war und dass er sich weiter mit seinen innerparteilichen Widersachern herumschlagen musste, die nach dem Zusammenbruch des Generalstreiks wieder selbstbewusster auftraten. Hatten sie nicht immer gesagt, dass er den Bogen überspannte? Im Juni/Juli ruhten diese Fragen – allerdings nur kurze Zeit. Damals stand ein anderes Thema auf der Tagesordnung: Es drohte Krieg, ein großer Krieg sogar, in den auch das mit dem Deutschen Reich und Österreich-Ungarn im Dreibund verbündete Italien hineingezogen werden konnte.

Mussolini hatte diese Entwicklung vorhergesehen, und auch die Schlachtordnungen, die dem Krieg zugrunde lagen, konnten ihn nicht überraschen. Der «österreichisch-deutsche Block» musste in seinen Augen früher oder später mit Frankreich, Großbritannien und Russland kollidieren – jetzt war es so weit, das «Weltfest des

Todes», wie Thomas Mann den Ersten Weltkrieg im «Zauberberg» nannte, hatte begonnen,[37] und der PSI musste sich entscheiden, wo er stand. Mit solchen Problemen sahen sich im Sommer 1914 alle linken Parteien in Europa konfrontiert. Überall fragten sich die Genossen, ob sie den wieder und wieder beschworenen Grundsätzen des proletarischen Internationalismus treu bleiben oder sich zur Nation im Krieg bekennen sollten.

Die deutschen Sozialdemokraten trafen schließlich die gleiche Entscheidung wie die britischen und französischen Sozialisten. Sie votierten für das Vaterland und versetzten damit der sozialistischen Internationale den Todesstoß. Nur die italienischen Sozialisten bildeten eine Ausnahme. Sie blieben bei ihrer traditionellen Gegnerschaft zum Krieg und erklärten sich für strikt neutral, obwohl es auch in ihren Reihen nicht wenige gab, die mit der Sache der Westmächte sympathisierten und den deutsch-österreichischen Dreibund-Mächten den Ruin wünschten.

Mussolini unterstützte den offiziellen Kurs seiner Partei, allerdings von Beginn an ohne echte Überzeugung. Wie viele seiner Genossen machte er kein Hehl daraus, für welche Seite sein Herz schlug: «Sympathie für den Westen, Feindschaft gegen den Osten. Wohlwollen gegenüber Frankreich, Ablehnung gegenüber Österreich-Ungarn.»[38] Einen Generalstreik zur Verhinderung eines Kriegseintritts seines Landes zog er dementsprechend nur für den Fall in Erwägung, dass Italien an der Seite des Deutschen Reiches und der Habsburger Monarchie intervenieren sollte.[39] Gegen ein Engagement Italiens an der Seite der Westmächte hätte er sich nicht gewehrt. Anders lagen die Dinge, wenn die Österreicher die Grenze nach Süden überschreiten und Italien angreifen sollten. Dann hätte er keine Sekunde gezögert, seine Partei zum nationalen Schulterschluss aufzurufen. Der fanatische Kriegsgegner, als der er sich noch 1911/12 gezeigt hatte, war kein Pazifist; alles hing von den Kriegsgründen und vor allem von den Kriegszielen ab.[40]

Eines davon bezog sich auf das Trentino. Ein Krieg gegen die Habsburger bot die Chance, die unerlösten Regionen im Norden zu befreien und die nationale Einigung zu vollenden, die seit der Nationalstaatsgründung 1860 auf sich warten ließ. Mussolini reizte diese Perspektive, auch wenn er nicht oft davon sprach. Seiner Partei war diese Option aber zu riskant, und noch weniger konnte man sich dort für seine Vision erwärmen, dass ein Krieg vielleicht sogar den Weg zur Revolution bahnte. Unter normalen Umständen, das hatte die «settimana rossa» in seinen Augen gelehrt, war an Umsturz und Revolution nicht zu denken, weil das Proletariat zu schwach und der bürgerliche Staat zu stark war. Vielleicht aber jetzt? Vielleicht war der Krieg der Katalysator, der völlig neue Perspektiven eröffnete? Mussolini glaubte daran, weil er seit Langem meinte, dass Kriege den Kapitalismus ruinieren und Revolutionen nach sich ziehen konnten.

Nation und Revolution – er versuchte beides unter einen Hut zu bringen. Auf Grund seiner Vergangenheit hatte er aber seine liebe Mühe damit. Der nationale Gedanke verstörte den revolutionären Internationalisten, der in Mussolini schwächer geworden, aber nicht gänzlich ermattet war, und die Idee einer Revolution im Krieg sagte dem Patrioten in ihm nicht zu. Er sondierte und tastete sich deshalb zaudernd und zögernd voran, ehe er sich zu einem Kurswechsel entschloss. Dabei spielte es eine zentrale Rolle, dass er auch den PSI für seine neuen Überzeugungen gewinnen wollte. Wie schwer das werden würde, wusste er genau. Scheiterte er, drohten der Bruch mit seiner Partei, die politische Isolation und nicht zuletzt der Verlust seiner Stelle als Chefredakteur des «Avanti!», die seine wirtschaftliche Existenz begründete. Vorsicht war also geboten und eine gehörige Portion Wendigkeit, die ihm den Ruf eines prinzipienlosen Wendehalses eintrug,[41] der die strikte Neutralitätspolitik seiner Partei mittrug, sie aber zugleich hinter den Kulissen immer offener desavouierte.

Wichtige Stationen dieses verwirrenden Klärungsprozesses waren der Zerfall der sozialistischen Internationale,[42] der Mussolini die letzten Illusionen über die länderübergreifende Solidarität der Arbeiterklasse raubte, und nicht zuletzt die Erklärung Frankreichs, Großbritanniens und Russlands vom 5. September 1914, unter keinen Umständen einen Separatfrieden mit dem deutsch-österreichischen Kriegsgegner zu schließen. Die Mittelmächte waren damit in seinen Augen «zur Niederlage verurteilt»,[43] während Italien aufatmen konnte: Die Gefahr eines österreichischen Angriffs auf seine Heimat war so gut wie gebannt. Berlin und Wien würden es sich angesichts dieser Beschlüsse und der kritischen Lage an der West- wie der Ostfront zweimal überlegen, eine weitere Front im Süden zu eröffnen.

Es war deshalb kein Zufall, dass Mussolini in diesen Tagen erstmals öffentlich über einen Krieg gegen Österreich nachdachte und dabei seinen späteren Befreiungsschlag im Grunde schon vorwegnahm. «Wenn wir die Frage aus dem Blickwinkel unserer Prinzipien erörtern […], erinnern wir uns daran, dass wir Sozialisten sind, wenn wir aber vom nationalen Standpunkt ausgehen, erinnern wir uns daran, dass wir Italiener sind. […] Im Augenblick lassen wir uns nicht festlegen: wir werden unsere Entscheidungen von den Umständen abhängig machen.»[44] Gewiss, Mussolini dementierte diese Äußerung wenig später auf drastische Weise, als er einen entschiedenen Anti-Kriegs-Appell der PSI-Führung mitverfasste und sich damit erneut zum offiziellen Kurs bekannte[45] – vermutlich ohne wirklichen Glauben und wohl nur, weil er noch immer die Konsequenzen fürchtete. Wie er wirklich dachte, daraus machte er zumindest privat kein Geheimnis mehr. Anfang Oktober 1914 pfiffen es bereits die Spatzen von den Dächern, dass er nicht mehr im Einklang mit seiner Partei stand, deren Neutralitätspolitik er für falsch und verhängnisvoll hielt.[46] Er musste sich erklären und zwar rasch, wenn er seine Glaubwürdigkeit und die letzten Chancen, im PSI doch noch eine Mehrheit zu finden, nicht verspielen wollte.

Am 18. Oktober legte er die Karten endlich auf den Tisch,[47] und in den Wochen danach äußerte er sich immer deutlicher: Seine Partei durfte in dem weltgeschichtlichen Ringen, das der Krieg zu werden drohte, nicht als neutrale Beobachterin abseits stehen und den Dingen ihren Lauf lassen. Sie musste sich auf die Seite der Westmächte schlagen, die für Fortschritt und Demokratie bürgten, während er in den Habsburgern und Hohenzollern die finsteren Mächte der Reaktion erblickte, die im Falle eines militärischen Sieges die Zeit zurückdrehen und auch dem Sozialismus jede Entfaltungsmöglichkeit nehmen würden.

Der PSI konnte in Mussolinis Augen nur eines tun: der eigenen Nation den Rücken stärken, sie zum Krieg gegen Österreich ermuntern und sich damit zugleich einen unabweisbaren Anspruch auf eine Führungsrolle im Land erwerben. Der revolutionäre Internationalist war nun endgültig verstummt. Mussolini urteilte jetzt, wie er es auch vorher bereits getan hatte, «von einem ebenso reinen wie einfachen ‹nationalen› Standpunkt aus».[48] Der nationale Revolutionär dagegen blieb lebendig, auch wenn er nur noch wisperte oder schwieg. Er wusste einfach nicht, wer die Revolution tragen sollte, selbst ihre Ziele standen ihm längst nicht mehr klar vor Augen. Abgesehen davon, dass allzu dröhnende Umsturzpropaganda die nationale Eintracht störte, die im Krieg unerlässlich war.

Das Bekenntnis vom 18. Oktober konnte eigentlich kaum überraschen. Im PSI hatte man damit gerechnet und war dann doch irritiert, dass Mussolini seine Entscheidung nicht besser vorbereitet hatte. Er hatte sie ganz allein getroffen und nicht zuletzt deshalb fast den gesamten Parteivorstand gegen sich, der seine Alleingänge kannte und satt hatte und sich deshalb gegen ihn stellte. Die sozialistische Basis hingegen war nicht unempfänglich für seine Vision. Er hatte Sympathisanten auf dem linken Flügel, wo ihm auch der spätere geistige Führer der kommunistischen Partei, Antonio Gramsci, der 1937 an den Folgen langjähriger faschistischer Kerkerhaft starb, höchsten Respekt zollte.[49] Bei den eher rechten Sozialisten fand er ebenfalls viel Beifall. Gaetano Salvemini, einer der prominentesten Reformsozialisten, nahm seine Entscheidung mit Erleichterung und Begeisterung auf. Der spätere Regimegegner, der in den 1920er Jahren ins Exil gehen musste und bedeutende Bücher über den Faschismus vorlegte, schrieb am 18. Oktober 1914 geradezu hymnisch an Mussolini: «Ich habe das Bedürfnis, Dich zu beglückwünschen. Dein gesunder und starker Instinkt hat Dich auch diesmal auf den rechten

Weg geführt. Du musstest nicht wenig Mut aufbringen, [...] in diesem unseren Land der Winkeladvokaten und Schwätzer.»[50]

Solche Stimmen fanden in allen Sektionen des PSI ein lebhaftes Echo. Es war deshalb mitnichten ausgemacht, wie eine Machtprobe zwischen der Parteiführung und Mussolini ausgegangen wäre, wenn er sie gesucht und etwa einen Sonderparteitag verlangt hätte. Der Chefredakteur des «Avanti!» verlor aber nach der ersten Abstimmungsniederlage im Parteivorstand den Kopf und trat wutentbrannt von der Leitung seines Blattes zurück.[51] Er beraubte sich mit dieser überstürzten Aktion seiner publizistischen Stimme und musste auf liberale und konservative Zeitungen ausweichen, wenn er der Parteibasis seine Politik erklären wollte.[52] Dass damit seine Chancen, die Funktionäre und das Fußvolk des PSI zu gewinnen, gegen Null tendierten, versteht sich von selbst. Schlimmer war, dass er sich dem Verdacht des Verrats und der Fahnenflucht aussetzte, weil er in den Blättern des Klassenfeindes schrieb und dort seine Attacken gegen die Parteiführung ritt. Selbst engste Anhänger verstanden Mussolini nicht mehr. Was er tat, war unverzeihlich und ein unerhörter Verstoß gegen den sozialistischen Komment.

Er spielte damit seinen Widersachern in der Parteiführung einen Trumpf nach dem anderen zu. Sie nahmen diese Karten gerne auf und beglichen nun auch persönliche und politische Rechnungen, die in den letzten Jahren aufgelaufen waren, als er versucht hatte, der Partei seinen Willen aufzuzwingen. Mit Zins und Zinseszinsen zahlten sie es ihm zurück, wobei sie sich kaum einmal mit seinen politischen Überzeugungen auseinandersetzten. Der Vorwurf des Verrats enthob sie dieser Notwendigkeit und Pflicht, die nicht wenigen enorme Mühe bereitet hätte.

Die Parteiführung hatte bei der Demontage Mussolinis umso leichteres Spiel, als sich Anfang November die Nachricht verbreitete, dass er eine neue Zeitung herausbringen wollte. Sofort stand die Frage im Raum: Woher stammte das Geld? Und sofort machten die wildesten Gerüchte die Runde, die sein Ansehen weiter beschädigten, weil man sie glauben wollte und weil sie sich schließlich im Kern als richtig erwiesen. Das Startkapital der Zeitung, die am 15. November 1914 zum ersten Mal erschien und «Il Popolo d'Italia» hieß,[53] kam tatsächlich vom Klassenfeind, der sich vom Kriegseintritt Italiens enorme Gewinne versprach: Es kam von der Großindustrie, ohne dass sich Mussolini aber zu irgendetwas verpflichtet hätte. Sein Plan, mit einer so finanzierten eigenen Zeitung doch noch die Meinungsführerschaft in der Partei zu erringen, war damit von Anfang an zum Scheitern verurteilt. Mit der Gründung des «Popolo d'Italia» zerschnitt Mussolini die letzten Bande zum PSI, der seinerseits nichts tat, ihn zu halten. Im Gegenteil, die sozialistische Partei blies jetzt zur Treibjagd auf den Renegaten und setzte ihn einer wahren Sturzflut an Schmähungen aus. Judas, Überläufer, Deserteur – Mussolinis sozialistische Integrität sollte ebenso zerstört werden wie seine sozialistische Identität, ehe man ihm am 24. November 1914 das Parteibuch vor die Füße warf.[54]

Mussolini war damals 31 Jahre alt. Fast die Hälfte seines Lebens hatte er in der sozialistischen Partei gekämpft und fast ebenso lang hatte er in ihr gelitten. Sein Leiden hatte – wie das Unbehagen zahlreicher Genossen in der Heimat und in anderen europäischen Linksparteien – viele Gründe: die Zweifel an Marx, die Zweifel an der revolutionären Potenz des Proletariats, die Zweifel an der Internationale und nicht zuletzt die Zweifel an der Partei, die einfach kein positives Verhältnis zur eigenen Nation gewann, während nationale Empfindungen längst zu seiner politischen Grundausstattung gehörten. Als der Krieg im Herbst 1914 neue Fragen aufwarf, kulminierten diese Zweifel. Mussolini erlebte die schwerste politische Krise seines Lebens, die freilich nicht er selbst, sondern der PSI durch Ausschluss wegen «politischer und moralischer Unwürdigkeit» löste; er wäre vermutlich in der Partei geblieben und hätte eine neue Chance gesucht.

Was nun? Mussolinis Weg war nach dem 24. November gänzlich ungewiss. Klar war nur: Ein Zurück gab es nicht. Er war ja kein entlaufener, sondern ein davongejagter Sozialist mit dem Stigma eines ehrlosen Verräters. Man musste kein Prophet sein, um vorherzusagen, dass sich dieser Konflikt nie legen, dass er sich, im Gegenteil, weiter verschärfen und bis zu rabiater Feindschaft steigern würde. Der radikale Linke rückte damit ein Stück nach rechts, wobei seine konservativen Finanziers wie eine Art Magnet wirkten. Auch wenn er nur Geld nahm und keinerlei Einfluss auf den Kurs seiner Zeitung duldete – er näherte sich ihnen an und zwar immer weiter, weil sich im Klima der aufbrausenden nationalen Leidenschaften nach Kriegsbeginn auch seine eigenen vaterländischen Gefühle weiter belebten. Ihr Mann wurde er freilich nie. Dazu waren seine antibürgerlichen Instinkte zu stark, und dazu war seine Umsturzwut noch immer viel zu groß.

Mussolini wusste selbst nicht, wo er stand und was er wollte. Ende 1914 befand sich der Versprengte der Weltrevolution, ohne es zu ahnen, noch im präfaschistischen Wartestand.

## Der Faschist

Rachele Guidi, Mussolinis Lebensgefährtin, die er 1915 standesamtlich und 1925 kirchlich heiratete, wird nicht erwartet haben, dass sich ihr Mann nach seinem Parteiausschluss der Familie widmen, Freundschaften pflegen oder seinen Hobbys frönen würde. Keine Frage, Mussolini liebte seine fünf Kinder. Vor allem die älteste Tochter, Edda, hatte es ihm angetan, aber auch um seine drei Söhne und die jüngste Tochter kümmerte er sich nicht nur in den Ferien. Er war als Vater präsent, auch wenn er diese Rolle später propagandistisch reichlich überzog und als Vater in der Familie ebenso wenig aufging wie als Mann in der Ehe. Mussolini respektierte Rachele und hatte wohl sogar ein bisschen Angst vor seiner so resoluten wie herben Frau, die an seiner politischen Rolle zu keiner Zeit wirklich Anteil nahm.

Das hinderte ihn aber nicht, sie unentwegt zu betrügen. Prahlerische Männerfantasien haben aus diesem Frauenverschleiß Bilder unerschöpflicher Virilität erzeugt, die sich selbst entlarven und wohl durch die nüchterne Diagnose «krankhafte Sexsucht» ersetzt werden müssten. Sie auszuleben, fiel Mussolini umso leichter, als er tatsächlich eine fast magnetische Wirkung auf das weibliche Geschlecht hatte. Viele Frauen rissen sich selbst dann um ihn, wenn sie wussten, dass sie ihm nichts bedeuteten. Seine Ehefrau war ihm jedenfalls nie genug; ein Autor sprach sogar von «Mussolinis sexueller Bulimie».[1]

Die meisten Frauen zogen denn auch fast spurlos an Mussolini vorbei.[2] Größeren Einfluss erlangten nur wenige. Die wichtigste war Margherita Sarfatti,[3] eine wohlhabende verheiratete Jüdin, die bis

**Rachele und Benito im Kreise der Familie**

Mitte der zwanziger Jahre eine Art Zweitfrau und seine engste Ratgeberin war. Die hochgebildete, bezaubernde Venezianerin öffnete
ihm die Tür zu einer ganz neuen Welt. In ihrem mondänen Mailän-
der Salon galt der Rohling aus der Romagna anfangs als Sensation.
Er lernte dort Wissenschaftler, Künstler und Industrielle kennen
und gewöhnte sich schnell an den neuen Lebensstil. Er achtete mehr
auf seine Kleidung, verkehrte in teuren Lokalen und ließ sich plötzlich sogar in der Scala sehen. Die Sarfatti machte etwas aus ihm, sie
verwandelte ihn in einen angepassten Bourgeois, wie seine alten Genossen spotteten.

Mit Freunden musste Rachele ihren Mann dagegen nicht tei-
len. Mussolini kannte zwar als Chefredakteur des «Avanti!» und des
«Popolo d'Italia» fast ganz Mailand, er politisierte nächtelang in
Cafés und Kneipen, und es schien ihm keine größere Mühe zu berei-
ten, Menschen einzunehmen und für sich zu gewinnen. Echte
Freunde aber hatte er nicht; dazu war er zu verschlossen und zu

misstrauisch, auch gegen sich selbst und seine Abgründe und Schwächen, die andere weder sehen noch spüren durften. Das Private hatte bei Mussolini gegenüber dem Politischen generell nur geringe Chancen. Selbst für seine Hobbys (Geige spielen, Lesen) blieb immer weniger Zeit. Nur sein körperliches Fitnessprogramm ließ er sich nicht nehmen. Er schwamm, boxte, nahm Reitunterricht, begeisterte sich für den Motorsport und übte sich intensiv in der Kunst des Fechtens, was ihm in mehreren Duellen zugutekam. Später entwickelte er ein Faible für die Fliegerei. Sie wurde zu einer reinen Passion, ließ sich aber auch gut vermarkten. Bilder von Mussolini im Cockpit waren in den 1920er und 1930er Jahren allgegenwärtig. Die Herren der Lüfte galten als die Vorhut des «neuen Menschen» – er fühlte und stilisierte sich als einer von ihnen.[4]

Ende 1914 lag das alles noch in weiter Ferne. Mussolini ging damals in der Politik fast gänzlich auf. Rachele und die kleine Edda bekamen ihn fast nie zu Gesicht. Vor ihm türmte sich ein Berg von Aufgaben, die keinen Aufschub duldeten: Er wollte die neue Zeitung in die Höhe bringen, er durfte im Streit mit seiner alten Partei nicht unterliegen und musste sich eine andere politische Basis schaffen. Sonst konnte er sein Hauptziel gleich aufgeben: den Kriegseintritt Italiens, der in seinen Augen die soziale Revolution nach sich ziehen würde.

Groß war die Auswahl bei der Basis- und Partnersuche freilich nicht. Am vielversprechendsten erschienen ihm die «Fasci d'Azione Rivoluzionaria», die sich im Winter 1914/15 in einigen Städten gebildet hatten. Mussolini setzte sich an die Spitze dieser Gruppen, die von ihm selbst – aber auch von seinen Mitstreitern und Gegnern – bald als «Faschisten» bezeichnet wurden. Sie scheuten vor keinem Mittel zurück, um Italien in den Krieg zu zwingen, der sich natürlich gegen die Habsburger und Hohenzollern richten musste – und zwar ohne Rücksicht darauf, dass Italien mit diesen Mächten seit 1882 in einer Art Defensivpakt, dem erst 1912 erneuerten Dreibund, verbündet war.[5] Ansonsten einte diese gewaltbereiten Agitprop-Verbände nicht viel. Im Grunde waren es nur der Hass auf den bürgerlichen Status quo und das Traumbild eines mächtigen Vaterlandes, das in Krieg und Revolution zur Realität werden sollte. «Der Krieg», schrieb Mussolini im Februar 1915, «muss den Italienern zeigen, was Italien ist. Er muss vor allem mit der unwürdigen Legende aufräumen, dass die Italiener nicht kämpfen [...]. Er muss der Welt zeigen, dass Italien fähig ist, einen Krieg zu führen, einen großen Krieg.»[6]

Von dieser Basis aus startete der schon bald «Duce» genannte Mussolini seinen Kreuzzug für den Krieg. Zugute kam ihm dabei, dass sich diesem Ziel auch andere Kräfte und Größen verschrieben, die ein noch breiteres Publikum erreichten als er – der Nationaldichter Gabriele D'Annunzio, der Vater des Futurismus Filippo Tommaso Marinetti und Enrico Corradini aus der Führungsriege der Nationalisten. Ihre konzertierte Aktion richtete sich zunächst gegen den Monarchen, die Regierung und das Parlament, die alle zusammen im unbegründeten Verdacht standen, sich in letzter Minute auf die Seite der alten Dreibund-Partner schlagen oder dem Krieg ganz fernbleiben zu wollen. Mussolini ließ sich dabei in puncto Radikalität von niemandem übertreffen. Er drohte dem König mit Bürgerkrieg und verstieg sich sogar zu der Forderung, mehrere Dutzend Abgeordnete an die Wand zu stellen und einige Ex-Minister lebenslang ins Gefängnis zu stecken, wenn sie vor dem Gebot der Stunde versagten und Italien nicht in den richtigen Krieg führten.[7]

Nicht weniger krass fielen seine Forderungen aus, wenn es um die potenziellen Gegner ging. Der Krieg gegen das Deutsche Reich und gegen Österreich-Ungarn müsse in einen «totalen Krieg», in einen «Vernichtungskrieg» verwandelt werden.[8] Es sei die Aufgabe Italiens, «Deutschland den Todesstoß zu versetzen».[9] Aufs Ganze gesehen, bildeten die Kriegsbefürworter nur eine kleine Minderheit der Gesellschaft. Sie beherrschten die Straßen und Plätze, auf die großen Entscheidungen hatten sie aber keinen Einfluss. Diese traf einzig und allein die Regierung, die den großzügigen territorialen Angeboten der Westmächte nicht widerstehen konnte, sich im Gegenzug im April 1915 mit dem Londoner Vertrag zum baldigen Kriegseintritt an ihrer Seite verpflichtete und den Krieg obendrein auf spezifische Weise nutzen wollte – zur reaktionären Umgestaltung von Staat und Gesellschaft, die ihr und den sie tragenden konservativen Kräften schon lange vorgeschwebt hatte.

Mussolini blieben diese Pläne nicht verborgen. Sie bekümmerten ihn aber nicht. Italien war seit dem 23. Mai 1915 im Krieg – das war die Hauptsache, alles andere war ferne Zukunftsmusik. «Ein einziger Schrei», so Mussolini am Tag danach, «erhebt sich aus unserer Brust: Es lebe Italien! [...] Und wir, oh Mutter Italia, bieten Dir ohne Angst und ohne Bedauern unser Leben und unseren Tod an.»[10] Genau genommen war sein Enthusiasmus aber nicht ungetrübt. Der Krieg richtete sich nämlich zunächst nur gegen Österreich-Ungarn, während die Konfrontation mit dem Deutschen Reich noch fünfzehn Monate aufgeschoben wurde. Mussolini wütete deshalb weiter. Grenzenloser Hass auf die «Germanen» schien sich seiner bemächtigt zu haben. Selbst Karl Marx, sein früherer Leitstern, blieb davon nicht verschont; Mussolini denunzierte ihn als «Agent des Pangermanismus» und zog sogar über seine jüdische Herkunft her.[11] Die «Deutschen», die seit Tacitus nichts von ihrer bestialischen Grausamkeit verloren hätten,[12] seien der eigentliche Feind. «*Deutschland muss zerstört werden*»[13] – sonst gebe es keinen Frieden in Europa.

Mussolini konnte diese Auseinandersetzung natürlich nicht nur vom Schreibtisch und von der Rednertribüne aus führen. Sein Image wäre sonst mit einem Schlag ruiniert gewesen. Er meldete sich deshalb freiwillig zum Heer, wurde aber vertröstet; sein Jahrgang sollte ohnehin bald zu den Waffen gerufen werden. Mussolini rückte so erst Ende August 1915 ein und stand seit Mitte September an der Front in den Alpen, wo er sich als tapferer Soldat bewährte, der schließlich – trotz vieler Vorbehalte wegen seiner früheren politischen Gesinnung – zum Unteroffizier befördert wurde.

Wie er die Erlebnisse an der Front deutete und verarbeitete, ist schwer zu sagen. Auch sein Kriegstagebuch, das er zeitnah im «Popolo d'Italia» veröffentlichte und Jahre später (1923) als Buch herausbrachte, schweigt dazu. Viele Indizien lassen aber vermuten, dass sich seine patriotischen Gefühle im Krieg in nationalistische

Leidenschaften verwandelten. Seine Gedanken kreisten fast ausschließlich um Italien und die neue Führung, die nach dem Krieg
die Geschicke des Landes bestimmen sollte. Das alte Establishment
kam dafür nicht mehr in Frage. Es hatte ebenso versagt wie der PSI
und das von ihm verführte Proletariat, das Mussolini als Motor der
Revolution längst abgeschrieben hatte. Die zukünftige Elite war aus
einem anderen Stoff. Sie entstand vor seinen Augen – in den Schützengräben, wo sie unter den Hammerschlägen des Krieges geformt
und gehärtet wurde. «Ich habe ungeachtet aller Unbill und aller Gefahren das Privileg, der Entstehung der *Aristokratie des Schützengra-
bens* beizuwohnen, der neuen und besseren *Elite*, die das Italien von
morgen beherrschen wird»,[14] schrieb Mussolini Ende 1916 und ließ
keinen Zweifel daran, dass er sich als Teil dieser Elite fühlte und ihre
Führung beanspruchte.

Trotz solcher Schwärmereien und Leidenschaften wird man
Mussolini im Krieg nicht als traditionellen Nationalisten bezeichnen können. Die Monarchie war ihm fremd, die Kirche ebenso, und
auch Staat und Nation waren noch lange nicht nach seinem Geschmack. Sie mussten mit neuem kämpferischen Geist erfüllt und
auf eine breitere soziale Basis gestellt werden, wobei Mussolini hier
insbesondere an die Mittelschichten und die von ihren sozialistischen Fesseln befreite Arbeiterschaft dachte, die nach oben wollten
und nach Mitspracherechten lechzten. «Dieser Krieg», betonte er
am 18. April 1916 in seinem Tagebuch, «ist der große Schmelztiegel,
welcher alle Italiener vermengt und zusammenschmilzt.»[15] Parallel zu
dieser inneren Einschmelzung müssten die äußeren Grenzen neu
gezogen werden. Italien sollte größer werden, sich Triest und Trient
einverleiben und auf weitere Eroberungen sinnen.[16] Im Laufe des
Krieges wuchs Mussolinis Expansionsgier noch kräftig an – schließlich erstreckte sie sich auf ganz Südtirol bis zum Brenner, auf den
Balkan, den Adria-Raum und auf Nordafrika.[17]

Homogenität und Expansion standen seit der Staatsgründung
auf der Agenda der italienischen Politik. Sie waren – wie die Erfahrung seit 1870 lehrte – weder auf stur-autoritärem noch auf libe-

ral-demokratischem Weg zu erreichen. Mussolini schien zu ahnen, dass er einen anderen Weg beschreiten musste. Aber welchen? Er wusste es nicht und landete am Ende immer wieder bei der alten Revolutionsperspektive, die ihm einst so teuer gewesen war. Sie blieb lebendig, auch wenn sich der Charakter und der letzte Zweck der Revolution längst gewandelt hatten und schließlich im Nebel der Zukunft versanken.

Viel hatte nicht gefehlt und Mussolini wäre solcher Entscheidungen über einen neuen Weg enthoben gewesen, denn im Februar 1917 entging er nur knapp dem Tod. Bei einer Übung hinter der Front explodierte ein überhitzter Granatwerfer, 40 Splitter drangen in seinen Körper. Einige davon verletzten ihn so schwer, dass er Monate im Lazarett verbringen musste. Im Sommer 1917 wurde er sogar ganz vom Militärdienst freigestellt. Ob aufgrund der Verletzungen oder nach Intervention interessierter politischer Kreise, die ihn am Schreibtisch für nützlicher hielten als an der Front, muss offen bleiben.[18] Die Politik hatte ihn jedenfalls wieder. Aber was hatte er? Außer der Zeitung so gut wie nichts – und das wurde noch weniger, als die italienischen Streitkräfte im Oktober 1917 bei Caporetto eine verheerende Niederlage erlitten, die den Staat in seinen Grundfesten erschütterte. Ganz Julisch-Venetien befand sich in der Hand des Feindes, der erst 40 Kilometer vor Venedig zum Stehen gebracht werden konnte.[19]

Mussolinis großes, seit 1914 traktiertes Thema, die bedingungslose nationale Kraftanstrengung, war jetzt in aller Munde. Ähnlich verhielt es sich mit seiner Forderung, nach Caporetto eine Militärdiktatur zu errichten, die unerbittlich durchgreifen und alle Energien der Nation bündeln sollte. Auch sie war in den Schichten, die wirklich zählten, Allgemeingut und fast schon Realität geworden; so scharf hatte die Regierung mittlerweile die Zügel angezogen. Mussolini war deshalb nur noch eine Stimme unter vielen. Er entfaltete zwar nach der Rückkehr in den Chefsessel seiner Zeitung eine geradezu fieberhafte Aktivität, mehr als lärmenden Leerlauf produzierte er aber nicht.

So war es bis zum Kriegsende, und so blieb es in den Monaten danach. Hatte Mussolini den Anschluß verpasst? Die neue Zeit gehörte weder der Regierung noch den Nationalisten, sie gehörte – zu seinem Verdruss – ausgerechnet den Sozialisten, die sich dem Krieg verweigert hatten und nun die Früchte des Sieges ernteten. Die Italiener hätten sich nach dem mühsamen Enderfolg an der Seite der Westmächte eigentlich als Gewinner fühlen müssen. Die Propaganda schrieb ihnen das auch vor, drang damit aber nicht durch. Wichtiger als ein militärischer Triumph, der – wie jeder spürte – im Grunde keiner war, weil der österreichische Gegner schon am Boden lag, als die Italiener ihn bei Vittorio Veneto bezwangen, waren sich die Menschen selbst. Sie waren müde vom Krieg und wussten nicht, wie sie über die Runden kommen sollten. Inflation und Depression fraßen die letzten Reserven auf, so dass viele nicht mehr genug hatten, um von der Hand in den Mund zu leben. Armut beherrschte das ganze Land.[20]

Die Sozialisten schienen Antworten auf diese Nöte zu haben – bessere jedenfalls als die Regierung und die alten liberalen Eliten, die dem Volk weder Halt noch Orientierung boten. Sie verspielten auf der Friedenskonferenz von Versailles schließlich noch den letzten Trumpf, weil sie in den Augen ihrer Gegner nicht imstande waren, den militärischen in einen politischen Sieg umzumünzen. Italiens nicht gerade bescheidenen, vom Londoner Vertrag geschürten territorialen Zugewinnerwartungen blieben nämlich unerfüllt. Es erhielt zwar Südtirol, das Trentino, Julisch-Venetien, Istrien und Teile Dalmatiens zugesprochen, konnte sich aber mit der Forderung nach ganz Dalmatien, einem Protektorat über Albanien und einer «Interessenzone in Kleinasien» nicht durchsetzen und ging auch bei der Aufteilung der deutschen Kolonien «leer aus».[21]

Die westlichen Alliierten, so hieß es in der nationalistischen Presse, hatten ihre territorialen Zusagen gebrochen, das Blutopfer von 670 000 jungen Männern sei umsonst gewesen. Das von D'Annunzio stammende böse Wort vom «verstümmelten Sieg» begann deshalb die Runde zu machen und die Legitimation der Regierung weiter zu untergraben. Sie war es ja, die das Stümperwerk des Friedens zu verantworten hatte. Der PSI dagegen zehrte von seinem Ruf als Warner vor dem Krieg, der tatsächlich nur Not und Elend mit sich gebracht hatte. Er punktete mit seinen optimistischen Zukunftsvisionen, die ein Leben in Eintracht und Wohlstand verhießen, und er konnte auf das Erfolgsmodell der russischen Revolution verweisen, die von den italienischen Land- und Industriearbeitern begeistert aufgenommen worden war. Wenn das rückständige Russland revolutioniert werden konnte, dann Italien erst recht und das übrige Europa natürlich auch. 156 Mandate errangen die euphorisierten Sozialisten im 1919 gewählten Abgeordnetenhaus mit seinen 508 Sitzen, wobei ihnen natürlich auch das neue Wahlrecht zugute kam, das erstmals allen erwachsenen Männern eine Stimme gab. Mehr Mandate hatte keine andere Partei.[22]

Die Sozialisten vermochten dieses Kapital allerdings nicht zu nutzen, geschweige denn zu mehren. Sie waren in sich zerstritten und leisteten sich im Januar 1921 den Luxus einer Spaltung, die zur Gründung des Partito Comunista Italiano (PCI) führte. Zudem zeigten sie sich fast neurotisch auf die russische Oktoberrevolution von 1917 fixiert, die sie in Italien nachstellen wollten. Die Sozialisten gossen deshalb unentwegt Öl ins Feuer der schweren Arbeitskämpfe, die ihre Wurzeln in haarsträubenden sozialen Nöten hatten und sich vor allem in Norditalien vielfach spontan entwickelten. Im «Industriedreieck» um Turin, Mailand und Genua überspannten sie 1919/20 regelmäßig den Bogen – ein Streik folgte dem anderen, eine Lohnforderung war höher, eine Straßenschlacht blutiger als die andere. Besonders augenfällig wurde diese Entwicklung im Sommer 1920, als mehr als 600 000 Arbeiter in den Streik traten, schließlich sogar viele Fabriken besetzten und die roten Fahnen hissten. «Viva la republica socialista!», schleuderten selbst die eher gemäßigten PSI-Abgeordneten dem König entgegen, als dieser im Dezember 1919 die neue Legislaturperiode eröffnete.[23] Italien, so schien es vielen, war von Russland, von der Diktatur des Proletariats und vom Bolschewismus nicht mehr weit entfernt.

Die herausfordernde Art und Weise, in der die Linken ihren Sozialisierungskurs ins Werk setzten, sorgte vor allem im bürgerlichen und bäuerlichen Lager für helles Entsetzen. Aber auch die Kriegsteilnehmer hatten sich von den Sozialisten anderes erwartet. Ihre Hoffnungen, nach der Rückkehr von der Front auch von ihnen mit offenen Armen empfangen und mit Ehren überhäuft zu werden, zerschlugen sich rasch. Die Linke begegnete ihnen mit verletzender Ignoranz. Vor allem Offiziere wurden wie Aussätzige behandelt und öffentlich gedemütigt.

Genau genommen wussten die so überraschend starken Sozialisten aber nicht, was sie mit ihren eindrucksvollen Teilerfolgen anfangen sollten. Sie gaben sich siegessicher, taten aber kaum etwas, um den Reifungsprozess der Revolution zu beschleunigen, die sie unentwegt beschworen. Der literarische Tausendsassa Curzio Malaparte höhnte nur über die matte Vorstellung der linken Umsturzschwärmer: «Wie viele versäumte Gelegenheiten, wie viele Fehlschläge gab es im Verlauf dieses Jahres 1919, dem roten Jahr, in dem irgend ein kleiner Trotzki, ein Provinz-Catilina, mit ein wenig gutem Willen, einer Handvoll Männern und einigen Gewehrschüssen, die Macht an sich hätte reißen können, ohne weder beim König noch bei der Regierung oder bei der Geschichte Italiens Anstoß zu erregen.»[24]

Ratlosigkeit herrschte auch in der neuen katholischen Volkspartei, die mit 100 Abgeordneten im Parlament vertreten war.[25] Sie wusste ebenfalls nicht, was sie mit ihrer Stärke anfangen sollte. Ihr Problem war, dass die Katholiken, immerhin die überwältigende Mehrheit des Landes, seit der Staatsgründung politisch eigentlich nicht dazugehörten. Der seines Kirchenstaates beraubte Papst hatte nämlich die katholischen Gläubigen zu größter Reserve gegenüber dem neuen feindlichen Staat verpflichtet, ja ein politisches Mitwirkungsverbot verhängt, aus dem sich die Katholiken nach der Jahrhundertwende nur langsam lösten. Sie waren mithin völlig unerfahren und hatten obendrein zwei Seelen, so dass sie in allem halb dafür und halb dagegen waren: Der eine Flügel, der seine Wurzeln in der katholischen Soziallehre hatte, fühlte sich den pragmatischen Reformsozialisten verwandt. Der andere blieb dagegen, wie der Papst und die römische Kurie, bei seiner Skepsis gegenüber den neuen fortschrittlichen Ideen von Demokratie und Pluralismus und sehnte sich nach einer starken Hand und geordneten Verhältnissen, wie die Nationalisten sie verhießen. Damit fiel auch der Partito Popolare Italiano (PPI) als Stabilisierungsfaktor praktisch aus.

Viel Staat war also weder mit den Sozialisten noch mit den Katholiken zu machen, von den zahlreichen liberalen Gruppen ganz zu schweigen, die nach 1918 noch weiter von einem inneren Konsens entfernt waren als je zuvor. Das von Krieg und Krisen zerzauste politische System war dem Druck der zentrifugalen Kräfte nicht mehr gewachsen, eine überzeugende parlamentarische Mehrheit war nicht in Sicht. Am wahrscheinlichsten war eine autoritäre Lösung, die seit 1900 mehrmals gedroht hatte, damals aber vom König und von demokratischen Kräften blockiert worden war. Waren diese Reserven jetzt erschöpft oder immer noch stark genug, einen Sturz ins Ungewisse zu verhindern? Die Unsicherheit, die aus solchen Fragen sprach, wurde von Tag zu Tag größer. Das Vakuum im Zentrum der Macht breitete sich ebenso rasch aus wie die Sehnsucht nach einem starken Mann, der die Dinge richten würde.

Für einen wie Mussolini bot diese Konstellation durchaus Chancen. Das Gleiche galt aber für viele andere Desperados, die 1918/19 nach neuen Ufern suchten. Überall schossen politische Selbsthilfegruppen aus dem Boden, deren kleine und größere «Duces» eine gewisse Resonanz fanden, weil sie – wenn nicht den Himmel auf Erden – so doch Rettung in der Not versprachen. Dass ausgerechnet Mussolini aus der Masse aufsteigen und *der* «Duce» werden würde, konnte niemand vorhersehen. Es war aber auch keine bloße Laune der Geschichte, denn sein persönliches Profil vertrug sich nicht schlecht mit dem Anforderungskatalog für Politiker, die sich nach 1918 zumindest Außenseiterchancen für eine Karriere ausrechnen konnten: Sein Dienst beim Militär und sein Status als versehrter Veteran passten ebenso gut in die neue, von patriotischen Stimmungen geprägte Zeit wie seine nationalistischen Leidenschaften, die nach dem Krieg nicht erkalteten – im Gegenteil. Für ihn sprach außerdem seine Jugend, der man nicht nur in Italien mehr zutraute als der verbrauchten älteren Generation, und von Vorteil war schließlich seine Zugehörigkeit zu den Mittelschichten, die überall auf dem Vormarsch waren und ähnlich vehement politischen Einfluss und ökonomische Perspektiven verlangten wie der Aufsteiger Mussolini. Selbst seine sozialistische Vergangenheit musste ihm nicht schaden; er hatte sich ja eines Besseren besonnen. Sie bürgte für soziale Aufgeschlossenheit und eine gewisse Nähe zum Volk, das nach dem Krieg schon deshalb nicht missachtet werden durfte, weil nun alle erwachsenen Männer das Wahlrecht hatten.

Es versteht sich von selbst, dass diese Anschlussfähigkeit an gesellschaftliche Trends fruchtlos geblieben wäre, wenn Mussolini nicht auch ein mit allen Wassern gewaschener Politiker gewesen wäre. Er war seit nahezu 20 Jahren im Geschäft und auf Parteitagen ebenso daheim wie auf der Piazza, wo er eine zentrale Erfahrung gemacht hatte: Seine fast dämonische Beredsamkeit kam im sozialistischen Milieu nicht weniger gut an als im nationalen Lager. Sein autoritärer, aber ständig auf plebiszitäre Zustimmung bedachter Habitus und sein Charisma als Volkstribun wirkten hier wie dort und anscheinend noch weit darüber hinaus. Diese durch Erfolg beglaubigte Hoffnung hatte in ihm eine unbeirrbare «Duce»-Ambition geweckt, an die er fest glaubte und die sich auch mit der aus der Not geborenen «Führer»-Erwartung im Volk gut vertrug.

Im Frühjahr 1919 konnte Mussolini von solchen Perspektiven bestenfalls träumen. Er hatte Erfahrungen, Ambitionen und Talente – mehr aber auch nicht. Er brauchte eine Bewegung oder eine Partei, die ihn trug und seine politische Botschaft im Land verbreitete. Niemand wusste das besser als Mussolini selbst. Er rief deshalb die Überreste der alten «Fasci d'Azione Rivoluzionaria» und die Vertreter einiger hyperaktiver Krieger- und Veteranenvereine zusammen, um über die Gründung eines neuen politischen Verbandes zu beraten. Man traf sich am 23. März 1919 in Mailand, in einem Palazzo an der Piazza San Sepolcro, wo sich ein ebenso bunter wie wilder Haufen von etwa 100 Aktivisten – ohne es zu wissen – anschickte, Geschichte zu schreiben.[26]

Den Kern bildeten einige Dutzend revolutionäre Syndikalisten und Sozialisten, die sich wie Mussolini mit ihren Parteien überworfen und Marx längst hinter sich gelassen hatten. Zu ihnen gesellten sich aus der Bahn geratene Studenten, Journalisten und avantgardistische Künstler sowie eine bestimmte Sorte demobilisierter Offiziere und Unteroffiziere, die sich in den Schützengräben in leidenschaftliche Krieger verwandelt hatten und nicht mehr in ihr bürgerliches Leben zurückfanden. Sie wollten es auch nicht mehr, das bloße Leben-Müssen ohne Kampf und Gefahr war ihnen ein Graus geworden.[27]

Was diese hungrigen rebellischen Außenseiter verband, ist schwer zu sagen. Der frühe Faschismus war keine normale Partei mit Ideologie, Statut und verbindlichem Programm, sondern eine paramilitärische Kampf-, Gefühls- und Glaubensgemeinschaft mit drei mentalen Hauptwurzeln: Die Faschisten litten an der eigenen Nation, die notorisch unter ihren Möglichkeiten blieb. Sie sehnten sich nach Rehabilitierung und labten sich am Sieg von Vittorio Veneto, der zum ersten nationalen Triumph verklärt wurde. Und sie waren wild entschlossen, die Dinge im Staat selbst in die Hand zu nehmen und dabei nicht zimperlich zu sein. Niemals durfte man das Vaterland den verräterischen «Bolschewisten» überlassen, die keinen Sinn für Italien hatten und sogar den Krieg in den Dreck zogen – trotz der vielen Opfer, die in der linken Propaganda heruntergespielt oder gar als sinnlos hingestellt wurden. Alles Weitere blieb widerspruchsvoll, vage und musste sich erst finden.

1919 erlebte Mussolini bei diesem Findungsprozess eine Enttäuschung nach der anderen. Die größte musste er bei den Nationalwahlen im November hinnehmen. Die Faschisten gingen fast leer aus. Mussolini kam ebenso wenig zum Zuge wie der weltberühmte Dirigent Arturo Toscanini, der für die Faschisten kandidiert und ihren Wahlkampf mit viel Geld unterstützt hatte. Nach der Wahl organisierten die Sozialisten einen nächtlichen Umzug in Mailand.

Im Fackelschein zog eine feixende Menge drei Särge durch die Straßen der Stadt; einer war für D'Annunzio bestimmt, der andere für Marinetti und der dritte für Mussolini. Alle drei wurden schließlich in den Fluss geworfen – ein makaberes Schauspiel, das der «Avanti!» am nächsten Tag mit Hohn und Spott bedachte: «Heute wurde eine Leiche im Zustand der Verwesung aus dem Naviglio gefischt. Wie es scheint, handelt es sich um Benito Mussolini.»[28]

Rosig war die Lage wirklich nicht. Der «Popolo d'Italia» steuerte dem Ruin entgegen, und die ohnehin kleine faschistische Bewegung zerfiel. Um die Jahreswende 1919/20 hatte sie gerade einmal dreißig Ortsgruppen und 800 bis 900 Mitglieder, die sich untereinander heftig befehdeten. Mussolini, der ganz andere Ergebnisse erwartet hatte, war ratlos und verzweifelt. Er musste ja nicht nur mit einer politischen Schlappe fertig werden. Zugleich hatte er die finanzielle Pleite vor Augen, und schließlich musste er wegen gewalttätiger Ausschreitungen auch noch für einige Stunden ins Gefängnis. Kein Wunder, dass er daran dachte, der Politik für immer den Rücken zu kehren und sich als Maurer, Geiger, Pilot, Schauspieler oder Schriftsteller zu versuchen. Auch das Ausland schien ihn wieder zu reizen – am Ende aber doch weniger als seine Geliebte Margherita Sarfatti, die ihm die Auswanderungs- und sonstigen Berufspläne schnell ausredete.[29]

Erst im Frühjahr 1920 ging es langsam aufwärts. Der Aufstieg begann in Julisch-Venetien, wo sich die Faschisten als die Verteidiger des italienischen Charakters dieser Gebiete aufspielten und wo sie mit ihren Stoßtrupps, den Schwarzhemden, eine Taktik ebenso überraschender wie brutaler Überfälle auf Slawen und Sozialisten entwickelten, die später perfektioniert wurde und Schule machte. 1921 sprang der Funke auf die Po-Ebene und andere Teile Nord- und Mittelitaliens über. Er zündete namentlich dort, wo die Sozialisten besonders stark waren, den Großagrariern sowie den Industrie- und Finanzkapitänen schwer zugesetzt hatten und die bestehende Ordnung, ja den Staat bedrohten. Die Faschisten stellten sich hier in den Dienst der alten Eliten und wurden von diesen binnen weniger

Monate materiell und finanziell derart großzügig ausstaffiert, dass sie mit Aussicht auf Erfolg zur Verteidigung der Klasseninteressen der Bosse und Magnaten ins Feld geschickt werden konnten.

Keine Frage, die frühen Faschisten waren reaktionäre «weiße Garden». Sie gingen in dieser Rolle aber nie auf – dazu waren sie zu subversiv und zu autonom, in Teilen sogar zu revolutionär. Nach 1920 schleiften sie binnen zweier Jahre fast alle Bastionen der sozialistischen Industrie- und Landarbeiterbewegung und eine beträchtliche Zahl katholischer Kooperativen, die den Großbauern ebenfalls zu eigenständig waren. Besonders spektakulär war die Strafexpedition gegen die «rote» Hochburg Bologna im November 1920, wo die Faschisten die Einsetzung der neuen sozialistischen Stadtregierung zum Anlass nahmen, auch hier – in der Höhle des Löwen – ihr Selbstbewusstsein und ihre Macht zu demonstrieren. Verstärkt durch kampferprobte Gesinnungsgenossen aus Ferrara, sprengten die örtlichen Faschisten unter der Führung von Leonardo Arpinati die Feier. Sie eröffneten das Feuer, als sich der neue Bürgermeister auf dem Balkon des Rathauses zeigte, und drangen zugleich in die Innenhöfe des Palazzo ein, wo sie ebenfalls wie wild um sich schossen. Zehn Tote und mehr als 50 Verletzte blieben auf der Wallstatt zurück. Nicht ein Faschist musste dafür in das Gefängnis wandern, während die Polizei auf Weisung des mit den Faschisten sympathisierenden Präfekten Hunderte von Sozialisten verhaften ließ, die man verdächtigte, den Anschlag provoziert zu haben und ebenfalls an der Schießerei beteiligt gewesen zu sein.[30]

Bologna wiederholte sich in Florenz, Ravenna und vielen anderen Städten Nord- und Mittelitaliens, in denen eigentlich die Sozialisten die Mehrheit hatten. Fast überall war das Ergebnis das gleiche:[31] Die linken Parteien fanden kein Gegenmittel, die staatlichen Behörden schritten kaum einmal entschlossen ein, während die Faschisten triumphierten und den Nimbus einer unbezwingbaren Kraft erlangten, der man sich besser nicht in den Weg stellte. Der Mann auf der Straße beugte sich diesem Trend und fügte sich der Macht des Stärkeren, ahnend und hoffend, dass die Faschisten bald die Macht im Staat an sich reißen würden. Der Zuspruch, den die neue politische Kraft fand, war jedenfalls überwältigend. Schon 1922 war die faschistische Partei so einflussreich und mächtig wie keine andere. Sie hatte mehr als 200 000 Mitglieder, die sich überwiegend aus den Mittelschichten rekrutierten. Die meisten davon engagierten sich auch in der Miliz, die streng militärisch organisiert war und in vielerlei Hinsicht ein Eigenleben führte. Die faschistische Bewegung war damit nicht nur die größte, sondern auch die einzige, die über eigene Streitkräfte gebot.[32] Die anderen Parteien zogen erst später nach, erreichten mit ihren paramilitärischen Formationen aber nie dieselbe Schlagkraft und Effizienz.

Es kann keine Rede davon sein, dass Mussolini diesen Siegeszug initiiert oder dirigiert hätte. Er war selbst überrascht davon. Die Initiative kam von außen, von Großagrariern und Großindustriellen, die Beistand brauchten, und sie kam aus der Bewegung selbst, die sich mit Mussolini als ihrem «Duce» arrangierte, ansonsten in ihren lokalen und regionalen Kerngebieten aber machte, was sie wollte. Die Zentrale gab über den «Popolo d'Italia» zwar ständig ihre politischen Losungen aus, musste aber nicht selten ohnmächtig mit ansehen, wie diese von den Milizen vor Ort ignoriert oder – je nach Sachlage – variiert wurden. Vor allem in puncto Gegnerbekämpfung und Gewalt ließen sich Provinzfürsten wie Italo Balbo in Ferrara, Dino Grandi in Bologna oder Roberto Farinacci in Cremona nichts vorschreiben. Die faschistischen Kampfverbände kannten weder Recht noch Gesetz, sie waren einfach nicht zu bändigen. Zahlreiche Sozialisten, Kommunisten und Katholiken hatten unter ihrer Willkürherrschaft zu leiden. Sie wurden mitunter schwer verprügelt und dann auch noch mit Rizinusöl abgefüllt, ehe man sie gefesselt und mit heruntergelassener Hose dem öffentlichen Gespött preisgab. Die Faschisten führten Krieg «gegen die ‹triumphierende Bestie› des Bolschewismus, um die Schänder des Vaterlandes zu vernichten, dem Proletariat den Götzendienst an den ‹falschen Göttern› des Internationalismus auszutreiben und den Glauben an die Nation wiederherzustellen».[33]

Mussolini war diese Form des politischen Nahkampfes nicht fremd. Wie oft und wie skrupellos hatte er schon als Sozialist damit gedroht und dazu aufgerufen! Jetzt waren ihm die Geister, die er beschworen hatte, aber doch nicht ganz geheuer – und zwar aus einem doppelten Grund: Die Milizen waren ihm zu brutal und, trotz ihres subversiven Potenzials, zu reaktionär, und es stand zu befürchten, dass sich der Staat angesichts ihrer Amokläufe doch auf seine militärischen Mittel besinnen und die faschistische Bewegung zur Räson bringen würde. Mussolini, der in diesem Fall um seine Karriere fürchtete, riet deshalb immer wieder zur Mäßigung und schloss im August 1921 sogar eine Art Burgfrieden mit den Sozialisten, die unter den Schlägen der Faschisten litten und ebenfalls froh waren, dass das Blutvergießen ein Ende haben sollte.[34]

Die «Pazifizierungs»-Politik war nur ein Beispiel dafür, dass Mussolini keine klare Vorstellung von der eigenen und der Zukunft seiner Bewegung hatte. War er im Bündnis mit den Großagrariern und Industriebossen wirklich gut aufgehoben? Sollte er die faschistische Bewegung nicht doch besser in eine nationale Arbeiterpartei[35] verwandeln und sich mit den streikenden Industrie- und den rebellierenden Landarbeitern solidarisieren, die zahlreiche brachliegende Latifundien an sich gebracht hatten? Wie sollte er es mit D'Annunzio halten, der im September 1919 mit seinen Freikorps den Freistaat Fiume (das heutige kroatische Rijeka) besetzt und damit für Italien erobert hatte? Mussolini wusste es nicht, und er hatte auch auf viele andere Fragen keine Antwort. Er fuhr gleichsam auf Sicht und hielt sich alle Optionen offen.

Das Zwiespältige dieser Konstellation ist leicht zu erkennen: Mussolini brauchte die gewalttätigen Milizen, er wollte aber nicht gänzlich mit ihnen identifiziert werden und suchte nach Alternativen. Dieser Eiertanz konnte nicht ewig dauern. Schließlich beendeten ihn die radikalen Provinzfürsten auf ihre Art. Sie widersetzten sich dem Waffenstillstand mit den Sozialisten und zwangen Mussolini zu einer Entscheidung, die er widerwillig und halbherzig auch vollzog. Er distanzierte sich vom Stillhaltepakt, trat aber gleichzeitig aus der Führung der Bewegung zurück und hielt die Dinge so lange in der Schwebe, bis beide Seiten erkannten, dass sie aufeinander angewiesen waren und Kompromisse schließen mussten: Mussolini gab den Milizen freie Hand, die danach noch rücksichtsloser gegen die politische Linke und die Institutionen der Arbeiterbewegung vorgingen. Er rückte damit erneut ein Stück nach rechts und ließ das Projekt einer eher linken, aber nationalen Partei definitiv fallen; links war für ihn kein Platz, der dynamischste Teil seines Anhangs wäre ihm dorthin auch niemals gefolgt. Im Gegenzug beugten sich die Führer der Milizen zähneknirschend der Autorität des «Duce», dessen Beliebtheit an der Basis ungebrochen war. Für ihn gab es keinen Ersatz, nur er war in der Lage, die heterogenen Kräfte zusammenzuhalten und nach außen zu repräsentieren. Zum Beweis ihrer neuen Loyalität willigten sie sogar ein, die Bewegung in eine ordentliche Partei zu verwandeln und Mussolini an die Spitze zu stellen.

Die Gründung des Partito Nazionale Fascista (PNF) im November 1921 war der sichtbarste, aber nicht der alleinige Ausdruck des Kompromisses, auf den sich radikale und moderate, syndikalistische und nationalistische Kräfte sowie Zentrum und Peripherie nach der Sommerkrise des Faschismus verständigten.[36] Mussolini war dabei alles andere als der große Ideengeber und Stratege, der Politik, Taktik und Performanz der Partei allein bestimmte. Er war anfangs vor allem Galionsfigur und Moderator und hatte in dieser Rolle keine geringe Mühe, einen gemeinsamen Nenner für seine Truppen zu finden – und als verbindlich zu behaupten. Die Konturen der Partei waren 1921/22 ständig in Bewegung und auch danach lange umkämpft.

Als Erstes gab sich die faschistische Partei im Zuge dieses mühseligen Amalgamierungs- und Kristallisationsprozesses ihr typisches Erscheinungsbild. Die Faschisten waren dabei nicht besonders schöpferisch, aber auch nicht wählerisch. Ihre Uniformen, Riten und Inszenierungen übernahmen sie vom Militär, von der katholischen Kirche, den Futuristen und nicht zuletzt von D'Annunzio, der im besetzten Fiume eine ganz eigene Choreografie des Politspektakels erfunden hatte,[37] die zur Nachahmung reizte. Die ganze Liturgie des frühen Faschismus bestand aus solchen Adaptionen und feindlichen Übernahmen. Keines ihrer Bestandteile war originell – aufsehen-erregend und neu aber war die spezielle Mischung. Die Faschisten erinnerten in ihren öffentlichen Auftritten an die einst gefährdete Nation, an ihre Wiedergeburt im Krieg und an ihre Behauptung in den Jahren danach. Im Zentrum dieser permanenten rituellen Ver-gegenwärtigung des «heiligen Vaterlandes» stand die faschistische Bewegung, die Anfang und Ende des großen nationalen Erneue-rungswerkes und dafür ständig auf den Beinen war. Die Faschisten feierten sich in Aufmärschen, Totenmessen und Appellen unentwegt selbst, sie huldigten einem sakralisierten Helden-, Heiligen- und Märtyrerkult, betonten dabei aber auch, dass ihr Werk noch längst nicht vollendet war. Die wieder und wieder beschworene glorreiche Zukunft war nur durch euphorische kollektive Hingabe und, wenn es daran haperte, durch Gewalt zu gewinnen. Nackte Brutalität und Aggressivität steckte gleichsam in den Genen der Faschisten. Man roch sie förmlich, wenn die Milizen durch die Straßen zogen und ihre nur mühsam bezähmte kriegerische Virilität demonstrierten.[38]

Genauso wichtig wie Nation und Gewalt war in der Selbstdar-stellung des Faschismus die Rolle des «Duce», die im romantischen Geniekult der italienischen Geschichte eine lange Tradition besaß und im Krieg erneut bestätigt worden war. Mussolini, der als «Duce» der Sozialisten und als «Duce» der Interventionisten bereits auf eine zweifache Führererfahrung zurückblickte und sich in diesen Rollen bewährt hatte, war dafür wie geschaffen. Den Mann aus Predappio, so die Botschaft der Faschisten, schickte der Himmel. Er hatte 1914/15 recht gehabt, und seine Rettungs- und Erneuerungsvisionen würden sich auch jetzt als richtig erweisen. Diese Weissagung wurde den Ita-lienern eingeflößt und eingetrichtert – und sie wurde geglaubt: Mus-solinis Charisma wirkte anfangs vor allem im Kreis der Kriegsvetera-nen. Bald zündete es aber auch in den Mittelschichten, die sich vom Staat im Stich gelassen fühlten, und sogar in der Arbeiterschaft, deren Vertrauen in die Sozialisten nach 1920 zu bröckeln begann.

In Italien herrschte damals eine Art Adventsstimmung. Das im Krieg schwer geprüfte Land wartete auf einen «Erlöser», die Hingabe- und Glaubensbereitschaft war immens und heftete sich nach 1918 auch an andere Nationalheroen wie D'Annunzio und Marinetti, die solchen Erwartungen auf Grund ihrer exzentrischen und elitären Intellektualität aber schwerlich gerecht werden konnten – Mussolini schon. Seine Veranstaltungen glichen Volksfesten und waren zugleich quasi-religiöse Weihestunden, in denen er die Massen selbst dann noch in seinen Bann schlug, wenn er minutenlang schwieg. Er sei, wie Sorel einmal schrieb, «ein politisches Genie von einer Größe, die alle anderen Politiker unserer Zeit übertrifft, außer Lenin». Er habe «eine außerordentliche Fähigkeit, das italienische Volk zu verstehen».[39]

Der anschwellende «Duce»-Mythos war Mussolinis größtes Kapital.[40] Er hob ihn von seinen Kontrahenten ab, mit seiner Hilfe eroberte er zuerst die Partei und später die Macht. Bei der propagandistischen Erschaffung seiner selbst überließ Mussolini nichts dem Zufall. Sein alleiniges Werk waren diese Konstruktion und die Fortentwicklung der vielen Selbstbilder aber nicht. Der Mythos hatte viele Väter, wobei hier vor allem seine engsten Vertrauten aus der Parteiführung zu nennen sind, die von Mussolini wahre Wunderdinge erzählten. Nicht anders war es mit den ideologischen Leitlinien, die sich in den frühen zwanziger Jahren aus dem Ideengewirr der syndikalistischen, sozialistischen, anarchistischen, nationalistischen und futuristischen Organisationsvielfalt herausbildeten und eine gewisse Verbindlichkeit erlangten. Auch hier war Mussolini eine wichtige Instanz, aber nicht die letzte und vor allem nicht die alleinige, die entschied, was Aufnahme fand und was nicht.

Dass es solche Leitlinien überhaupt gab, ist früher oft bestritten worden; ganz zur Ruhe gekommen ist dieser Streit auch jetzt noch nicht. Dabei sind die Dinge gar nicht so kompliziert: Die Faschisten hatten keine Bibel und kein «Kapital», auf das sich die Mitglieder hätten berufen können. Aber auch sie interpretierten die Welt auf ihre Weise, und auch sie gaben – wie jede politische Gruppierung – eine ganz spezifische Antwort auf die damals alle bewegende, in sich verschränkte Doppelkrise: auf die aktuelle Krise der Nachkriegszeit und die säkulare Krise der Moderne, die sich in Italien seit der forcierten Industrialisierung in den neunziger Jahren des 19. Jahrhunderts angebahnt hatte.[41]

Die Antwort der Faschisten zielte aufs Große und Ganze. Mussolinis Partei sorgte sich vor allem um die Nation. Sie präsentierte sich dementsprechend als eine Art nationale Befreiungsbewegung, die sich aus einem tiefen Kollektivgefühl säkularer Demütigung und Zurücksetzung speiste und alle Kräfte mobilisieren wollte, um Italien aus der politischen und wirtschaftlichen Abhängigkeit vom Ausland zu lösen. Sich von den mächtigen Nachbarn nichts mehr vormachen und sagen zu lassen, lautete deshalb die Devise, die im patriotisch-nationalistischen Italien auf begeisterte Zustimmung traf. Ohne tief greifende Renovierung von Staat und Gesellschaft waren solche Ambitionen in den Augen der Faschisten völlig illusionär. Sie forderten entsprechende Korrekturen und müssen deshalb außerdem als Speerspitze einer nationalen Erneuerungsbewegung begriffen werden, in der die Jugend eine herausragende Rolle spielen sollte. Dass die Parteihymne «Giovinezza» (Jugend) hieß, war also kein Zufall, sondern drückte aus, dass die Faschisten sich als Jugendbewegung verstanden. Selbst durchweg von Jungspunden getragen, wandten sich die Faschisten schließlich gegen alles, was mit der Ideenwelt von 1789 verbunden war. Liberalismus, Sozialismus und aufgeklärter Konservativismus wurden als verbraucht denunziert und mit aller Radikalität bekämpft.

Mussolinis eigener Beitrag zu den ideologischen Leitlinien des Faschismus ist schwer zu bestimmen. Wenn nicht alles täuscht, ging es ihm aber nicht nur um nationale Befreiung, um nationale Erneuerung im Zeichen der Jugend und um die Überwindung von 1789. Er dachte schon frühzeitig – an Italien vorbei und über Italien hinaus – an das Schicksal des Abendlandes, dessen Untergang zu drohen schien. Die gesamte «weiße Rasse» war gefährdet, sie hatte in Mussolinis Welt- und Geschichtsdeutung nur dann eine Überlebenschance, wenn sie ein neues Bewusstsein ihrer selbst gewann und alles ausschied, was ihre Kraft und Homogenität störte. Mit den Menschen alten Schlages waren solche therapeutischen Eingriffe nicht zu machen. Sie mussten – in einer anthropologischen Revolution – durch neue Menschen ersetzt werden. Ohne sie, ohne den «uomo nuovo», waren nicht nur die Italiener verloren, die als Erste umgewandelt werden mussten.[42] Die ganze weiße Rasse war verloren, ihre Abdankung nur noch eine Frage der Zeit. Mussolini träumte schon als Sozialist von solchen revolutionären Schöpfungen, er ließ aber offen, wie diese Träume in Politik verwandelt werden sollten – nur durch Erziehung und Drill oder auch durch gewagtere Eingriffe?

Die Traumdeutung war für die Zeitgenossen nicht nur im Falle des «neuen Menschen» ein Problem. Die ideologischen Leitlinien der Faschisten ließen sich generell so oder anders interpretieren, sie bildeten mitnichten ein konzises politisches Programm. Mussolinis Partei wollte sich nicht festlegen und konnte es lange auch nicht; die Vielzahl unterschiedlicher Kräfte in ihr machte verbindliche Beschlüsse so gut wie unmöglich. «Unser Programm ist einfach», betonte Mussolini ebenso selbstbewusst wie verlegen noch im September 1922, «wir wollen Italien regieren».[43]

Für Freund und Feind war so nur in groben Umrissen zu erkennen, was sie konkret erwartete und was ihnen blühte, wenn die Faschisten die Macht ergreifen sollten. Sicher sagen konnte man nur, dass Mussolini und die Seinen sich als zur Führung berufene Elite fühlten, die für demokratisch-rechtsstaatliche Gepflogenheiten keinen Sinn hatte und offen auf eine Art Erziehungsdiktatur zusteuerten. «Das Volk», sagte er 1925, aber so hatte er schon als Sozialist gedacht, «ist nur ein großes Kind, das man führen muss, dem man helfen muss, das man bestrafen muss, wenn es nötig ist.»[44] Ein faschistisches Italien würde also ein streng hierarchisch organisiertes Land sein, in dem mit der Unterdrückung der gegnerischen Parteien und der freien Presse gerechnet werden musste. Mussolini hatte abweichende Meinungen und Widerspruch schon als Sozialist nur zähneknirschend hingenommen, als Faschist und «Duce» gab er oppositionellen Stimmen überhaupt keine Chance mehr.

Weniger klar lagen die Dinge bei der Wirtschaftsverfassung – und zwar schon deshalb, weil in der Partei jede Doktrin ihre Anhänger hatte. Mussolini selbst war ebenfalls nicht festgelegt. Seine Sympathie für korporative Wirtschafts- und Gesellschaftsmodelle war noch keineswegs so ausgeprägt, dass sich daraus praktische Konsequenzen ergeben hätten. Ihm lag vor allem an einer Stärkung der Wirtschaftskraft Italiens, wobei aber unklar blieb, auf welche Sparten er dabei vor allem setzte. Sein Land sollte produzieren und noch mal produzieren und alles vermeiden, was den Aufschwung störte – also etwa Arbeitskämpfe und gravierende Eingriffe in die kapitalistische Eigentumsordnung, die Mussolini früher propagiert hatte. Nur so konnte die Abhängigkeit vom Ausland gemildert und Spielraum für eine selbstbewusste Außenpolitik gewonnen werden.

Fast ganz im Dunkeln tappten die Zeitgenossen, die 1921/22 mehr über das sozial- und gesellschaftspolitische Programm der Faschisten wissen wollten. Erahnen ließ sich aber immerhin, dass bei Mussolini und vielen seiner Parteigenossen der alte Umsturzgedanke noch immer nicht verstummt war. Sie wollten eine Revolution neuen Typs und wussten jetzt auch genauer als bei der Gründung der faschistischen Bewegung im Jahr 1919, was sie damit meinten. Ihnen schwebte ein «neues Utopia»[45] vor, das sich von allem unterschied, was damals üblich war, und die Vielzahl widerstreitender Kräfte und Tendenzen zu befrieden versprach, die in der Krise der damaligen Zeit aufgetaucht waren.[46] Die erdachte faschistische Zukunftsgesellschaft war mithin nicht reaktionär. Sie verhieß «ein Ende der Dekadenz, der Ambivalenz und Kontingenz»[47] und sollte in Mussolinis Augen irgendwie moderner sein als das ausgebrannte liberale System des alten Italien und zugleich effizienter als das kommunistische System in der Sowjetunion, das als Vorbild allein schon deshalb nicht in Frage kam, weil sich Mussolinis frühere sozialistische Genossen dafür begeisterten. Ein weiterer Grund für seine Ablehnung des Leninschen Modells war, dass die Kommunisten nur die Arbeiterklasse kannten, während sie die Nation ignorierten und einen Bürgerkrieg vom Zaun gebrochen hatten, in dem wertvolle nationale

Ressourcen vernichtet worden waren. Selbst die autoritären Militär- und Königsdiktaturen, die es vor dem Krieg gegeben hatte und jetzt im östlichen Europa erneut in Mode kamen, sagten den Faschisten nicht zu. Sie hatten zwar an deren polizeistaatlichen Methoden kein Jota auszusetzen, umso mehr missfiel ihnen aber die erzwungene Ruhe und Stagnation in diesen Gesellschaften. Die Faschisten wollten keine schläfrigen, still gestellten Massen, sondern aufgeweckte, dynamische Volksgenossen, die es mit einigen sozialen Wohltaten und viel nationalem Budenzauber zu gewinnen galt. Sie sollten sich mit Leib und Seele in den Dienst der faschistischen Sache stellen,[48] ohne zu merken, dass Mussolini nie mehr als bloße Untertanen in ihnen sah.

Partizipation, Emanzipation und soziale Gerechtigkeit waren von Mussolini 1922 nicht zu erwarten – oder nur in ihrer Kümmerform einer permanenten Simulation sowie als von oben gewährtes Zugeständnis für ausgewählte Teile der Bevölkerung, die besonders treu zu seiner Bewegung standen. Mussolini und die Faschisten wollten die Massen auf Linie bringen, wenn nötig mit Gewalt, sie zugleich aber motivieren und mobilisieren. Als Endergebnis stand ihnen ein vor Kraft strotzender, zu ehrgeizigen imperialistischen Abenteuern aufgelegter, streng hierarchisch geordneter moderner Volksstaat ohne Klassen vor Augen, in dem für Andersdenkende und Außenseiter kein Platz mehr war. Mussolini sah in allem, was nicht für ihn war, nur feindseliges Pack.

Die Exekutive in Rom fand nie die Kraft, um die Faschisten zu stoppen. Das lag vor allem an der Uneinigkeit, Verzagtheit und Ignoranz des liberal-konservativen Regierungslagers. Nicht wenige hatten Angst vor den überall marschierenden Faschisten und scheuten die Konfrontation. Die meisten aber hatten an Mussolini und seinen Kämpfern gar nicht so viel auszusetzen. Zahlreiche hohe Beamte und Offiziere sympathisierten sogar offen mit ihnen. Sie hielten die Faschisten für verlorene Söhne mit schlechten Manieren, aber guten Resozialisierungschancen, die man ohne Weiteres in die Regierung aufnehmen konnte, wo sie sich schon die Hörner abstoßen würden.

Gewiss, ihr Radikalismus war nicht nach jedermanns Geschmack. Er traf aber doch überwiegend die Richtigen, also: die Verräter von der Linken, die eigentlich gar nicht hart genug angefasst werden konnten. Man drückte deshalb die Augen zu und nahm die Faschisten 1921 sogar in ein großes bürgerliches Aktionsbündnis gegen die revolutionäre Linke auf, das sich auch in den Wahlen vom Mai 1921 behaupten konnte. Die Faschisten waren damit salonfähig, sie zogen über die Listen ihrer Schirmherren mit 35 Mann in das Abgeordnetenhaus ein.[49]

Mussolini war einer der neuen faschistischen «onorevoli» und hatte damit eine weitere Bühne, um sich in Szene zu setzen. Er war Parteichef, Herausgeber und Chefredakteur des Parteiorgans und jetzt auch noch der Vorsitzende der PNF-Fraktion im Abgeordnetenhaus. Keiner im Faschismus hatte einen ähnlich herausgehobenen Rang. Omnipräsenz bedeutete aber nicht Omnipotenz. Mussolini musste noch immer mit den mächtigen Provinzfürsten seiner Partei rechnen, die 1921/22 schon zahlreiche Städte und Provinzen kontrollierten. Aufhalten konnte er diese subversiven Naturgewalten nicht. Die Milizen hatten eine viel zu große Eigendynamik, als dass sie durch Befehle von oben an die Kandare zu nehmen gewesen wären. Keine Frage, sie besaßen kein überzeugendes Konzept, genauso klar war aber mittlerweile, dass sie sich längst aus ihrer engen Rolle als reaktionäre «weiße Garde» gelöst hatten und nun – wenn schon, denn schon – so unverhohlen wie ungestüm auf einen Umsturz in der Hauptstadt drängten. Das alte liberale Regime hatte in ihren Augen versagt, es war nicht in der Lage, die politische Linke zu bändigen, für Ruhe und Ordnung zu sorgen und den Verfall der Nation aufzuhalten – es musste weg, bevor der Bolschewismus an seine Stelle trat.

Was tun? Mussolini konnte das Potenzial der Milizen schon deshalb nicht ungenutzt lassen, weil im Sommer 1922 für kurze Zeit die Bildung einer großen antifaschistischen Regierungskoalition aus Sozialisten, Katholiken und Liberalen im Raum stand. Diesem Zusammenschluss seiner Gegner galt es zuvorzukommen. Mussolini

Der Abgeordnete

stellte sich deshalb den ohnehin kaum mehr zu haltenden Milizfüh-
rern nun nicht mehr in den Weg, und er begann ebenfalls über einen
Marsch auf Rom nachzudenken. Die Milizen waren dabei sein wichtigster Trumpf, vielleicht sogar das Instrument seiner Revolution,
das er seit Langem suchte. Der unkoordinierte Bürgerkrieg, den die
Faschisten in vielen Provinzen gegen ihre oft fast schon wehrlosen
linken Gegner führten, gewann damit eine neue Qualität. 3000 bis
4000 Italiener, weit mehr als die Hälfte davon Sozialisten und nur
600 Faschisten, verloren in diesen Kämpfen zwischen 1919 und 1922
ihr Leben, Tausende und Abertausende wurden verletzt und blieben
dauerhaft versehrt.[50]

　　Dass die Faschisten ihre Kontrahenten regelrecht massakrier-
ten, nahm Mussolini achselzuckend hin. Kein Zeichen der Empörung, kein Wort des Bedauerns – er warb im Gegenteil mit provozie-

render Offenheit um Verständnis für seine Totschläger, die es angeblich mit geschworenen Volksfeinden zu tun hatten und eher gelobt als getadelt werden mussten, dass sie mit ihnen so unbarmherzig umsprangen. Auch Mussolini brach damit die Brücken hinter sich ab, auch er wollte 1922 den Griff nach der Macht wagen. «Rom oder Tod» hieß sein Motto, das er von Garibaldi übernommen hatte.

Ganz so kühl und kühn, wie er sich später gab, war er aber nicht. Mussolini war kein kalter Rechner und kein Vabanquespieler, der das Wagnis liebte und suchte. Hinter der Fassade revolutionärer Zielstrebigkeit verbarg sich ein unruhiger, wankelmütiger Taktiker, dem in entscheidenden Momenten regelmäßig die Nerven einen Streich spielten. Auch im Sommer 1922 erschrak er am Ende vor sich selbst und den verwegenen Entschlüssen, zu denen er sich schließlich aufgerafft hatte. Er wusste sehr genau, wie groß das Risiko des Scheiterns war. Der Staat brauchte nur Ernst zu machen – die nötigen militärischen Mittel hatte er, um die Faschisten in die Schranken zu weisen.

In seiner Not zog Mussolini deshalb eine nahe liegende Konsequenz.[51] Er suchte Hintertüren und verleugnete dabei so gut wie alles, was er bis dahin gesagt und getan hatte: Er köderte die Industrie mit liberalen Wirtschaftsprogrammen, hofierte die Freimaurer, biederte sich beim Königshaus an und entdeckte sogar den katholischen Glauben in sich. Überall präsentierte er sich als zupackender Mann mit Augenmaß, der mit sich reden ließ und allein in der Lage sei, die Milizen zurückzupfeifen und den Bürgerkrieg zu beenden, den er im Hintergrund selbst schürte und verschärfte.

In der nachträglichen Betrachtung wurden diese zweideutigen Zaudereien zu einer von langer Hand vorbereiteten gerissenen Doppelstrategie uminterpretiert, die es in dieser Form nie gegeben hat. Mussolini wollte den Putsch in Rom, fürchtete sich aber vor dem letzten Schritt und reagierte im Übrigen auf Zwangslagen und Chancen spontan, aber mit sicherem Gespür für die Schwächen der alten Führungsschichten, die längst den Glauben an sich verloren und nur noch eines im Sinne hatten: den Kommunismus zu bannen und ein Stück Macht zu behalten – wenn es sein musste, auch von Mussolinis Gnaden.

Wie sonst wäre es zu erklären, dass sich niemand aus dem Regierungslager zu fein war, mit Mussolini auf Augenhöhe zu verhandeln? Nicht einer verlangte, dass er seine Schwarzhemden stoppte, bevor man mit ihm sprach. Alle waren geradezu begierig, den Führer der Faschisten, seine Vertrauten und Emissäre zu treffen und mit ihnen faule Kompromisse zu schließen. Mussolini stand so im Mittelpunkt eines beispiellosen Besprechungs- und Verhandlungsmarathons, bei dem er seine Gegenspieler hemmungslos gegeneinander ausspielte und seine Forderungen – wegen der Nachgiebigkeit seiner Kontrahenten – immer höher schrauben konnte.

Im Sommer und Herbst 1922 steuerte dieser Nervenkrieg auf seinen Höhepunkt zu. Die Repräsentanten der liberalen Führungsschicht waren ratlos und fast schon zur Aufgabe bereit. Die Faschisten hingegen ließen sich kaum mehr in Zaum halten; in zahlreichen Städten Nord- und Mittelitaliens hatten sie das Heft bereits fest in der Hand. Ewig konnte diese erregte Hochspannung nicht konserviert werden – alles drängte zur Aktion. Mussolini traf sich deshalb am 16. Oktober mit einer Handvoll engster Vertrauter in der Via S. Marco Nr. 16 in Mailand, um über das Wann und Wie eines Marsches auf Rom zu beraten. Ein genauer Termin wurde noch nicht festgelegt; das sollte erst in Neapel geschehen, wo für den 24. Oktober ein Parteitag anberaumt war. Immerhin beschloss man aber, dass im Falle des Falles Italo Balbo, der mächtige Parteichef aus Ferrara, Cesare De Vecchi und Emilio De Bono, beides altgediente Generäle, sowie Michele Bianchi, der Generalsekretär der faschistischen Partei, das Kommando der Milizen übernehmen und dass der Marsch selbst an drei Orten in der Umgebung von Rom (Tivoli, Monterotondo und Santa Marinella) starten sollte. Als Hauptquartier der Milizen war Perugia vorgesehen.[52]

In Neapel stimmte Mussolini die gesamte Partei noch einmal auf die bevorstehenden Ereignisse ein. Das Ziel dieser eindrucksvollen Machtdemonstration von 40 000 uniformierten Faschisten war klar:

«Entweder sie geben uns die Macht, oder wir ziehen nach Rom!»[53] Auch der Plan für den Marsch selbst erhielt am Fuße des Vesuvs den letzten Schliff. Am 27. Oktober sollten die Befehle für die Mobilmachung der Miliz ergehen, danach wichtige staatliche Einrichtungen und Verkehrsknotenpunkte im ganzen Land besetzt und schließlich alle verfügbaren Kräfte an den Sammelpunkten um Rom zusammengezogen werden. Von dort aus wollte man am Tag danach die Hauptstadt angreifen.

Mehr war im Augenblick nicht zu tun. Mussolini reiste deshalb am 25. Oktober nach Mailand zurück, wo er sich in den folgenden drei Tagen den Anschein völliger Friedfertigkeit zu geben versuchte und deshalb mehrmals in die Oper und ins Theater ging – am 27. in Begleitung seiner Geliebten, am 28. Oktober zusammen mit seiner Frau, die ebenfalls ihr Recht haben wollte. Die letzten Dinge überließ er währenddessen den Oberbefehlshabern in Perugia. Distanzierte er sich damit von seinen zum Äußersten entschlossenen Faschisten? Schwer zu sagen – mit seiner Heimreise gewann er jedenfalls etwas Spielraum für den Fall, dass alles schiefgehen sollte. Er war ja nicht dabei gewesen und hätte vielleicht doch seine Haut retten und als Juniorpartner – von wem auch immer – in der Politik bleiben können. Sein Verhalten in Mailand stützt Vermutungen dieser Art, auf der ganz sicheren Seite ist man bei ihm aber nie. Klar ist nur: Mussolini taktierte und verhandelte nun noch intensiver als in den Wochen und Monaten zuvor, und immer ging es um Pakte, Posten und Pfründe. Er versprach allen alles und allen nichts – und gewann dabei langsam, aber sicher die Gewissheit, dass er sein Ziel, die Machtübernahme, auch ohne Putsch und militärische Konfrontation erreichen konnte.

Er durfte nur nicht zu weit gehen. Vor allem musste er darauf achten, dass es zu keiner Verzweiflungstat der bedrängten Regierung kam. Mussolini scheint deshalb den ursprünglichen Marschplan umgestoßen und nur relativ schwache Kräfte zu den Sammelpunkten abkommandiert zu haben; die Provokation musste sich im Rahmen halten. Die militärische Bedrohung vor Rom bestand so am

Morgen des 28. Oktober nicht aus 300 000 Kämpfern, wie später behauptet wurde, sondern aus kaum mehr als 5000 Mann, die noch dazu ein Bild des Jammers boten. Sie waren schlecht ausgerüstet, übermüdet und von einem Dauerregen zermürbt, der die ganze Gegend in Schlamm und Sumpf verwandelte und einen geordneten Vormarsch unmöglich machte. Erst im Laufe des Tages wuchs die faschistische Streitmacht auf 15 000 Squadristen an.[54]

Der Regierung waren die Pläne der Faschisten bekannt. Sie spürte seit Langem, dass Gefahr im Verzug war. Nach dem Parteitag in Neapel verdichteten sich die entsprechenden Nachrichten, und in der Nacht vom 27. auf den 28. Oktober wusste jeder, dass die Faschisten tatsächlich losschlagen würden. Die Squadristen vor Rom waren dabei das geringste Problem. Die regulären Truppen hätten leichtes Spiel mit ihnen gehabt. Anders lagen die Dinge außerhalb Roms. In zahlreichen Provinzen Nord- und Mittelitaliens bestimmten die Faschisten nicht nur das politische Klima, sie hatten dort auch – ohne auf größeren Widerstand zu stoßen – viele Präfekturen, Rathäuser und Kasernen besetzt und die wichtigsten Telefon- und Telegrafenverbindungen unter ihre Kontrolle gebracht – oder schickten sich an, dies zu tun.

Die Regierung konnte sich dort überhaupt nicht sicher sein, ob das Heer – selbst wenn sie es gewollt hätte – mobilisiert werden konnte. Viele Offiziere hatten längst das Vertrauen in die Politik verloren und sahen nicht ein, warum sie sich exponieren sollten, wo doch alle Welt mit einer Regierungsbeteiligung der Faschisten rechnete. Sie zuckten deshalb vor einer Konfrontation zurück, die leicht zu einem Bürgerkrieg führen konnte, von dem letztlich nur die Kommunisten profitieren würden. Nicht wenige sympathisierten aber auch insgeheim oder offen mit den Schwarzhemden, die als kampferprobte Soldaten früher selbst zu ihnen gehört hatten; manche statteten sie sogar mit Waffen aus.[55] «Wohlwollende Neutralität», hat der Schriftsteller Curzio Malaparte die Haltung des Militärs genannt und dabei das Potenzial des Euphemismus voll ausgeschöpft.[56] Es war jedenfalls besser, die Streitkräfte nicht auf die Probe zu stellen.[57]

Die Regierung reagierte deshalb Ende Oktober 1922 beinahe panisch. Luigi Facta, der Ministerpräsident, verkörperte das ganze Elend der alten Eliten, die – bedroht von links und rechts – keinerlei Kraft und Gestaltungswillen mehr besaßen. Die Faschisten hatten mit ihren Umsturzdrohungen und vagen Lockungen so viel Konfusion im Regierungslager gesät, dass dort nur noch Misstrauen und Missgunst herrschten und das Gefühl, dass es ohne Mussolini und Co. nicht mehr ging.

Isoliert und von allen verlassen, wusste Facta nicht mehr vor und zurück. Er und seine Minister taten deshalb einen ebenso grotesken wie verzweifelten Schritt: Sie stellten ihre Ämter zur Verfügung, schlugen aber gleichzeitig – als Regierung auf Abruf! – die Ausrufung des Belagerungszustandes vor, um so dem Faschismus doch noch entgegentreten zu können. Damit war der König am Zug, der diese Maßnahme als Staatsoberhaupt billigen musste.

Vittorio Emanuele III., der Urlaub machte und eigentlich seine Ruhe haben wollte, stärkte Facta zunächst den Rücken und war auch mit dem Plan einverstanden, die Streitkräfte gegen die faschistischen Milizen zu mobilisieren. Der König setzte damit ein starkes Zeichen – die Offiziere der Streitkräfte wurden unmissverständlich an ihren Eid auf ihn und an ihre Pflichten erinnert, die nicht leicht zu ignorieren waren. Der Marsch auf Rom, der noch gar nicht richtig begonnen hatte, war für Mussolini damit plötzlich doch noch zu einem riskanten Unternehmen geworden, zumal nun auch das antifaschistische Lager in Gestalt der kommunistischen Partei aufwachte und zum Generalstreik aufrief.

Doch da nahm die Entwicklung eine dramatische Wende. Der König weigerte sich in letzter Minute, das bereits öffentlich angekündigte Dekret über den Belagerungszustand zu unterschreiben. Die Gründe für diesen Rückzieher liegen bis heute im Dunkeln. Vittorio Emanuele, ein mürrischer, misstrauischer und verschlossener Mann, hat sich nie dazu geäußert, so dass man über seine Motive nur spekulieren kann. Vielleicht fürchtete er einen Bürgerkrieg, vielleicht hielt er – nachdem er sich einen genauen Überblick verschafft

**Der zögerliche König**

und die Stimmung der Streitkräfte erkundet hatte – die Machtergreifung der Faschisten für unvermeidlich, vielleicht war ihm eine faschistische Regierung aber auch lieber als ein Kabinett mit ideenlosen Taktierern wie Facta an der Spitze. Diese Fossile kannten in seinen Augen keinen Ausweg aus der Krise und boten auch keine Gewähr dafür, dass sie mit der vermeintlich noch immer lauernden «roten Gefahr» fertig werden konnten. Mussolini und die Faschisten schon.[58]

Tatsache ist jedenfalls, dass Facta das Dekret zurückziehen musste. Eine größere Blamage war kaum denkbar. Die Regierung verspielte so den letzten Rest an Autorität, der ihr geblieben war. Ohne dass vor Rom ein Schuss fiel, waren die Faschisten damit Herren der Lage. Daran änderte auch nichts, dass der König am 28. Oktober mit Antonio Salandra einen anderen aus der alten Garde mit der Bildung einer neuen Regierung beauftragte, denn dieser Versuch scheiterte kläglich. Das liberale Establishment gab sich – fast erleichtert, dass es nicht mehr regieren musste – nun definitiv auf. Mussolini hätte im Kabinett seines Rivalen alles werden können. Er wusste aber genau, dass er mehr verlangen konnte und bekommen würde: das Amt des Ministerpräsidenten, das ihm der König am 29. Oktober schließlich auch antrug.

Der legendäre Marsch auf Rom hat also überhaupt nicht stattgefunden.[59] Er blieb Dutzende Kilometer vor der Hauptstadt im Schlamm stecken und wurde ganz abgeblasen, als Mussolini im Nachtzug nach Rom saß und praktisch schon Regierungschef war. Eine Farce war der Aufmarsch dennoch nicht. Er lag als Drohung in der Luft, und sie wurde ernst genommen, weil in Nord- und Mittelitalien zugleich zahlreiche kleinere und größere «Märsche» und Machtergreifungen stattfanden, die niemand unterbunden hatte und die – angesichts der Unzuverlässigkeit der Streitkräfte – auch niemand unterbinden konnte.

Als alles entschieden war, rief der «Duce» seine Schwarzhemden schließlich doch noch in die Ewige Stadt. Er inszenierte dort am letzten Oktobertag einen gewaltigen Aufmarsch, der immer wieder eskalierte und mehr als 20 Todesopfer forderte. Mussolini wollte damit seine Macht demonstrieren und das Darstellungsbedürfnis seiner Leute befriedigen. Noch wichtiger aber war ihm etwas anderes: Er wollte im öffentlichen Bewusstsein verankern, dass die Machtergreifung der Faschisten kein normaler Regierungswechsel war, sondern revolutionäre Dimensionen hatte. Er legte damit den Grundstein für den später wieder und wieder variierten Revolutionsmythos mit seinen 3000 faschistischen Märtyrern, der in den folgenden Jahren solche Blüten trieb, dass am Ende nur noch wenige wussten, was am 28. Oktober 1922 wirklich geschehen war.

Mussolini konnte es vermutlich selbst kaum glauben, dass ihm gerade die Geschicke Italiens anvertraut worden waren. Drei Jahre war es erst her, dass er bei den Wahlen kläglich gescheitert war und erneut ganz von vorne beginnen musste – und jetzt dieser Triumph,

**Einzug in Rom**

der nicht nur in den Reihen der Faschisten begrüßt wurde! Auf Mussolini ruhten auch die Hoffnungen eines beträchtlichen Teils der italienischen Gesellschaft, die sich energische Führung und vor allem Ruhe und Ordnung wünschte. Selbst Intellektuelle von Weltruf wie Benedetto Croce blickten voller Zuversicht in die neue Zeit. Sie sollten ihr blaues Wunder erleben.

## Der Diktator

Mussolini war fast auf den Tag genau vier Jahre im Amt, als er bei einem Besuch in Bologna in das Fadenkreuz eines Attentäters geriet. Der Anschlag schlug fehl, mehr als einen leichten Streifschuss erlitt der «Duce» nicht. Der Täter, ein 16-jähriger Junge aus anarchistischen Kreisen, wurde an Ort und Stelle gelyncht, so dass die näheren Umstände der Tat nie aufgeklärt werden konnten. Bis heute hält sich der Verdacht, bei dem Schlag gegen den «Duce» habe es sich um eine Inszenierung von Polizei und Partei gehandelt – mit dem Hintergedanken, im Windschatten der öffentlichen Erregung auch noch die letzten Überreste des liberalen Systems zu beseitigen.[1]

Viel spricht für diesen Verdacht, ebenso viel dagegen. Auffallend ist aber schon, mit welchem Tempo die Regierung nach dem Vorfall in Bologna zu Werke ging. Binnen Kurzem wurden alle oppositionellen Parteien und Gewerkschaften aufgelöst, und ehe man sich versah, trat ein umfassendes Gesetzeswerk zum «Schutze des Staates» in Kraft, das die Todesstrafe vorsah, ein Sondergericht zur Aburteilung von Regimegegnern und Dissidenten schuf und der Exekutive das Recht übertrug, politisch Unliebsame ohne große Umstände jahrelang in die Verbannung zu schicken.[2] Demokratie und Rechtsstaat gehörten damit definitiv der Vergangenheit an: Italien war eine Diktatur mit Mussolini als unumschränktem Diktator an der Spitze.

Der Weg dorthin war steinig und keineswegs vorgezeichnet, als Mussolini 1922 nach dem Marsch auf Rom zunächst in den Palazzo Chigi einzog, ehe er 1929 in den Palazzo Venezia übersiedelte. Fest stand damals nur: Freiwillig würde er den Posten des Regierungschefs nicht mehr räumen. Jeder Versuch, ihn abzusetzen, musste zum Bürgerkrieg führen. Alles Weitere lag im Dunkel der Zukunft. Für den Aufbau einer faschistischen Diktatur gab es weder ein Vorbild noch ein Rezept; niemand wusste, was eine solche eigentlich war.

Dass sie dennoch entstand und schon nach wenigen Jahren klare Konturen und einen Namen besaß, hatte viele Ursachen. Mussolinis neue Herrschaftsform war das Ergebnis eines permanenten Kräftemessens, in dem sich Faschisten und Antifaschisten begegneten, Faschisten und ihre bürgerlichen Verbündeten aufeinandertrafen und Faschisten mit Faschisten um die Führung rangen. Mussolini ging aus dieser multiplen Kraftprobe siegreich hervor und gewann im Zuge dieser Auseinandersetzungen auch langsam eine Vorstellung davon, was politisch machbar und gesellschaftlich verträglich war und wie sich seine vagen, in den eigenen Reihen durchaus umstrittenen Zukunftsprojekte Stück für Stück ins Werk setzen ließen.

Die antifaschistische Opposition war dabei bald kein Gegner mehr. Mussolinis Schwarzhemden hatten sie schon vor 1922 weitgehend ausgeschaltet, und jetzt fand sie erst recht keine Regenerationskraft mehr. Größerer Widerstand war vom bürgerlich-monarchischen Establishment zu erwarten, das Italien seit 1860 regiert hatte. Mussolini kannte die Defizite, aber auch die verschlagene Wendigkeit dieser Gruppierungen, die er als Sozialist mit allen Mitteln bekämpft hatte: Sie hatten ihm, mutmaßte er, die Macht nicht wirklich ausgeliefert, sie wollten sie lediglich im eigenen Interesse teilen und würden vermutlich sofort zurückschlagen, wenn er seine Rolle gespielt hatte und sich eine Blöße gab; «Herrschaftskompromiss» nannte man diese Form der lauernden Kooperation später vornehm.[3]

Mussolini ging deshalb anfangs nicht annähernd so entschlossen vor, wie viele erwartet hatten. Gewiss, der neue Regierungschef übernahm mit dem Außen- und dem Innenministerium zwei entscheidende Ressorts, die ihm eine überragende Stellung verschafften. Dafür mussten sich aber seine Weggefährten bescheiden. Nur drei eher moderate Parteigenossen aus der zweiten Reihe kamen als

Minister zum Zuge, während Hauptfiguren wie Dino Grandi oder Italo Balbo leer ausgingen und der intransigente Flügel mit einigen Staatssekretärsposten vorlieb nehmen musste. Bei der Besetzung der übrigen Posten machte Mussolini noch weitere Zugeständnisse. Er wollte weder die Streitkräfte beunruhigen noch die großen Interessengruppen brüskieren und schon gar nicht den König herausfordern, weshalb er neben dem Philosophen Giovanni Gentile und den beiden populärsten Generälen des Ersten Weltkrieges (Armando Diaz und Paolo Thaon Di Revel) auch mehrere Vertreter des liberalkonservativen Lagers, der katholischen Volkspartei und der Nationalisten in sein Kabinett berief; sogar ein sozialistischer Gewerkschafter hatte in seinen ursprünglichen Plänen eine Rolle gespielt.

Diese Kompromisspolitik fand in Abgeordnetenhaus und Senat viel Beifall; dort ging man nach dem Marsch auf Rom ungeniert schnell zur Tagesordnung über. Die überwältigende Mehrheit der Parlamentarier dachte nicht daran, sich Mussolini in den Weg zu stellen. Sie drängte ihm die Macht sogar förmlich auf und belohnte ihn gleich zu Beginn seiner Amtszeit mit einem Ermächtigungsgesetz, das ihm viel größere Kompetenzen verlieh, als ähnliche Regelungen aus früherer Zeit seinen Vorgängern eingeräumt hatten; man ließ ihm in der Innenpolitik zunächst für ein Jahr so gut wie freie Hand. Hatte er sich im alten Establishment vielleicht getäuscht? Waren seine der Not gehorchenden «Verbündeten» doch schwächer, verunsicherter und leichter in Schach zu halten, als er gedacht hatte? Brauchte er vielleicht gar nicht so große Rücksichten zu nehmen? Vieles deutet darauf hin, dass Mussolini bald Morgenluft witterte, ohne aber übermütig zu werden. Die alten Eliten mit ihrem Rückhalt beim König waren in seinen Augen – trotz ihrer großen Gefügigkeit – unberechenbar. Die neue Regierung nutzte deshalb die staatlichen Machtbefugnisse, die man ihr gab, schöpfte sie aber nicht gänzlich aus. Sie löste Hunderte von linken Gemeinde- und Provinzialverwaltungen auf, trieb prominente Gewerkschafter ins Exil, ließ die Führungsriege der Kommunisten verfolgen und sprang auch mit anderen Regimegegnern nicht zimperlich um. Außerdem entfernte sie politisch unbequeme Beamte aus dem öffentlichen Dienst und schränkte schließlich auch die Pressefreiheit so stark ein, dass oppositionelle und neutrale Blätter kaum noch berichten konnten, wie und was sie wollten.[4]

Solche Übergriffe regten weder den König auf, noch brachten sie die bürgerlichen und aristokratischen Honoratioren aus der Ruhe. Sie selbst waren ja nicht betroffen. Außerdem war man daran gewöhnt. Polizei und Justiz überschritten – im Auftrag der Regierung – seit jeher die Grenzen von Recht und Gesetz, von den Streitkräften ganz zu schweigen. Mussolini hielt es anfangs nicht sehr viel anders. Lediglich in einem Punkt ging er schon 1922 weit über das hinaus, was sich seine Vorgänger erlaubt hatten. Die Rede ist von der Schaffung des Faschistischen Großrats, dessen Installation das alte Regierungssystem im Kern verletzte.

Der Großrat war anfangs weder Gremium der Partei noch Organ des Staates und sollte dennoch die Richtlinien der staatlichen Politik festlegen, obwohl er keinerlei verfassungsrechtliche Basis dafür besaß. Seine Legitimation verdankte er Mussolini. Der «Duce» ernannte seine Mitglieder, er entschied, wann der Großrat zusammentrat, und von ihm hing es ab, welche Themen auf der Tagesordnung standen.[5] Kabinett und Parlament waren damit zwar nicht entmachtet, sie sahen sich aber mit einer konkurrierenden Großinstanz konfrontiert, die in der Verfassung nicht vorgesehen war und die Verfassungswirklichkeit unmittelbar veränderte – für immer und natürlich zugunsten der Faschisten.

Dieser Verfassungsbruch blieb nicht unbemerkt, ihm folgte aber kein öffentlicher Aufschrei. Mussolini spielte die Bedeutung des Großrats gezielt herunter und überzeugte damit ebenso wie mit seiner Versicherung, dass der Staat nun bald wieder für Ruhe und Ordnung sorgen und dabei auch die radikalen Faschisten zähmen würde. «Normalizzazione»[6] hieß das Zauberwort, das ihm viele Sympathien einbrachte. Ob er wirklich auf eine Beruhigung der Lage hoffte, ist schwer zu sagen. Offen muss auch bleiben, welche Rolle der Staat dabei spielen sollte und wie Mussolini überhaupt über das Spannungsverhältnis von Staat und Partei dachte. Einerseits konnte ihm nicht daran gelegen sein, den Staat zu schwächen, dessen Führung er eben übernommen hatte. Im Gegenteil: Er brauchte die Polizei, die Streitkräfte und die anderen staatlichen Organe, nur so hatte er eine Chance, seine politischen Ambitionen umzusetzen. Die faschistische Partei allein war dazu nicht in der Lage, sie konnte auf die Autorität des Staates nicht verzichten. Andererseits durfte der Staat natürlich nicht so bleiben, wie er war. Stärkung und radikaler Umbau mussten Hand in Hand gehen. Der Staat sollte auf neue Beine gestellt und – wie mit der Etablierung des Großrats – mit neuem Leben erfüllt, der Staat musste «faschisiert» werden. Mussolinis subversives Naturell drängte in diese Richtung. Außerdem hatte er mit den unruhigen Geistern in seiner Partei zu rechnen, die in den faschistischen Milizen ihre Hochburgen besaßen und nicht das geringste Verständnis dafür gehabt hätten, wenn alles beim Alten geblieben und Mussolini dem Establishment allzu weit entgegengekommen wäre.

Die faschistischen Milizen verschwendeten nach dem Marsch auf Rom denn auch keinen Gedanken daran, ihre Waffen niederzulegen und Ruhe zu geben. Sie fühlten sich als die Garanten des Umsturzes und drängten darauf, die Revolution von 1922 fortzusetzen. Mussolini rief zwar immer wieder zur Mäßigung auf, weil er fürchtete, die Brutalität seiner Schlägertruppen würde ihm das Königshaus, die katholische Kirche und das Bürgertum entfremden. Seine Appelle blieben aber oft folgenlos – und das war auch kein Wunder. Die Milizen hatten eigene Pläne und eigene Führer, die selbst von Mussolini kaum zu bändigen waren. Außerdem sandte der «Duce» ganz widersprüchliche Signale aus. So hatte er gleich nach der Machtergreifung eine weitreichende Amnestie erlassen und damit den Gewaltexzessen seiner Kämpfer nachträglich den legalen Segen erteilt.[7] Tausende belastete Milizionäre, selbst skrupellose Mörder kamen ungeschoren davon und machten unbeirrt weiter. Anlass zur Umkehr gab es für sie auch deshalb nicht, weil Mussolini die radikalen Squadristen in nicht wenigen Fällen selbst aufforderte, hart durchzugreifen und diesem oder jenem namentlich genannten Regimegegner «das Leben unmöglich zu machen». Die amtliche Statistik registrierte allein 1923 mehr als hundert politische Morde; fast alle Opfer waren Antifaschisten.[8]

An diesem Sonderstatus der Squadristen änderte sich nicht viel, als die Schlägerbanden im Januar 1923 in eine «Miliz zum Schutz der nationalen Sicherheit» verwandelt und damit gewissermaßen verstaatlicht wurden.[9] Sie blieben, was sie waren: eine zu allem bereite militärische Eingreiftruppe, die das Gewaltmonopol des Staates beanspruchte und offen mit den Streitkräften rivalisierte. Mussolinis Miliz zählte nach dem Marsch auf Rom gut 100 000 Mann. Sie war straff organisiert, verfügte über genügend Waffen und hatte jetzt auch einen gesicherten Etat. Die neue Regierung ließ sich nicht lumpen, sie steckte viel Geld in die faschistischen Truppen und baute sie schließlich zu einer veritablen Streitmacht aus, die im Gefüge des Faschismus besonderes Gewicht erlangte. Prätorianer dieser Art hatte nur Mussolini. Ihre Dynamik war ihm ebenso willkommen wie der Druck, der von ihnen ausging und auf permanente Veränderung zielte. Die Miliz durfte ihm nur nicht entgleiten und musste deshalb immer wieder zur Ordnung gerufen werden.

Geringere Sorgen bereitete Mussolini seine Partei, die nicht annähernd so umstürzlerisch gesinnt war wie die Miliz. Dennoch: Sie hielt die Opposition und die alten Eliten in Schach und war auch sonst ständig darauf bedacht, die Macht des Faschismus zu konsolidieren. Mussolini hatte dem PNF ambitionierte Ziele gesteckt.[10] Er sollte die Gesellschaft durchdringen, sie im Geiste seiner Ideologie mobilisieren und damit den Boden bereiten für die spätere große Umwälzung, aus der «neue Zivilisationen» und «neue Menschen» hervorgehen würden. Vor allem aber sollte sie ihr Profil als Propagandainstrument schärfen. Seinen Ruhm zu mehren und ein strahlendes «Duce»-Bild zu verbreiten – darauf kam es ihm besonders an.

Der PNF zählte Ende 1922 300 000 Mitglieder, ein Jahr später waren es 780 000, 1927 war die Millionengrenze überschritten, und ein Ende des Wachstums war nicht absehbar.[11] Diese Zahlen sagen viel, aber nicht alles. Die Partei wuchs nämlich nicht nur als Partei, zugleich fächerte sie sich in zahlreiche Neben- und Suborganisationen auf, deren Aufgabe es war, bestimmte gesellschaftliche Gruppen und Milieus für den Faschismus zu gewinnen. Die Faschisten gründeten eigene Gewerkschaften, Frauen- und Jugendverbände, eigene Freizeitnetzwerke und eine Unmenge sozialer Einrichtungen, die sich von der Wiege bis zur Bahre um das Wohl und Wehe ihrer Mitglieder kümmerten. 1942 waren – sage und schreibe – fast zwei Drittel aller Italiener in der faschistischen Partei und ihren Ablegern organisiert.[12] Anfangs belächelt, dann gefürchtet und schließlich respektiert, machten sich die Faschisten vor Ort rasch unentbehrlich. Wer etwas brauchte, kam zu ihnen – und es wurde ihm geholfen, so suggerierte es wenigstens die Propaganda. Das galt für Arbeitslose auf Jobsuche, für Beamte mit Aufstiegsträumen und für Geschäftsleute in Geldnöten. Die Partei war für alle da, vorausgesetzt natürlich, dass sie sich zum Faschismus und zum «Duce» bekannten und gute Italiener waren. Kommunisten, Sozialisten, Sinti und Roma, Homosexuelle und andere Außenseiter und Abweichler waren das nicht – sie kamen nicht in den Genuss von staatlichen Beihilfen, sondern mussten sich selbst helfen.

Solche Gratifikationen kosteten Geld. Der PNF hatte seit Oktober 1922 reichlich davon. Er konnte sich in den Regionen und Provinzen sogar ein Heer von gut besoldeten Funktionären leisten, die tagein, tagaus nichts anderes taten, als den Faschismus zu predigen. Hinzu kamen Tausende und Abertausende von Ehrenamtlichen, die mit leichterer Münze entlohnt wurden – mit etwas Einfluss und Prestige –, vielfach aber dennoch in ihrer Sache aufgingen. Der PNF war so aus dem Alltag der Italiener bald nicht mehr wegzudenken. Schon Ende der zwanziger Jahre war er fast überall präsent, im Norden ebenso wie im Süden, in den Dörfern nicht weniger als in den Städten. Vor allem an den Wochenenden gehörte das Land der Partei und dem «Duce», der in tausenderlei Varianten als Heilsgestalt verkauft wurde. Die genau einstudierten Paraden, Umzüge und Gedenkfeiern zogen nicht nur Parteigenossen und Sympathisanten an, sie beeindruckten auch Unschlüssige und Skeptiker, die so etwas noch nie gesehen hatten, ganz zu schweigen von den Mutlosen und Ängstlichen, die angesichts der permanenten Machtdemonstration der Faschisten in Panik gerieten und rasch ebenfalls mitliefen.

Die anderen Parteien hatten dem immer weniger entgegenzusetzen. Sozialisten und Kommunisten hielten anfangs zwar noch wacker durch, gerieten dann aber überall in die Defensive und mussten in den Untergrund oder ins Exil gehen. Das Risiko war einfach zu groß. Wer mit offenem Visier kämpfte, war seines Lebens nicht mehr sicher. Selbst Abgeordnete und Senatoren wurden Objekte faschistischer Aggression – sie mussten sogar im Parlament mit tätlichen und tödlichen Angriffen rechnen. Viele Oppositionelle zogen sich deshalb resigniert zurück. Die Dauerpräsenz der Faschisten schüchterte sie ein, sie gaben auf. Noch nie zuvor war die politische Landkarte Italiens so einfarbig gewesen – das Schwarz der Faschisten beherrschte fast alles.

Italien war schon kurze Zeit nach dem Marsch auf Rom kein normaler Staat mehr. Hinter der Fassade fortdauernder verfassungsgemäßer Legalität waren die Dinge längst durcheinander geraten. Die Partei, der Großrat und die Miliz als staatlich geförderte Privatarmee gaben den Ausschlag dafür. Sie wirkten wie Krebsgeschwüre, die sich langsam, aber sicher in das Gewebe von Staat und Gesellschaft hineinfraßen. Sie waren aber zugleich die Vorboten des faschistischen Zukunftsstaates, der 1923/24 erste Konturen gewann.

Mussolini hätte solche nachträglichen Analysen faschistischer Stärke wohl kaum geteilt, zumal anfangs keineswegs abzusehen war, welche Rolle er selbst in einem solchen Staat spielen würde. Er, der bereits 1922 über eine Machtfülle verfügte, von der frühere Ministerpräsidenten nur hatten träumen können, traute dem Frieden immer noch nicht. Krankhaft misstrauisch war er seit jeher gewesen. Nachdem er Regierungschef geworden war, verstärkte sich diese Eigenschaft bis zur Obsession. Er sah sich von lauter Feinden und unsicheren Kantonisten umgeben, die es auszuschalten oder unter Beobachtung zu stellen galt. Auf wen war denn wirklich Verlass? Auf das Abgeordnetenhaus und den Senat, in denen es so gut wie keine echten Faschisten gab? Auf den König und die Streitkräfte, die nur Lippenbekenntnisse der Solidarität ablegten, ihn und seine Mitstreiter aber verachteten und verbissen am Alten hingen? Selbst Miliz und Partei flößten ihm trotz ihrer Stärke kein rechtes Vertrauen ein. Sie konnten sich ja auch gegen ihn stellen. Und was dann?

Auf der Suche nach mehr Sicherheit griff Mussolini 1923/24 eine Idee auf, die ihn schon kurz nach dem Marsch auf Rom beschäftigt hatte: Neuwahlen. Damals hatte er sie verworfen, um niemanden zu verprellen – jetzt war in seinen Augen die Zeit reif für einen Urnengang, der ihm einen sicheren Rückhalt verschaffen und die echte und verdeckte Opposition endgültig ins parlamentarische Abseits drängen sollte. Nichts durfte dabei dem Zufall überlassen bleiben. Partei und Miliz waren mit ihren bekannt hemdsärmeligen Methoden der Gegnerbekämpfung für das Grobe zuständig. Den Rest besorgte Mussolini selbst. Er platzierte zahlreiche prominente Exponenten des bürgerlichen Lagers auf der Einheitsliste der faschistischen Partei, um deren Attraktivität zu erhöhen. Und er ließ ein neues Wahlgesetz verabschieden, das der Partei mit der relativen Mehrheit von über einem Viertel der Stimmen zu zwei Dritteln der Sitze verhalf.[13]

Das Ergebnis fiel tatsächlich so aus, wie Mussolini gehofft hatte. Seine Partei erhielt in den alles andere als freien Nationalwahlen vom April 1924 fast 65 Prozent der Stimmen und dominierte nun auch Abgeordnetenhaus und Senat.[14] Der «Duce» hätte zufrieden sein können und sah doch voller Sorgen in die Zukunft. Kummer bereiteten ihm nun nicht mehr primär die bürgerlichen Verbündeten, die in den Wahlen einen schweren Dämpfer erhalten hatten. Sie konnten froh sein, dass sie bei den Faschisten unterkriechen durften; eine eigene Fraktion hatten sie nicht mehr. Ganz anders verhielt es sich hingegen mit der faschistischen Partei. Sie strotzte nach dem Wahlerfolg ebenso vor Selbstvertrauen wie die Miliz, deren terroristische Durchschlagskraft sich im Wahlkampf erneut bewährt hatte. Beide erwarteten nun ihren Lohn.

Mit Posten und Sinekuren war es dabei nicht getan. Partei und Miliz verlangten von Mussolini viel mehr: eine Entscheidung über den weiteren Kurs des Faschismus. Dabei standen, grob gesprochen, zwei Alternativen zur Wahl. Für die eine votierten die gemäßigten Faschisten, die an einer Kräftigung des Staates nach autoritären Rezepten interessiert waren, dabei aber dessen Grundlagen und Führungseliten unangetastet lassen wollten. Die andere Alternative ging viel weiter. Ihre Verfechter rekrutierten sich aus dem revolutionären Flügel des Faschismus, dem nicht daran gelegen war, die vielfältigen Energien der sich entfaltenden Massengesellschaft in einem bloß polizeistaatlichen Regime zu bändigen. Diese Faschisten zielten im Gegenteil auf eine permanente Mobilisierung und Politisierung der Italiener. Ihnen stand ein Staat neuen Typs vor Augen, der die Italiener zu einer Volksgemeinschaft ohne Klassengegensätze formieren und unter der Führung einer neuen faschistischen Politikerschicht auf eine imperiale Expansion vorbereiten sollte.[15]

Mussolini wollte weder die eine noch die andere Großgruppe vor den Kopf stoßen, er brauchte beide – die Gemäßigten ebenso wie die Prätorianer. Also lavierte er, bis eine Richtungsentscheidung unausweichlich schien. Ausgangspunkt dieser Entwicklung war die Entführung und Ermordung Giacomo Matteottis im Juni 1924.[16] Der sozialistische Oppositionsführer hatte zuvor im Abgeordnetenhaus eine flammende Rede gegen Mussolini gehalten und dabei nicht nur die kriminellen Machenschaften bei den vorangegangenen Wahlen angeprangert. Matteotti hatte es auch gewagt, Andeutungen über den korrupten «Duce»-Clan zu machen, die er später konkretisieren wollte. Riesige Summen aus illegalen Öl- und Waffengeschäften, so raunte man, seien bei der Familie und bei der Partei gelandet und dort verschwunden.[17]

Diese Attacke saß. Mussolini raste und ließ sich zu drastischen Äußerungen hinreißen: Der Kerl müsse weg! Ob es sich dabei um einen expliziten Mordauftrag handelte oder nicht, konnte bisher nicht geklärt werden. Angesprochen fühlte sich jedenfalls eine kleine Bande enger Vertrauter des «Duce», seine Tscheka, die im Frühjahr

1924 für Spezialaufgaben dieser Art gebildet worden war und jetzt unverzüglich tätig wurde. Der beherzte Sozialist war nicht der Erste, den faschistische Schläger zur Strecke brachten, und er war nicht der Letzte. Die Faschisten hatten damals bereits viele bekannte und unbekannte Antifaschisten auf dem Gewissen. Aber noch nie stammten die Täter aus dem nächsten Umfeld von Mussolini – jetzt schon. Der «Duce» umgab sich mit Verbrechern, sie standen in seinem Sold und gingen im Palazzo Chigi ein und aus.[18] Und er sollte von nichts gewusst haben und keinerlei Verantwortung tragen?

Die Empörung kannte trotz der einschneidenden Maßnahmen zur Gängelung der öffentlichen Meinung kaum Grenzen, als sich die Nachricht vom Tod Matteottis verbreitete. Dass dabei die durch Terror und Gewalt eingeschüchterte Opposition zu neuem Schwung fand, versteht sich von selbst. Empörung und Entsetzen reichten aber weit in das faschistische und bürgerliche Lager hinein. Sie «riechen den Tod», schrieb ein Sozialist. «Alle hauen ab.»[19] Mussolini blieb diese Absetzbewegung nicht verborgen. Sie überraschte ihn auch nicht, weil er mit der Unzuverlässigkeit seiner Verbündeten und Mitstreiter immer gerechnet hatte. Dass so viele von ihm abrückten, stürzte ihn dennoch in eine Krise, die er als ähnlich schwer empfand wie die von 1914 und 1922, als seine Karriere auf dem Spiel stand. Wie damals schwankte er lange hin und her. Zeichen der Entschlossenheit, sein Amt als Regierungschef – koste es, was es wolle – zu behalten, wechselten mit Signalen, die das Gegenteil bedeuten konnten. Sein besonderes Augenmerk galt dabei dem König, dessen Rückhalt er sich mit spektakulären Gesten sicherte. Er ließ die Miliz, seine Privatarmee, auf Vittorio Emanuele III. vereidigen und trat im Senat demonstrativ als loyaler Diener seiner Majestät auf: Es sei nicht wahr, dass die Faschisten die Macht unter allen Umständen verteidigen würden. Wenn ihn der König zu sich rufen und ihm sagen sollte, «es ist Zeit zu gehen, würde ich Hab-Acht-Stellung annehmen, salutieren und gehorchen».[20]

Ob diese Versicherung ganz ernst gemeint war, sei dahin gestellt. Sie gehörte jedenfalls zu Mussolinis Strategie, auf Zeit zu spielen und die Kräfteverhältnisse zu studieren. 1922, vor dem Marsch auf Rom, hatte er sich nicht sehr viel anders verhalten. Auch damals hatte er monatelang gezögert und erst eine Entscheidung getroffen, als der Druck aus den eigenen Reihen übergroß geworden war. Der radikale Flügel seiner Partei zwang ihn auch jetzt wieder, Farbe zu bekennen. Die Hardliner waren bereits im Sommer 1924 nervös geworden. Sie wollten nicht länger zusehen, wie die Opposition frech wurde und wie die eigenen Leute auf leisen Sohlen das Weite suchten. Sie wollten dazwischen fahren, aufräumen und endlich die zweite Phase der Revolution einleiten. Am 31. Dezember 1924 stellten sie Mussolini ein Ultimatum: Entweder er tat, was nötig war, nämlich die Opposition zu ersticken, oder sie würden die Dinge selbst in die Hand nehmen – auch ohne ihn.[21]

Mussolini musste diesem erpresserischen Druck nicht nachgeben. Er hätte sich auch auf die Machtmittel des Staates verlassen und so seine Entschlossenheit zur «normalizzazione» bekunden können. Er hätte es tatsächlich beinahe getan. Am Ende gehorchte er aber – nach vielen Stunden quälenden Zweifels, die seine Kräfte überforderten und ihn schließlich schwer krank werden ließen – ein weiteres Mal seinem Temperament. Unter den Handlungsoptionen, die er hatte, entschied er sich, wie 1922, erneut für die radikale Lösung. «Wenn der Faschismus nicht Ausdruck der stolzen Leidenschaft der besten italienischen Jugend gewesen ist, sondern nur Rizinusöl und Holzknüppel, dann trage ich dafür die Verantwortung. Wenn der Faschismus eine Verbrecherbande ist, dann bin ich der Chef davon», sagte er am 3. Januar 1925 im Abgeordnetenhaus[22] und machte damit deutlich, dass die ersten zwei Jahre seiner Herrschaft eine Art Schonzeit gewesen waren. Nun begann eine neue, eine viel härtere Etappe, in der sich Italien in eine Diktatur mit totalitären Zügen verwandeln sollte.

Was das konkret hieß, wurde noch am selben Tag deutlich. Die Miliz legte sofort los, Polizei und Justiz standen ihr kaum nach; sie waren nur in der Wahl ihrer Mittel etwas vornehmer. Am härtesten traf diese konzertierte Aktion die Linksparteien. Aber auch die Liberalen und die Netzwerke der Katholiken blieben nicht verschont. Ihre Zeitungen durften nicht mehr erscheinen, Hunderte Regimegegner wurden ins Gefängnis geworfen, viele misshandelt, einige sogar kaltblütig ermordet. Schlag auf Schlag prasselte auf die Opposition ein, bis sie fast ganz mundtot war.[23]

Takt und Tempo dieses Ausschaltungs- und Gleichschaltungsprozesses hatten viel mit den vier Attentaten auf Mussolini zu tun, die das Land ab 1925 in Atem hielten. Mussolini nahm diese Anschläge zum Anlass, das alte politische System Stück für Stück zu demontieren und gleichzeitig seine eigene Macht auszubauen, wobei das Attentat vom Oktober 1926 in Bologna die einschneidendsten Konsequenzen hatte.[24] Der «Duce» kam damit den politischen Vorstellungen der Revolutionäre im Faschismus weit entgegen – und zwar nicht nur aus Berechnung, weil er auf ihre militärische Kraft im Notfall nicht verzichten wollte. Er sympathisierte mit ihren Visionen und sah es mit Wohlgefallen, wie das Establishment in Bedrängnis geriet und wie der «Herrschaftskompromiss» mit den alten Eliten langsam zerbrach. Die Ministerialbürokratie, die Streitkräfte und die großen Wirtschaftsbosse – sie alle mussten sich nolens volens den Regeln fügen, die das faschistische Regime vorgab, oder schweigen. Selbst der König verlor an Einfluss. Er war nicht einmal mehr bei der Berufung des Ministerpräsidenten und bei der Regelung der Thronfolge ganz frei. Ein gewichtiges Wort sprach bei diesen zentralen Fragen nun der Großrat mit, der 1928 zum Staatsorgan berufen wurde.[25]

Bedingungslos auf die revolutionäre Karte setzte Mussolini freilich nicht. Er war Politiker genug, um zu erkennen, dass er sein Land damit einer Zerreißprobe ausgesetzt und sich – im Erfolgsfall – auf Gedeih und Verderb den Revolutionären ausgeliefert hätte. Auch nach den Befreiungsschlägen der Jahre 1925/26 hielt er es für das Beste, Schritt für Schritt vorzugehen und die pragmatisch-gemäßigten Kräfte im Faschismus sowie die anpassungsbereiten alten Eliten mitzunehmen, sofern sie seine Kreise nicht störten. Die wichtigste Voraussetzung dafür war, die radikalen Faschisten zu bremsen und wenigstens ihre Gewaltexzesse zu unterbinden. Aber wie? Mussolini zerbrach sich darüber lange den Kopf und hatte schließlich, wie er meinte, einen genialen Plan. Er machte Anfang 1925 mit Roberto Farinacci[26] den Anführer der Revolutionäre zum Parteisekretär und erteilte ihm den eigentlich unmöglichen Auftrag, die unruhigen Geister in der Partei zu disziplinieren und ganz auf ihn, den «Duce», einzuschwören, ohne ihnen aber die Zähne zu ziehen. Der rebellische, gleichwohl treue Gefolgsmann aus Cremona mühte sich nach Kräften und konnte schließlich Vollzug melden. Mussolini schlug so nach der Matteotti-Krise zwei Fliegen mit einer Klappe: Er wies die bürgerlich-monarchistischen Eliten in die Schranken, und er unterwarf sich kurz darauf die revolutionären Kräfte in seiner Partei, die wohl selbst einsahen, dass sie auf eigene Faust nicht sehr weit gekommen wären. Beide hatten ihm wertvolle Dienste erwiesen – die einen 1922, die anderen 1924/25. Von beiden hatte er sich jetzt ein Stück weit emanzipiert und zugleich hatte er erstmals eine genauere Vorstellung von seiner eigenen Rolle in der faschistischen Diktatur gewonnen, die zugleich seine Diktatur war und es mehr und mehr wurde.

Dieser Doppelerfolg hing nicht zuletzt mit der Tatsache zusammen, dass es zu Mussolini weder im Faschismus noch im bürgerlich-konservativen Lager eine Alternative gab. Er allein war anscheinend in der Lage, seine quengelige Partei und die heterogene Regierungskoalition zusammenzuhalten und dieser Formation eine politische Richtung zu weisen. Diese Unentbehrlichkeit bildete aber lediglich eine Voraussetzung von Mussolinis Herrschaft, das Gepräge gab sie ihr nicht. Das spezifische Gesicht der Diktatur trug andere Züge: Es trug die Züge Mussolinis, der es nach 1925/26 verstand, beträchtliche Teile des Volkes zu beeindrucken und für sich zu gewinnen – als seine plebiszitäre Hausmacht, die wahrscheinlich die wichtigste Machtressource des «Duce» war und ihm auch die Freiheit verschaffte, allzu ambitionierte Ansprüche von Partei und Miliz abzuweisen.

Dass es Mussolini gelang, die große Mehrheit der Italiener auf seine Seite zu ziehen, überraschte viele. Nach dem Bürgerkrieg der vorangegangenen Jahre hatten die meisten mit weiteren Konflikten und Eruptionen gerechnet. Nun kehrte aber rasch eine gewisse Ruhe ein. Das lag auch – man muss es eigentlich nicht wiederholen – an der Präsenz der faschistischen Repressionsorgane, die schon vor 1922 ganze Arbeit geleistet hatten und jetzt Jahr für Jahr weiter ausgebaut und effektiver wurden. Mussolinis Regime verfügte damit schon recht früh über ein ebenso weit gefächertes wie leistungsfähiges System der Gegnerbekämpfung, das auch im Ausland Bewunderer und Nachahmer fand. Anfangs war die Beobachtung und Ausschaltung der Opposition vor allem eine Sache der Polizei, der Carabinieri und der diversen militärischen Geheimdienste, die darin geübt waren. Ohne Rechtsgrundlage mischten aber bald auch Miliz und Partei kräftig mit;[27] sie mussten vielfach gar nicht extra aufgerufen werden, wachsam zu sein – das waren die faschistischen Aktivisten auch so und mit erkennbar denunziatorischer Lust.[28]

Mitte der zwanziger Jahre kam noch ein ziviler Geheimdienst hinzu, die OVRA, bei der es sich um eine Art geheimer Staatspolizei handelte.[29] Die OVRA war zunächst für alles zuständig, was mit politischer Subversion von Seiten der Linken zu tun hatte. Später, als von Kommunisten und Sozialisten keine größere Gefahr mehr ausging, wurde sie ein Instrument der Abschreckung, das jede Form der Resistenz und Dissidenz im Keim ersticken sollte. Ihr Observierungs- und Ermittlungsauftrag bezog sich nun auch auf soziale Außenseiter, ferner auf die korrupten Bonzen der Partei und schließlich sogar auf einflussreiche Führungskräfte, die sich der Autorität des «Duce» widersetzten oder ihm aus anderen Gründen ein Dorn im Auge waren.

Der misstrauische Mussolini nahm diese Dinge mehr als ernst. Er informierte sich fast täglich über die Sicherheitslage und zeigte sich dabei an allem interessiert:[30] Wer war wo wann und aus welchen Gründen festgenommen worden? Wer konnte begnadigt und auf freien Fuß gesetzt werden? Waren die Kontrollen an den Grenzen ausreichend? Mussten vor Gericht Freigesprochene nicht doch festgesetzt werden? Wie sprach man über ihn? Kursierten «Duce»-Witze? Es gab so gut wie nichts, was seiner detailsüchtigen Aufmerksamkeit entging, und er mischte sich in alles ein.[31] Sogar das Liebesleben von Regimegegnern und Parteifreunden ließ er ausspionieren und in riesigen Dossiers dokumentieren.

Bespitzelung, Gewalt und Terror machten immer schon gefügig. In Mussolinis Italien war es nicht anders. Aber auch hier waren Einschüchterung, Resignation und Angst nicht die einzigen Quellen von Zustimmung und Legitimation. Alles wäre nichts gewesen oder schnell wieder in sich zusammengebrochen, wenn das faschistische Regime nicht den wirtschaftlichen Erfolg gehabt hätte, den es nach 1922 rasch verbuchen konnte. Italien stand vor Mussolinis Machtergreifung vor dem Ruin: Die Lira verfiel, die Inflation erreichte Höchstmarken, die Zahl der Arbeitslosen nahm dramatisch zu, eine Streikwelle nach der anderen fegte über das Land – nichts ging mehr.

Die Regierung Mussolini griff hier entschlossen ein. Sie stabilisierte die Währung, sanierte den Haushalt und schuf sich neue Spielräume für Investitionen, wobei sie vor allem den modernen Wirtschaftszweigen unter die Arme griff. Insgesamt wuchs die auch von der globalen Erholung begünstigte Wirtschaft zwischen 1922 und 1925 jährlich um fast vier Prozent; vor allem der Export und die Industrie boomten.[32] Am wenigsten hatten die kleinen Leute von diesem Aufschwung. Insbesondere die Arbeiterschaft musste anfangs empfindliche Lohnkürzungen und eine drastische Beschneidung ihrer Rechte hinnehmen. Selbst das Streikrecht stand bald nur noch auf dem Papier, bis es schließlich ganz abgeschafft wurde. Ernste Probleme erwuchsen dem Regime daraus nicht. Sogar in den industriellen Hochburgen, in denen noch kurz zuvor die Linksparteien den Ton angegeben hatten, blieb es relativ ruhig. Die Arbeiterschaft begeisterte sich zwar nicht für die Faschisten. Sie registrierte aber genau, dass es nach 1922 wieder mehr Arbeit gab – die Zahl der Arbeitslosen reduzierte sich von 400 000 (1922) auf 150 000 (1924) –, und ihr blieb auch nicht verborgen, dass die Löhne Ende der zwanziger Jahre leicht anzogen.[33]

Große Sprünge konnte damit niemand machen. Aber war das in Italien jemals anders gewesen? Die Arbeiter, die Bauern und das Heer der kleinen Geschäftsleute lebten seit Menschengedenken von der Hand in den Mund und davon sehr schlecht. Der Staat war vermutlich die letzte Instanz, von der sie sich Hilfe erwarteten. Er nahm immer und gab nie, wie die Erfahrung lehrte. Um so erstaunter reagierten weite Kreise der Gesellschaft, als die Regierung Mussolini ihren vagen sozialpolitischen Ankündigungen Taten folgen ließ, die ihr niemand zugetraut hatte und die doch deutlich mehr waren als ein Trostpflaster für das Verbot der alten Gewerkschaften und die Abschaffung des Streikrechts. Die Regierung tat etwas für das Volk, so lautete die Botschaft –, und ganz falsch war sie nicht: Sie führte einen bezahlten Urlaub ein, garantierte den Arbeitsplatz im Krankheitsfall und weitete den Versicherungsschutz aus.

Als Sozialist war Mussolini solchen sozialpolitischen Wohltaten mit Skepsis begegnet. Sie konnten das Proletariat ja einlullen und vom revolutionären Weg abbringen. Jetzt hatte er diese Bedenken nicht mehr. Taktische und strategische Hintergedanken leiteten ihn aber immer noch, während ihm die Lage der Mühseligen und Beladenen herzlich egal war. Mussolini ging es darum, die Arbeiter und Bauern zum Faschismus zu bekehren und in den neuen faschistischen Volksstaat zu integrieren; dafür musste ihnen erst das alte sozialistische Gedankengut ausgetrieben und durch ein neues faschistisches Bewusstsein ersetzt werden. Dieser Form der Indoktrinierung diente eigentlich alles, was das Regime auf dem Feld der Sozialpolitik tat: das Hilfswerk für Angestellte und Arbeiter, die Fürsorgeeinrichtungen für schwangere Frauen und Säuglinge, die allgemeinen Wohlfahrtsverbände – diese und viele andere Initiativen wurden vom Regime propagandistisch ausgeschlachtet, wobei das große Ziel durchaus kein Geheimnis blieb.[34]

Ähnlich verhielt es sich mit der Jugend, die Mussolini besonders am Herzen lag. Der «Duce» hatte Großes mit ihr vor. Sie sollte aus den traditionellen familiären, regionalen und religiösen Bindungen herausgelöst und ganz im Zeichen faschistischer Zukunftsprojektio-

Der charismatische
Redner

nen erzogen werden. Der Schule allein traute Mussolini diese Sozialisationsleistung nicht zu. Er rief deshalb eine eigene, vom Staat – und damit auch über die Partei – finanzierte und kontrollierte Jugendorganisation ins Leben, die einen Totalanspruch auf Kinder und Jugendliche erhob, allerdings auch sehr viel bot: Sie baute Jugendheime auf, organisierte Zeltlager und Sommerkolonien und kümmerte sich um Kinder mit gesundheitlichen Handicaps. Millionen kamen in den Genuss dieser Programme, die letztlich nur ein Ziel hatten: Körper, Geist und Seele sollten im Geiste des Faschismus neu formatiert und für kriegerische Abenteuer trainiert werden.[35]

Mussolini erweckte nur zu gern den Eindruck, er selbst habe diese Initiativen gestartet und zum Erfolg geführt. In Wahrheit war vieles von dem, was nach 1922 geschah, zuvor – so oder so ähnlich – im eigenen Land praktiziert oder im Ausland erprobt worden, nicht

zu reden davon, dass Mussolini häufig Vorschläge von Mitarbeitern und Experten aufgriff, die dann nie mehr genannt wurden. Wirklich erfinderisch und originell war Mussolini nur, wenn es galt, den Innovationsgrad seiner Politik aufzubauschen und sich selbst als Vater aller Dinge zu inszenieren. In dieser Hinsicht war er kaum zu übertreffen – der hungrige Aufsteiger aus der Romagna, der schon immer hemdsärmelig nach oben gedrängt und jeden Rivalen aus dem Feld geschlagen hatte, war hier ganz in seinem Element. Ehrgeizig, gefallsüchtig und eitel bis zur Selbstvergötterung, ließ Mussolini keine Gelegenheit aus, alles Licht auf sich zu lenken und sich darin zu sonnen: Der «Duce» war omnipräsent und vollbrachte ein Wunder nach dem anderen.

Das Erstaunliche daran war: Solche mirakulösen Selbstzuschreibungen wirkten überzeugend. Zugute kam Mussolini dabei seine außerordentliche rhetorische Begabung, die sich im kleinen Kreis

S.E. MUSSOLINI
AI BAGNI

**Der Ministerpräsident
als einer von uns**

ebenso bewährte wie vor großen Massen. Er hatte ein Gefühl für die Ängste und Hoffnungen der Menschen und einen hoch entwickelten Sinn dafür, dass die einfachen Leute nicht sterile politische Botschaften hören wollten, die ihr Urteilsvermögen überstiegen. Lieber waren ihnen eingängige Bilder und gefühlsstarke Mythen, die aus dem Traditionsfundus des Landes und seiner Geschichte stammten.

Mussolini bediente diese Bedürfnisse und erwies sich damit als gelehriger Schüler von Gustave Le Bon, den er bereits als Sozialist studiert hatte.[36] Menschen als Massen waren wie Kinder, behauptete der französische Soziologe, leicht zu beeinflussen und noch leichter zu lenken, wenn man seine Botschaften gut verpackte und oft genug wiederholte. Mussolini hatte damit kein Problem. Anders als der

Ikone der Propaganda

Monarch oder die Politiker alten Schlages versteckte er sich nicht in seinem Palazzo. Er verkaufte sich und seine Politik in einer Art immerwährendem Kommunikationsprozess: Er sprach und schrieb fast unentwegt. Außerdem reiste er häufig durch das Land, wobei er auch in Regionen kam, die nie zuvor der Fuß eines Regierungschefs berührt hatte. Er mischte sich dort unter das Volk, er redete mit einfachen Leuten und gab ihnen das Gefühl, gehört, verstanden, ja ernst genommen zu werden. Er wolle, sagte er immer wieder, eine «Kommunion zwischen meinem und euerem Geist».[37]

Der «Duce» verkörperte einen neuen modernen Politikertyp, der damals noch ganz selten war. In Italien war er der Erste dieser Art – keine zugeknöpfte Maske, sondern ein Politiker zum Anfassen und ein Mensch aus Fleisch und Blut, der nichts dabei fand, mit nacktem Oberkörper zu posieren, sich in verschwitzter Arbeitskleidung zu zeigen oder mit kohlegeschwärztem Gesicht in die Grube einzufahren.

Besonders gut kam Mussolini an, wenn er an den Krieg erinnerte, der unter den kleinen Leuten schreckliche Ernte gehalten hatte und deshalb noch lange präsent war. Er hatte hier leichtes Spiel, weil er selbst dabei gewesen war, im Schützengraben gelegen hatte und nur um Haaresbreite dem Tod entronnen war. Italien habe damals Großes geleistet und einen denkwürdigen Sieg errungen, der im Gedächtnis der Völker einen herausragenden Platz einnehme. Die Sizilianer, die Sarden, überhaupt alle Italiener hätten dafür die Besten ihrer Jugend geopfert – und dieses Opfer dürfe nicht umsonst gewesen sein. Italien müsse von den Alliierten belohnt werden, sonst werde es sich den ihm zustehenden Lohn auf eigene Faust holen. In den Schützengräben habe Italien zu sich gefunden, die Zeit der Unterwürfigkeit und Dekadenz sei endgültig vorbei. Italien werde jetzt auch auf der internationalen Bühne ganz anders auftreten als früher: Wir sind wieder wer, nämlich das, was wir im antiken Rom waren. Diese Botschaft wurde umso bereitwilliger geglaubt, als sie Kompensation für das tief verankerte Gefühl der Minderwertigkeit und Unzulänglichkeit bot, das in Italien ebenso weit verbreitet war wie das Gefühl der Überlegenheit, das sich aus der großen Vergangenheit speiste. «Wir schämen uns nicht mehr, Italiener zu sein. Wir sind stolz darauf. [...] Wir sind stolz, [...] diesem Volk anzugehören, das auf dreißig Jahrhunderte Zivilisation zurückblicken kann [...] – diesem Volk, das der staunenden Welt bereits drei Mal das Siegel seiner zivilisatorischen Kraft aufgedrückt hat»,[38] rief er am 11. Mai 1924 in Catania aus.

Die Nation – nicht alle, aber doch die meisten – hörte solche Töne gern. Mussolini massierte ihr das neue Selbstbewusstsein förmlich ins Gemüt und sorgte damit für eine Aura emotionaler Integration, die in dem vielfach gespaltenen Land schmerzlich vermisst worden war. Auch im Ausland, trichterte Mussolini seinen Landsleuten ein, werde Italien neuerdings respektiert. Europa, nein, die ganze Welt beneide Italien – wegen des «Duce» und wegen des Faschismus, der als die modernste Staatsform des 20. Jahrhunderts betrachtet werde. Vor allem die Überwindung der Klassengegensätze und der Ausbau des Wohlfahrtsstaates für alle hätten Aufsehen erregt und weltweit Nachahmer gefunden. Die Welt schaue auf Italien, so hieß es immer wieder, Staatsmänner aus aller Herren Länder pilgerten nach Rom, um sich bei Mussolini Ratschläge für den Hausgebrauch zu holen.[39]

Italien war in den zwanziger Jahren tatsächlich in aller Munde. Politiker, Wirtschaftsbosse und Gelehrte aus ganz Europa hielten damals Ausschau nach «dritten Wegen» und alternativen Lösungen. Sie verfolgten das, was in Italien vor sich ging, mit gespanntem Interesse, manche wie Winston Churchill[40] und David Lloyd George ließen sich vom Gaukelspiel der faschistischen Propagandisten auch betören und zu begeisterten Urteilen über Mussolini hinreißen. Künstler und Journalisten waren anscheinend besonders leicht zu beeindrucken. Der seit Langem in Italien lebende deutsche Schriftsteller Rudolf Borchardt beispielsweise schmolz vor Bewunderung fast hin, als er Mussolini im April 1933 bei einer Privataudienz aus der Nähe betrachten durfte: «Gesammelte Willenskraft und unbedingte Festigkeit im Guten beherrschen die großen Flächen dieser in allen Übergängen gerundeten und schönen Züge, die auch einen gewaltigen Kirchenfürsten oder einen fürstlichen Dichter bezeichnen könnten und mit manchen Bildnissen des spätern Goethe nicht zufällig übereinstimmen, weil die höchste aller Möglichkeiten männlicher Liebe im Geistigen, die platonische, sie zu ihrem Gefäße gemacht zu haben scheint. Er ist einfach und ernst gekleidet. […] Die Bewegungen sind von beherrschter Kürze. Der leidenschaftliche Untergrund der lodernden Natur, deren Ausbruch das seelische Relief eines Millionenvolks umgestaltet hat, liegt tief unter den Schichten beruhigter Herrschaft, über denen es längst blüht und gedeiht.»[41]

Auch Theodor Wolff, der liberale Chefredakteur des «Berliner Tagblatts», warf seinen bewährt kritischen Verstand zeitweise über Bord, als er Mussolini im April 1930 begegnete: «Er schafft ohne Pause, stampft Schöpfungen aus dem Boden, reisst mit seiner ungeheuren Energie unablässig seine Gefolgschaft mit sich – diese Werke müssen doch bleiben, und wenn man sie wegleugnen wollte, würden sie doch da sein, nicht wahr, wie die Sonne, die weiterleuchtet, und wie der Schreibtisch, den seine Hand berührt? Sein Genie hat einen tragischen Zug. Vielleicht ist es das, was seine Erscheinung noch höher über den Alltag hinaushebt und ihn denen, die sich bemühen, hinter der für die Geschichte geformten Figur den Menschen zu suchen, über alle Gegensätze hinweg näherbringt.»[42]

Genauso viele ausländische Beobachter blieben aber nüchtern. Sie blickten hinter die Fassade, entlarvten die Reklametricks und geißelten die Unterdrückung der Opposition ebenso wie die permanenten Rechtsbrüche, die zur eigentlichen Natur des Regimes geworden waren. In Italien selbst erfuhr man davon nichts. Kritischen Stimmen blieb der Weg ins Land versperrt, sie fielen der Zensur zum Opfer und beeinträchtigten das strahlende Selbstbild des Regimes so gut wie nicht. Die ganze Welt, so schien es, klatschte Beifall, wenn der Name Italien fiel. Wie lange hatte das Land auf solche Anerkennung gewartet? Die eitle, aber wieder und wieder missachtete und verletzte Seele Italiens atmete auf und dankte es dem «Duce», der ihr diese Genugtuung verschafft hatte.

Die Propagandisten des Regimes hatten also genug Stoff, wirklichen und erfundenen, um das Ansehen Mussolinis zu mehren und in Stadt und Land zu verbreiten. So beliebt wie er war noch kein Regierungschef gewesen, so gefürchtet allerdings auch nicht. Hinter der jovialen Volkstümlichkeit lauerte immer die potenzielle Allmacht, die wahllos zuschlagen und gerade deshalb einen besonderen Reiz ausüben konnte. Viele Italiener identifizierten sich mit Mussolini und beruhigten sich selbst in schweren Zeiten mit dem Gedanken, dass ihr Schicksal bei ihrem mitfühlenden und mächtigen «Duce» in den besten Händen sei.

Der Mussolini-Mythos zog so immer weitere Kreise in seinen Bann und wurde schließlich Ende der zwanziger Jahre zum Mittelpunkt des massiv orchestrierten «Duce»-Kults, der in tausend Varianten das Leben der Italiener berührte – in Wochenschauen, auf Postkarten[43] und nicht zuletzt in den Massenveranstaltungen der Partei, die sich fast ausschließlich um Mussolini drehten. Der «Duce»-Kult glich einer Religion: Er hatte in Mussolini seinen Gott, in den Faschisten seine Jünger und in den Italienern seine Gläubi-

**Ein Halbgott im Weiß**

gen, die sich den speziellen Riten und Geboten einer reichhaltigen Liturgie unterwarfen. Viele hatten dieses Ideal verinnerlicht und folgten ihm mit Hingabe, nicht wenige aber heulten mit den Wölfen, weil es Vorteile brachte und kein Entrinnen gab.[44]

Im Februar 1929 erreichten Mussolini-Mythos und «Duce»-Kult einen fast sagenhaften Höhepunkt. Damals wurde bekannt, dass sich der italienische Staat und der Vatikan über die «römische Frage» verständigt und ein Konkordat geschlossen hatten. Die Sensation konnte größer kaum sein. Mehrere liberale Regierungen hatten Anläufe dazu unternommen, alle Versuche waren aber stecken geblieben. Das Verhältnis zwischen Kirche und Staat blieb vergiftet, der junge italienische Nationalstaat konnte die schwere Hypothek, die seit 1870 – seit der endgültigen Zerschlagung des Kirchenstaates und der Eroberung Roms – auf ihm lastete, einfach nicht abschüt-

teln. Die Katholiken waren, streng genommen, Fremdlinge in einem
Land, das fast zu 100 Prozent katholisch war.

So war es bis 1929, als Mussolini kam und mit den Lateran-
Verträgen den Durchbruch schaffte.[45] Der Vatikan betrachtete die
«römische Frage» als beigelegt, der italienische Staat respektierte die
Regierungshoheit des Papstes über die Reste des ehemaligen Kirchenstaates und erklärte den katholischen Glauben zur Staatsreli-
gion. Mussolini hatte dieses Ziel seit 1922 verfolgt. Religiöse Motive
spielten dabei so gut wie keine Rolle. Es kam dem «Duce» gar nicht
in den Sinn, seinem tief verwurzelten Antiklerikalismus abzuschwö-
ren. Er versteckte ihn nur, weil er wusste, dass sein Projekt eines
faschistischen Volksstaates Illusion bleiben musste, wenn die beken-
nenden Katholiken Distanz hielten, und weil er spürte, dass es seinem Ansehen gut tat, wenn er das Aussöhnungswerk vollbringen
würde. Der antiklerikale Fanatiker, der er als Sozialist gewesen war,
setzte deshalb ein versöhnliches Zeichen nach dem anderen: Er heiratete kirchlich, er ließ seine Kinder taufen und tat auch sonst vieles,
um sich ein Image als Katholik zu geben. Er rettete sogar eine in
Turbulenzen geratene Bank der Kirche vor dem Ruin.

Mit derselben Beharrlichkeit trieb Mussolini die immer wieder
stockenden Verhandlungen voran. Er kannte jeden Vertragsentwurf,
jeden Stolperstein und jeden Vorbehalt. Zahlreiche Nachtsitzungen
fanden in seiner privaten Wohnung statt, wo man bis zum Morgen-
grauen um Formulierungen rang. Mussolini musste hier – ansonsten
nicht seine Stärke – viel Geduld aufbringen. Schließlich galt es,
nicht nur die Wünsche und Empfindlichkeiten der Kirche zu beach-
ten. Mit ähnlich großem Fingerspitzengefühl musste der König behandelt werden, der dem Papst misstraute und überall Trickserei
und Betrug witterte.

Dass es zu einer Annäherung und schließlich zum Vertrags-
abschluss kam, war tatsächlich nicht zuletzt Mussolinis Verdienst.
Wer das nicht gleich merkte, dem wurde es von der faschistischen
Propaganda tage-, ja wochenlang eingebläut. Für den «Popolo d'Italia» begann mit den Lateranverträgen eine «neue Ära in der Ge-

Der Mann der Vorsehung

schichte Italiens», die ganz im Zeichen des «Duce» stand.[46] Die katholische Presse setzte zwar andere Akzente, stellte Mussolini aber ebenfalls groß heraus. Sogar der Papst ließ seiner «unglückliche[n] Neigung zu salbungsvollen Berufungen aufs Übernatürliche»[47] freien Lauf. Er sah in Mussolini einen Mann, den die «Vorsehung» geschickt habe, um sein Land von der Irrlehre des Liberalismus zu befreien.

Die Begeisterung über die Lateran-Verträge erfasste die gesamte katholische Welt und blieb nicht auf das Lager der gläubigen Katholiken beschränkt. Auch Regimekritiker und entschiedene Gegner des Faschismus zollten der Regierung Mussolini Respekt. Die eh schon am Boden liegende Opposition hatte es damit noch schwerer. Das Umfeld, in dem sie gedeihen und sich formieren konnte, schrumpfte zum kleinen Biotop – eigentlich gab es sie fast gar nicht mehr.

Der «Duce» machte damit 1929 den letzten Schritt auf dem Weg zu einer Diktatur, den er vier Jahre zuvor auf Druck des revolutionären Flügels seiner Partei eingeschlagen hatte, ohne genau zu wissen, wohin er führen würde. Dass es sich dabei um eine faschistische Diktatur handelte, versteht sich von selbst. Aber was besagt das schon? Ist damit eine persönliche Diktatur des «Duce des Faschismus» gemeint, eine Diktatur der Partei oder eine Diktatur, in der sich Mussolini primär auf den Staatsapparat stützte, der sich die faschistische Partei unterworfen hatte? Den Zeitgenossen wäre die Antwort nicht schwer gefallen. Die übergroße Mehrheit sah vor allem Mussolini, den Alleinherrscher, der – Staat hin, Partei her – tun und lassen konnte, was er wollte. «Mussolinismus»[48] hat man die neue Herrschaftsform denn auch genannt und damit die Realität nicht völlig verfehlt.

Spätere Betrachter waren um eine differenziertere Analyse bemüht. Mussolini – so betonen sie – nahm sich als Regierungschef unendlich viel Zeit für politische Randfragen und für seine persönlichen Leidenschaften. Meist widmete er sich nur wenige Stunden täglich der großen Politik. Ein schwacher Diktator war er dennoch nicht. Im Gegenteil: Er hatte in allen wesentlichen Fragen so gut wie freie Hand. Der Ministerrat hatte dabei ebenso wenig mitzureden wie der Faschistische Großrat, der König nicht mehr zu sagen als das Militär. Institutionelle Korrektive gab es nicht, auch ausgiebige Beratungen in größerer Runde blieben eine Seltenheit. Der «Duce» las die Vorlagen seiner Fachminister und hörte die Ratschläge seiner Experten, entschied dann aber in der Regel ganz allein. Niemand machte ihm dieses Recht streitig, niemand stellte dieses Verfahren in Frage.

Diese eigentümliche Herrschaftsform entfaltete in den zwanziger und dreißiger Jahren eine erstaunliche Dynamik. Da Mussolini als Regierungschef, Multiminister und oberster Faschist nicht überall sein konnte, entstand im Kern des Regimes ein Herrschaftsvakuum, das neben vielen Bremsern auch zahlreiche glühende Faschisten anzog, die an Mussolini glaubten, sein Weltbild teilten und seinen politischen Kurs antizipierten, ohne ihn im Detail zu kennen; sie erahnten ihn und legten sich ins Zeug. Aktivisten diesen Schlages gab es viele, und sie saßen überall. Sie waren die eigentlichen Leistungsträger des Regimes, und zwar ganz gleich, ob sie als Parteifunktionäre dienten oder beim Staat beschäftigt waren. Auch deshalb gab es sie nicht, die angebliche Dominanz des Staates über die Partei oder umgekehrt. Die beiden Regimestützen machten sich ihre spezifischen Aufgaben streitig und teilten sie untereinander auf, wobei aus der Konkurrenz vielfach Kooperation wurde, was zu einer erhöhten Durchsetzungskraft der dualen Organe des Regimes führte; vor allem Oppositionelle und soziale Außenseiter bekamen das zu spüren.

Die Grenzen zwischen Staat und Partei lösten sich aber auch in jeder anderen Hinsicht bis zur Unkenntlichkeit auf.[49] Die Partei avancierte zum Staatsorgan, und der Parteisekretär erhielt Ministerrang, während der Staat sich der faschistischen Ideologie verpflichtete und zunehmend mehr Parteigenossen in seine Reihen aufnahm; schließlich stand der Staatsdienst nur noch Faschisten offen. Vielleicht kann man sogar sagen, dass der noch junge italienische Staat erst durch die langjährige Infusion der Faschisten wirklich zum Staat wurde, dass erst nach 1922 einigermaßen belastbare staatliche Strukturen im ganzen Land entstanden und dass erst jetzt im Volk ein echtes Staatsbewusstsein zu wachsen begann, das zuvor nur die Sache weniger gewesen war.[50] Interne Staatsbildung und Faschisierung waren auf jeden Fall bald nicht mehr voneinander zu trennen. Staat und Partei durchdrangen sich und verschmolzen zu einer Art Symbiose, wobei sich der Staat als das eher beharrende und die Partei mit ihren revolutionären Kräften als das dynamische Element erwies,[51] das schließlich im Zweiten Weltkrieg auch die Oberhand gewann.

Mussolini war Teil dieser Symbiose, ihr wegen seines enormen Rückhalts in der Gesellschaft aber doch ein Stück weit enthoben. Die faschistische Herrschaft war eine Ein-Mann-Diktatur in einem Einparteienstaat, in dem der PNF mit seinen zahlreichen Gliederungen in jeder Hinsicht unverzichtbar war. Er lieferte das engere

Führungspersonal, exekutierte die große Politik an der Basis und nährte mit dem Mussolini-Kult und dem Mythos des totalitären Volksstaates enorm wichtige Ressourcen, die das Regime trugen und ihm seine Dynamik verliehen. Ohne diese permanente Inszenierung und Mobilisierung gesellschaftlicher Zustimmung durch die Partei hätte der Faschismus – trotz seiner unbestreitbaren sozialpolitischen Leistungen – nur auf den tönernen Füßen der Gewalt gestanden. Staatliche Organe wirkten bei der Mythen- und Kultbildung natürlich mit. Vor allem aber sorgten sie für den Anschein von Ordnung und Legalität, der dem faschistischen Regime im eigenen Land und im Ausland viele Sympathien einbrachte. Die ubiquitäre Willkür, so schien es vielen, die nicht genau genug hinschauten, fand darin eine beruhigende Grenze.

Dass es diese Grenze in Wirklichkeit nicht gab, davon hätten nicht nur Regimegegner und Dissidenten ein Lied singen können. Am stärksten hatten unter Willkür und Gewalt die Untertanen in den afrikanischen Kolonien zu leiden. Dort, vor allem in Libyen, herrschte von Beginn an Krieg, den Mussolini 1935 auch auf Abessinien ausweitete, wo sich seine imperialistischen Träume zunächst vor allem erfüllen sollten.

# Der Imperialist

Mussolini ist nie in Abessinien gewesen. Das bitterarme Land am Horn von Afrika, das er im Herbst 1935 mit Krieg überzog, beschäftigte ihn aber schon seit seiner Kindheit. Adua, wo 1896 ein italienisches Expeditionskorps von einheimischen Truppen aufgerieben worden war, hatte auch er, der 13-jährige Schüler, als tiefe Demütigung empfunden. Mussolini dachte und fühlte hier nicht anders als der Großteil der humanistisch gebildeten Gymnasiasten, die an der afrikanischen Schmach – einer der schwersten Niederlagen einer europäischen Kolonialmacht in den Jahrzehnten des Hochimperialismus – ebenso litten wie beträchtliche Teile des Bürgertums; noch als erwachsener Sozialist kam er immer wieder auf das nationale Trauma von 1896 zurück, das weiteren imperialistischen Ambitionen ein Ende gesetzt hatte.

Ob er schon damals auf Rache sann und von Eroberungen in der Ferne träumte, ist schwer zu sagen. Klar ist aber, dass ihm bereits 1914/15 die Grenzen Italiens als viel zu eng erschienen. Sein Vaterland musste in den Krieg eintreten und sich so ein Anrecht auf Expansion erwerben – und zwar vor allem auf Kosten des Habsburgerreiches, das nicht nur das Trentino freigeben, sondern auch Südtirol bis zum Brenner sowie Dalmatien und Istrien an Italien abtreten sollte, das damit die Hegemonie an der Adria erreicht hätte. Mussolinis Forderungen wurden im Laufe des Krieges immer radikaler. Selbst auf Albanien fiel sein Blick bereits lange bevor die österreichischen Truppen im November 1918 niedergerungen waren. Mussolini, der Imperialist, trat also früher auf den Plan als Mussolini, der Faschist.

**Ein neuer Pharao**

Mussolini spitzte seine Pläne und Ziele weiter zu, als die überzogenen italienischen Gebietsforderungen auf den Friedenskon-
ferenzen von 1919 auf taube Ohren stießen und als daraufhin das
Schlagwort vom «verstümmelten Sieg» die Runde zu machen begann.[1] Sein Land, das im Krieg so viele Opfer gebracht hatte, war
von seinen Verbündeten wieder einmal im Stich gelassen worden.
Frankreich und Großbritannien dachten nur an sich und ließen Italien einfach nicht hoch kommen. Mussolini beutete diese Missstimmung, die im Bürgertum, aber auch unter den Land- und Industriearbeitern, ja eigentlich überall grassierte, nach Kräften aus. Er gab
ihr Gesicht und Stimme und wirkte in dieser Rolle umso überzeu-
gender, als er nicht nur an die Notwendigkeit territorialer Expansion
glaubte – in seinen Augen hatte Italien ein Recht dazu, ein unabweis-
bares sogar. Die Italiener seien, so wie es Hitler für die Deutschen
behauptete, ein Volk ohne Raum, Expansion sei deshalb eine «Frage
von Leben oder Tod für die italienische Rasse», sagte er am 31. März
1923.[2]

Ein konkretes Programm ergab sich daraus nicht. Die Faschisten waren nach dem Marsch auf Rom mit sich, ihren unsicheren Verbündeten und ihren Gegnern vollauf beschäftigt. Für anderes blieb keine Zeit, Außenpolitik war den meisten Faschisten sogar gänzlich fremd. Auch Mussolini ließ sich im Außenministerium anfangs nur selten sehen. Die Geschäfte führte dort eine eingespielte Truppe erfahrener Diplomaten, die am liebsten in den alten Bahnen weitergemacht hätten. «Pantoffelheldenpolitik»[3] nannte der neue Regierungschef diesen Kurs, der allem widersprach, was er bis dahin propagiert hatte. Er gab deshalb schon bald wenigstens intern zu erkennen, dass er andere Ziele hatte und die Außenpolitik als Chefsache betrachtete, was sie frühzeitig auch wurde und bis zu seinem Sturz 1943 blieb. Die Richtlinien bestimmte tatsächlich nur Mussolini.

Viele Akzente setzte Mussolini 1922/23 noch nicht. Die wenigen waren aber wichtig – und alle enthielten eine beunruhigende Botschaft: Das faschistische Italien wollte sich nicht mehr abspeisen lassen, es wollte Großmacht werden – mit denselben Rechten wie die einstigen Verbündeten im Krieg. Ähnliche Botschaften hatten auch die liberalen Regierungen ausgesandt. Sie waren aber in der Regel folgenlos geblieben. Damit war nun nicht mehr zu rechnen. Mussolini meinte es ernst, und er machte Ernst, obwohl er aus taktischen Gründen immer wieder seine Friedfertigkeit beteuerte. Er forcierte die Aufrüstung und kümmerte sich intensiv um die Neuorganisation der Streitkräfte, wobei er der Luftwaffe die größte Aufmerksamkeit schenkte.

Italien ließ sich diese Anstrengungen einiges kosten. Nach 1922 stieg der Wehretat kontinuierlich an, Anfang der dreißiger Jahre lag er – im Verhältnis zum Volkseinkommen – fast so hoch wie in Frankreich, das damals als das am besten bewaffnete Land Westeuropas galt.[4] Parallel dazu stimmte Mussolini sein Land auf einen härteren Kurs in der Außenpolitik ein. Selbst Krieg schloss er nicht mehr aus, sei es, dass arglistige Nachbarn über Italien herfallen, sei es, dass die eigenen territorialen Ambitionen weiter ins Leere laufen sollten. Im Mai 1925 ließ er sogar ein Gesetz verabschieden, das auf die «Ausrichtung der Nation auf den Krieg»[5] zielte. Er betrachte «die italienische Nation im permanenten Kriegszustand», meinte er einige Monate später.[6]

Und er hatte ganz recht damit, denn Italien befand sich 1925 tatsächlich bereits mehrere Jahre lang im Krieg. Die Schauplätze dieser Feldzüge[7] lagen in den eigenen Kolonien in Nordafrika (das heutige Libyen mit seinen früheren Teilen Tripolitanien und Cyrenaica) und am Horn von Afrika (Eritrea und Somalia), die im Ersten Weltkrieg italienischer Kontrolle entglitten waren und nun wieder – wie fremdes Land – zurückerobert wurden. Den Feldzug in Nordafrika hatte 1921 noch das liberale Italien begonnen. Zu mehr als einem gemächlichen Rollback hatten aber Schlagkraft und Geld gefehlt.

Nach dem Marsch auf Rom traten die italienischen Truppen ganz anders auf. «Es ist das Schicksal, das uns in diesen Teil der Welt treibt. Niemand kann das Schicksal aufhalten, und vor allem kann niemand unseren unbeugsamen Willen brechen»,[8] schrieb Mussolini im April 1926 seinen Soldaten ins Stammbuch. Die italienischen Truppen verfügten jetzt über moderne Waffen, vor allem über zahlreiche neue Kampfflugzeuge, die Tod und Verwüstung in die Reihen ihrer heillos unterlegenen Widersacher trugen. Die faschistischen Heerführer schreckten nicht einmal vor dem Einsatz von Giftgas zurück.[9] Die italienische Regierung hatte 1925 zwar ein internationales Abkommen ratifiziert, das solche Kriegsmittel verbot. Mussolini fühlte sich dadurch aber ebenso wenig gebunden wie durch den Kellogg-Pakt zur Ächtung des Krieges, den er 1928 unterzeichnen ließ. Er habe den Kellogg-Pakt «erhaben» genannt, spottete er. «Er ist es wirklich, und zwar so erhaben, dass man ihn auch ‹nicht von dieser Welt› nennen könnte.»[10]

Anfang der dreißiger Jahre gewann der Rückeroberungskrieg in Nordafrika sogar eine «genozidale Dimension».[11] Mussolini war über die Massenerschießungen, die Deportationen und die Hungermärsche zu den Internierungslagern in der Wüste nicht nur genauestens im Bilde, sondern er trieb seine Soldaten auch unerbittlich zur Eile an und sah über ihre Schandtaten großzügig hinweg. Die Generäle waren in der Wahl ihrer Mittel völlig frei.[12] Je härter sie vorgingen, desto besser – bei den Opfern handelte es sich ja «nur» um Afrikaner, und auf dem Schwarzen Kontinent war ohnehin alles erlaubt.

1932/33 herrschte Ruhe in Nordafrika und in den beiden Kolonien am Horn – eine teuer erkaufte Ruhe. In der Cyrenaica verlor ein Viertel bis ein Drittel der Gesamtbevölkerung ihr Leben, in Tripolitanien und der Cyrenaica zusammen waren vermutlich 100 000 Todesopfer zu beklagen; die meisten waren unschuldige Zivilisten. In Eritrea und Somalia griffen die Italiener zu nicht ganz so drastischen Mitteln. Aber auch dort gingen Mussolinis Soldaten und ihre afrikanischen Hilfskräfte mit einer Brutalität zu Werke, die das europäische «Normalmaß» im Umgang mit unterworfenen Kolonialvölkern weit übertraf. In Afrika zeigte der Faschismus sein wahres Gesicht. Mussolini ließ hier die Maske des friedfertigen Patrioten fallen, die er sich aus taktischen Gründen häufig anlegte. Zum Vorschein kam die Fratze eines hemmungslosen Imperialisten, der sich in Afrika zu allem berechtigt fühlte und sich auch keine Mühe gab, den Rassisten in sich zu verbergen.

In Europa musste Mussolini viel vorsichtiger sein. Hier galten andere Gesetze, weil schon die kleinste Erschütterung das fragile Friedenswerk von 1919 zum Einsturz bringen konnte. Entsprechend wachsam waren die Garantiemächte der Pariser Vorortverträge, und entsprechend hart fielen ihre Reaktionen aus, wenn jemand zu rütteln und zu zündeln begann. Mussolini, der daran zunächst nicht glaubte, bekam das bereits 1923 zu spüren, als er nach der Ermordung eines italienischen Generals in Griechenland den starken Mann markierte und die Insel Korfu besetzen ließ, ohne mit den Griechen zu verhandeln und ohne den Völkerbund zu konsultieren, der bei solchen Konflikten als Schlichtungsinstanz dienen sollte. Internationales Rowdytum dieser Art war das Letzte, was Frankreich und Großbritannien dulden wollten; Korfu konnte schließlich leicht Schule machen. Sie ließen Mussolini deshalb eine scharfe Warnung zukommen, die unter seinen Beratern helle Panik auslöste und die auch er nicht missverstehen konnte. Italien musste zum Rückzug blasen. Mussolinis erster Versuch, den Status quo in Europa zu ändern, endete mit einer nationalen und persönlichen Demütigung, die er sich eine Lehre sein ließ.[13]

Seine Außenpolitik stand danach im Zeichen lauernder Doppelbödigkeit. Der «Duce» mimte den Friedensdiktator, er schloss Freundschaftsverträge mit mehreren Nachbarstaaten und kooperierte mit den Großmächten, während er hinter den Kulissen zugleich alles tat, um ihre Stellung zu Hause und in der Welt zu untergraben. Er wollte damit Platz schaffen – für Italien, für den Faschismus und natürlich für sich selbst. Legendär war beispielsweise sein Versuch, die geistige und praktische Führung der nach dem Krieg fast überall in Europa aufkeimenden faschistischen Bewegungen und Parteien zu übernehmen und sich damit in die inneren Angelegenheiten anderer Länder einzumischen. Offen aussprechen konnte er diese Ambitionen nicht. Jedes klare Bekenntnis zu dieser schleichenden Infiltration hätte die Beziehungen zu den Staaten belastet, aus denen seine faschistischen Verwandten stammten. Mussolini gab deshalb die Devise aus, die bis 1930 offiziell galt: Der Faschismus sei kein Exportartikel, das faschistische Regime habe nur in Italien und nur unter seiner Regie entstehen können.

In Wahrheit dachte er ganz anders. Seit 1922 beanspruchte Italien größere Mitspracherechte auf der internationalen Bühne und mehr «Lebensraum», und seit dem Marsch auf Rom ließ Mussolini selbst immer wieder anklingen, dass der Faschismus eine universale Mission zu erfüllen habe: das Experiment des Liberalismus zu beenden, den Bolschewismus zu vernichten und die Welt vor dem Untergang zu bewahren. Italia docet – Mussolini nahm diese Parole beim Wort. Der Faschismus, sagte er schon 1924, «ist ein Phänomen, für das sich die ganze Welt interessiert. Seit zwei Jahren macht man in der ganzen Welt nichts anderes, als über den Faschismus zu diskutieren. […] Menschen aus Japan, China und Österreich kommen zu uns, um den Faschismus zu studieren.»[14] Das 20. Jahrhundert, prophezeite er drei Jahre später, «wird faschistisch sein, und die Welt wird zum vierten Mal das Wunder der Kraft Roms erleben».[15]

Mussolini sah auch nicht tatenlos zu, wie sich das faschistische Wunder in der Welt von allein vollzog. Er forcierte es, machte Rom damit zum informellen Lernort des internationalen Faschismus und sich selbst zum Haupt eines transnationalen Netzwerkes, das er schließlich in eine virtuelle Internationale verwandelte. Vor allem jüngere Faschisten begeisterten sich für solche Ideen. «Der roten Internationale», so schrieb einer von ihnen 1930 an Mussolini, «muss, unter geistiger, aber auch praktischer Leitung des italienischen Faschismus, eine ‹weiße Internationale› […], eine ‹Internationale der Schwarzhemden› oder eine ‹Faschistische Internationale› entgegengesetzt werden.»[16]

Daraus wurde nichts oder nicht viel. Die Internationale blieb Stückwerk[17] – und zwar nicht primär, weil die Ultranationalismen ihrer Mitglieder nicht kompatibel und weil Rassismus und Antisemitismus nicht konsensfähig waren. Fast alle europäischen Faschisten, die sich 1934 in Montreux zu einem «Weltkongress» trafen, waren Rassisten, viele sogar überzeugte Antisemiten. Auch der Nationalismus dürfte nicht der entscheidende Hinderungsgrund gewesen sein; der Faschismus ging im Nationalismus nie auf. In fast allen Faschismen steckte ein visionäres Element, das weit über die eigene Nation hinauswies und sich in der Schlussphase des Zweiten Weltkrieges in einer Art faschistischem Europäertum konkretisierte. Ihr Errettungs- und Erneuerungspathos galt neuen Menschen und neuen Zivilisationen, die nationale Grenzen im traditionellen Sinn gar nicht mehr kannten.[18] Die Pläne für eine Internationale blieben aus anderen Gründen totes Papier. Sie blieben es, weil Rom und – nach der Machtergreifung Hitlers 1933 – Berlin die Führung beanspruchten und zunächst keinen gemeinsamen Nenner fanden. Als sich die deutsch-italienische Rivalität 1935/36 legte, brauchte man die Internationale in ihrer ursprünglich geplanten Form nicht mehr.

In den zwanziger und frühen dreißiger Jahren ließen sich diese Probleme allenfalls erahnen. Rom war damals noch der einzige Lernort des internationalen Faschismus, sein unumstrittenes Mekka.[19] Mussolini fühlte sich als der Prophet, betrug sich aber letztlich wie ein Bandenchef, der Beute machen wollte: Er sah nämlich in den ausländischen Gläubigen und Sympathisanten vor allem Werkzeuge zur Destabilisierung der Nachkriegsordnung in Europa, die ihm nie gefallen hatte. Er ließ deshalb keine Gelegenheit aus, seine gefühlten Verwandten in Audienzen zu empfangen, ihnen Ratschläge zu erteilen und sie auf seine Positionen einzuschwören, das heißt gegen den Status quo in Europa zu mobilisieren. Es gab kaum eine faschistische Partei, die nicht voll Sehnsucht nach Rom blickte, und es gab kaum einen Parteiführer, der nicht auf einen Besuch bei Mussolini brannte. Eine Audienz beim «Duce» kam einer Akkreditierung in der faschistischen Welt gleich. Wer den Segen Mussolinis empfangen hatte, konnte in der Heimat energischer auftreten und musste Rivalen im eigenen Lager nicht mehr fürchten. Noch wichtiger war aber das Gefühl, in Rom ein Rezept für Erfolge aus dem Nichts finden zu können. Wo sonst, wenn nicht in Italien, konnte man lernen, woher der Zauber rührte, der die Massen plötzlich in den Bann des Faschismus schlug, und wo sonst konnte man erfahren, wie diese Massenbasis ebenso rasch in Macht verwandelt werden konnte?

Mussolini brachte seine subversiven Botschaften nicht nur in Italien an den Mann. Er agierte auch in der Fremde, über die Auslandsorganisationen der Partei und vor allem über Sonderemissäre, während er die vielfach noch mit altem Personal besetzten Botschaften und Konsulate mit solchen heiklen Missionen nur ungern betraute. Mussolini setzte lieber auf Geheimagenten und politische Abenteuerer, die er nach Belieben lenken und rasch desavouieren konnte, wenn die Umstände es erforderten.

Das wichtigste Experimentierfeld für diese «diplomazia parallela», sprich die illoyalen Wühlereien und verdeckten Nadelstiche, war der Balkan- und Donauraum, den Mussolini als natürliche italienische Einflusszone betrachtete, die es gegen französische Interessen zu erobern und zu behaupten galt. Faschistische Subversivkräfte waren hier überall aktiv. Eine besondere Rolle spielten sie in Albanien, das schon bald unter italienische Kontrolle geriet, und namentlich in Jugoslawien, diesem rachitischen französischen Geschöpf, das Italiens Weg nach Osten am stärksten behinderte und Mussolini deshalb am meisten reizte.[20] Jugoslawien hatte auf der Landkarte Europas nichts zu suchen, es sollte verschwinden. 1927 brach er die diplomatischen Beziehungen zu Belgrad ab, während er sich zugleich mit dem revisionistischen Ungarn verbündete, das die im Friedensvertrag von Trianon festgeschriebenen riesigen territorialen Verluste nie akzeptierte und sich ebenfalls auf Kosten Jugoslawiens neu positionieren wollte. Schließlich ging Mussolini sogar so weit, Jugoslawien mit Krieg zu drohen und die zentrifugalen Kräfte in dem multiethnischen Nachbarstaat mit Geld und Waffen massiv zu unterstützen.[21]

Seine wichtigsten Partner waren dabei die nationalistischen Kroaten, genauer der terroristische Geheimbund Ustaša,[22] der sich in dem von Serben dominierten Königreich fremd fühlte und mit aller Macht nach nationaler Unabhängigkeit strebte. Der «Duce» wusste genau, dass er es bei der Ustaša mit einer verbrecherischen Organisation zu tun hatte, die in viele blutige Attentate und Aufstände verwickelt gewesen war und nichts sehnlicher wünschte, als erneut loszuschlagen. Dennoch drehte er weder den Geldhahn zu, noch brach er die Kontakte zu diesen Desperados ab – im Gegenteil: Er nahm zahlreiche zur Flucht aus ihrer Heimat gezwungene Ustaša-Kämpfer in Italien auf und ließ es sogar zu, dass sie hier ihr Hauptquartier aufschlugen und mehrere geheime militärische Trainingscamps errichteten. Wie weit er auch in Einzelheiten ihrer subversiven Pläne eingeweiht war und ob er beispielsweise von dem Attentat wusste, das im Oktober 1934 zum Tod von König Alexander führte, ist schwer zu sagen. Sicher ist aber: Er lieferte keinen der Attentäter aus und billigte die Angriffe der Ustaša auf Jugoslawien, die sie von italienischem Boden aus startete.[23]

Faschistische Untergrundarbeit machte sich daneben auch in Ungarn, Griechenland und Bulgarien bemerkbar. Mussolinis Agenten und Spitzel waren überall zur Stelle, wo es brannte und wo eine Chance bestand, einen Flächenbrand zu entfachen. Österreich spielte in diesen außenpolitischen Zukunftsentwürfen eine kaum weniger herausgehobene Rolle als Jugoslawien. Die Alpenrepublik durfte nicht zum Deutschen Reich kommen, das im Falle eines «Anschlusses» eine glänzende Ausgangsposition für die wirtschaftliche Penetration Südosteuropas gefunden hätte. Sie musste als selbstständiger Staat erhalten bleiben, im Inneren aber gründlich renoviert und nach dem faschistischen Vorbild umgebaut werden. Nur so konnte Mussolini sicher sein, dass Österreich sich gegen deutschen Druck behauptete und sich zugleich seinem eigenen Einfluss öffnete, den er zur wirtschaftlichen und politischen Expansion und zur Bildung eines faschistischen Machtblocks im Donauraum nutzen wollte.[24]

Der «Duce» bestärkte deshalb die christlich-sozialen Regierungen in Wien in ihrem nationalen Behauptungswillen und förderte zugleich die halbfaschistische Heimwehrbewegung, die ihm zur Stabilisierung und Faschisierung Österreichs unentbehrlich schien. Die Heimwehr erhielt seit 1928/29 regelmäßig Geld aus Rom, Millionen Lire flossen ihrer Führung Jahr für Jahr zu. Hinzu kamen beträchtliche Mengen an Waffen und Munition aus italienischen Beständen, die zur Bekämpfung der Sozialdemokratie und auch der Nationalsozialisten dienen sollten, die in Österreich unverhohlen nach der Macht griffen.

All das geschah auf streng geheimen Wegen – der Regisseur der Obstruktion und Aufstachelung blieb im Dunkeln. Der Öffentlichkeit und vor allem seinen ausländischen Staatsgästen präsentierte sich Mussolini lieber als Mann des Ausgleichs, dem Frieden und internationale Kooperation am Herzen lagen. Lediglich im kleinen Kreis und auf Parteiveranstaltungen in der Provinz, wo er vor ausländischen Beobachtern sicher war, nahm er kein Blatt vor den Mund. Aus seinen Andeutungen und Ankündigungen ergab sich das noch ganz vage Projekt einer gespenstisch ausgreifenden Expansion, das sich neben dem Balkan auch auf den Mittelmeerraum, den Nahen Osten und auf Afrika bezog und erst Anfang der 1940er Jahre festere Konturen gewann. Als Vorbild dieses Großreiches diente das alte Rom, das in neuer faschistischer Gestalt in jeder Hinsicht die Führung beanspruchte. Zum engeren Herrschaftsbereich gehörte eine Art Eurozone, die von Spanien über den Balkan bis zur Türkei reichte, zum ferneren Afrika, wobei man sich mit der nördlichen Hälfte bescheiden wollte. «Spazio vitale» hieß dieser schier grenzenlose Lebensraum im Süden, in dem die unterworfenen Staaten so lange ein begrenztes Eigenleben führen konnten, wie sie sich dem Willen Roms beugten.[25] Mussolinis Lebensraum im Süden korrespondierte mit Hitlers Lebensraum im Osten, er war vielleicht sogar eine indirekte Antwort darauf. Eine Realisierungschance hätten solche Verstiegenheiten aber natürlich nur gehabt, wenn Frankreich und Großbritannien diesen Plänen nicht im Wege gewesen wären. Genau das taten sie aber, sie kamen Mussolinis Wünschen bis 1933 keinen Millimeter entgegen. Die westlichen Großmächte waren denn auch die eigentlichen Ziele seiner «undercover»-Aktionen. Mussolini attackierte sie nicht nur an der Peripherie, also in Jugoslawien oder in Syrien, im Jemen und im Libanon, wo er Aufständische mit Waffen belieferte und über Radio Bari zur Rebellion gegen den Westen hetzte. Er versuchte auch, sie in ihren Zentren Paris und London zu treffen, wo seine Agenten ebenfalls ihr Unwesen trieben. Über diese Aktivität im Graubereich der Subversion ist bisher nicht viel bekannt. Am meisten weiß man über die klandestinen Beziehungen zur 1932 gegründeten *British Union of Fascists*.[26] Ihr Führer Oswald Mosley stand in regem Gedankenaustausch mit Mussolini und ließ sich von ihm auch die Kriegskasse aufbessern. Dem «Duce» ging es hier insbesondere darum, Unruhe in London zu stiften sowie die britische Politik gegen Frankreich zu mobilisieren, das seine imperialistischen Pläne vor allem durchkreuzte. Mosley erhielt dafür jahrelang Tausende und Abertausende von Pfund, die primär für Propagandazwecke verwendet wurden.

Viel richtete Mussolini damit in Großbritannien nicht aus, und viel brachte er auch anderswo nicht zustande. Italien blieb auch unter seiner Führung eben doch «nur» Italien, also eine ambitionierte Mittelmacht, mehr nicht. Der ewig quengelige «Duce» war ein Störfaktor, der in labilen Ländern wie Jugoslawien für große Unruhe sorgte. Wirklich gefährlich wurde er, außer in den Kolonien, aber nicht. Den westlichen Großmächten fiel es relativ leicht, ihn im Zaum zu halten und die territoriale Ordnung in Europa zu bewahren. Aussicht auf Besserung gab es für Mussolini nur dann, wenn Europa von anderer Seite in Bewegung gebracht wurde. Italien selbst war dazu nicht in der Lage. Anders lagen die Dinge beim Deutschen Reich, das, wie Italien, nichts sehnlicher wünschte als eine grundlegende Revision des Status quo in Europa – und auch das Potenzial hatte, um eine Veränderung der Machtbalance herbeizuführen. Das Problem war nur: Die Deutschen litten noch zu sehr an der Niederlage und den Folgen von Versailles, als dass von Berlin viel Schwung zu erwarten gewesen wäre. Der geheime Wille dazu war da, wie Mussolini im März 1922 bei einem kurzen Deutschlandbesuch feststellen konnte. «Die deutsche Republik», schrieb er damals, «ist eine Larve, hinter der sich das monarchische Deutschland verbirgt, wie es vom Schicksal und von der Geschichte geformt ist. [...] Die Republik als Ideal, als Leidenschaft, als Zukunft, hat nie das dunkle und unruhige Gemüt des deutschen Michel erwärmt.» Für eine Maske hielt er auch den Pazifismus. Die Friedfertigkeit der Deutschen sei von außen erzwungen. In Wahrheit brenne das deutsche Volk darauf, Rache zu üben. «Der Haß auf Frankreich wächst von Tag zu Tag und ist kaum mehr zu übertreffen. Wehe Frankreich, wenn die Deutschen morgen einen Krieg führen können und ihn gewinnen. Die Franzosen würden bis auf den letzten Mann in den Atlantik geworfen werden.»[27]

Noch war es aber nicht soweit, wie sich Mussolini in den zwanziger Jahren eingestehen musste. Die potenziell stärkste revisionistische Kraft in Europa war noch nicht erwacht, sie war gelähmt und gefesselt und schien nicht in der Lage zu sein, die Hüter von Versailles ernsthaft herauszufordern und in Europa so zu beschäftigen, dass Italien seinen imperialistischen Träumen in Afrika und im Mittelmeerraum nachgehen konnte, ohne schwere Sanktionen befürchten zu müssen.

Es entbehrt nicht der Ironie, dass Mussolini nun ausgerechnet

Hoffnungen in die Macht setzte, der er im Ersten Weltkrieg ein ganz besonders bitteres Schicksal gewünscht hatte: «Deutschland muss zerstört werden», hieß es damals. Nun galt das Gegenteil. Ohne ein kräftiges, selbstbewusstes Deutsches Reich würde auch das faschistische Italien auf ewig im Mittelmeer gefangen und er selbst im Grunde ein imperialistischer Maulheld bleiben; nur einmal, in den eigenen Kolonien, hatte er sich austoben können. Mussolini beobachtete das, was nördlich des Brenner vor sich ging, deshalb sehr genau – und erlebte eine Enttäuschung nach der anderen. Die Präsidenten und Kanzler der Weimarer Republik, hießen sie nun Ebert, Stresemann oder Hindenburg, hatten kein Format; selbst Heinrich Brüning, dem er einmal eine Audienz gewährte, traute er nicht viel zu.[28]

Auch Adolf Hitler fand anfangs vor Mussolini keine Gnade. Die NSDAP und ihr exzentrischer Führer spielten in seinen Überlegungen lange keine Rolle. Es gab zwar lose Kontakte,[29] sogar Geld soll nach München geflossen sein.[30] Nach dem gescheiterten Putsch von 1923 rissen diese Verbindungen aber ab, es herrschte – sehr zum Leidwesen Hitlers – fast völlige Funkstille. Mussolini sah in ihm einen politischen Zwerg, der vor der Feldherrnhalle seine Zukunft verspielt hatte.

Das änderte sich 1930, als die NSDAP mit über 18 Prozent der Stimmen einen spektakulären Erfolg bei den Reichstagswahlen erzielte. Hitler wurde nun plötzlich interessant, während die alten Beziehungen zur Deutschnationalen Volkspartei und zum Stahlhelm, dem seit 1918 bestehenden nationalistischen Bund der Frontsoldaten, rasch erkalteten. Dass der «Duce» umdachte, hatte freilich nicht nur mit Hitlers Wahlerfolg zu tun. Mussolini entdeckte nun auch andere positive Seiten an seinem späteren «Achsen»-Partner: Hitler akzeptierte die Brennergrenze und ignorierte die Südtirolfrage, die andere deutsche Nationalisten wie Joseph Goebbels und Hans Frank zur Weißglut brachte. Er war überhaupt weitgehend frei von anti-italienischen Ressentiments. Italien habe 1866 seine «Bundesgenossenpflichten […] ehrenhaft erfüllt», betonte Hitler in sei-

nem «Zweiten Buch». Es sei 1911 im Libyenkrieg von seinen Drei-
bundpartnern im Stich gelassen worden und habe 1915 das einzig
Richtige getan. Der seit damals gängige Vorwurf des «Verrats» zielte
in seinen Augen völlig an der Wirklichkeit vorbei. Der Dreibund
habe nur österreichischen Interessen gedient. Deutschland blieb «im
Geschirr» und sei deshalb zugrunde gegangen, «Italien sprang aus»
und habe sich gerettet. «Darüber einen Vorwurf erheben zu wollen,
könnte nur ein Mensch fertigbringen, für den die Politik eben nicht
die Verpflichtung ist, einem Volk das Dasein mit allen Mitteln und
nach allen Möglichkeiten zu erhalten.»[31]

Nach dem Marsch auf Rom, den er für einen der «Wendepunkte
der Geschichte»[32] hielt, sah Hitler in Italien sogar den idealen Bündnispartner im Kampf gegen Versailles. Die Interessenidentität hatte
in seinen Augen einen einfachen Grund: Italien musste ebenso wie
das Deutsche Reich früher oder später an der Versailler Friedens-
ordnung rütteln, wenn es seine nationalen Interessen nicht ganz
vernachlässigen wollte. Nach dem Triumph des Faschismus erfasste
Hitler fast augenblicklich eine tiefe Bewunderung für Mussolini.
Er hielt ihn für einen «genialen Staatsmann» und einen «römischen
Cäsaren», den er unbedingt kennenlernen wollte. Seit 1922 schon
drängte er auf einen Besuch bei seinem Vorbild in Rom. Hitler wäre
für sein Leben gern nach Italien gereist. Er sterbe vor «Verlangen,
den ‹Duce› zu treffen», schrieb ein Vertrauter von ihm.[33]

Dennoch: Mussolini zögerte auch hier lange, ehe er eine Entscheidung traf, ohne sich jedoch im Halbschatten der «diplomazia
parallela» festzulegen. Er wurde nicht recht schlau aus dem Führer
der NSDAP und ließ ihn deshalb observieren und testen, bevor er
sich endgültig entschied. Diese heikle Aufgabe übernahm der italienische Major und Geschäftsmann Giuseppe Renzetti,[34] der sich bester Beziehungen im konservativen Milieu der Weimarer Republik
erfreute und bald auch von der NS-Führung als «verlängerter Arm»
Mussolinis akzeptiert wurde. Renzetti sympathisierte anfangs mit
dem Stahlhelm, erlag aber schon 1930/31 dem Charisma Hitlers und
überzeugte dann auch seinen Auftraggeber, den «Duce», dass nur

mit den Nazis ein neuer deutscher Staat nach faschistischem Geschmack zu machen sei.

Mussolini, so scheint es, war wie elektrisiert von diesen Perspektiven, die nach den sensationellen Wahlerfolgen der NSDAP 1932
immer näher rückten, und reagierte entsprechend ungeduldig: Die
Wende in Berlin musste so rasch wie möglich kommen, Hitler durfte
nicht länger zögern und damit eine Chance verpassen, die auch die
seine war. Denn nur wenn die deutsche Führung von der Politik der
schleichenden Revision dazu überging, die europäische Nachkriegsordnung ebenso offen wie aggressiv herauszufordern, hatte er den
Rücken frei für seine imperialistischen Abenteuer im Mittelmeerraum und in Afrika. Warum gab Hitler nicht endlich das Signal zum
Losschlagen, so wie er es im Oktober 1922 gegeben hatte? Der «Bewegung der Braunhemden» werde es auf «legalem Wege» nie gelingen, die Macht an sich zu reißen. Es sei nötig, so ließ er dem «Führer» über Renzetti mehrmals ausrichten, «eine Gewaltaktion zu
versuchen».[35]

Mussolini, der sich lange als Lehrmeister Hitlers fühlte, sehnte
die Machtergreifung der Nationalsozialisten herbei. Er beriet Hitler
aus der Ferne, er drängte ihn, endlich aufs Ganze zu gehen, und er
warf sogar sein beträchtliches Prestige in die Waagschale, um die
DNVP und den Stahlhelm zu einem Bündnis mit den Nationalsozialisten zu bewegen, das im Januar 1933 schließlich auch zustande kam.
Eigentlich hätte der «Duce» jetzt aufatmen müssen. Der Faschismus
war auf dem Vormarsch und schien sich – hatte er es nicht immer
gesagt? – in einen «machtvollen weltpolitischen Trend zu verwandeln».[36] Die Westmächte reagierten alarmiert, ihm selbst eröffnete
dieser Trend aber neue Möglichkeiten für seine expansionistischen
Ambitionen, die er sofort nutzte. Der Befehl, Vorbereitungen für
einen Krieg gegen Abessinien zu treffen, erging nicht umsonst in
dieser Zeit. Der Imperialist in spe hatte nun tatsächlich erstmals eine
echte Chance, zum Zug zu kommen, ohne größere Risiken eingehen
zu müssen.

Die Euphorie der ersten Tage wich aber schon im Frühjahr 1933 staunender Ernüchterung. Es stellte sich nämlich rasch heraus, dass Hitler ganz anders handelte, als sein Lehrer erwartet hatte. Seine Reichsregierung war nicht im Zaum zu halten und dachte nicht daran, sich von Mussolini beraten oder gar Vorschriften machen zu lassen, wie der eingebildete Führer der faschistischen Internationale gehofft hatte. Berlin forderte Paris und London heraus, kehrte dem Völkerbund in Genf den Rücken und wurde im Donauraum und – schlimmer noch – in der «Anschluss»-Frage aktiv, die Mussolini zwar nicht als ewiges Tabu betrachtete, aber doch auf die lange Bank schieben wollte.

Hitler scherte sich nicht darum. Er hätte Österreich lieber heute als morgen einfach kassiert (oder zumindest gleichgeschaltet) und brachte damit nicht nur Mussolini und die auf ihre Selbstständigkeit bedachte Regierung Dollfuß in Wien gegen sich auf. Zugleich rief er die beiden Westmächte auf den Plan, die von Änderungen des territorialen Status quo ebenfalls nichts hören wollten. Sie betrachteten Mussolini nun plötzlich mit ganz anderen Augen – als potenziellen Verbündeten zur Einschnürung des deutschen «Führers», den aber diese neue Mächtekonstellation nicht schreckte. Im Gegenteil – er wollte Österreich an sich reißen, bevor es ganz im Lager seiner Gegner stand, und sich so aus der «außenpolitischen Umklammerung befreien, die seine weitreichenden Expansionspläne im Ansatz zu ersticken drohte».[37]

Am 25. Juli 1934 ließ er deshalb die schon lange auf einen Putsch drängende österreichische NSDAP von der Leine. Ihr schlecht vorbereiteter Staatsstreich – Goebbels sprach von «Revolverpolitik»[38] – erwies sich freilich als eklatanter Fehlschlag. Hitlers Plan scheiterte, seine Parteigenossen waren weiter von der Macht entfernt als je zuvor. Außerdem hatte er Mussolini brüskiert, den er erst wenige Wochen zuvor in Venedig erstmals getroffen hatte. Der «Duce» war außer sich – und zwar nicht etwa deshalb, weil dem Aufstand in Wien der österreichische Bundeskanzler Engelbert Dollfuß zum Opfer gefallen war, der als sein enger Freund galt; ganz so empfindlich, wie er tat, war er in diesen Dingen nicht. Ihn ärgerte, dass Hitler ihn

getäuscht hatte. Das Treffen in Venedig lag erst wenige Wochen zurück – und hatte Hitler ihm dort nicht zu verstehen gegeben, dass
die Anschlussfrage nicht akut sei?

Und nun das! Mussolini schickte Truppen an die nördliche
Grenze, sicherte der neuen österreichischen Regierung jede Unterstützung bei der Bewahrung der Selbstständigkeit des Landes zu
und griff Hitler ungewöhnlich scharf an. Glaubt man den Memoiren
des österreichischen Heimwehrführers Ernst Rüdiger Fürst von
Starhemberg, so nannte er Hitler einen «scheußlichen, sexuell entarteten, gefährlichen Narren» und den Nationalsozialismus eine
«Revolution des altgermanischen Urwaldes gegen die römisch-latei-
nische Zivilisation».[39] Die italienische Presse stand dem nicht nach.
Sie schlug einen so aggressiven Ton an, dass man den Eindruck gewinnen konnte, zwischen Rom und Berlin sei das Tischtuch nun
endgültig zerschnitten. Der «Popolo di Roma» bezeichnete die deutsche Regierung sogar als Clique von «Mördern und Päderasten».[40]

In London und Paris beobachtete man den abrupten Klimawan-
del mit dem größten Wohlgefallen. Die Gefahr eines faschistischen
Großbündnisses war gebannt, Hitler schien international isoliert.
Mussolini dagegen war ein gefragter Mann. Die Westmächte sahen
in ihm ein unentbehrliches Glied in der Kette, die Hitler fesseln und
von weiteren Abenteuern abhalten sollte. Ihre Repräsentanten ho-
fierten ihn und kamen oft und gern zu ihm nach Rom. Aber über-
zeugten sie ihn auch, dass Italien an ihrer Seite gut aufgehoben war
und in seinen territorialen Zugewinnerwartungen nicht wieder, wie
1919, enttäuscht würde?

Es sah so aus. Im norditalienischen Städtchen Stresa am Lago
Maggiore erhielt dieses informelle Eindämmungsbündnis gegen
Hitler im April 1935 eine Art offizieller Beglaubigung. Frankreich,
Großbritannien und Italien, so beteuerten sie, waren sich in zentralen Fragen einig. Vor allem galt dies für Österreich, das seine Selbstständigkeit behalten sollte, und für die Behandlung Hitlers, der kurz
zuvor die allgemeine Wehrpflicht eingeführt und damit den Vertrag
von Versailles gebrochen hatte. Mit großen Lettern schrieben ihm

die drei Regierungschefs ins Stammbuch, dass sie weitere Verstöße nicht hinnehmen würden.[41] Ergänzt wurde diese Drohung durch weitreichende geheime Militärabsprachen zwischen Rom und Paris, die vor allem den Fall eines deutschen Angriffs auf eines der beiden Länder betrafen. Die französische Regierung versprach darin, Italien zwei Divisionen zu Hilfe zu schicken, während sich die faschistische Regierung verpflichtete, Frankreich mit neun Divisionen beizustehen und später Bayern anzugreifen.[42]

Mussolini wäre freilich nicht Mussolini gewesen, wenn er diese Zusagen zum Nulltarif gemacht hätte. Die Stresa-Front und die Militärabsprachen hatten für ihn nur dann einen Wert, wenn ihm seine Partner freie Hand im Mittelmeer und vor allem am Horn von Afrika ließen, das er schon seit 1932/33 als Kriegsziel im Blick hatte.[43] Die Rendite musste stimmen, sonst waren die Absprachen das Papier nicht wert, auf dem sie standen. Ein Verzicht auf Expansion, um Kräfte für drohende Konflikte in Europa zu sparen, kam für ihn nie in Frage. Für Mussolini stand mehr auf dem Spiel als nur ein bisschen Landgewinn in Afrika. Expansionistische Strömungen gab es ja nicht nur in seiner Partei, auch beträchtliche Teile der Öffentlichkeit berauschten sich an fernen Zielen und drängten auf eine imperialistische Außenpolitik. Mussolini heizte diese Stimmungen an und redete seinen Landsleuten ein, dass sie das Zeug und das Recht zu solchen kühnen Eroberungen hätten. Wenn nicht die Italiener mit ihrer von den Römern ererbten tausendjährigen Erfahrung als Kolonisatoren, mit ihren «Tugenden als Eroberern und Zivilisationsbringern»,[44] wer denn sonst? «Wir sind dabei, eine militarisierte Nation zu werden, und wir werden immer mehr dazu, weil wir es wollen», schwärmte er im August 1934. «Und weil wir keine Angst vor Worten haben, fügen wir hinzu: eine militaristische. Um das Maß voll zu machen: eine kriegerische.»[45]

Frankreich war in seinen Augen das geringste Problem. Die «lateinische Schwester» hatte ihn – es war noch nicht lange her – mit ausgesuchter Herablassung behandelt und italienische Interessen selbst dort systematisch missachtet, wo es ihr ein Leichtes gewesen wäre, sie zu respektieren. Hitler sorgte hier für eine radikale Wende. Die Panik, die seine Machtergreifung in Paris auslöste, ließ die französische Regierung nachgiebig werden. Letztlich hätte sie fast jeden Preis gezahlt, wenn Mussolini einem echten Bündnis gegen den deutschen Reichskanzler beigetreten wäre. Außenminister Pierre Laval verhandelte denn auch nicht lange, als Mussolini ihn im Januar 1935 mit seinen Forderungen in Abessinien konfrontierte. Abessinien – was war das schon im Vergleich mit Hitler, der ganz Europa in Brand zu stecken drohte?

Die britische Regierung dagegen war nicht ebenso umstandslos bereit, dem «Duce» in Afrika freie Hand zu geben und das System der kollektiven Sicherheit zu opfern, für das der Völkerbund stand. In London waren die Zauderer zu Hause, die sich weder zu einem klaren Ja noch zu einem klaren Nein durchringen konnten und mit ihrer vagen Haltung letztlich auch die französische Regierung noch weiter irritierten. Sie warnten Mussolini einmal, zweimal, dreimal – ohne Konsequenzen zu ziehen. Sie bestärkten ihn damit in seinem abfälligen Urteil über die politische Klasse in Großbritannien. Die distinguierten Herren mit ihren Bowlerhüten und maßgeschneiderten Zweireihern, die ihm in den letzten Jahren die Tür eingerannt hatten – er verachtete sie in ihrer schwindsüchtigen Entschlusslosigkeit und quittierte ihre Warnungen vor einem Feldzug in Abessinien nur mit einem Achselzucken. Wenn sie ihm nicht grünes Licht gaben – und das taten sie nicht –, dann musste er eben ohne ihren Segen losschlagen. Es war propagandistisch und symbolpolitisch vielleicht ohnehin besser, wenn sein Krieg in Afrika kein gleichsam von den Großmächten genehmigter war, sondern wenn das faschistische Italien aus eigener Kraft und eigenem Recht handelte.

Stresa war deshalb bald Geschichte. Die westlichen «Verbündeten» waren wieder einmal dabei, Mussolini zu enttäuschen. Er entsann sich deshalb seiner alten, 1933/34 erkalteten Beziehungen zu Hitler, der seinerseits keinen Gefallen daran fand, wie sich die Dinge seither entwickelt hatten. Beide standen vor schwierigen Entscheidungen, und beide standen ohne Partner da, die sie zur Abschirmung ihrer Projekte brauchten. Vermutlich spürten Hitler und Mussolini deshalb etwa zur gleichen Zeit ein Bedürfnis nach Wiederannäherung.

Mussolini machte allem Anschein nach den Anfang, als er im Mai 1935 in Berlin ausrichten ließ: «Die Haltung der europäischen Mächte uns gegenüber in der abessinischen Frage wird für die Freundschaft oder Feindschaft Italiens entscheidend sein.»[46] Hitler zog daraufhin im Juni 1935 Renzetti ins Vertrauen: Er wolle den alten deutsch-italienischen Geist wiederbeleben und habe nicht die Absicht, «Österreich zu annektieren».[47] Voraussetzung für eine Entspannung sei aber die Abberufung des italienischen Botschafters Vittorio Cerruti in Berlin, dem Hitler misstraute und den er für die Eiszeit des letzten Jahres verantwortlich machte.[48] Mussolini kam diesem Wunsch prompt nach und ging sogar noch einen Schritt weiter. Anfang Juli empfing er den deutschen Journalisten Sven von Müller im Palazzo Venezia in geheimer Audienz. Er verlor dabei kein gutes Wort über den Nationalsozialismus, deutete aber an, dass er eine Entspannung für möglich, wahrscheinlich, ja für wünschenswert halte, wie er durch die Abberufung des Botschafters in Berlin bewiesen habe. Selbst in der Hauptsache, der Österreich-Frage, gab er sich konziliant. Mussolini sei sich klar, notierte von Müller in einem Bericht, der auch an Hitlers Reichskanzlei ging, «dass Oesterreich als zweites deutsches Land *nicht auf die Dauer eine Politik gegen das Reich* führen kann und zu einer verständnisvollen Zusammenarbeit mit Berlin kommen muss».[49]

Damit war das Eis gebrochen. Das Klima zwischen den beiden Diktaturen besserte sich jetzt von Tag zu Tag, während die Beziehungen Roms zu den Westmächten immer gespannter wurden und schließlich ganz verfielen, als Mussolini am 3. Oktober 1935 ohne Kriegserklärung in das dem Völkerbund angehörende Abessinien einmarschierte. «Mit dem heutigen Tage», kommentierte der deutsche Botschafter, Ulrich von Hassell, die Ereignisse, «beginnt wohl das höchste Spiel, das ein Staatsmann seit dem Weltkriege gewagt hat.»[50] Paris, London und der Völkerbund hatten jetzt gar keine andere Wahl, als die italienische Aggression zu verurteilen und Sanktionen zu verhängen, die freilich alles andere als hart ausfielen.[51] Sie hätten den Suezkanal schließen und damit die Nachschubwege des italienischen Heeres nach Ostafrika abschneiden oder die Öllieferungen an Italien stoppen können. Das hätte gewirkt und vielleicht auch Hitler als Warnung vor ähnlichen Experimenten gedient. Letztlich konnten sich die Westmächte aber nicht zu einer energischen Aktion aufraffen; sie wollten Mussolini schließlich nicht ganz verprellen und in die Arme Hitlers treiben. Sie beließen es deshalb bei einem begrenzten Wirtschaftsembargo, das Mussolinis Raubzug in Afrika nicht ernstlich behinderte, den «Duce» und Hitler aber in ihrem Glauben bestärkte, dass sie von den Völkerbund-Mächten nicht viel zu befürchten hatten.

Hitler war in diesem Punkt übrigens viel glaubensfester als Mussolini, der nach dem 3. Oktober keine ruhige Stunde mehr hatte. Zwei Fragen waren es vor allem, die ihn bedrückten und immer wieder in ein Nervenbündel verwandelten: War ein zweites Adua wirklich ausgeschlossen? Und was war, wenn der Völkerbund – wie mehrmals angekündigt – doch noch crnste Sanktionen verhängte? Wenn in Abessinien etwas schief ging, war alles aus!

Anfangs deutete nichts darauf hin, dass es militärische Probleme geben könnte. Mussolini hatte den Feldzug als modernen Massenkrieg gut vorbereitet. Er wollte ganz auf Nummer sicher gehen und hatte eine riesige Streitmacht nach Ostafrika geschickt. Den 250 000 bis 300 000 schlecht bewaffneten abessinischen Stammeskriegern standen fast ebenso viele italienische Soldaten gegenüber, die von erfahrenen Generälen geführt wurden und über modernes Kriegsgerät geboten. Vor allem die 450 Flugzeuge der königlichen Luftwaffe sicherten ihnen eine erdrückende Überlegenheit.[52]

Nach ersten raschen Geländegewinnen wurden die italienischen Streitkräfte aber das Opfer ihrer eigenen Erfolge. Die weit überdehnten Nachschubwege in den von tiefen Schluchten durchzogenen Tafelbergen Abessiniens ließen sich kaum mehr sichern, und die schnellen Verbände an der vordersten Front stießen immer häufiger ins Leere, weil sich die orts- und geländekundigen einheimischen Kämpfer mit geschickten Absetzbewegungen leicht in Sicherheit bringen konnten. Im Winter 1935/36 starteten sie sogar größere Gegenoffensiven, die nicht ohne Wirkungen blieben und die italienischen Truppen da und dort zum Rückzug zwangen.

Wie es scheint, nahm Mussolini diese Rückschläge ernster, als sie tatsächlich waren. Das Trauma von Adua stand im Dezember 1935 plötzlich, wie frisch, vor ihm und wich nicht mehr. Der Krieg in Abessinien war seine Entscheidung gewesen. Wurde jetzt die Rechnung fällig? Die Welt überhäufte ihn mit Vorwürfen, und auch in Italien meldeten sich Kritiker zu Wort. Sogar in seiner eigenen Partei rumorte es. Mussolini ging deshalb zähneknirschend auf einen britisch-französischen Vermittlungsvorschlag ein, der ihm in Abessinien mehr als einen halben Erfolg beschert hätte, gleichzeitig aber mit beträchtlichen Konzessionen verbunden gewesen wäre.[53] Er hätte Abessinien kontrollieren können, seine Truppen aber stoppen und vor der Welt und seinen Landsleuten de facto einräumen müssen, dass er sich überschätzt und zu früh triumphiert hatte. Überall hätte es geheißen: Auch das faschistische Italien war den anderen Mächten nicht gewachsen und er selbst noch immer ein halbstarker Imperialist, der sich von den Westmächten geben ließ, was er sich aus eigener Kraft nicht nehmen konnte.[54]

Am Ende blieb ihm der demütigende Gesichtsverlust erspart. London musste nämlich den Vermittlungsvorschlag auf Druck der Öffentlichkeit zurückziehen. Mussolini fühlte sich brüskiert, zugleich aber auch erleichtert, weil er nun keine Wahl mehr hatte – er musste die Flucht nach vorne antreten, wie er es in existenziellen Krisen schon mehrmals getan hatte. Als Erstes wandte er sich von den Westmächten ab, die ihm bis dahin nur Enttäuschungen bereitet hatten. Schon der Beschluss des Völkerbundes vom November 1935, Sanktionen gegen Italien zu verhängen, hatte ihn maßlos geärgert. Die Sanktionen, so betonte er einige Monate später, «bringen etwas Endgültiges mit sich, ich möchte sagen: etwas Irreparables».[55] Jetzt hatten die Westmächte ihn auch noch vor aller Welt blamiert. Eine

Hintertür zu ihnen stand zwar noch offen, ob sie benutzt würde, hing nicht zuletzt von Hitler ab, dem sich Mussolini jetzt noch entschiedener als im Sommer 1935 zuwandte. An dessen Seite, so seine Spekulation, ließe sich sehr viel mehr herausschlagen als in Kooperation mit Frankreich und Großbritannien, die für Italien nur territoriale Brosamen übrig hatten. Hitler zierte sich nicht lange. Er sprang in die Bresche, so dass die deutsche Wirtschaft die Engpässe beheben konnte, die nach den Sanktionen des Völkerbundes in Italien entstanden waren. Er signalisierte Verständnis für den Raubzug in Abessinien, und er befürwortete auch Mussolinis viel weiter gehende Pläne im Mittelmeerraum und in Afrika, die erneute Konflikte mit den Westmächten heraufbeschwören würden. Hitler war der starke Partner, den der «Duce» brauchte. Ohne dessen Rückendeckung musste das Projekt vom Lebensraum im Süden auf ewig in der Schublade bleiben.

Österreich, das alte Streitobjekt, durfte bei der Wiederannäherung nicht stören. Mussolini räumte es Anfang Januar 1936 kurz entschlossen beiseite, als er mit dem deutschen Botschafter in Rom konferierte. Er habe nichts einzuwenden, wenn Österreich als «formell unbedingt selbständiger Staat praktisch ein Satellit Deutschlands» werden sollte, betonte der «Duce» und fügte, wie zur Bekräftigung, hinzu: Stresa sei «ein für allemal tot».[56] Ende des Monats legte er nach. Zwischen Deutschland und Italien bestehe eine «Schicksalsgemeinschaft», sagte er einem Abgesandten Hitlers. «Das wird immer stärker. […] Eines Tages treffen wir uns, ob wir wollen oder nicht! Aber wir wollen! Weil wir müssen!»[57]

Als diese Worte fielen, waren keine 18 Monate seit Mussolinis Wutausbruch über den «Narren» Hitler vergangen. Eineinhalb Jahre, die es in sich hatten, aber noch lange keine politisch relevante Männerfreundschaft stifteten, wenigstens jetzt noch nicht. Der «Führer» und der «Duce» misstrauten einander, so wie sie allen misstrauten, die sie um sich hatten. Verträge zu ignorieren, Partner zu hintergehen und feierliche Schwüre zu brechen, gehörte zum Naturell des einen wie des anderen, auch wenn sie nicht müde wurden, das Gegenteil zu behaupten. Bei Mussolini kam noch eine Portion Angst dazu – Angst vor den Deutschen generell und Angst vor Hitler speziell, der nach der Machtergreifung 1933 ein schier unglaubliches Tempo angeschlagen hatte und anscheinend vor nichts und niemandem halt machen würde.

Die innere Stimme seines Misstrauens sagte Mussolini, dass er sich von Hitler fernhalten musste. Er hörte nicht darauf. Sein hybrides Selbstbild betäubte seine Ängste und machte ihn wieder empfänglich für den eigentlich längst widerlegten Gedanken, Hitler leiten und lenken zu können; schließlich fühlte er sich noch immer als sein Vorbild und Mentor, der als Haupt des internationalen Faschismus nicht zu umgehen war. Am Ende war es aber der Imperialist in ihm, der ihn alle Vorsicht fahren ließ. Die territoriale Beutegier war stärker, sie setzte alle Bedenken außer Kraft und trieb ihn unwiderstehlich an – erst in Libyen, dann verdeckt auf leisen Sohlen in Ländern wie Jugoslawien und schließlich in Abessinien, wo der Feldzug im Winter 1935/36 stockte und zu scheitern drohte.

So weit durfte es nicht kommen! Mussolini reagierte deshalb auf die Rückschläge in Abessinien mit äußerster Brutalität. Der außenpolitische Kurswechsel in Europa wirkte dabei wie eine Art Katalysator, weil Mussolini nun keine Rücksichten mehr nehmen musste. An Hitlers Seite konnte er sich noch mehr erlauben als in Libyen, wo er sich ja keineswegs beherrscht hatte. Permanente Radikalisierung und Entgrenzung der Kriegsgewalt waren denn auch die Hauptmerkmale der Kämpfe in Abessinien, die um die Jahreswende 1935/36 zu einem regelrechten Vernichtungsfeldzug entarteten. Das Signal dazu gab Mussolini selbst, als er nicht nur groß angelegte Luftangriffe, sondern auch den Einsatz von Giftgas befahl.[58] Die abessinischen Stammeskämpfer hatten dem nichts entgegenzusetzen, ihr Widerstand brach rasch zusammen. Danach gaben die auf fast 420 000 Mann aufgestockten italienischen Streitkräfte das Heft nicht mehr aus der Hand. Am 5. Mai 1936 marschierten sie unter dem Oberbefehl von Pietro Badoglio,[59] der schon in Libyen dabei gewesen war, in der Hauptstadt Addis Abeba ein.

Einmarsch in Addis Abeba

Auf dem Weg dorthin schreckten sie vor keinem Mittel zurück. Das übelste Geschäft verrichteten dabei die muslimischen Hilfstruppen aus Eritrea und Libyen, die in der Vernichtung der gottlosen, sprich mehrheitlich christlich-orthodoxen Abessinier eine heilige Pflicht sahen. Auch die Luftwaffe blieb ihrem verbrecherischen Ruf nichts schuldig.[60] Sie flog in Abessinien die massivsten und brutalsten Einsätze, die «die Welt bis zu diesem Zeitpunkt erlebt hatte».[61] Ihre Ziele fand sie nicht nur unter den gegnerischen Soldaten. Häufig entlud sie ihre Brand- und Giftgasbomben auch über Dörfern, Viehherden und Wasserstellen, die sich daraufhin in Todesfallen verwandelten. Selbst Lazarette des Roten Kreuzes und Krankenhäuser waren vor dem Terror aus der Luft nicht sicher.[62]

Mussolini wusste genau, was in Abessinien geschah. Keiner seiner Generäle vor Ort hätte es gewagt, auf eigene Faust Giftgas einzusetzen. Die Befehle stammten von ihm. Skrupel plagten ihn dabei anscheinend nicht. Der «Duce» betrachtete die Abessinier als min-

derwertige Rasse, als Wilde, ja sogar als Tiere, die keinen Artenschutz genossen, sondern Platz machen sollten für die Eroberer. Die
verheerenden Nebenwirkungen des Giftgases ließen ihn kalt, er war
sogar stolz auf seine Flieger, unter denen sich auch sein Schwiegersohn Galeazzo Ciano[63] und seine beiden Söhne Bruno und Vittorio
befanden.

Die drei Kriegsfreiwilligen empfanden das, was sie in dem «frechen abessinischen Kaiserreich» erlebten, als eine Art Abenteuerurlaub und machten sich einen Spaß daraus, Einheimische zu jagen
und wie die Hasen abzuknallen. Vittorio war besonders zynisch, er
schrieb über seine Erlebnisse als gelegentlich selbst tätiger Schlachtenbummler sogar ein Buch, in dem es heißt: «Ich lasse hier einen
Brocken und da einen Brocken fallen, damit niemand zu kurz kommt;
und in zwanzig Minuten ist mein Vorrat an Bomben erschöpft. Die
kaiserliche Garde des Negus hat meinen persönlichen Gruß empfangen.»[64] Resümierend fügte er hinzu: «Wir waren so übermütig, so
sehr Jungens gewesen, daß dieser Krieg […] für uns ein Sport gewesen war, und zwar der schönste und vollkommenste. Alles war uns
zum Abenteuer geworden.»[65]

Am 5. Mai 1936 hatten sie ihr Ziel erreicht: Addis Abeba, die
Hauptstadt. Vier Tage später beförderte Mussolini auf der Piazza
Venezia in Rom seinen König zum Kaiser von Abessinien. Italien
war damit ein «Impero», der Traum vom Lebensraum im Süden begann Wirklichkeit zu werden – ein Stück weit freilich nur. Das Projekt war nämlich gefährdet, denn das neue koloniale Besitztum befand sich nur teilweise in italienischer Hand. Abseits der größeren
Städte und wichtigsten Verkehrsadern herrschte noch jahrelang ein
verbissener Guerillakrieg, der immer wieder eskalierte und schreckliche Vergeltungstaten nach sich zog.

Ihren Höhepunkt erreichte diese Entwicklung nach einem Attentat auf Vizekönig Rodolfo Graziani im Februar 1937.[66] Die faschistische Parteizentrale vor Ort ließ daraufhin ihren wildesten Schwarzhemden freien Lauf. «Nichts war ihnen heilig», wie der Schweizer
Historiker Aram Mattioli schrieb. «Feuer legten sie selbst in der

St. Georgs-Kathedrale [...]. Zufällig aufgegriffene Menschen stachen sie mit Dolchen nieder oder erschlugen sie mit Knüppeln und Eisenstangen. Wahllos zündeten sie die Tukuls der Schwarzen an und trieben die aus ihnen fliehenden Menschen mit Gewalt in die brennenden Hütten zurück, wo sie in den Flammen qualvoll umkamen. Während des Mordens kamen auch Flammenwerfer der Armee zum Einsatz.»[67] 6000 meist unschuldige Einheimische dürften allein in den ersten drei Tagen nach dem Anschlag auf Graziani den Tod gefunden haben.[68]

Nach diesem Amoklauf flauten die Ausschreitungen nicht mehr ab. Sie gewannen jetzt sogar eine neue Qualität, weil sie sich gezielt gegen bestimmte soziale Führungsschichten richteten, die das Rückgrat der abessinischen Stammesgesellschaft bildeten. Sie mussten allein schon deshalb ausgeschaltet werden, weil sie den Umbau des Landes im faschistischen Sinn störten. Debrà Libanòs steht für das schlimmste dieser Verbrechen, die nicht umsonst mit dem «deutschen Vorgehen in Polen» 1939/40 verglichen worden sind.[69] Die Mönche und das sonstige Personal dieses uralten Klosters standen im Verdacht, den Urhebern des Attentats auf Graziani finanzielle Unterstützung und Unterschlupf gewährt zu haben, und mussten dafür – obwohl die Beweise dünn waren – schrecklich büßen. Italienische Soldaten plünderten das Kloster und brachten etwa 2100 Geistliche um.[70]

Wie viele Opfer der Krieg und die erst 1941 beendete Besatzungsherrschaft unter den rund zehn Millionen Einwohnern Abessiniens forderten, ist umstritten. Nach neueren Schätzungen sollen im «Krieg der sieben Monate» rund 150000 Einheimische ihr Leben verloren haben, ein Drittel davon Zivilisten. Für die Zeit danach geht man mittlerweile von 180000 bis 230000 Toten aus, während sich die Gesamtzahl der für «Duce» und Vaterland gefallenen Italiener auf 25000 belaufen haben soll.[71]

Imperialisten gab es in den 1930er Jahren viele in Europa. Sie waren in Demokratien ebenso beheimatet wie in Diktaturen. Sie schrieben über ihre visionären Pläne und diskutierten sich die Köpfe heiß, drangen aber nirgends so weit durch, dass sich ihre hybriden Vorstellungen in praktische Politik verwandelt hätten. Mussolini bildete hier eine krasse Ausnahme. Sein Krieg in Abessinien war die blutigste kriegerische Auseinandersetzung nach dem Ersten Weltkrieg. Er wurde im Zeichen maßloser Brutalität geführt. Selbst die italienischen Schandtaten in Nordafrika, die erst wenige Jahre zurücklagen, verblassten vor den Praktiken, zu denen die Italiener in Abessinien griffen. Ihre Dynamik bezog die faschistische Kriegführung aus einer giftigen Mischung aus Imperialismus und Rassismus, die freilich nicht nur die Praxis der Generäle und Soldaten vor Ort durchtränkte. Sie bestimmte auch die Befehle Mussolinis. Ein «neues Abessinien ohne Abessinier»[72] – der Rassist Mussolini hatte durchaus solche irrwitzigen Vorstellungen.

## Der Rassist und Antisemit

Addis Abeba war nun eine italienische Stadt, oder – besser – die alte Hauptstadt des abessinischen Kaiserreichs sollte jetzt eine werden. Das gleiche Schicksal drohte allen anderen größeren Städten am Horn von Afrika. Die Provinzen an der Peripherie hingegen wurden nur in Ausnahmefällen behelligt – wenn sie im Verdacht standen, Rebellennester zu sein, oder wenn wertvolle Bodenschätze reizten. Nach 1936 strömten deshalb zahlreiche Experten aus Rom, Florenz und Mailand in den fernen Landesteil. Ihre Aufgabe war es, die Kerngebiete der neuen Kolonie zu erschließen und mit einem modernen Anstrich zu versehen. Klar war dabei von Beginn an, dass Abessinien und die angrenzenden italienischen Besitzungen im heutigen Somalia kein Objekt selbstloser Entwicklungshilfe waren. Dort sollten Hunderttausende italienische Siedler Platz finden und zahlreiche moderne Industriebetriebe zur Ausbeutung des Landes entstehen. Überwältigend war die Nachfrage allerdings nicht. Vor allem die Wirtschaft riss sich nicht gerade darum, fern der Heimat viel Geld zu investieren. Sie wollte, wie die künftigen Siedler, staatliche Vorleistungen sehen und vor allem ein Versprechen hören: dass Abessinien und die anderen ostafrikanischen Territorien ihr Land waren, in dem sie schalten und walten konnten, ohne auf die Einheimischen Rücksicht nehmen zu müssen.

Mussolini, der von 1937 bis 1939 das Kolonialministerium selbst leitete, gab ihnen dieses Versprechen. Die Abessinier spielten in seinem ambitionierten Erschließungs- und Ausbeutungsprojekt nur eine Nebenrolle: als Sklaven, als Untertanen zweiter Klasse, wenn sie besonders nützlich waren, und als einfache Soldaten, die ihre

Köpfe für das faschistische Italien hinhalten sollten. Ansonsten gehörte das Land den Italienern. Selbst die letzten Analphabeten aus dem Mezzogiorno durften, ja mussten sich in Abessinien als kleine Herrscher fühlen.[1]

Die Realität sah freilich anders aus, wie Mussolini bald erkennen musste. Die italienischen Siedler genügten seinen herrischen Ansprüchen ebenso wenig wie seine Soldaten. Sie passten sich den lokalen Lebensverhältnissen an, statt sie zu verändern und mit faschistischem Geist zu durchdringen. Seine Landsleute schlossen Freundschaften mit Einheimischen und suchten Geschäftsverbindungen mit ihnen, wobei Schwarzhandel und Korruption bald überall blühten. Die faschistischen Führungskräfte aus Partei und Miliz betrugen sich nicht viel besser. Auch sie ließen sich vielfach gehen und benahmen sich wie ordinäre Parvenüs, die in Saus und Braus lebten und alles mitnahmen, was sie kriegen konnten.

Am meisten empörte Mussolini, dass zahlreiche Italiener sexuelle Kontakte mit einheimischen Frauen hatten; nicht wenige lebten sogar in eheähnlichen Verbindungen mit ihnen. Das Verhalten seiner Faschisten in Afrika weckte in ihm die alte, nie zur Ruhe gekommene Urangst, dass die «weiße Rasse» in der Konkurrenz mit anderen «Rassen» den Kürzeren ziehen würde und dem Untergang geweiht sei. Die anderen, die Asiaten, aber auch die Afrikaner, waren nicht nur numerisch überlegen. Sie waren in seinen Augen auch robuster und gerissener, während der «weiße Mann» satt, bequem und unfruchtbar geworden war und sich auf seinen zivilisatorischen Lorbeeren ausruhte. «Europa stirbt», hatte Mussolini bereits 1934 geschrieben und die bange Frage daran geknüpft: «Werden die Kartographen den Alten Kontinent in einigen Jahrhunderten nicht zu den Kolonien östlicher Imperien zählen?»[2]

Ähnlich schwer wie solche fernen Szenarien bedrückten ihn aktuelle Sorgen: Hatte der Krieg die Italiener wirklich abgehärtet und in Krieger verwandelt, so wie der Erste Weltkrieg – der Legende nach – ihn und seine Generation gestählt hatte? Waren die Italiener tatsächlich zu Herrschern berufen und waren namentlich die Faschisten schon so weit? Hatten sie schon die zur Beherrschung anderer Völker nötige Statur? Oder waren sie doch nur aufgeblasene Propagandageschöpfe, gut genug, um sich in Italien durchzusetzen und einen Krieg in Afrika zu gewinnen, aber viel zu schwach und matt, um sich in den Kolonien zu behaupten? Verstärkt wurden diese Sorgen durch die Zeitangst, die Mussolini damals zu spüren begann und die ihm im Laufe der Jahre immer stärker zusetzte. Er wusste, das Stundenglas rann auch für ihn, selbst *seine* Kräfte konnten schwinden. Was wurde dann aus seinem großen Erziehungswerk am italienischen Volk? Würde es verfallen und auf ewig unvollendet bleiben?

Es musste etwas geschehen! Dieser Meinung war nicht nur der unzufriedene Diktator, dem die Zeit davonzulaufen schien. Auch viele andere Kräfte im Faschismus begannen in den dreißiger Jahren unruhig zu werden. Die Zustände in den Kolonien missfielen natürlich auch ihnen. Sie waren in ihren Augen aber nur das sichtbarste Zeichen einer allgemeinen Erschöpfungs- und Orientierungskrise, die sie seit Längerem bekümmerte; nur drastische Mittel konnten hier helfen. Für eine härtere Gangart plädierten vor allem die Revolutionäre im Faschismus, die ihre Bastionen in der Miliz und in den einflussreichen Jugend- und Studentenverbänden hatten. Dort wuchs eine neue Generation heran, die das Revolutionsversprechen Mussolinis beim Wort nahm[3] und Taten sehen wollte.

Diese Kräfte hatten sich von den landauf, landab gepriesenen Errungenschaften des Regimes nie blenden lassen. Sie wollten mehr, viel mehr sogar und endlich Schluss machen mit den faulen Kompromissen, die Mussolini mit der Kirche, dem König und den alten Führungsschichten geschlossen hatte. Deren Einfluss auf die große Politik war zwar gering, sie waren aber nach wie vor da und saßen ungestört in ihren herausgehobenen Positionen – angepasst, das ja, aber mürrisch lauernd und so schwunglos, dass schon ihre bloße Existenz den Revolutionären ein Dorn im Auge war.

Ähnliches galt für den eher moderaten Flügel des Faschismus, der es sich im Schatten Mussolinis bequem gemacht hatte und nur noch an den profitablen Status quo zu denken schien. Mit ihm war ebenso wenig anzufangen wie mit dem alten Establishment. Man musste sich auch von diesen Kräften befreien, die wie schleichendes Gift wirkten und die Dynamik des Regimes überall hemmten. Vor allem die viel beschworene «zweite Welle» der Revolution würde ein Traum bleiben, wenn Mussolini nicht bald mit einer Entgiftungskur begann.

Der Diktator kannte diese Forderungen nur zu gut. Es waren ja seine eigenen, die er nur wieder und wieder ignoriert hatte, weil er die Konsequenzen fürchtete. Nach dem Kriegsbeginn in Abessinien musste er handeln. Die dortige Herausforderung stellte alles, was er bis dahin in Angriff genommen hatte, in den Schatten. Nun durfte es keine Rücksichten mehr geben – für den Kraftakt in Afrika mussten alle Ressourcen mobilisiert und alle Hindernisse beseitigt werden. Mussolini setzte deshalb ein weiteres Mal auf die Revolutionäre im Faschismus, die nun Aufwind verspürten und förmlich darauf brannten, für ihn das Grobe zu verrichten, sprich: die beharrenden Kräfte in der Heimat zu attackieren und die Pflichtvergessenen und Profiteure in den Kolonien an die Kandare zu nehmen.

Der neuerliche Schulterschluss zwischen Mussolini und den Radikalen datierte aus dem Jahr 1935 und markierte tatsächlich eine Zäsur. Er gab den Ausschlag für eine merkliche Radikalisierung, die sich in mehreren Schüben vollzog und als «svolta totalitaria», als totalitäre Wende, in die Geschichtsbücher eingegangen ist.[4] Mussolini bekannte sich vorbehaltlos zu dieser Wende, die geradewegs zum totalitären Staat führen sollte. Er hatte das ursprünglich aus dem Fundus des Antifaschismus stammende Adjektiv «totalitär»[5] gewissermaßen okkupiert, um seine letzten Ziele, die totale Mobilisierung und Konditionierung der italienischen Gesellschaft zur imperialistischen Expansion, zu benennen. Und er machte jetzt wirklich ernst damit. Er wollte ganz Italien auf seine faschistische Linie bringen und in einen homogenen Volksstaat verwandeln, der stark genug war, sein Imperium nicht nur zu konsolidieren, sondern immer weiter auszubauen – zu einem Riesenreich in Afrika und Asien; Abessinien war nur der erste Schritt in diese Richtung.

**Erzwungene Huldigung**

Mit den Italienern wie sie waren, konnte Mussolini nur scheitern. Eine Chance auf Realisierung bestand für seine hypertrophen
Visionen in seinen Augen nur dann, wenn er die gesamte Gesellschaft bis auf die Gene veränderte, wenn er – mit anderen Worten –
eine «anthropologische Revolution» ins Werk setzte, die einen neuen
faschistischen Menschen hervorbringen sollte: den «Römer der Moderne», der den Squadristen ähnelte, letztlich aber Mussolini selbst
wie aus dem Gesicht geschnitten war.[6] Die Faschisten und der «Duce»
wollten eine «Revolution der Seele», wie ganz zu Recht gesagt worden
ist,[7] und eine Revolution der Körper, wie man hinzufügen muss.

Mussolini war wie besessen von dem Gedanken, seinem Volk ein
neues Format zu geben. Er wollte ihm die alte bürgerliche und bäuerliche Gesittung austreiben und ihm eine neue Moral, ein klares Bewusstsein der eigenen überlegenen Rasse einimpfen. Er träumte schon
1928 von «wortkargen Männern, kaltblütig, arbeitsam und hart, von

blinder Disziplin, die nichts mehr mit den Italienern von gestern zu tun haben».[8] Nichts durfte an den Italienern bleiben, wie es war. «Ich bin zutiefst überzeugt davon, dass unsere Art und Weise zu essen, uns zu kleiden, zu arbeiten und zu schlafen, dass alle unsere alltäglichen Gewohnheiten geändert werden müssen», betonte er im November 1931.[9] Mussolini, so empfand er es selbst, hatte hier eine nationale Mission zu erfüllen.

Die «svolta totalitaria» war Ausgangspunkt und Auftakt dieser seit Langem ersehnten, aufs Ganze zielenden Revolution, die in den 1930er Jahren in zunehmendem Maße rassistisch aufgeladen wurde. Nach den ersten, nicht gerade erhebenden Erfahrungen in Afrika war das kein Wunder. Dort bestand in Mussolinis Augen auch der dringendste Handlungsbedarf. Die Italiener sollten sich hier ihrer selbst würdig erweisen und – im Großen wie im Kleinen – als Herrscher bewähren, die sich mit den Einheimischen in nichts gemeinmachten. Die Geschichte lehre, betonte Mussolini, «dass man Reiche mit Waffengewalt erobert, aber mit dem Prestige erhält. Für das Prestige braucht man ein klares und strenges Rassenbewusstsein, das nicht nur Unterschiede festschreibt, sondern deutlichste Überlegenheit.»[10]

Am Ende entstand aus solchen rassistischen Vorsätzen ein ausgeklügeltes Apartheid-System, das die Welt noch nicht gesehen hatte. Scharfe Distinktionen durchdrangen so gut wie alles: Es gab getrennte Krankenhäuser, Restaurants und Kinos; eigentlich war alles getrennt, sogar die Friedhöfe und Bordelle und natürlich auch das Bildungswesen. Die alten Schulen wurden 1936 bis auf ein paar Ausnahmen geschlossen und durch ein duales System ersetzt, wobei die wenigen neuen Schulen für Einheimische kaum Klippschulniveau erreichten und nur elementares Basiswissen vermittelten. Drei Jahre mussten die jungen Äthiopier diese Einrichtungen besuchen, weiterführende Schulen waren für sie überhaupt nicht vorgesehen. Wozu denn auch?

Was Mussolini mit Italienisch-Ostafrika vorhatte, trat nirgends deutlicher zutage als in der Stadtplanung, die ganz im Zeichen rigoroser Rassentrennung stand. Auf den Reißbrettern von Architekten und anderen Experten tobte eine ebenso kühne wie skrupellose Aus- und Abgrenzungswut, die sich mit Mussolinis Visionen bestens vertrug. Nichts schien unmöglich: Die Weißen sollten eigene Wohnviertel mit moderner Infrastruktur erhalten, während man die Einheimischen in streng abgeschirmte Außenbezirke verbannen wollte, die von Reservaten und Ghettos nicht viel unterschied. Wenn man dafür allein in Addis Abeba Hunderttausend umsiedeln musste, so war das kein Problem. Wenn man Platz für Neubauten und Sicherheitsmeilen brauchte, die den weißen Mann vor der «Kontamination» durch die Schwarzen schützen sollten, auch nicht. Zahlreiche alte Häuser, die im Weg waren, wurden einfach dem Erdboden gleich gemacht. Mit diesen architektonischen Zeugnissen autochthonen Lebens nahm man den Einheimischen ein Stück ihrer Vergangenheit und ihrer kulturellen Identität.[11] Die «Tabula rasa»-Politik der Faschisten hatte auch noch diesen, durchaus erwünschten Nebeneffekt.

Anfangs folgte die Politik der Rassentrennung noch keinem klaren Konzept. Man verließ sich auf generelle Ermahnungen und punktuelle Eingriffe, die vielfach auf lokale Initiativen zurückgingen. 1936/37 war es mit solchen Improvisationen vorbei. Das erste koloniale Rassengesetz vom 19. April 1937 markierte die Wende zur systematischen strafrechtlichen Rassentrennung, die man bis dahin weder in der britischen noch in der französischen Kolonialpolitik kannte. Ziel war es, intime Kontakte zwischen italienischen Staatsbürgern und einheimischen Frauen zu unterbinden. Italiener, die in eheähnlichen Beziehungen mit Abessinierinnen lebten, konnten mit bis zu fünf Jahren Haft bestraft werden; die Frau musste keine Sanktionen befürchten, galt sie aufgrund ihrer «minderen Rasse» doch als schuldunfähig, während der Mann als Träger einer überlegenen Zivilisation wissen musste, was er tat und was das Prestige der eigenen «Rasse» ihm gebot.[12] Betroffen von dieser Wende waren auch die sogenannten Mischlinge, deren Rechte nun schrittweise eingeschränkt wurden; sie sahen der vollständigen Marginalisierung entgegen. Mussolini erblickte in ihnen eine ebenso große Gefahr für die Integrität der «Rasse» wie in den etwa 100 in Italien lebenden Afrikanern, die – so verfügte er am 18. Juni 1938 mitten im Urlaub in Riccione – des Landes verwiesen werden sollten, samt und sonders und so rasch wie möglich, als wäre Gefahr im Verzug.[13]

Das Grundprinzip dieser und anderer Maßnahmen, nämlich das Prestige der eigenen «Rasse» zu stärken und deren «Reinheit» zu wahren, war keine italienische Spezialität. So oder so ähnlich dachten in der ersten Hälfte des 20. Jahrhunderts viele Zeitgenossen in Europa. In konservativen Kreisen, vor allem aber im nationalistischen und rechtsradikalen Lager waren solche Vorstellungen ubiquitär. Hitler hatte sie im Dritten Reich sogar zum wichtigsten Staats- und Gesellschaftsziel erklärt und seine gesamte Politik danach ausgerichtet.

Mussolini fühlte sich durch solche Konjunkturen bestätigt. Er bedurfte in puncto Rassismus aber keiner Anregung oder Nachhilfe von außen. Nicht nur der Imperialist war älter als der Faschist, auch der Rassist war es. Mussolini dachte schon seit einem Vierteljahrhundert in rassistischen Kategorien, jetzt – nach den bitteren Erfahrungen in Afrika – gewannen sie aber zunehmend an Bedeutung. Sie bestimmten seine Weltsicht und auch sein Urteil über seine Landsleute, die vom Traumbild des neuen rassebewussten Menschen noch weit entfernt waren. Am liebsten, sagte er schon 1925 vor zahlreichen Parteigenossen, würde er den neuen Italiener in der Retorte züchten.[14] «Hin und wieder schwebt mir die Idee vor, Generationen im Labor zu schaffen, etwa die Klasse der Krieger, die immer bereit ist zu sterben, die Klasse der Erfinder, die dem Geheimen nachspürt, die Klasse der Richter, die Klasse der großen Industriekapitäne, der großen Forscher, der großen Herrscher. Durch diese methodische Auslese schafft man Eliten, die ihrerseits Imperien schaffen.»[15]

Solche Experimente gehörten in den zwanziger Jahren noch in das Reich der Fantasie. Es war aber bezeichnend, dass Mussolini sogar öffentlich damit liebäugelte, auch wenn er wusste, dass er zu konventionelleren Mitteln greifen musste, um seinen neuen faschistischen Menschen zu bekommen. Eines davon war die Bevölkerungspolitik,[16] die er schon Mitte der zwanziger Jahre ins Werk setzte und mit nie erlahmender Leidenschaft verfolgte. Die Italiener mussten ja nicht nur anders, sie mussten auch mehr werden; bis 1950 sollte sich ihre Zahl, die 1936 bei 43 Millionen lag, auf 60 Millionen erhöhen.[17] Den fruchtbaren Völkern gehörte, laut Mussolini, die Zukunft, während andere, deren Bevölkerung stagnierte oder gar zurückging, dem Untergang geweiht seien. Frankreich und Großbritannien sahen diesem Schicksal entgegen, wie der «Duce» in ungezählten Zeitungsartikeln betonte. Das Deutsche Reich hingegen hatte nach Hitlers Machtergreifung durch eine – in Mussolinis Augen – mustergültige Bevölkerungspolitik diese Gefahr gebannt, Italien aber noch lange nicht. Die Zahlen waren auch hier seit Jahren rückläufig, wie Mussolini im Mai 1927 einräumen musste: 1886 seien auf 1000 Italiener 39 Geburten gekommen. Danach sei es abwärts gegangen – erst 37, dann 35, ehe man schließlich bei 27 gelandet sei.[18] Wenn es seiner Regierung nicht gelingen sollte, betonte er ein Jahr später, diesen Trend zu wenden, dann sei alles, was die «faschistische Revolution gemacht hat und noch machen wird, vollkommen vergeblich», weil zu einem bestimmten Zeitpunkt überall der Nachwuchs fehle – auf den «Feldern, in den Schulen und Kasernen, auf den Schiffen und in den Fabriken».[19] Das demografische Problem, sagte er deshalb im März 1937 im Faschistischen Großrat, sei «in Wirklichkeit das Problem der Probleme».[20]

Mussolini glaubte fest an die prognostische Magie solcher Zahlen und ließ deshalb nichts unversucht, um den negativen Trend zu wenden: Die Italiener mussten wieder fruchtbarer werden. Dieses Motto inspirierte die Propaganda des Regimes, die Väter und Mütter mit vielen Kindern als «Helden und Heldinnen der Fruchtbarkeit» feierte und als Vorbild hinstellte. Es floss aber auch in die praktische Regierungspolitik ein. Kinderreiche Familien erhielten Orden, Privilegien und Prämien, während Junggesellen als soziale Außenseiter stigmatisiert und mit Sondersteuern belegt wurden. Parteifunktionäre mussten sogar mit Degradierungen oder ihrem Karriereende rechnen, wenn sie den demografischen Erwartungen des «Duce» nicht entsprachen und zu wenige Kinder hatten. Selbst Minister mit diesem Makel wurden von ihm ins Gebet genommen.

Dem gleichen Zweck dienten die Bemühungen, die Landflucht zu stoppen und die weitere Urbanisierung zu unterbinden. In den Städten, so hatte Mussolini erkannt, nistete die Unfruchtbarkeit. Dort blieben die Wiegen leer, insbesondere das reiche Bürgertum versagte eklatant. Die Wohlhabenden pflegten ihren Egoismus und renommierten mit schönen Häusern und luxuriösen Wohnungen «ohne Kinder, aber voll von Hunden und Hündchen». Auf dem Land hingegen war die Welt noch in Ordnung – hier, wo die ärmeren Schichten lebten, glaubte man noch an die «Heiligkeit und Ewigkeit des Lebens» und setzte, wie früher, zahlreiche Kinder in die Welt.[21]

Mussolini wusste nur zu gut, dass gegen säkulare Trends wie die demografische Wende kaum etwas auszurichten war. Alle Maßnahmen blieben stumpf, auch das verschärfte Abtreibungsverbot, das den Abbruch einer Schwangerschaft zum Verbrechen gegen das Volk erklärte. Man müsse den Mut haben, «Brot Brot, Wein Wein und Mißerfolg Mißerfolg zu nennen», schrieb er im Februar 1937 im «Popolo d'Italia», als er sich den Fehlschlag eingestand.[22] Um so intensiver kümmerte sich seine Regierung um die Familien und insbesondere um die jüngeren «unverdorbenen» Generationen, sprich um die Säuglinge, Kinder und Jugendlichen. Bei ihnen, den Hoffnungsträgern der «italienischen Rasse», kam es auf jeden einzelnen an: Keiner durfte mehr im Kindbett oder an Kinderkrankheiten sterben, alle sollten zu kräftigen und gesunden Italienern heranwachsen, weshalb das Regime zahlreiche Vorsorgemaßnahmen ergriff: Man beriet die Mütter bei der Ernährung, sorgte sich um die Hygiene in den Elternhäusern und stattete die Kindergärten besser aus. Sozialpolitik war in diesem Sinne immer auch Bevölkerungspolitik, und diese stand ganz im Zeichen der «Verbesserung der Rasse».[23]

Das galt natürlich auch für die Schulen, die neben einem Bildungs- auch einen Ertüchtigungsauftrag hatten. Der Körper war sogar noch wichtiger als der Geist.[24] Nichts wurde in den Schulen dementsprechend größer geschrieben als Sport, der im Faschismus überhaupt besondere Förderung genoss. «Flink wie Windhunde, zäh wie Leder und hart wie Kruppstahl» – Hitlers Traum von der idealen Jugend hätte so oder so ähnlich auch von Mussolini formuliert werden können, der dazu sogar viel berufener gewesen wäre als der unsportliche «Führer». Schließlich ging er mit seinem persönlichen Sportprogramm mit gutem Beispiel voran. Die vielen kleinen Duxe brauchten dem großen «Duce» nur nachzueifern – und schon waren sie dem «neuen Italiener» einen Schritt näher.

Dass man in den Jugendverbänden ähnliche Ziele verfolgte, muss nicht extra betont werden. Millionen absolvierten in diesen Organisationen eine prämilitärische Ausbildung, die sie für die Aufgaben der Zukunft präparieren und insbesondere gegen jede Form der Verweichlichung immunisieren sollte. Schon die acht- bis 14-Jährigen lernten marschieren, während die Älteren systematisch gedrillt und an der Waffe geschult wurden. Vorbild war das alte Rom. Die kriegerischen Tugenden der damaligen Zeit wurden ebenso verherrlicht wie die antiken Körperformen, die in Zeitschriften und Stadien allgegenwärtig waren. In der Miliz und im Militär erhielt der faschistische Nachwuchs dann den letzten Schliff. Hier feierten die antiken Legionäre als «Römer der Moderne» ihre Wiedergeburt.

Heute fällt es leicht, diese Visionen als Hirngespinste und Mussolini als Wirrkopf abzutun, weil er ihnen fanatisch nachjagte. Damals aber war die Suche nach «neuen Menschen» eine Zeitkrankheit, die Rechte wie Linke befallen konnte – und harmlos war sie auch nicht.[25] Im Gegenteil! Der ständige Druck, mehr Kinder zu zeugen, sie nach Körper und Geist in richtige Faschisten umzuformen und dabei den Zukunftsverheißungen «neuer Menschen» zu genügen, fiel hier noch am wenigsten ins Gewicht. Schwerer wog der permanente Drill in den Parteiorganisationen, dem Millionen Italiener – jung und alt und Mann und Frau – über Jahre ausgesetzt waren.

Richtig ernst wurde es aber für diejenigen, die sich den Visionen eines faschistischen Volksstaates nicht anpassen wollten oder in ihnen per definitionem keinen Platz hatten, weil sie anders waren. Zu diesen Außenseitern, die den Prozess der «Aufartung» und inneren Homogenisierung störten, gehörten «Asoziale», «Geisteskranke», «Landstreicher», Prostituierte, Alkoholiker sowie Sinti und Roma. Chancen, zu neuen Italienern zu werden, hatten sie zumal nach der «svolta totalitaria» von 1935 nicht mehr. Sie galten als gefährliche Schädlinge, die man vermutlich auch an der Fortpflanzung hindern wollte. Sie wurden deshalb ausgegrenzt und ebenso kriminalisiert wie ethnische und religiöse Minderheiten, wobei es hier die Zeugen Jehovas besonders hart traf.[26] Man sah eine Gefahr in dieser kleinen Gemeinschaft, die ab Mitte der dreißiger Jahre von permanenter Verfolgung bedroht war. Keiner konnte sich sicher fühlen. Mussolini griff auch hier persönlich ein und forderte die Verurteilung von Dutzenden von Zeugen Jehovas, die ihm verdächtig erschienen.

Nicht sehr viel anders erging es den Schwulen. Homosexualität war zwar im Faschismus kein Straftatbestand, es gab in Italien keinen Paragraph 175. Das hieß aber nicht viel. Mussolini verachtete Männer, die in seinen Augen keine richtigen waren, und gab sie dem Gespött der Presse preis. Sie waren Verräter der «Rasse» und geschworene Feinde des «neues Mannes», der von ihnen separiert werden musste. Partei und Miliz dachten in ähnlichen Kategorien – der heroische Männlichkeitskult, der ihr öffentliches Auftreten prägte, ließ für alternative Männerbilder keinen Raum. Tausende Homosexuelle hatten darunter zu leiden. Nicht genug damit, dass man sie ächtete und von sozialstaatlichen Leistungen ausschloss, die nur «vollwertigen Männern» zustanden. Viele Schwule wurden darüber hinaus gedemütigt, unter Hausarrest gestellt, als Päderasten ins Gefängnis gesteckt oder in die Verbannung geschickt, wo sie mit der kalten Verachtung der ansässigen Bevölkerung, vor allem aber mit der Willkür des Wachpersonals rechnen mussten.[27]

Von Verfolgungs- und Ausgrenzungsmaßnahmen, wie sie den Homosexuellen als den abschreckenden Gegenbildern «neuer Menschen» widerfuhren, wäre es nur noch ein kleiner Schritt zu sehr viel weiter gehenden Experimenten gewesen – zu Sterilisationen, zur Euthanasie und zur planmäßigen Menschenzüchtung, die zur gleichen Zeit im Dritten Reich geplant und in die Tat umgesetzt wurden. Mussolini war der Gedanke an die «negative Eugenik» nicht fremd. Gut möglich, dass er ihn bereits als Sozialist umtrieb. Er schnappte damals alles auf, was modern klang oder modern war. Die Eugenikdebatten, die Ende des 19. Jahrhunderts auch die sozialistische Welt bewegten, erreichten ihn ebenso wie die Erkenntnisse des Arztes und Psychiaters Cesare Lombroso,[28] der in Verbrechern genetisch determinierte Menschentypen sah, die man ausschalten musste, wenn man die Kriminalität eindämmen wollte. Lombrosos Lehren wurden in dieser vergröberten Form weltweit rezipiert, unter anderem von den Nationalsozialisten, die damit ihre Politik der «Ausmerze» legitimierten.

Mussolini erwähnte Lombroso in seinen Schriften mehrmals, und er kannte den intensiven Diskurs über die Formbarkeit des «Volkskörpers», der nach dem Ersten Weltkrieg in ganz Europa und natürlich auch in Italien geführt wurde, hier allerdings nur in universitären Zirkeln unter Fachleuten. Die Frage, ob und wie weit man «Gottes Schöpfung durch Experimente mit dem menschlichen Körper»[29] verbessern solle und dürfe, beschäftigte in Italien Mediziner, Psychiater, Biologen, Zoologen, Kriminologen und andere Experten. Dabei gab es durchaus Stimmen, die – am deutschen Beispiel orientiert – radikale eugenische Eingriffe forderten. Einen veritablen Richtungsstreit wie im Deutschen Reich gab es aber nicht. Dazu waren die Befürworter einer aufs Ganze zielenden Biopolitik zu schwach und die Gegenkräfte zu stark.[30] Vor allem die katholische Kirche widersetzte sich solchen Maßnahmen zur «Rassenverbesserung».

Vieles spricht dafür, dass Mussolini sich nicht gescheut hätte, den letzten Schritt zu tun und radikale Eingriffe in den menschlichen Fortpflanzungsprozess zu befürworten, um seinen «neuen Italiener» zu schaffen. Sein ungestümes Temperament drängte ihn dazu, in humanitären Rücksichten fand es nie eine Grenze – nur in politischen. So war es wohl auch hier. Der Rassist lag im Streit mit dem Realpolitiker, der zur Vorsicht riet. Mussolini musste nicht nur mit dem Widerstand der katholischen Kirche rechnen. Ebenso ablehnend zeigten sich das bürgerliche Establishment und das Königshaus, das der «svolta totalitaria» insgesamt mit Skepsis begegnete, ohne ihr aber energisch entgegenzutreten. Das Risiko, Rückhalt in der Gesellschaft zu verlieren, wäre für Mussolini zu groß gewesen; die Zeit war noch nicht reif.

Sie würde aber noch kommen. Der alte Revolutionär kapitulierte nämlich nicht vor diesen Resistenzkräften, mit denen er sich immer nur zähneknirschend arrangiert hatte. Papst und König waren große Hindernisse auf dem Weg zur totalitären Gesellschaft. Ihr bremsender Einfluss war nicht leicht greifbar, aber überall zu spüren. Namentlich das Königshaus war Mussolini ein Dorn im Auge. Es kam zwar nie zur offenen Konfrontation zwischen ihm und dem Monarchen. Mussolini genügten aber schon die Vorbehalte und Bedenken, die Vittorio Emanuele III. in den Audienzen immer wieder anklingen ließ – und die natürlich nicht geheim blieben. Sie fanden den Weg in die Öffentlichkeit, so dass das Königshaus – bei aller peinlich beachteten Loyalität zu Mussolini – am Ende doch als konkurrierende Instanz erschien, auf die sich die Normalisierungshoffnungen der Regimegegner sowie der gemäßigten und halben Faschisten richteten.

Die «svolta totalitaria» durfte deshalb gerade vor der Monarchie nicht halt machen. Sie sei «die Bremse des Regimes», sagte Mussolini im Juni 1938 zu Außenminister Galeazzo Ciano.[31] Er denke daran, dieses Problem in absehbarer Zeit zu lösen. Einen Monat später wurde er, wieder im Gespräch mit Ciano, deutlicher: «Er ist immer mehr entschlossen, sich der Savoyer bei der erstbesten Gelegenheit zu entledigen.»[32] Es war nicht das letzte Mal, dass Mussolini solche Drohungen ausstieß. Der Gedanke an einen «Regimewechsel», sprich Sturz der Monarchie, ließ ihn nicht mehr los.[33]

Nicht anders verhielt es sich mit dem gehobenen Bürgertum, das zwar alles mitmachte, aber doch den wahren faschistischen Elan vermissen ließ. «Neue Italiener» waren auch von ihm nicht zu erwarten. Die besseren Kreise waren in Mussolinis Augen nichts als Ballast im erträumten «Volksstaat» und mussten, wie die unbelehrbaren Antifaschisten und die störenden Außenseiter, auf das Abstellgleis der Geschichte geschoben werden. Vorbehalte gegenüber dem Bürgertum hatte es in der faschistischen Partei immer gegeben; sie gehörten zur mentalen Grundausstattung der Faschisten und ihres «Duce». Zur regelrechten Kampagne verdichteten sich diese inneren Reserven und Abneigungen aber erst Mitte der dreißiger Jahre, als das faschistische Regime auf Expansionskurs ging und dafür alle Kräfte anspannen musste.[34] Mussolini, der den alten Sozialisten in sich wiederentdeckt hatte, wütete hier noch schlimmer als gegenüber dem König – in aller Öffentlichkeit und bei jeder Gelegenheit, wobei er kein gutes Haar an seinen bürgerlichen Landsleuten ließ. Er hielt sie für satt, faul, pazifistisch, egoistisch, unfruchtbar und pessimistisch – mit einem Wort: für das genaue Gegenteil echter Faschisten und obendrein als «Feinde des Volkes»[35] für gefährlich. Der «bürgerliche Geist» war seiner Ansicht nach nämlich ansteckend, er musste den Italienern mit allen Mitteln ausgetrieben werden. Nicht einmal die Faschisten waren immun dagegen, sie konnten ebenfalls «verbürgerlichen» und damit der faschistischen Sache verloren gehen. «Der verbürgerlichte Faschist ist einer, der glaubt, dass nun nichts mehr zu tun ist, dass Begeisterung stört, dass es zu viele Aufmärsche gibt, dass es Zeit ist, es sich bequem zu machen, dass ein Kind reicht und dass man vor lauter Trägheit nicht über den eigenen Tellerrand hinauszublicken braucht.»[36] Im Krieg steigerte er sich sogar in regelrechte Vernichtungsfantasien hinein: Man müsse das Bürgertum «physisch auslöschen. Vielleicht sind 20 Prozent zu retten. […] Ich werde alle treffen und […] sagen: ‹Der Herr wird die Seinen auswählen.›»[37]

Der «bürgerliche Geist» lauerte überall. Aber niemand verkörperte ihn besser als die Juden, die nach der «totalitären Wende» freilich nicht nur deshalb unter immer größeren Druck gerieten. Ein weiterer wichtiger Grund kam hinzu: Er hieß Mussolini, der in den Juden eine eigene «minderwertige Rasse», ein wesensfremdes «Gastvolk»[38] sah, das die Substanz des italienischen «Volkskörpers» bedrohte und deshalb neutralisiert werden sollte. So hatte Mussolini bereits vor dem Ersten Weltkrieg gedacht, als er noch revolutionärer Sozialist gewesen war. Nach seiner Konversion zum Faschismus und nach dem Marsch auf Rom verfestigte sich diese Einstellung – und zwar parallel zu seinem Urteil über seine italienischen Landsleute, die er nun zu Ariern «mediterranen Typs» erklärte; diese hätten insbesondere mit Juden nichts gemein: Die «razza italiana» sei seit mehr als 1500 Jahren «rein».[39]

Der Antisemitismus avancierte bereits in den zwanziger Jahren zu einem tragenden Pfeiler seiner Ideologie, auch wenn das in der praktischen Politik noch nicht gleich zu erkennen war. Der neue Regierungschef hatte zunächst Wichtigeres zu tun – der Antisemit musste sich gedulden und still halten. Er ließ die Juden deshalb anfangs sogar in seiner eigenen Partei unbehelligt. Im PNF kümmerte sich lange Zeit kaum jemand darum, wie die Mitglieder es mit der Religion hielten. Mussolini fand auch nichts dabei, Juden mit verantwortlichen Regierungsämtern zu betrauen, ganz zu schweigen davon, dass es in der endlosen Serie seiner Seitensprünge nur zwei Frauen gab, die ihn wirklich prägten – beide entstammten jüdischen Familien: Angelica Balabanoff und Margherita Sarfatti.[40]

Ende der zwanziger Jahre begann sich das Bild aber zu ändern. Mussolini verstieß die Sarfatti und verbot seiner Tochter, einen Mann jüdischen Glaubens zu heiraten. Die Juden seien seine «schlimmsten Feinde»,[41] soll er damals «wutschnaubend» gesagt haben. Mussolini sah in den Juden jetzt die Hauptdrahtzieher des Antifaschismus, der sich vor allem in Frankreich regte. Außerdem lastete er es den Juden an, dass die Regierungen in Paris und London auswichen, wenn er freie Hand in Afrika forderte. Und schließlich meinte er vor allem jüdischen Einfluss zu erkennen, als sich der Völkerbund Ende 1935 wegen seines Angriffs auf Abessinien zu Sanktionen gegen Italien entschloss. Mit anderen Worten: Mussolini sagte jetzt offen, was er schon lange dachte. Die Juden waren ihm unheimlich, er fürchtete ihren angeblich weltweiten Einfluss und wäre sie am liebsten los geworden.

Solchen Wünschen folgten Ende der zwanziger Jahre erste Taten. Dunkle Wolken zogen schon jetzt über den italienischen Juden auf. Sie sahen sich flächendeckender Beobachtung ausgesetzt, viele mussten kleinliche Schikanen über sich ergehen lassen, in manchen Behörden und Berufssparten ließ man sie sogar extra zählen.

Ein Jude klagte schon im März 1929 im vertrauten Kreis, dass «heute alles getan» werde, «was möglich ist, um die Juden auszuschließen, alles, was man den Juden verbieten kann, wird ihnen verboten».[42]

Ganz so weit war es um diese Zeit noch nicht, und es kann auch keine Rede davon sein, dass Italien damals das «Mekka des Antisemitismus» gewesen sei.[43] Viele Juden spürten noch wenig von dem steigenden antisemitischen Fieber, und Mussolini selbst machte immer wieder Rückzieher, wenn es ihm aus politischen Gründen opportun erschien, etwa als er einen verdienten jüdischen Parteigenossen in den Senat berief oder vier Juden in das Abgeordnetenhaus entsenden ließ.[44] Genau so richtig ist aber, dass es daneben nicht wenige Juden gab, die – allein wegen ihrer Rasse – beruflich nicht mehr vorankamen oder ihre Posten verloren. Vor allem galt dies für Juden, die herausgehobene Stellen in Zeitungen, Banken, Akademien und im öffentlichen Dienst hatten. Dutzende und Aberdutzende mussten ihre Schreibtische räumen – häufig auf direkten Befehl des «Duce», der sich mit detailsüchtiger Penetranz um jeden Einzelfall kümmerte. Mussolini machte daraus auch keinen Hehl, zumindest Hitler gegenüber nicht. Er ließ ihm bereits im Februar 1933 ausrichten, «daß man bei der antisemitischen Bewegung ohne abrupte Stöße vorgehen, sondern eine graduelle Entfernung der Juden aus den verantwortlichen Stellen vornehmen muß».[45] Zwei Jahre später nahm er in einer für Hitler bestimmten Botschaft ebenfalls kein Blatt vor den Mund: Mussolini, so fasste der deutsche Journalist Sven von Müller die Ergebnisse einer Audienz beim «Duce» vom 9. Juli 1935 zusammen, «steht auf dem Standpunkt, dass Juden keine Faschisten sein könnten und habe darum die Juden aus wichtigen Ämtern entfernt. Auch in der Akademie sei kein Jude mehr. Der Einfluss in England und Frankreich sei aber noch sehr gross.»[46]

Wollte Mussolini mit solchen Ratschlägen «Hitler und der Welt einen eigenen rassistischen Weg aufzeigen»?[47] Beanspruchte er in der Rassenpolitik wirklich eine «Art Leitfunktion»?[48] Es ist nicht ausgeschlossen, dass Mussolini solche hybriden Ambitionen hatte und dass er insbesondere Hitler auch in der Judenpolitik führen wollte. Erfolg hatte er dabei freilich nicht. Hitler brauchte genauso wenig einen aus fremder Feder stammenden Leitfaden zur Behandlung der Juden, wie der «Duce» selbst einen brauchte. Ihr Antisemitismus wurzelte in einer Zeit, als sie noch gar nichts voneinander wussten, und er entwickelte sich nach Gesetzen, die viel mit der jeweiligen nationalen Geschichte, genau so viel aber mit persönlichen ideologischen Prägungen und Verrantheiten zu tun hatten. Es geht deshalb auch ganz an der Realität vorbei, die antisemitischen Maßnahmen in Italien auf deutsche Einflüsse zurückzuführen. Es gab keinen deutschen Import, kein deutsches Vorbild und keinen deutschen Druck, was nicht heißt, dass Mussolini die Renaissance des Antisemitismus in zahlreichen europäischen Ländern verborgen geblieben wäre oder dass er insbesondere von der Diskriminierung der Juden im Deutschen Reich nichts gewusst hätte. Mussolini selbst machte sich lustig über diejenigen, die ihn als Imitator Hitlers hinstellten. «Ich bin seit 1921 Rassist», sagte er seiner Geliebten Claretta Petacci am 4. August 1938. «Ich weiß nicht, wie man auf die Idee kommen kann, ich imitiere Hitler; er war damals noch gar nicht auf der Welt. Es ist zum Lachen.»[49]

Wie recht er damit hatte, zeigt nichts deutlicher als der Zeitpunkt, an dem die Judenpolitik des Faschismus immer weitere Kreise zu ziehen begann und zugleich immer radikaler wurde: 1935 – als Mussolini die «svolta totalitaria» einleitete, als aber noch so gut wie nichts auf eine deutsch-italienische «Achse» schließen ließ. Der Revolutionär, der Rassist und der Antisemit gingen hier eine fatale Verbindung ein. Die Kampagne gegen die Juden, die daraus resultierte, war Teil dieser autochthonen «svolta» und gewann deshalb nicht von ungefähr die selbe radikale Dynamik wie sie.

Dass nun ein anderer Wind wehte, war bald überall zu spüren.

Die Entlassungen häuften sich und betrafen nun auch nicht mehr nur prominente Juden in herausgehobenen Stellungen. Hinzu kamen wirtschaftliche Einschränkungen und erste informelle Berufsverbote, vor allem aber eine Pressekampagne, in der sich nicht nur die alten, bereits seit den zwanziger Jahren bestehenden antisemitischen Hetzblätter zu Wort meldeten. Jetzt nahm sich auch die – wenn man so will – seriöse Propagandapresse des Regimes mit steigender Intensität des Themas an.

Mussolini selbst mischte dabei kräftig mit – als Antreiber hinter den Kulissen und öffentlich im «Popolo d'Italia», in dem er Ende 1936 die Frage nach den Ursachen von Antisemitismus aufwarf und natürlich gleich eine Antwort parat hatte. «Die Antwort ist sehr einfach: der Antisemitismus ist dort unvermeidlich, wo das Judentum allzu frech auftritt, zu aufdringlich ist und deshalb präpotent wird. Ein Übermaß an Jüdischem zieht unweigerlich die Judenfeindschaft nach sich.»[50] Auch unter vier Augen ließ Mussolini seinen antisemitischen Ressentiments nun freien Lauf. Die Radikalität seiner Urteile nahm dabei fast von Woche zu Woche zu. 1938 erreichte sie ihren vorläufigen Höhepunkt.[51] «Diese Schweine von Juden», wütete er im April 1938 vor seiner Geliebten, seien «ein Volk, das dazu bestimmt ist, in toto geschlachtet zu werden. Weißt Du, was wir für sie sind? Hunde, sie nennen uns Hunde.»[52]

Die Juden «stinken fürchterlich», sagte er im September 1938. «Wir sind Ungläubige für sie. Sie nehmen uns aus und hassen uns. Sie haben kein Vaterland und kennen keinen Gott. Heute sind sie Polen, morgen Türken oder Franzosen. Sie sind dort, wo es ihnen nützt, und sie quetschen dich aus. Sie sind eine verfluchte Rasse, sie sind Gottesmörder.»[53] Einen Monat später meinte er: «Diese ekelhaften Juden, man muss alle vernichten. Ich werde ein Blutbad anrichten, wie es die Türken gemacht haben. Immerhin habe ich siebzigtausend Araber interniert, dann werde ich auch fünfzigtausend Juden internieren können. Ich werde eine Insel finden und alle dort einsperren. Oder ich werde sie vernichten, wie es Pontius Pilatus gemacht hat, als sie ihn gefragt haben, was man denn mit all den Juden

machen solle. Er sagte: ‹Bringt sie um› und man hält ihn heute noch
für einen Großen. [...] Sie sind ein widerliches Pack, ich bereue es,
dass ich nicht härter durchgegriffen habe.» Aber sie würden schon
noch sehen, «was die eiserne Faust Mussolinis bewirken kann. Ich
werde sie vernichten.»[54]

Die hier anklingende Idee, die Juden zu separieren und an einen
weit entfernten Ort zu verbannen, scheint Mussolini um diese Zeit
intensiv beschäftigt zu haben. Ende August 1938 teilte er seinem
Außenminister Galeazzo Ciano mit, dass er aus einer Region in
Somalia, der «Migiurtinia, ein Reservat für das internationale Judentum» machen wolle. «Er sagt, dass dieser Landstrich beträchtliche
natürliche Ressourcen habe, die von den Juden genutzt werden
könnten. Unter anderem den Haifischfang, der nicht zuletzt deshalb
sehr vorteilhaft sei, weil anfangs viele Juden aufgefressen würden.»[55]
Keine Woche danach änderte er seine Meinung. Er sprach nun auch
nicht mehr ganz so abfällig über die Juden: «Was die Sammelzone
für die Juden angeht, spricht der Duce nicht mehr über die Migiurtinia, sondern über Jubaland [im heutigen Somalia], wo bessere Le-
bens- und Arbeitsbedingungen herrschen.»[56]

Diesen wilden Sprüche und Ankündigungen blieben nicht folgenlos. Wort und Tat waren zwar nicht eins, weil Mussolini natürlich
wusste, dass es in der italienischen Gesellschaft Vorbehalte gegen
allzu radikale antijüdische Maßnahmen gab, und weil er die Italiener
erst noch intensiver auf die radikale Wende in der Judenpolitik ein-
stimmen wollte. Die Lage der Juden in Italien spitzte sich aber 1938
unverkennbar zu – und Mussolini hatte dabei alle Fäden in der
Hand. Er ließ die radikalen Antisemiten gewähren. Er gab das Start-
signal für Entlassungen und die Pressekampagne, die bald nur noch
giftige Blüten trieb, und er dominierte die Arbeit an den rasch folgenden antijüdischen Gesetzen und Proklamationen, wobei nicht
selten er es war, der für weitere Verschärfungen sorgte.

Zäsurcharakter hatte dabei das von ihm inspirierte und redi-
gierte «manifesto della razza» vom Juli 1938, in dem das völkisch-bio-
logistische Prinzip – so wie Mussolini es seit Langem vertrat – zum

Leitgedanken des faschistischen Rassismus und Antisemitismus erhoben wurde. Das Manifest ging von einer natürlichen Ungleichheit und Ungleichwertigkeit der Rassen aus und behauptete, eine wissenschaftliche Rassenlehre könne ausschließlich auf biologischen Unterscheidungskriterien beruhen. Es existiere eine «razza italiana», die arischen Ursprungs und seit Jahrhunderten «rein» geblieben sei. «Sich arisch zu nennen, heißt, seine Zugehörigkeit zu einer historisch bestimmten Rassenfamilie zu erklären: zur indoeuropäischen Familie, genauer gesagt, zu jener, die die Zivilisation überhaupt geschaffen hat», schrieb Mussolini zeitgleich im «Popolo d'Italia».[57] Daher müsse man eine Vermischung mit anderen Rassen vermeiden, die nicht europäischen Ursprungs seien. Auch was die Juden anging, bezog das Manifest eindeutig Stellung. «Die Juden gehören nicht zur italienischen Rasse». Die jüdische Rasse unterscheide sich grundlegend – in «modo assoluto» – von den Italienern.

Einen weiteren Meilenstein setzte Anfang Oktober 1938 der Faschistische Großrat mit seiner «Erklärung über die Rasse», in der zum ersten Mal definiert wurde, wer als Jude anzusehen war. Als solcher galt demnach, wer, erstens, einen jüdischen Vater und eine jüdische Mutter hatte, und zwar ganz gleich, ob diese getauft waren oder nicht, wer, zweitens, einen jüdischen Vater und eine ausländische Mutter hatte, und wer, drittens, aus einer sogenannten Mischehe kam, sich aber zum Judentum bekannte. Den Status eines «Mischlings» gab es im Faschismus nicht. Wer einer Mischehe entstammte und sich vom Judentum abgewandt hatte, galt als Italiener. Hier ging man offenkundig davon aus, dass das italienische Blut stärker sei als das jüdische.[58]

Das Gesetz vom 17. November 1938 zum «Schutz der italienischen Rasse»[59] fasste alle zuvor ergangenen Verordnungen zusammen und krönte das Werk der Entrechtung und Erniedrigung, das Anfang des Jahres begonnen worden war. Dieses Gesetz war anscheinend nicht ganz unumstritten. Gegenstimmen hatte es im Faschistischen Großrat schon gegen die «Erklärung über die Rasse» gegeben, wo sich neben Emilio De Bono, einem der Oberfehlshaber des Marsches auf Rom, und dem früheren Kolonial- und Innenminister Luigi Federzoni vor allem Italo Balbo gegen die rechtliche Diskriminierung der im Weltkrieg dekorierten Juden ausgesprochen hatte.[60] Balbo hatte besonderes Gewicht – er war als Organisator der Luftwaffe einer der prominentesten Faschisten und galt seit Längerem als heimlicher Gegenspieler Mussolinis. Seine Intervention war nicht ganz erfolglos, änderte aber – aufs Ganze gesehen – an der Härte des Gesetzes ebenso wenig wie das halbherzige Lamento des Königs, der das Gesetz eigentlich ablehnte, in Gesprächen mit Mussolini aber nur zu erkennen gab, dass er «unendliches Mitleid mit den Juden» empfinde.[61]

Mussolini hörte nicht auf solche Stimmen. Der Rassist und Antisemit gewann nun endgültig die Oberhand über den Politiker, der auf die Stimmung im Volk achtete. Er war fest entschlossen, das Rassengesetz als Teil der «totalitären Wende» durchzusetzen. Selbst der Papst, der mit Blick auf konvertierte Juden und auf sogenannte Mischehen nachträglich Ausnahmeregelungen forderte, drang nicht durch. Mussolini ließ über sein Gesetz nicht mehr mit sich reden. Juden durften von nun an nur noch Juden heiraten; bereits bestehende Mischehen sollten annulliert werden, was – nebenbei bemerkt – nicht einmal die Nazis verlangten. Juden durften außerdem nicht mehr in den Streitkräften dienen, und sie mussten das Parteibuch des PNF zurückgeben, das viele aus Begeisterung, manche aber auch nur deshalb erworben hatten, um sich vor Anfeindungen zu schützen. Auch in wirtschaftlicher Hinsicht schnitt man den Juden die Lebensadern langsam ab. Das faschistische Rassengesetz trat eine Woche nach der «Reichskristallnacht» in Kraft, die im Großdeutschen Reich über 100 Juden das Leben kostete. Mussolini wusste von diesen Exzessen und hatte nichts einzuwenden – im Gegenteil. Der «Duce», so heißt es in Cianos Tagebuch, werde «gegenüber den Juden immer aufgebrachter. Er billigt die von den Nazis ergriffenen Abwehrmaßnahmen uneingeschränkt. Er sagt, dass er in einer vergleichbaren Situation noch härter durchgegriffen hätte.»[62]

Es darf nicht unerwähnt bleiben, dass Mussolinis Rassengesetz zahlreiche Ausnahmeregelungen vorsah; sie galten für rund 6500 der 48 000 in Italien lebenden Juden. So konnten vor allem diejenigen mit milderer Behandlung rechnen, die sich um das Vaterland und die faschistische Sache verdient gemacht hatten. Das hieß freilich nicht, dass sie aller Sorgen enthoben gewesen wären, da wesentliche Bestimmungen des Rassengesetzes wie zum Beispiel der Ausschluss von allen öffentlichen Ämtern, aus dem PNF und aus den Streitkräften auch die Privilegierten unter den italienischen Juden betrafen. Viele Ausnahmeregelungen wurden im Übrigen rasch wieder zurückgenommen, während man bei der Durchführung des Gesetzes immer unnachsichtiger zu Werke ging.

Dafür spricht auch die Tatsache, dass das Gesetz vom 17. November 1938 mitnichten den Schlusspunkt der antisemitischen Maßnahmen bildete.[63] Der Katalog diskriminierender Gesetze und Verordnungen wurde im Gegenteil bis 1943 erweitert und verschärft, und zwar nicht nur von der Regierung in Rom, sondern immer häufiger auch auf Initiative der Kommunen und Provinzen.[64] Die Botschaft des «Duce» hatte gezündet und eine Dynamik der antisemitischen Selbstermächtigung in Gang gesetzt, die kaum mehr zu bremsen war. Hier lieferte man sich schon fast einen Wettbewerb, wie man den Juden das Leben so sauer wie möglich machen konnte. Für Mussolini kam diese Entwicklung nicht überraschend. Der «Antisemitismus», prophezeite er nach der Diskussion des Rassengesetzes im Faschistischen Großrat, «ist in das Blut der Italiener eingeimpft. Er wird von allein zirkulieren und sich entwickeln.»[65]

Das Ziel, das Mussolini damit letztlich verfolgte, kam nirgendwo deutlicher zum Ausdruck als in dem 1940 ersonnenen Projekt einer «Endlösung all'italiana»,[66] die darauf hinausgelaufen wäre, die überwiegende Mehrheit der im Königreich Italien lebenden Juden binnen zehn Jahren aus dem Land zu jagen und diejenigen, die in sogenannten Mischehen lebten oder diesen entstammten, gewissermaßen zu arisieren. So radikal dieser Vorschlag war, neben der Endlösung der Nationalsozialisten nimmt er sich fast harmlos aus. Mussolini ging in seiner Judenpolitik sehr weit und setzte eine Gesetzgebung ins

Werk, die als die weltweit härteste nach der des Dritten Reiches galt.[67] Anders als der Nationalsozialismus überschritt der Faschismus jedoch niemals die Grenze zum Mord. Vertreibung statt Vernichtung, lautete das Motto von Mussolini, das freilich nur bis 1943 maßgeblich war. Danach nahm ihm Hitler die Dinge partiell aus der Hand.

## Der Verbündete Hitlers

Sieben Jahre zuvor war Mussolini noch ganz frei in seinen Entschlüssen gewesen. Gewiss, die Beziehungen zu den Westmächten hatten nach dem Krieg in Afrika einen Tiefpunkt erreicht, während sich das gestörte Verhältnis zum Deutschen Reich rasch zu entspannen schien. Insbesondere der wirtschaftliche Austausch wurde nach 1936 immer intensiver und für Italien immer wichtiger: Die deutsche Kohle verdrängte die britische schließlich sogar ganz vom italienischen Markt.[1]

Aber nichts davon war irreversibel, noch nicht. Die Westmächte hätten einen Kurswechsel Italiens begrüßt und teuer dafür bezahlt, wenn Mussolini bereit gewesen wäre, ihnen nach der Ausrufung des italienischen Imperiums eine gewisse Schamfrist einzuräumen. Er gab ihnen aber keine Chance, sondern forcierte noch im Sommer 1936 im fiebrigen Hochgefühl, nun endlich eine Großmacht zu repräsentieren, das Tempo – mit der fatalen Folge, dass der Graben, der Italien vom Westen trennte, tiefer und tiefer und das Verhältnis zum Dritten Reich enger und enger wurde.

Den Ausschlag dafür gab niemand anderer als der «Duce» selbst. Der König mochte murren und das Außenministerium mehr Vorsicht und diplomatischen Takt fordern. Nichts deutet darauf hin, dass sie oder die Partei den Kurs der Außenpolitik bestimmt hätten. Die Richtlinienkompetenz lag bei Mussolini, der nach dem Erfolg in Abessinien auf den Geschmack gekommen und gefräßig geworden war. Der alte Imperialist wollte mehr, brauchte dafür aber die Rückendeckung eines mächtigen Verbündeten, der nach Lage der Dinge nur Hitler sein konnte. An der Seite der Westmächte, so Mussolinis Kalkül, wäre viel weniger zu holen gewesen. Bei allen Zugeständnissen, die sie in Aussicht stellen mochten – am Ende versperrten sie ihm doch den Weg auf den Balkan, und auch in Afrika und im Mittelmeerraum boten sie ihm nicht genug an. Hitler hingegen ließ ihm vor seiner Haustür freie Hand, und er beschäftigte die Westmächte mit seiner forcierten Rüstungspolitik obendrein so sehr, dass sie Italien zwar nicht aus den Augen verloren, Mussolini aber bei Weitem nicht mehr so energisch entgegentreten konnten wie zuvor.

Dass Mussolini diese Situation nutzen wollte, sprich, dass er auch nach Abessinien auf dem Kriegspfad blieb und keinerlei Neigung zeigte, auf London und Paris größere Rücksichten zu nehmen, wurde bereits im Sommer 1936 deutlich. In Afrika schwiegen die Waffen damals noch längst nicht – der große Krieg hatte sich nur in einen kleinen, aber umso giftigeren Guerillakrieg verwandelt, der starke italienische Kräfte band und nun auch auf italienischer Seite zahlreiche Opfer forderte. Das und die immensen Kosten des Engagements in Afrika hinderten Mussolini aber nicht daran, sich in ein neues militärisches Abenteuer zu stürzen und in Spanien aktiv zu werden, wo die Dinge auf eine offene Konfrontation zwischen der gerade gebildeten linken Volksfrontregierung und aufständischen Militärs zusteuerten. Auch die Tatsache, dass er sich kurz zuvor mit den Westmächten und dem Deutschen Reich auf eine Politik der Nichteinmischung auf der Iberischen Halbinsel verständigt hatte, konnte ihn nicht bremsen. Er stand sofort parat, als der spanische General Francisco Franco um Unterstützung für seinen Plan nachsuchte, die Volksfrontregierung zu stürzen.[2] Mit ebenso großem Eifer war Hitler bei der Sache, der kurz danach seine Beihilfe zusagte. Beide waren daran interessiert, das linke Experiment in Madrid zu beenden und Spanien von einer Allianz mit dem ebenfalls von einer Volksfront regierten Frankreich abzuhalten. Mussolini hatte aber noch viel weiter reichende Ziele im Auge. Er wollte eigene Stützpunkte auf den Balearen und so die strategische Position Italiens im westlichen Mittelmeer gegenüber Frankreich verbessern, dessen Verbindung zu den nordafrikanischen Kolonien damit ernstlich gefährdet gewesen wäre.[3]

Mussolini und Hitler führten in Spanien noch nicht gemeinsam Krieg. Sie probten aber schon dafür und stimmten sich auch sonst auf vielen Feldern miteinander ab. Die «Zusammenarbeit der beiden maskierten Verbündeten ist denkbar eng», notierte der deutsche Botschafter in Rom am 6. Dezember 1936 in seinem Tagebuch.[4] Der «Duce» trieb dabei die Dinge nicht weniger energisch voran als Hitler, der sich ebenfalls auf Partnersuche befand. Die Kooperation mit dem faschistischen Italien eröffnete ihm ganz neue Möglichkeiten.

Vor allem befreite sie ihn aus der Isolation, in der er seit dem Austritt aus dem Völkerbund (Oktober 1933) und erst recht nach dem Einmarsch in das entmilitarisierte Rheinland (März 1936) steckte. Der Gedanke einer gemeinsamen europäischen Abwehrfront gegen NS-Deutschland, der Hitler lange gequält hatte, gehörte damit endgültig der Vergangenheit an. Mussolini hatte ihn von diesem Albdruck befreit.

Wenn es dafür noch eines Beweises bedurft hätte, so lieferte ihn Mussolini selbst. Er ließ am 23. Oktober 1936 ein geheimes Kooperations- und Konsultationsabkommen mit dem Deutschen Reich unterzeichnen und proklamierte kurz darauf, am 1. November, die Existenz der «Achse» Berlin–Rom, um die sich die übrige Welt von nun an zu drehen hatte.[5] Viel Beachtung hat diese Proklamation damals nicht gefunden, und auch spätere Historiker haben in ihr meist nur ein überspanntes Propagandagespinst erblickt. Ganz zu Unrecht, wie sich bei genauerer Prüfung offenbart:[6] Allein die Zahl der deutsch-italienischen Abkommen und die Intensität der bilateralen Kontakte nach 1936 verweist darauf, dass die «Achse» nicht nur auf dem Papier und in der Fantasie ihrer Führer bestand. Sie lebte und wurde von Jahr zu Jahr mit mehr Leben erfüllt.[7] Das gilt für die Geheimdienste ebenso wie für die Parteien und die Wissenschaft und nicht zuletzt für die großen Jugend-, Frauen- und Arbeitnehmerorganisationen, die zahlreiche Mitglieder auf ideologische Schnupper- und Fortbildungsreisen in das jeweils andere Land schickten, wo man sie meist mit großem Bahnhof empfing.[8] In der neueren Geschichte wurde bis dahin kaum je ein so umfassendes Experiment der Annäherung und Völkerverständigung gestartet – von oben und in der klaren Absicht, sich bei künftigen territorialen Raubzügen gegenseitig zu decken. Namentlich der «Duce» nahm die «Achse» sehr ernst. Er sah in ihrer Proklamation eine Art Versprechen auf die Zukunft, das in seinem Gefühlshaushalt eine kaum zu überschätzende Rolle spielte. Mussolini litt zeitlebens an den ubiquitären Vorwürfen, sein Land sei notorisch unzuverlässig und schon beim kleinsten Vorteil zu einem politischen Meineid bereit. Er wollte diese Vorwürfe ein für alle Mal entkräften, ja aus der Welt schaffen, wobei er umso leidenschaftlicher zu Werke ging, als er wusste, dass sein außenpolitischer Kurs alles andere als kohärent zu nennen war. Die permanente Beschwörung von Gradlinigkeit und Treue sollte das eigene schlechte Gewissen betäuben und wurde deshalb zu einer regelrechten Obsession für Mussolini, der vor allem die deutschsprachige Welt von seiner Verlässlichkeit überzeugen wollte. Nördlich der Alpen war der Vorwurf des Verrats und des Wortbruchs aus historischen Gründen – Stichwort 1915 – besonders virulent, selbst in der NSDAP verstummte er nie. Goebbels beispielsweise schrieb noch im Mai 1936 in sein Tagebuch und brachte damit zum Ausdruck, was als Volkesstimme im Deutschen Reich gelten kann: «Die Italiener sind unzuverlässig, man kann sich nicht auf sie verlassen. Wir tuen das auch nicht. Mussolini überschüttet uns mit Freundlichkeiten, aber er weiß wohl, warum.»[9]

Hitler ließ sich nie zu solch galligen Äußerungen hinreißen. Er kannte aber den wunden Punkt des «Duce» und ritt indirekt immer wieder darauf herum. In seinen Briefen und Botschaften an ihn wimmelte es nur so vor Appellen an die Kameradschaft und die enge Verbundenheit der beiden Regime, die das Schicksal zusammengeführt hatte und, überspitzt formuliert, nur der Tod trennen konnte. Mussolini hatte diesem Spiel mit dem moribunden Pathos nichts entgegenzusetzen, es traf ihn ins Mark und zwang ihn, selbst nur leise angedeuteten Vorwürfen durch überzogene Treueschwüre zuvorzukommen.

Mit Blick auf Hitler war dieser innere Zwang anscheinend besonders groß. Der deutsche Führer war ihm ebenso unheimlich wie das deutsche Volk, das er im Ersten Weltkrieg am liebsten ausgelöscht hätte. Er imponierte ihm aber zugleich ebenso wie die Deutschen, die sich nach der Niederlage im Ersten Weltkrieg schon wieder anschickten, die Landkarte Europas neu zu zeichnen. Ihr mitreißender Behauptungswille, ihr unbändiger Wiederaufbau-Elan und ihre kalte Risikobereitschaft verkörperten sich in seinen Augen in Hitler, der ihm als ganz Großer der Geschichte erschien. Eine entscheidende Rolle spielte dabei, dass Hitler ihn zu nehmen verstand und ihm ständig das Gefühl gab, ihn zu bewundern, als Bruder im Geiste zu schätzen und ihn in der Hierarchie der Ausnahmemenschen noch höher anzusiedeln als sich selbst. Dieses Gefühl, von einem Großen als der Größere betrachtet zu werden, schmeichelte Mussolini. Er traute Hitler aber letztlich doch nicht ganz über den Weg. Das alte Misstrauen ließ sich nicht betäuben, weil er im Innersten spürte, dass mit Hitler nicht zu spaßen war und dass dessen Alleingänge leicht zu Amokläufen werden konnten, die seine eigenen Pläne gefährdeten – am Ende vielleicht sogar sein Land.

Angesichts dieser schwankenden Gemütslage war es nur verständlich, dass Mussolini die Brücken zu den Westmächten nicht ganz abbrach. Ein dünner Gesprächsfaden blieb auch nach 1936 erhalten und wurde immer wieder genutzt – sehr zum Ärger der Deutschen, die ihre Irritationen darüber nicht unterdrückten. Was tun? Nichts hätte Mussolini mehr verletzt, als ausgerechnet vor Hitler Unsicherheiten und Schwächen zu zeigen oder gar als Verräter dazustehen; selbst den bloßen Anschein galt es zu vermeiden. Die vollmundige Proklamation der «Achse» war deshalb fast eine Flucht nach vorn. Sie hatte mit der inneren Befindlichkeit Mussolinis ebenso viel zu tun wie mit seinen imperialistischen Zielen, die sich nur an der Seite der Deutschen erreichen ließen. Mussolini wollte Hitler imponieren, und er brauchte ihn, um in Afrika, im Mittelmeerraum und auf dem Balkan weiter aktiv bleiben zu können.

Dabei darf nicht vergessen werden, dass Mussolinis Imperialis-

mus keine Privatsache war. In seiner Partei und in der Regierung gab
es einflussreiche Kräfte mit Großmachtambitionen, die Mussolinis
Diktum «Wer stillsteht, ist verloren!» nicht anders interpretierten als
er selbst: «Nach der Eroberung des Imperiums kann Italien nicht
Halt machen, darf Italien nicht stillstehen. Sein Platz kann also nicht
an der Seite der konservativen, in einem statischen Zustand befind-
lichen Staaten sein […], sondern an der Seite der dynamischen
Kräfte»,[10] sprich des Deutschen Reiches. Hinzu kam, dass auch in
der italienischen Gesellschaft starke nationalistische Leidenschaften
wühlten, die den «Duce» ebenfalls zur Expansion drängten. Endlich
groß zu werden und zu den europäischen Führungsmächten aufzu-
schließen, das war integraler Bestandteil der traditionellen nationalen Wunschliste und Mussolinis wichtigste Mission.

Was zählte es da schon, dass die Deutschen auch in der Version
der Nationalsozialisten in seinem Volke nicht gerade beliebt waren
und dass man deshalb die immer engere Kooperation mit dem Dritten Reich mit Skepsis betrachtete? Was zählte das schon angesichts
der territorialen Beute, die überall zu locken schien? Mussolini vertraute darauf, dass die Mehrheit seiner Landsleute sich um solche
Feinheiten wie Bündnisse letztlich gar nicht kümmerte oder dass sie
sich durch sein Wort überzeugen und durch gezielte Propaganda
verführen ließ; wenn alle Stricke rissen und sich wirklich ernsthafter
Widerstand bemerkbar machte, mussten die Italiener eben mit Gewalt zu ihrem Glück gezwungen werden.

Nach der Ausrufung der «Achse» vergingen noch zweieinhalb
Jahre bis zu einem wirklichen Militärbündnis, dem «Stahlpakt»,[11]
der im Mai 1939 geschlossen wurde. In dieser Zeit war immer noch
vieles möglich. Die faschistische Führung hätte innehalten oder
ganz umkehren können. Getrieben von nationalem Ehrgeiz, tat sie es
nicht, sie ließ die Kontakte zu den Westmächten schleifen und rückte
immer näher an das Dritte Reich heran. Eine wichtige Etappe in diesem Annäherungsprozess markierte Mussolinis Besuch im Deutschen Reich, der seit Herbst 1936 im Gespräch war und dann Ende
September 1937 tatsächlich zustande kam. Schon dass der reisefaule

Empfang in München

«Duce» sein Land überhaupt verließ, war eine Sensation; das letzte
Mal war er 1923 im Ausland gewesen. Der Staatsbesuch selbst wurde
dann von beiden Seiten zu einem wahren Triumph stilisiert.

«Mussolini wird wie ein Kaiser empfangen», betonte Goebbels[12]
bereits im Vorfeld. Der Besuch dauerte fünf Tage und führte den
«Duce» über München nach Mecklenburg, wo er die Wehrmacht bei
ausgedehnten Manövern in Aktion sah. Dann folgten eine Stippvisite zu den Krupp-Werken in Essen und ein Abstecher nach Han-
nover, ehe er am Abend des 27. September in Berlin eintraf. Hier
blieb er zwei Tage, und in der Reichshauptstadt erreichte der Staatsbesuch mit einer öffentlichen Kundgebung auch seinen Höhepunkt.
Selbst der Publikum gewöhnte «Duce» hatte so etwas noch nicht
erlebt. Millionen Deutsche waren auf den Beinen und strömten –
freiwillig oder abgeordnet – auf das Maifeld, das zu einer Spielwiese
raffinierter Inszenierungen gemacht worden war. Der große Zapfen-

**Abschied in Berlin**

streich der Wehrmacht, der Lichterdom der Flakscheinwerfer und
das effektvolle Feuerwerk entfalteten auch im strömenden Regen
noch ihre bezwingende Wirkung. Mussolini sprach auf dem Maifeld nach Hitler, und er sprach
auf Deutsch «mit leidenschaftlichem Akzent. Ganz stark und mit
festen Gesten. Der geborene Redner», meinte sogar der italienskep-
tische Goebbels, der ebenso fasziniert schien wie die «tobenden
Hunderttausende».[13] Die Themen, die der «Duce» vor dem «größten
Auditorium der Weltgeschichte» berührte, glichen denen, die Hitler
zuvor angeschnitten hatte, und liefen alle auf das Gleiche hinaus: die
Verwandtschaft von Nationalsozialismus und Faschismus, die Solidarität der beiden Regime und die Festigkeit der «Achse», wobei
Mussolini wieder ein Stück weiter ging als Hitler, als er zum Schluss

sein Motto preisgab: «Klar und offen reden und, wenn man einen Freund hat, mit ihm zusammen bis ans Ende marschieren.»[14] Das Trauma des Verrats mit seiner düsteren, immer mitschwingenden Untergangsahnung forderte auch hier wieder seinen Tribut.

Mussolini sollen die Tränen in den Augen gestanden haben, als er sich am 29. September auf dem Lehrter Bahnhof von Hitler verabschiedete. «Alles ist voll Ernst und Wehmut. Diese beiden Männer gehören zusammen», notierte Goebbels, der sich bei der Schilderung seiner Eindrücke von Mussolini auch sonst fast überschlug. Der «Duce» habe «unsere Organisation» angestaunt, die Parteigliederungen hätten «auf ihn einen ganz großen Eindruck» gemacht, er sei von den «Manövern sehr befriedigt» und von dem Massenandrang in Essen «ganz ergriffen» gewesen, nicht zu reden von den positiven Impressionen auf dem Maifeld: «Er ist ganz hingerissen.»[15]

Alles deutet darauf hin, dass Goebbels mit seinen Beobachtungen ins Schwarze traf. Mussolini war tatsächlich tief beeindruckt und sagte das auch jedem, der es hören wollte. Noch Wochen nach dem Besuch kam er immer wieder auf seine Erlebnisse im Deutschen Reich zurück. Eine unüberschaubare Menschenmenge habe seine Rede gehört. «Einen solchen Empfang haben sie bisher weder Königen noch Kaisern bereitet, niemandem. Ja, ich habe sie erobert, sie haben die Kraft gespürt. […] Diese [Hakenkreuz-]Fahnen im Hintergrund, diese Lichtstrahlen, die Fackeln.» Er und Hitler seien erschienen «wie zwei Götter über den Wolken: ein großartiges Schauspiel, unvergesslich», berichtete er seiner Geliebten Claretta Petacci am 27. Oktober 1937.[16]

Persönliche Empfindungen dieser Art haben in Diktaturen besondere Relevanz. Auch die italienische Außenpolitik blieb nicht unbeeinflusst davon, dass das persönliche Verhältnis von Mussolini zu Hitler im Herbst 1937 eine neue Dimension gewann. Die beiden Diktatoren kamen sich anscheinend auch menschlich näher, wobei es vor allem Hitler war, der hier in die Offensive ging. Der «Führer» zog alle Register und behandelte seinen Staatsgast mit fast rührender Aufmerksamkeit. Was an dieser Sonderbehandlung ehrlich oder bloßes Kalkül war, ist schwer zu sagen. Tatsache ist aber, dass Mussolini sich dem Charme Hitlers nicht entziehen konnte. War der «Führer» vielleicht doch nur ein normaler Revisionist, der halt machen würde, wenn die traditionellen deutschen Expansionsziele erreicht waren und wenn die anderen Mächte ihm die Zähne zeigten? Konnte er, der ältere und erfahrenere Diktator und das allseits respektierte Haupt des internationalen Faschismus, den jüngeren und ihm anscheinend ergebenen Hitler vielleicht doch lenken und auf einen gemeinsamen, nicht ganz so ungestümen Kurs verpflichten? Eindeutige Antworten auf solche Fragen fand Mussolini nicht. Die alten Zweifel und Bedenken ließen sich nicht einfach abstreifen; dazu wurzelten sie zu tief. Was er in Berlin und anderswo gesehen und gespürt hatte, beruhigte ihn aber so sehr, dass sein Misstrauen zu schwinden begann. Der Platz an der Seite Hitlers war vermutlich doch der richtige. Von dieser Einschätzung war es nur noch ein kleiner Schritt zu der Erkenntnis, dass im Zeichen der gestärkten «Achse» nun auch der Störfaktor Österreich ausgeschaltet werden musste. Auf der Deutschlandtour war dieses Problem nicht explizit angesprochen worden. Es war aber ständig präsent gewesen und jetzt tatsächlich reif für eine Lösung. Mussolini machte sich darüber keine Illusionen. Er wusste seit Jahren, dass Österreich als unabhängiger Staat keine echte Lebenschance hatte und dem gleichen Schicksal entgegensah wie die Tschechoslowakei, von der er schon im Mai 1937 meinte, sie sei «ein Staat, der keine Existenzberechtigung hätte und zu gegebener Zeit wieder von der Karte Europas verschwinden müsse».[17] In seinen Augen kam es im Fall Österreichs nur noch darauf an, nichts zu überstürzen und als ehemaliger Schirmherr des Landes das Gesicht zu wahren. Man solle den «Dingen ihren natürlichen Lauf lassen», sagte er im November 1937 dem späteren deutschen Außenminister Joachim von Ribbentrop.[18]

Mussolini tat deshalb auch so gut wie nichts, als sich Anfang 1938 das Ende Österreichs abzuzeichnen begann.[19] Kein diplomatischer Protest, keine Entsendung von Truppen an die nördliche Grenze wie 1934, kein moralischer Beistand für Kurt von Schuschnigg – im

Gegenteil: Der verzweifelte österreichische Kanzler musste sich sogar Kritik aus Rom anhören, als er mit dem Plan eines Volksentscheids seine letzte Karte ausspielte und verlor. Mussolinis Kommentar fiel denn auch reichlich trocken aus: «Die Österreicher sind Deutsche, sie sprechen dieselbe Sprache, also war es unvermeidlich. Es musste so kommen, früher oder später. [...] Es ist, wie es ist, weil es so sein musste.»[20] Mussolini schickte sich in das Unvermeidliche. Sein Unbehagen darüber, dass die deutsche Wehrmacht nun an der Nordgrenze stand, ließ sich aber nicht unterdrücken. Hitlers wieder und wieder bekräftigte Versicherung, die Brennergrenze sei «heilig», schien ihn nicht wirklich zu überzeugen. Die Frage, ob dem «Führer» und den Deutschen zu trauen sei, verstummte auch nach seinen überaus positiven Erfahrungen im Deutschen Reich nicht. Sie war und blieb eine Art basso continuo in der Geschichte der «Achse». Nach dem «Anschluss» war sie so virulent, dass Mussolini sogar weit reichende Pläne für einen Verteidigungswall in den Alpen zu schmieden begann, der sein Land vor dem mächtigen «Achsen»-Partner schützen sollte.[21]

Die offizielle «Achsen»-Politik blieb von solchen Vorkehrungen freilich unberührt. Mehr als eine flüchtige Irritation entstand schon deshalb nicht, weil der «Alpenwall» als kläglicher Torso endete. Die kostspieligen Arbeiten daran kamen bereits 1940 zum Erliegen, während der bilaterale Besucherverkehr 1938/39 noch dichter wurde und die Zahl der Abkommen und Absprachen weiter zunahm, ehe das bereits seit Längerem ventilierte Projekt eines militärischen Bündnisses im Frühjahr 1939 unterschriftsreif war. Etappen und Katalysatoren dieser Entwicklung waren Italiens Austritt aus dem Völkerbund im Dezember 1937, Hitlers Besuch in Rom im Mai 1938[22] und das vertrauensvolle Zusammenspiel der beiden Diktatoren auf der Münchner Konferenz im September 1938.[23]

Eines fügte sich zum anderen, und selbst Hitlers Alleingang bei der Zerschlagung des tschechischen Rumpfstaates im Frühjahr 1939 trieb keinen Keil in die «Achse». Ciano fand Mussolini am 15. März

1939 zwar «unzufrieden […] und bedrückt»,[24] weil er, wie schon beim «Anschluss» Österreichs, erneut viel zu spät ins Bild gesetzt worden war. Der «Duce» fasste sich aber rasch und wandte sich noch in der selben Stunde Albanien zu, dessen Besetzung seit Langem auf der Tagesordnung stand. Vor allem der Außenminister drängte auf die Annexion des kleinen Balkanstaates, der schon seit Mitte der zwanziger Jahre von Italien abhängig war. Rom betrachte Albanien als «seine Provinz»; alles, was «Albanien berühre, sei rein italienische Familienangelegenheit», so der deutsche Botschafter im Februar 1939.[25]

Eine bessere Gelegenheit für einen Handstreich in Tirana gab es nicht! Die Welt blickte auf Prag und empörte sich über Hitler, der endgültig bewiesen hatte, dass er aus einem ganz anderen Holz geschnitzt war als die Revisionisten im Deutschen Reich. Ciano bestürmte Mussolini, die Gunst der Stunde zu nutzen, und er hielt ihm auch vor Augen, wie falsch es sei, Hitler allein das Gesetz des Handelns zu überlassen. Italien müsse ebenfalls tätig werden und im Windschatten der Deutschen ebenfalls auf Beutezug gehen. Das Volk habe auf die Nachrichten aus Prag sehr negativ reagiert. «Es hat keinen Sinn, sich nicht einzugestehen, dass all dies das italienische Volk mit Sorge erfüllt und es demütigt.» Es sei nötig, «ihm befriedigenden Ersatz zu geben: Albanien».[26]

Eigentlich wäre es im Frühjahr 1939 klug gewesen, nicht noch mehr Öl ins Feuer der internationalen Spannungen zu gießen. Mussolini wusste das nur zu gut, er zögerte nicht umsonst. Ein Überfall auf das wehrlose Albanien würde vor allem die Briten herausfordern, weil er alles über den Haufen warf, was bis dahin mit Blick auf die Bewahrung des Status quo im Mittelmeerraum mit London verabredet worden war. Ciano verzweifelte fast, weil er mit seinen Argumenten immer wieder ins Leere stieß.

Am Ende gab Mussolini seinem Außenminister am 7. April 1939 aber doch freie Hand. Der Reiz der Eroberung war einfach zu groß. Albanien war zwar keine ebenso fette Beute wie Böhmen und Mähren für Hitler. Das Schnäppchen an der Adria war jedoch auch nicht ganz wertlos, weil es als Brückenkopf ausgebaut und für weitere Landnahmen auf dem Balkan genutzt werden konnte. Vor allem aber sandte Mussolini damit ein Signal an die NS-Führung: Auch er war militärisch handlungsfähig, auch er hatte eine imperialistische Agenda, und auch er konnte marschieren, ohne dem Partner zuvor ein Wort zu sagen.

Die «Achse» litt unter dieser kleinen Revanche in Tirana ebenso wenig wie unter der deutschen März-Aktion in Prag. Trotz der Rivalität, die hier nicht zum ersten und nicht zum letzten Mal aufleuchtete, war eher das Gegenteil der Fall. Hitler sah es mit Wohlgefallen, dass Mussolini erneut zu den Waffen griff und sich damit die Westmächte noch weiter entfremdete, und der «Duce» war dem «Führer» insgeheim vielleicht sogar dankbar, dass er nach der Eliminierung der «Resttschechei» gefahrlos losschlagen und in Albanien seinen eigenen parallelen Krieg beginnen konnte, den er seit Langem im Sinn hatte. Das Projekt eines deutsch-italienischen Militärbündnisses verloren jedenfalls weder Mussolini noch Hitler aus den Augen – es war beiden zu wichtig und trat deshalb im Frühjahr 1939 in die entscheidende Phase.

Die Wurzeln dieses Projekts reichen in das Jahr 1937 zurück. Wer das Urheberrecht für sich beanspruchen kann, liegt aber im Dunkeln. Einer der Väter des Projekts war vermutlich Ciano, der als einer der entschiedensten Befürworter der deutsch-italienischen Allianz gelten muss. Der Außenminister brachte bereits im Mai 1937 die Idee einer engeren, vielleicht auch militärischen Kooperation ins Spiel, fand dafür aber bei seinem deutschen Amtskollegen kein Gehör.[27] Danach geschah längere Zeit nichts, bis schließlich Hitler die Dinge in die Hand nahm und forcierte. Er brauchte für einen schon 1938 geplanten Feldzug im Westen einen verlässlichen Partner und steuerte deshalb entschlossen auf einen Militärpakt mit dem faschistischen Italien zu. Im November 1938 ließ er vom Oberkommando der Wehrmacht sogar ein Memorandum über bilaterale Militärkonsultationen ausarbeiten, in dem auch die obersten deutschen Militärs wie selbstverständlich von einem bevorstehenden Krieg der

«Achse» gegen die Westmächte ausgingen – unter einem bezeichnenden Vorbehalt allerdings: «Keine örtlich gemeinsame Kriegführung unter einheitlichem Befehl, sondern Zuteilung besonderer Aufgaben und Kriegsschauplätze für jeden Staat, innerhalb deren er selbständig führt.»[28]

Mussolini reagierte zunächst zurückhaltend auf Hitlers Avancen. Das hieß aber nicht viel – ihm war nur das angeschlagene Tempo zu hoch. In allen anderen Punkten aber dachte er so ähnlich wie der «Führer»: Die Welt trieb auf einen militärischen Konflikt zu, ein neuer Krieg war unvermeidlich, und auch über die Formationen, die dabei aufeinander treffen würden, gab es keinen Zweifel mehr – die alten, satten Demokratien mussten sich mit den jungen, dynamischen Staaten messen, weil die einen auf ihren Privilegien beharrten und die anderen sie in Frage stellten. Selbst das Endergebnis in diesem Ringen um Sein oder Nicht-Sein stand für Mussolini bereits fest. Schon die Gesetze der demografischen Reproduktion ließen keinen anderen Schluss zu: Die jungen, fruchtbaren, um ihr Lebensrecht kämpfenden totalitären Staaten mussten den Sieg davontragen, die alten mit ihren schrumpfenden Bevölkerungen sahen dem schleichenden «Volkstod» entgegen und waren – im Krieg erst recht – dem Untergang geweiht.[29]

Bei solchen Aussichten war es kein Wunder, dass Mussolinis Tempoargument rasch seine Wirkung verlor. Der «Duce» ließ es um die Jahreswende 1938/39 fallen, weil sich ein französisch-britisches Militärbündnis abzuzeichnen schien und weil ihn das Gerücht einer Annäherung zwischen London und Berlin alarmierte, die seine expansionistischen Ziele auf unabsehbare Zeit zunichte gemacht hätte. Das Zeitargument verkehrte sich nun sogar in sein Gegenteil: Er musste handeln, ehe es andere taten und es zu spät für ihn war.

Dieser Sinneswandel fiel Mussolini umso leichter, als Hitler und sein Außenminister Joachim von Ribbentrop ein ums andere Mal versicherten, dass der große Krieg erst in einigen Jahren zu führen sei, wenn auch Italien seine Vorbereitungen abgeschlossen habe. Ribbentrop sprach noch im Mai 1939 von einer «Friedenszeit von nicht weniger als 4 oder 5 Jahren».[30] Bezeichnenderweise ging Mussolini auf die deutschen Vorschläge jetzt aber nicht nur ein, sondern – wie um mit großer Geste seine Beziehungstreue zu beweisen – weit über das hinaus, was Hitler vorgeschwebt hatte. Die «Achse» sollte eine «unzertrennliche Gemeinschaft zweier Staaten und zweier Völker werden».[31] Die Details dieses «Bündnispaktes», an dem anfangs auch Japan teilnehmen sollte, überließ er den Deutschen. Er wollte nur eines sichergestellt haben: «Wir dürfen kein rein defensives Bündnis schließen. […] Wir wollen eine Allianz, die in der Lage ist, die Weltkarte zu verändern. Dazu ist es nötig, Eroberungsziele festzulegen: was uns angeht, wissen wir schon, wohin die Reise geht.»[32]

Mussolini bezog sich mit dieser Bemerkung vor allem auf den Mittelmeerraum und auf Afrika, wo ihm Hitler freie Hand für seinen eigenen Krieg gewährt hatte; die Deutschen würden ihn dort, wo es nur um italienische Interessen ging, nicht stören. Was er mit seinem «parallelen Krieg» generell bezweckte, hatte er Anfang Februar 1939 im Faschistischen Großrat genauer skizziert: Die Staaten «sind mehr oder weniger unabhängig, je nachdem, wie sie zu den Meeren liegen. Das heißt: Unabhängig sind die Staaten mit Küsten an Ozeanen oder mit freiem Zugang zu den Ozeanen». Italien sei nur halb unabhängig, es sei gefangen im Mittelmeer, «und je bevölkerungsreicher und mächtiger» es werde, «desto mehr wird es in seinem Gefängnis leiden». Die Gitterstäbe dieses Gefängnisses seien «Korsika, Tunesien, Malta, Zypern: die Wächter […] sind Gibraltar und Suez. Korsika ist eine Pistole, die auf das Herz Italiens zielt, Tunesien eine, die auf Sizilien gerichtet ist, während Malta und Zypern eine Bedrohung für alle unsere Positionen im zentralen und westlichen Mittelmeer bilden. Staaten wie Griechenland, die Türkei und Ägypten sind bereit, mit Großbritannien gemeinsame Sache zu machen und Italien politisch-militärisch vollständig einzukreisen.» Der Zeitpunkt sei nun gekommen, die Gitterstäbe herauszubrechen und die Freiheit der Ozeane zu gewinnen. «Welche Ozeane? Den Indischen Ozean, wobei wir den

Sudan und Libyen mit Abessinien verbinden, oder den Atlantik über Französisch-Nordafrika.»[33]

Am 22. Mai 1939 hatte Mussolini die Allianz, die er als Absicherung für seinen Krieg um Lebensraum im Süden brauchte. Der in Berlin unterzeichnete «Stahlpakt», den er am liebsten «Blutpakt» getauft hätte,[34] verpflichtete beide Partner dazu, dem anderen unverzüglich militärisch zu Hilfe zu kommen, falls dieser Krieg führen sollte, und zwar gleichgültig, ob gegen einen einzigen Feind oder gegen eine feindliche Koalition, und gleichgültig auch, ob es sich dabei um einen Verteidigungs- oder um einen Angriffskrieg handelte. Der Vertrag, so Ciano, sei «reinstes Dynamit».[35]

Konnte Mussolini jetzt noch umkehren? Italien war wirtschaftlich so gut wie abhängig vom Deutschen Reich. Nach den Radikalisierungsschüben der letzten Jahre hatte es sich auch ideologisch dem deutschen Partner so stark angenähert, dass eine Kursänderung oder gar ein Bündniswechsel in der faschistischen Bewegung kaum mehr zu vermitteln gewesen wäre. Zwanzig Jahre Expansionspropaganda hatten einen nationalistischen und imperialistischen Erwartungsdruck geweckt, der sich nicht auf Knopfdruck abstellen ließ. Auch die faschistischen Zukunftsvisionen, mit denen Mussolini die Massen gefüttert hatte, konnten nicht einfach als bloßes Geschwätz abgetan werden, das niemanden mehr zu interessieren brauchte. Der Stahlpakt setzte den Schlusspunkt unter diese Entwicklung, die Mussolini selbst mit aller Kraft herbeigeführt hatte.[36] Seine Glaubwürdigkeit im eigenen Volk, seine internationale Reputation, ja sogar sein Regime hätten auf dem Spiel gestanden, wenn er sich eines anderen besonnen hätte.

Die Frage nach einer Umkehr stellte sich für ihn deshalb nicht. Bei aller Aggressivität, die Mussolinis Verhalten in den letzten Jahren geprägt hatte, nach dem Mai 1939 bekam er es dennoch mit der Angst zu tun – wie immer, wenn er Entscheidungen von weitreichender Bedeutung getroffen hatte und dann ihren Konsequenzen entgegensah. Ein Jahr zuvor hatte er noch gefahrlos mit dem Feuer spielen können, weil es in Europa nirgends richtig brannte. Niemand wollte wegen Österreich oder der Sudetengebiete in den Krieg ziehen – da war leicht reden und drohen. Italien, so tönte Mussolini damals, werde selbstverständlich an der Seite Deutschlands kämpfen, wenn es zum Krieg kommen sollte. Jetzt aber sahen die Dinge anders aus: Hitler hatte mit dem Einmarsch in Prag die rote Linie überschritten.

Die Westmächte waren entschlossen, ihm Einhalt zu gebieten, und gaben kurz danach eine Garantieerklärung für die Unabhängigkeit Polens ab, die sie wenig später auf Rumänien und Griechenland ausdehnten. In Europa drohte jetzt ein Flächenbrand. Hätte es da nicht auch für Mussolini geheißen, vorsichtig zu sein? Hatte er sich mit dem Stahlpakt vielleicht doch zu weit vorgewagt?

Mussolini wusste nicht, dass Hitler einen Tag nach der Unterzeichnung des Stahlpakts seinen Generälen auf dem Obersalzberg mitgeteilt hatte, dass er bei der ersten passenden Gelegenheit[37] Krieg gegen Polen führen werde und dass man Italien davon nicht unterrichten solle. Der «Duce» spürte aber, dass sich etwas zusammenbraute und dass Konflikte auf ihn zukamen, denen er, trotz seiner vollmundigen Kriegsrhetorik, lieber aus dem Weg gegangen wäre. Ihm war klar, dass der Krieg zu früh kam und Italien sich fern halten musste, jede andere Entscheidung wäre ruinös gewesen.

Mussolini waren die Gründe, die ihn zu diesen Einsichten zwangen, seit Langem bekannt. Er hatte die Vorbereitung auf den Krieg zur Chefsache erklärt und viele Jahre als Minister das Kriegs-, Marine- und Luftwaffenministerium gleichzeitig geführt, ganz zu schweigen davon, dass er sich von seinen führenden Generälen laufend persönlich über den Zustand der Streitkräfte informieren ließ. Die überall spürbaren Defizite bedrückten ihn, und er tat nicht wenig, um sie zu beheben. Die Aufstockung des Wehretats von acht Prozent des Bruttosozialprodukts 1939 auf 12 Prozent im Jahr 1940 zeugte ebenso davon wie eine Reihe von Reformen, die den Truppenstand erhöhen und die Ausstattung verbessern sollten. Auch die große Wende der Wirtschaftspolitik, die nach der Eroberung Abessiniens ins Werk gesetzt wurde, sprich der Start einer entschiedenen Autarkiepolitik war mehr als nur eine späte Antwort auf die Welt-

wirtschaftskrise.[38] Mussolini wollte durch eine verstärkte Industrialisierung und eine bessere Nutzung der eigenen Rohstoffe teure Im-
porte reduzieren und den devisenträchtigen Export steigern – mit
dem Endziel, sich aus der erdrückenden Abhängigkeit vom Ausland
zu befreien und neue Spielräume für eine aggressive Außenpolitik zu
gewinnen.

Die Autarkiepolitik des Regimes stärkte die industriellen Ressourcen Italiens tatsächlich, bei den Streitkräften blieben durchschlagende Erfolge jedoch aus. Das lag zum einen an der überalter-
ten, in sich zerstrittenen militärischen Führung, die viel zu sehr in
der Vergangenheit verwurzelt war, als dass sie erkannt hätte, was moderne Kriegführung hieß und welche Vorkehrungen dafür getroffen
werden mussten; der Sieg in Abessinien hatte sie in ihren anachro-
nistischen Verstocktheiten weiter bestärkt. Die Defizite hatten zum
anderen mit den Produktionsbedingungen in der Industrie zu tun.
Dort waren neben den alten privaten Rüstungsbetrieben riesige
Staatskonzerne entstanden, die von der eigens dafür geschaffenen,
eng mit der Privatwirtschaft verbundenen Aufsichtsinstanz, dem
Istituto di Ricostruzione Industriale (IRI), nicht zu kontrollieren
waren.[39] Diese schwerfälligen, technologisch rückständigen und nur
am sicheren Profit interessierten Betriebe behaupteten in ihren Sparten Monopolstellungen, so dass sie es sich leisten konnten, schlechte
Ware mit Verspätung zu völlig überzogenen Preisen zu liefern. Die
italienische Industrie produzierte, so MacGregor Knox treffend,
«die ineffizientesten, die teuersten und die wenigsten Waffen von
allen bedeutenderen Teilnehmern am Zweiten Weltkrieg».[40]

Die Hauptverantwortung aber lag bei der Politik, also bei Mussolini, der sein strukturschwaches Land seit 1922 von einem kostspieligen Krieg in den nächsten jagte. Nach Abessinien und Spanien,
wo über die Jahre Hunderttausende Soldaten und riesige Mengen an
Kriegsgerät zum Einsatz kamen (und verloren gingen), waren die
Kassen leer.[41] Dem Ausbau und der dringend gebotenen Moderni-
sierung waren daher enge Grenzen gesetzt. Man musste vor ihnen
aber nicht kapitulieren, und Mussolini hätte es auch in der Hand ge-

habt, die Generalität wachzurütteln, die Konzerne an die Kandare zu nehmen und überhaupt für mehr Zentralisierung, Koordinierung und Rationalisierung in der Rüstung zu sorgen. Diese Chancen wurden aber nicht genutzt, die Potenziale blieben unausgeschöpft, weil der «Duce» den Konflikt mit den militärischen und industriellen Beharrungskräften scheute und weil er davor zurückschreckte, seinen Landsleuten weitere Entbehrungen zuzumuten, die seinen Rückhalt in der Gesellschaft hätten gefährden können. Italien steckte so 1940 nur 12 Prozent seines Bruttoinlandsprodukts in die Rüstung, während das Deutsche Reich mit 40 und Großbritannien mit 44 Prozent ganz andere Mobilisierungsquoten erreichten.[42] Die italienischen Streitkräfte blieben später nicht zufällig so weit hinter den Erwartungen, aber auch hinter ihren Möglichkeiten zurück.

Zur Wahrheit gehört aber auch, dass der Abstand zu den deutschen und britischen «Kolossen»[43] riesengroß war und dass Italien 1935/36 sogar den Anschluss an Frankreich verloren hatte, mit dem man bis dahin gleichauf gelegen war. Paris schlief nicht, während die Italiener ihre Kräfte in Abessinien und Spanien aufbrauchten. Der strukturelle Abstand hätte sich auch bei größeren Anstrengungen kaum entscheidend verkürzen lassen. Der italienische «Pygmäe»[44] wäre auch dann kleinwüchsig geblieben, wenn Mussolini die lähmenden Gegenkräfte im Militär und in den Rüstungskonzernen ausgeschaltet hätte. Dazu war das Land zu rückständig, die industrielle Basis viel zu schwach, der Rohstoffmangel zu eklatant; 1938 betrug die Wirtschaftsleistung Italiens gerade einmal ein Fünftel derjenigen des Deutschen Reiches und ein Viertel derjenigen Großbritanniens.[45]

Im Grunde blieb Mussolini im Sommer 1939 nur ein Ausweg. Er musste den Deutschen reinen Wein einschenken und die Verpflichtungen des Stahlpakts ignorieren, mit denen sich Italien auf Gedeih und Verderb an das Großdeutsche Reich gekettet hatte. Die Rechtfertigung dafür lag auf der Hand. Hitler und Ribbentrop selbst lieferten sie ihm, wenn sie sich wirklich über die Versicherung hinwegsetzten, erst in einigen Jahren Krieg zu führen. Obwohl Mussolini sich also nichts vorzuwerfen gehabt hätte, quälte ihn die alte

Wunde – der Vorwurf der Treulosigkeit und des Verrats, der mit Sicherheit erhoben werden würde, wenn Italien neutral bleiben sollte. Dass er selbst gerne zu den Waffen gegriffen hätte, machte die Sache nur noch schlimmer, weil es kein Geheimnis blieb. Niemand wusste mehr, woran man mit ihm war. Mussolini sagte einmal dies und einmal jenes.[46] Er wich sogar einem von den Deutschen vorgeschlagenen Treffen mit Hitler aus, der ihn wohl damals über seine Absichten im Osten informiert hätte.[47] Mussolini druckste monatelang herum, ehe er Mitte August mit einem Teil und in der letzten Augustwoche 1939 schließlich mit der ganzen Wahrheit herausrücken musste: Sein Land stehe zwar fest zur «Achse», es werde aber nicht sofort in den Krieg eingreifen. Vielleicht sei das letzte Wort in puncto Polen auch noch nicht gesprochen. Vermutlich ließe sich auf einer großen internationalen Konferenz eine Lösung des deutsch-polnischen Konflikts finden. Wahrscheinlich könnten die Deutschen ihre territorialen Ziele auch auf friedlichem Wege erreichen.[48]

Die deutsche Führung fiel anscheinend aus allen Wolken, als sie davon erfuhr.[49] Sie hatte fest mit Mussolini gerechnet – mit seiner Vertragstreue ebenso wie mit seiner Entschlossenheit zum Krieg. Seine Einschränkung, dass Italien noch drei, vier Jahre Zeit brauche, ehe es kriegsbereit sei, hatte niemand ernst genommen. Nicht ohne Grund übrigens: Der «Duce» selbst hatte sie durch aggressives Säbelrasseln dementiert. Noch im März 1939 hatte man in Berlin befürchtet, Italien würde einen Krieg gegen Frankreich vom Zaun brechen. Man hatte ihn damals eindringlich davor gewarnt, weil die Wehrmacht noch nicht gerüstet war. Umso größer war die Enttäuschung jetzt, und umso bitterer fielen die Kommentare aus. «Italien reserviert sich immer mehr», schrieb Goebbels in sein Tagebuch. «Das ist ein kompletter Verrat.»[50] Er stand mit solchen Urteilen nicht allein.

Für einen Moment sah es damals so aus, als stehe die «Achse» vor dem Bruch. Dass sie trotz beträchtlicher Gegenkräfte hielt, hatte viele Gründe. Den Ausschlag aber gaben die beiden Führer, die, trotz vieler Vorbehalte und einer auch jetzt wieder spürbaren gehöri-

gen Portion gegenseitigen Misstrauens, keine Sekunde an eine Aufkündigung des Bündnisses dachten. Hitler brauchte italienischen
Beistand im Sommer 1939 zwar nicht, er gab die Hoffnung aber
nicht auf, dass Mussolini am Ende doch eingreifen und an seiner
Seite stehen würde, wenn der ganz große Krieg um Lebensraum in
die entscheidende Phase treten sollte. Mussolini sah die Dinge so
ähnlich, auch er hatte längere Zeiträume vor Augen, ganz abgesehen
davon, dass er im Fall des «Achsen»-Bruchs alle seine Expansionspläne hätte aufgeben müssen.

Ihr wichtigstes gemeinsames Anliegen hieß deshalb: Schadens-
begrenzung. Die Kritik auf beiden Seiten musste zum Verstummen
gebracht und eine Sprachregelung gefunden werden, die es vor allem
den Italienern erlaubte, das Gesicht zu wahren; vor allem der lautlos
tobende Verratsschmerz des «Duce» bedurfte dringend der Linderung. Eine zentrale Rolle spielten dabei der Hitler-Stalin-Pakt und
die Schlüsse, die Massimo Magistrati daraus zog. Dem italienischen
Botschaftsrat in Berlin war schon am 23. August klar, welche strategischen Chancen sich dem Großdeutschen Reich durch den Pakt
und damit durch die Vermeidung eines Zwei-Fronten-Krieges eröffneten. Magistrati wusste aber auch, wie sein Land darauf reagieren
sollte. Italien musste sich, so lautete sein Rat für Ciano und Mussolini, die Tür zum Krieg doch offen halten, konkret: den Deutschen
schon jetzt politischen und ökonomischen Beistand anbieten und die
militärische Intervention für einen späteren Zeitpunkt ankündigen.[51]

Mussolini machte sich diesen Vorschlag auch deshalb zu eigen,
weil er ihn zunächst einer klaren Entscheidung enthob. Er präzi-
sierte ihn nur in einem Punkt: Sein Land würde zwar nicht sofort in
den Krieg eintreten, aber auch nicht neutral bleiben. Seine Truppen
standen bereit und banden, auch wenn sie zunächst noch untätig
blieben, im Mittelmeerraum und in Afrika starke britische und französische Kräfte, die anderswo nicht zum Einsatz gebracht werden
konnten. Eine bessere Lösung gab es in seinen Augen auch für die
Deutschen nicht. Denn wäre Italien sofort aktiv geworden, so hätte
es sich härtesten militärischen Schlägen der Westmächte ausgesetzt.

Italien wäre darunter vielleicht zusammengebrochen, den Schaden
aber hätte die gesamte «Achse» gehabt.[52]

«Non-Belligeranza» nannte Mussolini diese Form der virtuellen
Kriegführung.[53] Er überzeugte sich mit dieser Formel selbst davon,
dass er genau das Richtige getan hatte, und redete sich sogar ein, bereits jetzt mit einem Bein im Krieg zu stehen. Mussolini bemühte
sich deshalb auch nicht mehr intensiv darum, deutsches Kriegsgerät
und andere Material- und Rohstofflieferungen zu erhalten, die ihm
den sofortigen Kriegseintritt ermöglicht hätten. Die Wunschliste,
die er den Deutschen präsentierte, war unerfüllbar und in Wahrheit
auch nicht ernst gemeint. Selbst an der Konferenzidee fand er keinen größeren Gefallen mehr. Er hielt nur noch aus taktischen Gründen an ihr fest. Der Krieg war am Ende auch ihm lieber.

Hitler ließ sich ohne Zögern auf diese eigenwillige Sprachregelung ein.[54] Überhaupt muss gesagt werden, dass er selbst auf dem
Höhepunkt der «Achsen»-Krise kein böses Wort über den «Duce»
verlor. Er wütete über den italienischen König, der «uns die ganze
Sache eingebrockt hat», wie Goebbels nach einem Gespräch mit ihm
notierte. Mussolini dagegen nahm er immer in Schutz: Er «leidet
sehr darunter».[55] Schließlich erteilte er ihm sogar die ersehnte Absolution, als er intern und öffentlich bestätigte, dass die «Achse» intakt
sei und Mussolinis Schachzüge im August 1939 ganz in seinem Sinne
gewesen seien.

## Der Profiteur der «Achse»

Mussolini konnte aufatmen und sich in seinem Kurs, die Hintertür zum Krieg offen zu halten, bestätigt fühlen. Als die deutsche Wehrmacht innerhalb weniger Wochen Polen überrannte und die Westmächte dem nichts entgegenzusetzen hatten, stiegen seine Hoffnungen, im Bündnis mit Hitler seinen parallelen Krieg schon bald führen und reiche Früchte dabei ernten zu können. Mussolini forcierte deshalb die Kriegsvorbereitungen seines Landes noch einmal; bis 1941 wurden die Ausgaben für die Rüstung auf 23 Prozent des Bruttoinlandsprodukts erhöht, also binnen eines Jahres fast verdoppelt.[1] Mit verstärkter Propaganda versuchte er außerdem, Italien nun auch emotional auf den bevorstehenden militärischen Konflikt einzustimmen.

Der Erfolg gab ihm auch dabei recht, wie er sich selbst attestierte. Die Kriegsfurcht wich, und die Skepsis gegenüber den Deutschen begann sich ebenfalls zu legen – in seinen Augen zumindest, während die Präfekten und Konfidenten in den Provinzen zu differenzierteren Ergebnissen gelangten. Im italienischen Volk war das alte Misstrauen gegen den Nachbarn im Norden noch längst nicht erloschen. Das «Achsen»-Bündnis war zwar nicht verhasst, wie später häufig betont wurde. Es war trotz aller Anstrengungen des faschistischen Regimes, die Stimmung zu drehen, aber auch nicht wirklich populär. Mussolinis Landsleute bewahrten sich eine gesunde Abneigung gegen den Krieg und ein waches Gefühl dafür, dass Hitler nach den territorialen Raubzügen der letzten Jahre immer stärker und bedrohlicher geworden war – auch für Italien.

Mussolini wollte von solchen Asymmetrien und den Problemen,

die sich daraus ergeben mussten, nichts hören. Er sah sich nach wie
vor als ebenbürtiger Verbündeter Hitlers und ignorierte dabei geflissentlich, dass sich die Machtverhältnisse schon vor dem Polenfeld-
zug längst zu seinen Ungunsten verschoben hatten. Der starke Partner, der er vielleicht einige Jahre zuvor noch gewesen war, hatte an
Gewicht verloren und gehörte jetzt – nach dem deutschen Blitzsieg
im Osten – in eine ganz andere Klasse als der deutsche «Führer».
Vollkommen ließ sich die Realität aber doch nicht verdrängen. Die
Folge waren auch jetzt wieder Angst- und Panikattacken, die ihn immer heimsuchten, wenn er vor schwierigen Entscheidungen stand.
Diese Anfälle gehörten zu Mussolini wie Gewitter zum Wetter und
hörten bis 1945 nicht auf. Er stellte dann alles auf den Prüfstand, was
er bis dahin für richtig gehalten und getan hatte. Um die Jahreswende 1939/40 haderte er sogar mit seinem «Achsen»-Partner, der in
seinen Augen einen Fehler nach dem anderen gemacht hatte: Das
Bündnis mit Stalin – falsch, der frühe Kriegsbeginn – falsch, ein
Konflikt mit den Westmächten – falsch. Hitler hätte auf ihn hören
und erst 1942/43 marschieren sollen. Der Krieg mit dem Westen sei
überhaupt unnötig, weil die demokratischen Mächte ohnehin dem
Untergang geweiht seien. Warum nicht verhandeln, warum «die Blüte
des deutschen Volkes [...] opfern, um den Fall einer Frucht vorweg-
zunehmen, die schicksalsnotwendig fallen muß und die wir, die Vertreter der neuen Kräfte Europas, sowieso ernten werden»?[2]

Anfälle dieser Art wurden aber im Frühjahr 1940 seltener und
hatten auch nicht mehr dieselbe Intensität und Dauer wie früher. Sie
verflogen und hinterließen keine Spuren. Am Ende festigte sich in
Mussolini vielmehr die Überzeugung, dass Italien in einem europäischen Konflikt nicht untätig bleiben konnte, ohne als Großmacht
abzudanken, «ohne sich zu disqualifizieren und ohne auf das Niveau
einer zehnfach vergrößerten Schweiz herabzusinken», wie er Ende
März dem König schrieb.[3]

Diese neue Sicherheit hatte viel mit Hitler zu tun, der den
«Duce» im Frühjahr 1940 mit Briefen und Nachrichten bombar-
dierte, die nur einen Zweck hatten: Mussolini bei der Ehre zu packen

und dessen kriegerische Instinkte zu stimulieren. Die Gelegenheit sei so günstig wie nie, gaukelte er ihm ein ums andere Mal vor. Italien könne sich zum Herren des Mittelmeeres aufschwingen und müsse sich dort nie mehr fremden Mächten beugen. Mussolini brauche nur zuzugreifen. Hitler wusste, wie anfällig der «Duce» für solche emotionalen Stimulanzien war. Er kannte aber auch die Notlage, in der Mussolini wegen der völlig ungesicherten Kohleversorgung seines Landes seit einigen Monaten steckte. Der Löwenanteil des italienischen Kohlenimports stammte zwar mittlerweile aus Deutschland, der Transport erfolgte aber via Rotterdam auf dem Seeweg und konnte von der britischen Flotte leicht unterbunden werden.

Der englischen Regierung war die Achillesferse der italienischen Kriegswirtschaft nicht verborgen geblieben. Sie drohte mit Blockade und lockte gleichzeitig mit großzügigen Lieferangeboten, für die sie im Gegenzug die dauerhafte Neutralität Italiens verlangte.[4] Mussolini war dazu natürlich nicht bereit, er hatte aber auch keine Antwort auf das totale Embargo, das die Briten Anfang März 1940 verhängten. Ohne Kohle kein Krieg – dieses Szenario verwandelte seine Abneigung gegen die Briten in blanken Hass, der aber folgenlos bleiben musste. Er war zur Untätigkeit verdammt.

Hitler sah in dieser ungemütlichen Lage seines «Achsen»-Partners eine Chance, das faschistische Italien endgültig auf seine Seite zu ziehen. Er garantierte die Versorgung Italiens mit Kohle auf dem sicheren Landweg, wobei Monat für Monat eine Million Tonnen Kohle über die Alpen gebracht werden sollten.[5] Mussolini gewann mit diesem Geschäft so viel Spielraum, wie er verlor. Er wurde abhängig, fühlte sich aber wie befreit, denn eines der zwei wichtigsten Hindernisse auf seinem Weg in den Krieg war nun beseitigt. Das zweite bestand in den eklatanten Finanznöten und in der noch immer unzureichenden militärischen Vorbereitung, die Mussolinis Aktionsdrang ebenfalls enge Grenzen setzte. Sein Land konnte allenfalls einen «Blitzkrieg» führen, für einen «langen Krieg» mit ungewissem Ausgang war es auch jetzt nicht gerüstet, und es konnte ihn sich auch jetzt nicht leisten.

Die Schreckensvision eines «langen Krieges» verflüchtigte sich aber rasch, als die deutsche Offensive im Westen am 10. Mai 1940 begann. Mussolini hatte sein kriegerisches Temperament schon in den Wochen zuvor kaum zu zügeln vermocht. Angesichts der stupenden Erfolge der Wehrmacht in Frankreich gab es kein Halten mehr. Er wollte ebenfalls losschlagen, weil er fürchtete, zu spät zu kommen, jede militärische Profilierungschance zu verpassen und dann bei einer Friedenskonferenz gleichsam mit leeren Händen dazustehen. Der Frage war nur: wo losschlagen? Am leichtesten war in seinen Augen in Jugoslawien Beute zu machen, das er schon vor Jahren aufs Korn genommen hatte. Die Einmarschpläne lagen seit Langem in der Schublade. Mussolini musste nur die von ihm alimentierten kroatischen Separatisten unter der Führung von Ante Pavelić von der Leine lassen – dann konnte die minutiös geplante Aktion beginnen. Ciano, der – wie in Albanien – auch hier für das Grobe zuständig war, hatte die Etappen des Feldzugs bereits im Januar 1940 skizziert: «Aufstand, Besetzung von Zagreb, Ankunft von Pavelić, Aufforderung an Italien, zu intervenieren, Errichtung des Königreichs Kroatien, Angebot der Krone an den König von Italien.»[6]

Der Feldzug an der Adria hätte ein genuin italienischer Krieg werden sollen: nach Albanien der zweite Schritt in Mussolinis parallelem Kriegsplan. Er unterblieb auf einen Wink Hitlers, der Ruhe auf dem Balkan haben wollte. Italienische Alleingänge waren dem «Führer» nicht geheuer. Er dachte – nicht anders als Mussolini – nur an seinen Krieg und wollte deshalb «möglichst starke italienische Kräfte nach Deutschland» überführen und am Rhein gegen Frankreich einsetzen.[7] Die Rede war von 20 Divisionen.

Nichts deutet darauf hin, dass diese Zielkonflikte die Kriegsbegeisterung Mussolinis beeinträchtigt hätten. Sein Verhältnis zu Hitler war ebenfalls ungetrübt. Wie ein beflissener Schüler berichtete er dem «Führer» fast Woche für Woche über den Stand der militärischen Vorbereitungen, die seinem Urteil nach immer besser wurden. «Ich versichere Ihnen», schrieb er Hitler am 11. April, «dass ab morgen 12 Uhr die italienische Flotte vollständig kriegsbereit sein wird und dass ich auch bei den anderen Teilstreitkräften aufs Tempo drücke.»[8] Drei Wochen später betonte er in einem weiteren Schreiben: «Ich habe angeordnet, den Jahrgang 1916 bis zum 15. Mai einzuberufen. In der Folgezeit werden weitere Männer mobilisiert, so dass bis zum Sommer zwei Millionen Mann unter Waffen stehen werden.»[9] Alles in Mussolini drängte im April/Mai 1940 zum Krieg. Dabei kümmerte ihn auch nicht, wenn die Deutschen das Völkerrecht brachen. Der Aufschrei der Welt nach dem Überfall auf die neutralen Benelux-Länder ließ ihn kalt. «Ich billige das Vorgehen Deutschlands völlig!», sagte er Claretta Petacci am 14. Mai 1940: «Wenn ein Volk von 85 Millionen Seelen erdrosselt und ausgehungert wird, hat es das Recht und die Pflicht, sich zu verteidigen, und zwar mit aller notwendigen Gewalt. […] Belgien und Holland sind widerlich anglophil – sie machen alles mit, sie haben die gräßlichen Sanktionen mitgetragen und haben sich an England verkauft. Ja, ja, für die Holländer tut es mir leid, aber sie verdienen es nicht anders. Sie hätten wirklich neutral bleiben können.»[10] Mussolinis Gewissen hatte sich übrigens auch nicht geregt, als er einige Monate zuvor von den deutschen Gräueltaten im besetzten Polen erfahren hatte. Kein Geringerer als der Chef des Geheimdienstes der Wehrmacht, Admiral Wilhelm Canaris, hatte den Italienern davon berichtet. Das Vorgehen der Geheimpolizei in Polen «ist scheußlich nicht nur gegenüber den Polen, sondern auch gegenüber den Juden; es entspricht jedoch den Direktiven des Führers».[11] Die Deutschen seien «Bestien!» und sie zeigten «sich als das, was sie sind», brach es aus Mussolini heraus, als er Claretta Petacci davon erzählte.[12]

Folgen hatte diese Einsicht freilich nicht. Mussolini ließ sich davon nicht stören – er dachte nur an das Große und Ganze, sprich: den militärischen Ruhm und den territorialen Zugewinn, der an der Seite Hitlers herauszuholen war. Britische Verständigungsbemühungen waren demgegenüber nun definitiv zum Scheitern verurteilt. Die faschistische Führung spottete nur über die Appeasementpolitik und ging weder auf sie noch auf die zahlreichen anderen Kompromissvorschläge ein, die ihr die französische und amerikanische

Regierung unterbreiteten. Namentlich die Franzosen wären bereit gewesen, über alles mit sich reden zu lassen, was Mussolini zur Arron-
dierung seines Imperiums forderte. Vergeblich – am Ende antwor-
tete er nicht einmal mehr. «Es ist schon anderes nötig, um Mussolini
abzuhalten», hatte Ciano schon am 27. Mai 1940 notiert. «Im Grunde
geht es doch nicht darum, dass er dieses oder jenes erreichen will: er
will Krieg. Selbst wenn er auf friedlichem Wege das Doppelte dessen
erhalten könnte, was er fordert, würde er ablehnen.»[13] Zwei Tage später übernahm Mussolini, gegen den Willen des – wie immer – still
murrenden Königs, das Oberkommando der Streitkräfte. Er habe
den «Duce» selten so glücklich gesehen, meinte Ciano. «Er hat sich
seinen eigentlichen Traum erfüllt: der militärische Führer seines
Landes im Krieg zu werden.»[14] Am 30. Mai fiel die definitive Entscheidung, und am 10. Juni verkündete Mussolini vom Balkon des
Palazzo Venezia einer rasch zusammengetrommelten Menschenmenge, dass Italien sich im Krieg befand.[15] Dieser «gigantische
Kampf», postulierte er, «ist nichts anderes als ein logischer Schritt
unserer Revolution; es ist der Kampf der armen […] Völker gegen
die Ausbeuter, die mit letzter Entschlossenheit das Monopol auf alle
Reichtümer und alles Gold der Welt verteidigen; es ist der Kampf
der fruchtbaren und jungen Völker gegen die steril gewordenen, dem
Untergang geweihten Völker; es ist der Kampf zwischen zwei Jahrhunderten und zwei Weltanschauungen».[16]

In der Praxis hieß das aber nicht sehr viel. Mussolinis Versicherung, er werde den Krieg mit «extremer Energie» führen,[17] hatte nur
einen Zweck: Sie sollte Hitler beeindrucken, war ansonsten aber
hohle Angeberei. Mussolini zögerte, Luftwaffe und Marine gegen
britische Ziele im Mittelmeer einzusetzen. Sie tasteten sich eher unsicher an den Feind heran, während das Heer gleich ganz in seinen
Stellungen sitzen blieb. Lediglich in Ostafrika, wo die Überlegenheit
fast erdrückend war, startete es kleinere Offensiven gegen Britisch-
Somalia. Der dortige Oberbefehlshaber, der Duca d'Aosta, wollte
über den Sudan nach Libyen vorstoßen und damit eine Verbindung
zwischen den beiden Kolonien herstellen. Er wurde aber von Mus-

solini zurückgepfiffen, der – bei aller Kriegsbegeisterung – kein wirkliches Vertrauen in die eigenen militärischen Kräfte hatte und Gegenschläge der weit überschätzten Briten fürchtete. Das Risiko war ihm zu hoch.

An der Westfront waren Mussolinis Möglichkeiten objektiv beschränkt.[18] Die an der Grenze zu Frankreich stationierten Truppen waren auf Verteidigung eingestellt, sie hatten mit allem gerechnet – nur nicht damit, dass sie selbst aktiv werden und die Franzosen attackieren sollten. Das taten sie auch nicht. Sie ließen wertvolle Zeit in ratloser Unsicherheit verstreichen, ohne sich auf die neue Lage einzustellen. Mussolini sah anfangs ebenfalls keine Notwendigkeit, Angriffsplanungen oder den Angriff selbst zu forcieren. Er wurde erst nervös, als die französischen Streitkräfte wider Erwarten schon Mitte Juni 1940 fast am Boden lagen und Paris bereits im Begriff war, bei Hitler um einen Waffenstillstand nachzusuchen. Jetzt konnte plötzlich nichts mehr schnell genug gehen. Die italienische Westarmee hätte eigentlich zwei Wochen gebraucht, um sich neu aufzustellen. Mussolini gab ihr drei Tage und stürzte sie damit in heillose Verwirrung, die ihre ohnehin nicht gerade imposante Schlagkraft weiter reduzierte.[19]

Das Ergebnis fiel dementsprechend mager aus. Die italienischen Truppen kamen nur mühsam voran, die Geländegewinne hielten sich in engen Grenzen. Sie waren eigentlich nicht der Rede wert. Achille Starace, als früherer Parteisekretär über viele Jahre eine der prägenden Gestalten des faschistischen Regimes, hatte sich selbst ein Bild von der Lage an den Front gemacht und Ciano in schonungsloser Offenheit darüber berichtet: Der Angriff in den Westalpen habe «bewiesen, dass unser Heer gänzlich unvorbereitet ist: völliges Fehlen an Offensivwaffen, mangelhafte Kommandoführung. Man hat die Männer in einen sinnlosen Tod geschickt, zwei Tage vor dem Waffenstillstand, auf dieselbe Art und Weise wie vor zwanzig Jahren. Wenn wir den Krieg in Libyen und Abessinien genau so führen, dann werden wir in Zukunft böse Überraschungen erleben.»[20]

Mussolini begab sich ebenfalls an die Westfront. Was er dort sah, sah freilich ganz anders aus als das, was Starace und viele andere gesehen hatten.[21] Der «Duce» berauschte sich an der Niederlage seines französischen Erzrivalen: «Kein Mitgefühl, kein Mitleid für diesen Abschaum, der unser Volk verleumdet, beleidigt und verhöhnt und alle Renegaten, Verräter und Juden bei sich aufgenommen hat!»[22] Am ersten Auftritt seiner Truppen hatte er demgegenüber nichts auszusetzen, im Gegenteil, er war begeistert und fühlte sich im Übrigen auf den verwüsteten Schlachtfeldern inmitten von Toten und Verletzten ganz in seinem Element: «Ja, mir gefällt diese Zerstörung, diese Demonstration der Macht, die dem Menschen eigen ist, alle diese Häuser, dem Erdboden gleichgemacht und zerstrümmert», schwärmte der moralische Dickhäuter seiner Geliebten vor. «Arme Burschen! Manche waren wirklich übel zugerichtet: ein Bein, ein Arm, die Augen ... Kopf hoch, kein Mitleid – es ist schrecklich, aber notwendig; es ist das Gesetz des Menschen.»[23]

Wer sollte ihn und seinen deutschen Verbündeten nun noch aufhalten? Nach der Evakuierung der britischen Truppen aus Dünkirchen Ende Mai 1940, die in seinen Augen das Ende des Empire Seiner Majestät ankündigte, und nach der Niederlage der französischen Streitkräfte nur wenige Wochen später, waren der Eroberungsfantasie keine Grenzen gesetzt. Das alte Friedenssystem von Versailles war endgültig zerbrochen. Die Grenzen Europas konnten jetzt neu gezogen werden, wobei auch er, der «Duce», bei der Verteilung der Beute ein gewichtiges Wort mitreden wollte. Der vorsichtige, den eigenen Kräften angemessene Kurs, den er noch wenige Wochen zuvor bei Kriegseintritt gesteuert hatte, war damit passé. Vergessen, dass Italien mit dem, was Großbritannien und das Deutsche Reich militärisch auf die Waagschale brachten, nicht mithalten konnte, vergessen, dass er in der «Achse» längst nicht mehr gleichberechtigt war, und dass er auf den Schlachtfeldern noch kaum etwas geleistet hatte, kam ihm ebenfalls nicht mehr in den Sinn. Das faschistische Italien musste eine wirkliche Großmacht werden, nicht einmal der Anspruch auf eine Weltmachtrolle schien ihm überzogen. Auf der nach oben offenen Kriegszielskala war jetzt alles möglich.

Solche Fantasien hatten Mitte 1940 nicht nur der sieglos siegestrunkene Mussolini und sein nicht weniger benebelter engerer Führungskreis. Auch skeptische Zeitgenossen, die in den Monaten vor Kriegsbeginn laut und leise gewarnt hatten, ließen sich von der grassierenden Raub- und Raumeuphorie anstecken. Selbst der König und das alte liberale Establishment fanden nun Gefallen am Krieg. Sogar der mit größtem Argwohn betrachtete deutsche «Achsen»-Partner stand bei ihnen jetzt höher im Kurs. Ihre imperialistischen Instinkte setzten auch die Vorbehalte gegenüber Hitler außer Kraft. Die weit reichenden Forderungen, die Mussolini im Vorfeld der Waffenstillstandsverhandlungen mit Frankreich präsentierte, spiegelten deshalb auch nicht nur die Hybris des Diktators.[24] Sie zeugten von den Wünschen und Sehnsüchten eines erheblichen Teils des italienischen Volkes, das für einen kurzen Moment alle seine Minderwertigkeitsgefühle vergaß und – ungeachtet seiner eklatanten ökonomischen und militärischen Defizite – zu träumen begann.

Die Träume bezogen sich nicht nur auf die Konkursmasse Frankreichs. Dass man sich daran schadlos halten wollte, verstand sich von selbst. Die italienische Führung verlangte Südfrankreich bis zur Rhône, Korsika, Tunesien, Französisch-Somalia und den östlichen Teil Algeriens. Außerdem beanspruchte sie Korfu, Malta und eine Art Oberaufsicht über Palästina, den Libanon, Syrien, Jordanien und den Irak, ganz zu schweigen davon, dass sie auch in Afrika alles andere als zurückhaltend sein wollte. Der «Schwarze Kontinent» sollte in eine deutsche und eine italienische Einflusszone aufgeteilt werden, wobei Mussolinis Ehrgeiz sich vor allem auf Ägypten und den Sudan richtete. Mit den alten Kolonialmächten rechnete er in Afrika schon gar nicht mehr – die Briten und Franzosen hatten im neuen italienischen Atlas keinen Platz.[25]

Der offizielle Waffenstillstandsvertrag mit Frankreich sah dann freilich ganz anders aus, als Mussolini es sich ersehnt hatte. Der «Duce» musste große Abstriche an seinen Wünschen machen und sich mit den paar aus eigener Kraft eroberten Dörfern in Südfrankreich und einer entmilitarisierten Zone von 50 Kilometern jenseits der französischen Grenze zufrieden geben. Hitler war nämlich an der Fortexistenz einer ebenso funktionsfähigen wie kooperationswilligen französischen Regierung interessiert und wollte deshalb dem Regime von Vichy nicht zu große territoriale Amputationen zumuten. Das hieß aber nicht, dass Mussolini sich damit abgefunden hätte. Er sah keinen Anlass, dauerhaft zurückzustecken und seine Strategie einer «parallelen Kriegführung» aufzugeben. Warum denn auch? Und warum gerade jetzt, wo Großbritannien schwersten Schlägen der deutschen Luftwaffe ausgesetzt war und mit einer Invasion der Wehrmacht rechnen musste? Das britische Weltreich, so Mussolinis einfaches Kalkül, war im Mark getroffen und würde eher über kurz als über lang seine Stellungen im Mittelmeer vernachlässigen oder ganz räumen müssen – und damit Platz machen für Italien. Die Zeit war in Mussolinis Augen bald reif, aber vielleicht nur sehr knapp bemessen: Er konnte sich im Mittelmeer nehmen, was er wollte, durfte aber nicht lange fackeln, weil sich das Zeitfenster der unbegrenzten Möglichkeiten rasch wieder schließen konnte – etwa nach einer wie auch immer gearteten deutsch-britischen Verständigung.

Das Ergebnis war dann leicht auszurechnen: Das britische Weltreich würde, vielleicht verkleinert und geschwächt, mit dem Segen Hitlers bestehen bleiben und ihm, wie eh und je, in den Arm fallen, wenn er auf seinen territorialen Forderungen beharrte. Allein der Gedanke, zu spät zu kommen und auf ewig der Gefangene im eigenen Meer zu bleiben, versetzte Mussolini fast in Panik. Nicht auszudenken, wenn sich diese Befürchtungen bewahrheiteten und wenn sich sein imperialer Traum als flüchtige Illusion erwies.

Die von grenzenlosem Optimismus gespeiste Beutegier, die sich Mussolinis im Sommer 1940 bemächtigte, hatte deshalb immer etwas unsicher Getriebenes. Sie folgte klaren strategischen Plänen, war aber auch von Launen und alten Ressentiments nicht frei – wie im Fall der Schweiz, deren Schicksal sechs Wochen nach Italiens Kriegseintritt plötzlich besiegelt schien. «Die Schweiz hat kein Lebensrecht mehr, sie hat keine Bedeutung, basta! Auch sie muss zu

Grunde gehen, dieser unbedeutende Kleinstaat voller Gift muss und wird ein Ende finden», betonte er im Gespräch mit seiner Geliebten.[26]

Dieser Ausbruch blieb folgenlos. Viele andere blieben es auch, einige dagegen nicht. Vor allem Jugoslawien und Griechenland stachen Mussolini seit Langem ins Auge. Jugoslawien hatte schon im Frühjahr auf seiner Angriffsagenda gestanden, der Feldzug war damals auf Wunsch Hitlers abgeblasen, aber nicht definitiv ad acta gelegt worden. Im Juli 1940 ließ Mussolini erneut detaillierte Pläne für die Eroberung dieser beiden Länder ausarbeiten, die nun ohne alliierten Schutz hilf- und wehrlos dazustehen und eine leichte Beute zu sein schienen. Mussolini hielt von den Jugoslawen nicht viel und von den Griechen nichts. Die beiden Völker waren in seinen Augen in sich zerstritten, rückständig und rassisch höchst heterogen, um nicht zu sagen minderwertig. «Ich will kein Italiener mehr sein, wenn jemand glaubt, es sei schwierig, sich mit den Griechen zu schlagen», sagte er Ciano Mitte Oktober 1940 voller Geringschätzung.[27] Von rassistischem Dünkel verblendet, traute er seinen Truppen sogar einen Doppelschlag gegen die beiden Nachbarstaaten zu. Der Feldzug schien eine Sache weniger Tage oder höchstens Wochen zu sein, ein Kinderspiel, mehr nicht.

Vieles spricht dafür, dass sich Mussolini im Sommer 1940 tatsächlich in das irrwitzige Abenteuer eines Doppelfeldzugs in Europa gestürzt hätte, wenn Hitler ihm nicht erneut in die Parade gefahren wäre.[28] Was kostete schon die Welt? Mussolini hatte die Wirklichkeit aus seinem Kalkül verbannt, er schien sich und seine Truppen für allmächtig zu halten. Sie waren in Südfrankreich und Ostafrika engagiert, sie bereiteten sich in Libyen auf den «Marsch auf Kairo» vor und sollten, wäre es nach ihm gegangen, auch bei der Invasion der Britischen Inseln mit sage und schreibe zehn Divisionen und dreißig Fliegerstaffeln mitwirken.[29] Mussolini drängte sie Hitler für den Einsatz am Ärmelkanal förmlich auf, während er das deutsche Angebot, hochmoderne Bombergeschwader und ein oder zwei motorisierte Divisionen der Wehrmacht zur Unterstützung des geplanten italienischen Vormarsches in Nordafrika zu schicken, so souverän wie stolz ablehnte. Seinen eigenen Krieg wollte er schon allein führen,[30] zumal er fürchtete, die Deutschen nicht mehr loszuwerden, wenn sie ihren Fuß einmal auf afrikanischen Boden gesetzt hatten.[31] Hitlers neuerliche Intervention gegen einen italienischen Feldzug auf dem Balkan hatte deshalb die gleichen Folgen wie ein halbes Jahr zuvor. Mussolini verschob den Angriff, bereitete ihn aber zumindest auf Griechenland – hinter den Kulissen – genau so ungeduldig vor wie die Attacke in Nordafrika, wo sein zögerlicher Oberbefehlshaber Rodolfo Graziani aber erst im September per Ultimatum zum Losschlagen veranlasst werden konnte.[32] Eine verhängnisvolle Rolle scheint dabei mit Blick auf Griechenland sein brennend ehrgeiziger Schwiegersohn Galeazzo Ciano gespielt zu haben, der damals als sein Nachfolger gehandelt wurde und diesen Anspruch gerne bekräftigt hätte. Der Außenminister war alles andere als ein Friedensapostel, wie er später glauben machen wollte, sondern ein fanatischer Kriegstreiber. Das hatte sich 1939 bereits in Albanien gezeigt, das er nach der Eroberung mit einem Netzwerk enger Vertrauter überzogen und so in eine Art persönlicher Kolonie verwandelt hatte. Und das zeigte sich jetzt wieder: Ciano verhandelte mit albanischen Aufstandswilligen in Griechenland und stattete sie mit Geld und Waffen aus. Er bestach außerdem zahlreiche griechische Politiker und Militärs, die ihm versicherten, dass ihr Land morsch sei und beim ersten Schuss aufgeben werde. Von Ciano stammte schließlich auch ein genauer Plan für den Angriff und die Landnahme, die er intern als mühelosen Spaziergang darstellte,[33] nicht viel strapaziöser als die Eroberung Albaniens im Jahr zuvor, wo sich Italien ja auch nicht hatte verausgaben müssen.

Hätte Mussolini es besser wissen und sich den aggressiven Einflüsterungen Cianos und anderer angeblicher Griechenlandexperten verschließen müssen? Der «Duce» glaubte ihnen und ließ sie gewähren. Er stimmte mit den Plänen des Außenministers grosso modo überein und dachte nicht daran, sich von seiner Vision eines parallelen Krieges abbringen zu lassen – weder von Hitler noch von kriti-

Der Schwiegersohn als Außenminister

schen Stimmen in den Streitkräften, die es freilich in der ubiquitären Hochstimmung gespenstisch großer Gewinnerwartungen zunehmend schwerer hatten, sich Gehör zu verschaffen. Im Sommer
1940 hatten fast alle jegliches Maß verloren, und im Herbst nahm
nicht nur bei Mussolini der Höhenrausch sogar noch zu: Das britische Weltreich wankte unter den Schlägen der deutschen Luftwaffe,
die sich dabei auf die Mithilfe der königlichen Luftwaffe stützen
konnte. Hinzu kam, dass die deutsch-italienische «Achse» Ende September durch die Mitwirkung Japans zur «Weltkoalition» ausgebaut
wurde. «Mittags wird beim Führer der Militärpakt Berlin-Rom-
Tokio unterzeichnet», notierte Goebbels in seinem Tagebuch. «Japan
ordnet Asien, Deutschland und Italien Europa. Wer nun eingreift,
trifft auf alle drei.»[34]

Anlass zum Optimismus gaben außerdem Franco, der nun ebenfalls zum Krieg an der Seite der «Achse» entschlossen schien, und
schließlich vor allem Graziani in Nordafrika, wo die italienischen

Truppen – ohne freilich auf nennenswerten Widerstand zu treffen – beeindruckende Geländegewinne erzielten und bis Sidi el-Barrani vordrangen; bis zum Suez-Kanal schien es nur noch ein Katzensprung zu sein. Der überglückliche Mussolini machte aus diesen leichten Siegen wahre Triumphe, die umso mehr zählten, als sie gegen die insgeheim doch für unbesiegbar gehaltenen Engländer errungen wurden.[35] Endlich hatte man es ihnen gezeigt, und endlich hatte Italien den militärischen Ruhm erlangt, den es seit «drei Jahrhunderten vergeblich suchte».[36]

Eine Sorge aber störte die Euphorie, sie wollte nicht verstummen und wurde im Herbst 1940 sogar immer bedrängender: Was hatte Hitler vor? Dass er sich mit den Briten einigen würde, war mittlerweile eher unwahrscheinlich geworden. Dafür schob sich die Frage in den Vordergrund, was die Deutschen auf dem Balkan planten. Was bedeutete es, dass sie in Jugoslawien und in Bulgarien ihre Präsenz verstärkten? Was hatte es zu sagen, dass sie ihr Veto gegen italienische Aktionen in Griechenland einlegten? Versuchten sie wirklich, wie der Statthalter in Albanien Francesco Jacomoni es andeutete, «unseren Angriff zu verzögern, um uns an der Eroberung von Positionen zu hindern, die sie selbst nach dem Zusammenbruch Englands zu gewinnen hoffen»?[37] Schließlich Rumänien, wo sich die Deutschen immer breiter machten und ganz ungeniert die Entsendung von Militärbeobachtern zum Schutze der rumänischen Ölfelder vorbereiteten, ohne die Italiener genau zu informieren! Warum waren sie daran nicht beteiligt worden? Für die italienische Kriegswirtschaft war das rumänische Öl nicht weniger wichtig als für die deutsche. Was braute sich dort zusammen? War Hitlers Versicherung, der Balkan sei italienisches Einflussgebiet, überhaupt noch etwas wert? Musste man den Deutschen nicht zuvorkommen und rasch Tatsachen schaffen?

Die von Ciano und anderen genährte Hoffnung auf einen militärischen Spaziergang, die stets brennende Sorge, zu spät und zu kurz zu kommen, und die aus Misstrauen gespeiste Vorahnung, von Hitler überspielt zu werden, bewirkten, dass bei Mussolini im zweiten Halbjahr 1940 fast aller Realitätssinn versagte. Eine Rolle könnten dabei aber auch schwere persönliche Probleme gespielt haben, die häufig unterschätzt, wenn nicht ganz ausgeblendet worden sind. Der «Duce» ließ sich – anders als Hitler, der seit Kriegsbeginn fast nur noch in seinen Hauptquartieren lebte – nie mit Haut und Haaren auf den Krieg ein. Er widmete sich auch jetzt in der Regel nur sechs, sieben Stunden den wichtigen Dingen und blieb im Übrigen wie in Friedenszeiten Zivilist. Selbst im Hochsommer 1940 machte er Urlaub an der Adria. Dort, aber auch in Rom spielte er nachmittags regelmäßig Tennis, wenn er nicht gerade ritt oder sich mit anderen Sportarten fit zu halten versuchte. Daneben frischte er mit einiger Ausdauer und noch viel größerem Ehrgeiz auch noch seine ohnehin schon beachtlichen Deutschkenntnisse auf. Zwischen Mai 1941 und Oktober 1942 war sein Lehrer Francesco Vikoler, ein Gelehrter aus Südtirol, fast jeden zweiten Tag bei ihm, jeweils mehr als eine Stunde, ohne Rücksicht auf Wochenenden und Feiertage, so oft es die Staatsgeschäfte eben erlaubten.

Am meisten Zeit kosteten ihn aber seine Frauen, namentlich die 1912 geborene Arzttochter Claretta Petacci, der es Ende der dreißiger Jahre gelang, die Ehefrau Rachele und einige andere Mätressen auszustechen und den «Duce» für sich zu erobern – allerdings nur emotional, denn der sexsüchtige Mussolini ließ auch jetzt nicht von seiner alten Gewohnheit ab, im Rahmen seiner zahlreichen Nachmittags- und Abendaudienzen mit anderen Frauen – häufig aus der römischen Aristokratie – zu verkehren.[38] Mussolini brauchte diese kurzen, in zahlreichen Fällen anscheinend nicht folgenlosen Ausschweifungen seit seiner Jugend, in Krisenzeiten brauchte er sie und die damit verbundenen Dominanzgefühle dringender denn je, weil sie seine innere Leere füllten und ihm anscheinend eine Art Sicherheits- und Selbstwertgefühl lieferten, das in seiner psychischen Verfassung keine eigenen Quellen hatte.

Mussolini sah seine Hauptgeliebte, so oft es ging. Er empfing sie im Palazzo Venezia, wo sie ein eigenes Zimmer hatte, er fuhr mit ihr ans Meer oder in die Berge. An manchen Tagen telefonierten sie mehrmals miteinander, nicht zu reden davon, dass sie sich in zahlrei-

Geliebte und
Faschistin

chen gehetzten Briefen und kleinen Billetts ihrer Liebe und Zuneigung versicherten, wenn sie sich nicht in rasender Eifersucht zer-
fleischten. Claretta Petacci hat die Geschichte dieser langjährigen
Liaison in ihren Tagebüchern festgehalten, die als ein einmaliges
Dokument aus dem Arkan-Bereich der faschistischen Diktatur gelten können. Die «echten [...] Tagebücher Mussolinis sind die Tagebücher der Petacci», hat ein hochrangiger Archivar schon 1950 nicht
umsonst geschrieben.[39] Sie handeln von Liebe und sexueller Leidenschaft, sie sind das Zeugnis von Trennungen und Versöhnungen,
und sie zeigen zwei Menschen, die einander verfallen waren, sich in
ewigem Argwohn bis aufs Blut quälten, einander aber nicht entbeh-
ren konnten – und deshalb bis zum tödlichen Ende am Comer See
beieinander blieben.

Ende August 1940 erreichte das Wechselbad von Euphorie und

Depression seinen Höhepunkt. Claretta Petacci war damals von Mussolini schwanger, erlitt aber eine Fehlgeburt und musste operiert werden, wobei ihr Leben wohl tagelang an einem seidenen Faden hing. Mussolini war verzweifelt und kümmerte sich rührend um die Kranke. Wie es schien, war er kaum noch in der Lage, einen anderen Gedanken zu fassen; die Sorge um seine Geliebte nahm ihn bis November 1940 fast ganz in Beschlag. Er besuchte sie häufig, saß stundenlang an ihrem Bett und rief sie immer wieder an – aus der Villa Torlonia, seinem privaten Wohnsitz, aus dem Palazzo Venezia, vor und nach eilig abgespulten Audienzen und Besprechungen und von unterwegs, wenn sich Dienstreisen nicht vermeiden ließen. Bis zu zwanzig Mal läutete das Telefon an manchen Tagen bei ihr.

Als der «Duce» im Herbst 1940 schwerste Entscheidungen für sein Land zu treffen hatte, war er gewiss nicht unzurechnungsfähig. Claretta Petacci hatte ihn nicht um den Verstand gebracht, wie später behauptet worden ist. Nicht zu leugnen ist aber auch, dass er damals im Banne stärkster privater Sorgen und Leidenschaften stand, die seinen Alltag dominierten und sein Zeitmanagement ruinierten. Hatte er im Krankheits-, Eifersuchts- und Ehestress dieser Tage und Wochen überhaupt genügend Zeit für die große Politik? Brachte Mussolini die nötige Konzentration dafür auf? Oder bildete sich, weil er andere Sorgen hatte, ein Vakuum im Regierungsapparat heraus, in dem Unbefugte und weniger Befugte wie Ciano und seine Entourage die Regie an sich ziehen und ihre ebenso radikalen wie fahrlässigen Kriegs- und Eroberungsambitionen durchsetzen konnten? Ein Mussolini im Vollbesitz seiner Spannkraft hätte in dieser bedrängten Lage vielleicht anders entschieden. Er hätte vielleicht gezaudert oder vielleicht auf Zeit gespielt, so wie er es früher in vergleichbaren Situationen immer getan hatte. Vielleicht, vielleicht! Was zählte: Er, der «Duce», tat es nicht.

Die definitive Entscheidung, Griechenland anzugreifen, fiel Mitte Oktober, kurz nachdem bekannt geworden war, dass Hitler eine Militärmission nach Rumänien entsandt hatte, die sich binnen Kurzem zu einer beachtlichen Streitmacht auswuchs. Mussolini sah darin den ersten Schritt für die deutsche Besetzung Rumäniens, wenn nicht gar «das Vorspiel für eine Operation zur Errichtung der Hegemonie des Reiches auf der gesamten Balkanhalbinsel».[40] Entsprechend groß war seine Empörung: «Hitler stellt mich immer vor vollendete Tatsachen. Dieses Mal zahle ich es ihm mit gleicher Münze zurück. Er wird aus den Zeitungen erfahren, dass ich Griechenland besetzt habe. So wird das Gleichgewicht wieder hergestellt», soll er Ciano wutentbrannt gesagt haben.[41]

Wut war auch hier ein schlechter Ratgeber. Mussolini verschloss sich allen Warnungen. Pietro Badoglio, der Generalstabschef der königlichen Streitkräfte, war ebenso gegen den Angriff wie die führenden Generäle von Heer, Marine und Luftwaffe. Sie bezweifelten Cianos Lagebeurteilungen und ließen sich auch vom Optimismus anderer Fachleute nicht anstecken. Die Skeptiker sagten es nur nicht laut und deutlich genug. Am Ende hießen sie den Feldzug sogar gut, so dass die Kriegstreiber leichtes Spiel hatten, ihren windigen Argumenten Geltung zu verschaffen, dass Griechenland zum Nulltarif zu haben sei. Wer die entsprechenden Protokolle liest, glaubt es nicht, dass man hier – wie sich bald herausstellte – über Krieg und Frieden und über Leben und Tod entschied – so aufgeräumt und lässig war die Stimmung. Den leichtfertigen Zynismus, der angesichts des sicher geglaubten Sieges anscheinend alle erfasst hatte, trieb Mussolini auf die Spitze, als er am 15. Oktober 1940 in die Runde rief: Um das Leben der eigenen Soldaten brauche man sich nicht in «übertriebenem Maße zu sorgen», die Offiziere sollten ohne Rücksicht auf Verluste vorgehen.[42]

Der Feldzug begann am 28. Oktober, als sich das faschistische Regime auch sonst in Feierlaune befand; schließlich jährte sich der traditionell mit großem Pomp begangene «Marsch auf Rom» zum 18. Mal. Am selben Tag traf Mussolini in Florenz mit Hitler zusammen. Der Termin war auf Wunsch des «Führers» kurzfristig anberaumt worden. Hitler wollte seinen «Achsen»-Partner über die Unterredungen mit Pétain, Laval und Franco unterrichten, die der antibritischen Blockbildung dienen sollten, aber enttäuschend wenig erbracht hatten. Seine ohnehin gedämpfte Stimmung sank auf den Tiefpunkt, als er auf der Anreise nach Florenz einen vom 19. Oktober datierten, aber offenbar erst Tage danach abgeschickten Brief Mussolinis mit der Mitteilung erhielt, dass Italien in Griechenland losschlagen werde – und zwar «prestissimo»[43] – und dass auch in Jugoslawien und in der Schweiz die Dinge nicht so bleiben konnten, wie sie waren. Hitler war auf die billigste Art und Weise ausgetrickst worden – und er wusste das auch. Der Angriff auf Griechenland würde den ganzen Balkan in Unruhe versetzen und die Briten geradezu einladen, dort offen und massiv zu intervenieren; hinter den Kulissen taten sie es ohnehin schon. Der Angriff war aber nicht mehr zu verhindern, ein Veto verbot sich wegen Zwecklosigkeit von selbst. Es war zu spät. Als Hitler in Florenz eintraf, rollte das Unternehmen bereits an. Ihm blieb nur, den maßlosen Ärger über den «Duce» hinunterzuschlucken und gute Miene zum bösen Spiel zu machen, so dass die übliche Fassade ungestörter «Achsen»-Harmonie gewahrt werden konnte. Hitler versicherte Mussolini in Griechenland seiner vollen Solidarität und bot ihm – für den Fall der Fälle – sogar deutsche Fallschirmjäger an, um Kreta zu erobern.

Ansonsten spielte der Überfall auf Griechenland in Florenz nur insofern eine Rolle, als er die Laune Mussolinis sichtlich hob.[44] Der «Duce» war anscheinend bester Stimmung. Das Gefühl der Unterlegenheit, das ihn bei den letzten Treffen mit dem von Sieg zu Sieg eilenden Hitler gehemmt und ihm fast die Sprache geraubt hatte, war verflogen. Er hatte seinen vor Kraft strotzenden deutschen Partner mit dessen eigenen Waffen, der Politik der vollendeten Tatsachen, geschlagen und konnte sich nun ebenfalls als erfolgreicher Feldherr fühlen, weil in Griechenland am ersten Tag alles zum Besten zu stehen schien. Sein «paralleler Krieg» war im vollen Gange und offenbar ein voller Erfolg. Nach Alexandria schien nun auch Athen zum Greifen nahe zu sein. Alexandria und Athen – schon der Klang dieser Namen weckte Assoziationen zum antiken Weltreich, das nun unter seiner Regie ein zweites Mal entstehen sollte.

Der Traum währte nicht lange. Das böse Erwachen folgte bereits wenige Tage nach dem Gipfeltreffen in Florenz. Dass der «Duce» des Faschismus und der «Führer» des Nationalsozialismus sich auf Augenhöhe begegneten, war schon seit Längerem eher Inszenierung als Realität gewesen. Jetzt platzte noch die letzte Illusion. Mussolinis Lieblingsprojekt brach im November 1940 in sich zusammen. Der «parallele Krieg» verwandelte sich in einen anderen Krieg, dessen Konturen im Winter 1940 noch nicht zu erkennen waren. Klar war aber eines: Mussolini hatte seinen «parallelen Krieg» nur im Windschatten Hitlers führen können, aber immerhin aus eigener Kraft. Im neuen Krieg kam er alleine nicht mehr zurecht. Mussolini brauchte Hitler – er brauchte deutsche Soldaten, deutsche Panzer und deutsche Flugzeuge, und zwar an allen Fronten, überall.

Das Debakel begann bereits in den ersten Novembertagen und steigerte sich binnen Kurzem zur reinen Katastrophe. Der Angriff in Griechenland stockte nämlich nicht nur. Die italienischen Truppen wurden auf ihre Ausgangsstellungen in Albanien zurückgeworfen und sahen sich dort so starkem Druck ausgesetzt, dass man das Schlimmste befürchten musste – den verlustreichen Rückzug aus dem erst 1939 eroberten Land und die panische Flucht übers Meer. «In Griechenland steht die Sache oberfaul», urteilte Goebbels am 13. November aus der Ferne. «Mussolini hat nichts Richtiges vorbereitet. Nun soll ein neuer großer Offensivplan ausgearbeitet werden. Das hätte man auch vorher machen können.» Einen Tag später hieß es in seinem Tagebuch: «In Griechenland sitzt Italien glücklich ganz fest. […] Eine klägliche Angelegenheit.»[45]

Das war sie in der Tat. Die italienische Führung hatte die Lage in Griechenland völlig falsch eingeschätzt. Die mit britischen Waffen ausgestatteten Griechen setzten sich energisch zur Wehr, innere Unruhen blieben aus, auch die unzufriedenen Albaner rührten sich nicht. In Rom hatte man einen Herbstspaziergang erwartet, keinen echten Krieg, der Feldzug war deshalb in jeder Hinsicht unzureichend vorbereitet. Im Grunde fehlte es an allem, was man sich vorstellen kann: Die Hafenkapazität war zu gering, die Ausrüstung ließ zu wünschen übrig, die Nachschubwege waren lang und verworren.

Vor allem rächte sich aber, dass man anfangs ein viel zu schwaches Kontingent zum Einsatz brachte, das in den unwegsamen Bergregionen rasch an die Grenzen seiner Möglichkeiten stieß. Die 70 000 Soldaten bissen sich an den griechischen Stellungen nicht zuletzt deshalb die Zähne aus, weil sie nur partiell über moderne Waffen verfügten und weil sie denkbar schlecht eingestimmt und geführt wurden. Badoglio, der Generalstabschef der königlichen Streitkräfte, hatte anscheinend bis zuletzt damit gerechnet, dass Mussolini zur Vernunft kommen und den Angriff abblasen würde. Er hatte den Krieg für viel zu riskant gehalten und im Grunde die Augen vor der Tatsache verschlossen, dass er ihn dennoch führen musste. Der Mangel an sorgfältiger Planung, der aus dieser Passivität resultierte, musste schließlich durch Improvisationskunst wettgemacht werden – und führte zu heilloser Konfusion.

Mussolini wollte die schlechten Nachrichten aus Albanien zunächst nicht glauben. Als er am 10. November 1940 mit seinen Generälen zu einer ersten Krisensitzung zusammentraf, war die Stimmung zwar schon merklich getrübt, die Hoffnung auf einen Sieg aber noch nicht erloschen. Mussolini musste zwar einräumen, dass sich der militärische Konflikt, entgegen aller Voraussagen, länger hinziehen würde und dass zahlreiche schwere Defizite zu Tage getreten waren. Insbesondere bei der Truppenstärke hatte man sich total vertan, sie musste so rasch wie möglich aufgestockt werden, dann würde man die Griechen im Frühjahr 1941 schon in die Knie zwingen können. Bis dahin sollte vor allem die ebenfalls verstärkte Luftwaffe agieren, die von Mussolini aufgefordert wurde, rücksichtslos aufs Ganze zu gehen: «Alle Städte mit mehr als zehntausend Einwohnern müssen zerstört und dem Erdboden gleichgemacht werden.» Ziel dieses «bindenden Befehls» sei die «systematische Zerstörung der urbanen Zentren Griechenlands», fasste er seine verbrecherische Order zusammen, die in einer makaberen historischen Reminiszenz gipfelte: «Es ist das zweite Mal, dass das in der Geschichte passiert, für das erste Mal hat das römische Reich gesorgt.»[46]

Einen Tag nach dieser Krisensitzung erhielt der grundlose

Optimismus Mussolinis einen weiteren Dämpfer. Britische Flugzeuge hatten nämlich in der Nacht vom 11. auf den 12. November
überraschend den gänzlich ungesicherten Hafen von Taranto angegriffen und mehrere Großkampfschiffe versenkt oder schwer beschä-
digt. Von da an prasselten fast Tag für Tag neue und immer schlim-
mere Hiobsbotschaften auf Mussolini ein. Nicht genug damit, dass
sich die Lage in Albanien weiter zuspitzte. Hinzu kam das unerwar-
tete Debakel in Nordafrika, wo ab Mitte Dezember ein britisches
Korps die zahlenmäßig weit überlegene, in vielem aber archaische
Streitmacht Grazianis aus ihren ägyptischen Vorposten um Sidi
el-Barrani verdrängte und dann so rasch vorrückte, dass es schon im
Februar 1941 die Grenze von Tripolitanien erreichte. Die Cyrenaika
war damit ebenso verloren wie wertvolles Kriegsmaterial, nicht zu
reden von den 130 000 italienischen Soldaten, die den Weg in die
britische Gefangenschaft antreten mussten. Demgegenüber fiel der
Schlussakt in Ostafrika kaum mehr ins Gewicht.[47] Dort mussten die
italienischen Truppen nicht nur Britisch-Somalia räumen, sondern
auch die älteren Besitztümer aufgeben. Im Frühjahr 1941 war es mit
der italienischen Herrlichkeit am Horn von Afrika vorbei.

Mussolinis Imperium war damit binnen weniger Monate unter
der Last des Mehrfrontenkrieges zusammengesackt. Es bestand nur
noch aus dem sandigen Tripolitanien und Teilen Albaniens. Mussolini, der seinem Land diesen ruinösen Kraftakt zugemutet hatte, war
im Winter 1940/41 kaum wiederzuerkennen; er war nur noch ein
Schatten seiner selbst. Er litt unter heftigen Magenkrämpfen und
konnte zeitweise kaum etwas essen. Auch die Nerven versagten ihren
Dienst. Es sei «nichts mehr zu machen», soll er am 4. Dezember 1940
zu Ciano gesagt haben. «Es ist absurd und grotesk, aber es ist so.»
Eine Intervention der Wehrmacht lehnte er immer noch ab, wohl
aber rang er sich dazu durch, Hitler um «materielle und diplomati-
sche Unterstützung» zu bitten.[48]

Seiner Geliebten gegenüber machte er ebenfalls kein Geheimnis
aus seiner Gemütsverfassung. «Übelst, immer schlechter. Dies ist
der dramatischste Moment meines Lebens. Wir haben verloren, was

wir erobert hatten. Ein rabenschwarzer Tag. Es tut mir leid, Dir das alles zu sagen, aber es ist so, und es kommt noch schlimmer.»[49] Claretta Petacci und seine engsten Mitarbeiter gaben sich größte Mühe, Mussolini wieder aufzurichten und ihm neues Selbstbewusstsein einzuhauchen. Er müsse sich auf seine alten Stärken besinnen und dürfe den Glauben an den Sieg nicht verlieren. «Du kannst die Menschen mittlerweile einschätzen, nichts kann Dich mehr überraschen. Du bist ein Echter, ein Großer, der Einzige. Du musst weiterhin der Starke sein, der Mutige und Du wirst siegen. Du wirst siegen, auch wenn Du leiden wirst, Du wirst siegen, wenn auch nicht blitzartig, aber Du wirst siegen», versicherte ihm Claretta Petacci.[50]

In dasselbe Horn stieß Hitler, der mit Entsetzen verfolgte, wie Mussolinis Ansehen in der Welt sank; das Prestige der «Achse» konnte davon nicht unbeeinflusst bleiben. Hitler hatte Mussolini gegenüber nach Florenz kein Blatt vor den Mund genommen, ja ihm sogar erstmals brieflich richtig die Leviten gelesen.[51] Sein Ärger wegen der militärischen Stümperei in Griechenland verflog noch lange nicht. Dennoch gab er bald die Devise aus, die Italiener propagandistisch wieder aufzubauen und das «Achsen»-Bündnis mit allen Mitteln zu stabilisieren. Kleinere Rückschläge – und um mehr handelte es sich angeblich nicht – konnten der faschistischen Koalition nichts anhaben, zumal Hitler fest entschlossen war, die Dinge in Albanien und Nordafrika bei nächster Gelegenheit zu «bereinigen». Die Furien der Zwietracht, die sich damals meldeten, mussten so rasch wie möglich gebändigt werden, die «Achse» durfte keinen Schaden nehmen.

Mussolini war immer schon ein Meister der Selbsttäuschung gewesen. Nach weiteren Rückschlägen im Winter 1940/41 kam aber selbst er nicht um die demütigende Einsicht herum, dass seine Kräfte weder in Albanien noch in Nordafrika ausreichen. Dass es letztlich seine Politik gewesen war, die in die Katastrophe geführt hatte, gestand er sich aber nicht ein. Selbst wenn er vor der Entscheidung zum Angriff auf Griechenland nicht ganz bei der Sache gewesen war, die Fehler, die seine Untergebenen begangen haben mochten, waren auch seine Fehler. Ausreden gab es nicht. Mussolini hatte sie trotzdem. Die Schuld lag in seinen Augen bei Ciano, dem er vorwarf, ihn falsch informiert zu haben, vor allem aber bei seinen führenden Generälen, wobei er zwischen Kriegstreibern und Kriegsskeptikern kaum unterschied. Alle hatten angeblich versagt und mussten sich schärfste Kritik gefallen lassen; einige wurden sogar entlassen. Am härtesten traf es Badoglio, der den unverzeihlichen Fehler beging, sich gegen Mussolinis Kritik auch noch zu wehren. Ein Tabubruch dieser Dimension konnte nicht ungeahndet bleiben. Mussolini wusste zwar genau, dass der Generalstabschef völlig recht hatte, als er an seine früheren Warnungen erinnerte. Badoglio hatte den Krieg gegen Griechenland für zu riskant gehalten und auch in Nordafrika zur Vorsicht geraten. Der «Duce» stellte die Wahrheit trotzdem auf den Kopf. Er bezeichnete auch Badoglio als Kriegstreiber, ja sogar als «Regimefeind» und «Verräter»[52] und löste damit in der faschistischen Partei eine Hetzkampagne gegen den obersten Soldaten der italienischen Streitkräfte aus, die dessen schimpfliche Entlassung unausweichlich machte.

Bei seiner frenetischen Suche nach Sündenböcken knöpfte sich Mussolini schließlich auch das eigene Volk vor.[53] Richtig zufrieden war er mit den Italienern aus Fleisch und Blut nie gewesen, sonst hätte er sich nicht auf das Projekt einer anthropologischen Revolution kapriziert, die nur ein Ziel kannte: seine Landsleute umzuformen, ihnen eine andere, eine faschistische Façon zu verpassen. Da sichtbare Fortschritte auf sich warten und die Italiener 1939/40 die rechte Kriegsbegeisterung vermissen ließen, wurde Mussolini immer ungeduldiger und unzufriedener, zumal ihn auch das Gefühl bedrängte, nicht mehr genügend Zeit für sein großes Umerziehungsprogramm zu haben. In die Öffentlichkeit drang davon nichts. Unter vier Augen fielen die Urteile über seine Landsleute aber zunehmend drastischer aus, vor allem am Bürgertum ließ er kein gutes Haar. In den Tagebüchern von Claretta Petacci und Galeazzo Ciano wimmelt es nur so vor vernichtender Kritik an den «besseren» Klassen. Am 11. April 1940 ließ er sich vor seiner Geliebten nicht zum ersten und nicht zum letzten Mal richtig gehen: «Ich hasse dieses italienische Lumpenpack! Während da oben [in Europa] die Heere aufeinanderprallen, lebt man hier so ängstlich wie heiter! Diese viel besungene Heiterkeit der Italiener beginnt, mich anzuwidern … Seit acht Monaten konnte ich den Puls dieses Volkes messen, ich habe die Pulsschläge gezählt und muss sagen, dass es ekelhaft ist. Sie sind Feiglinge, schwach und ängstlich – diese bourgeoisen Schweine, die um ihren Bauch und ihr Bett zittern! […] Es ist unmöglich, drei Jahrhunderte Sklaverei in achtzehn Jahren faschistischer Herrschaft wettzumachen! Erniedrigt und enttäuscht sehe ich, dass ich es nicht geschafft habe, dieses Volk mutig und angriffslustig zu machen! Nein, ich habe nichts zustande gebracht und ich werde es nicht rechtzeitig schaffen. Ich habe keine Zeit, mir fehlen die dazu notwendigen Jahre.»[54]

In der Krise 1940/41 radikalisierte sich der Gedanke an die Unzulänglichkeit seines Volkes, das selbst er nicht zu ändern vermocht hatte – nicht einmal durch die Serie der Kriege, die er seit 1922 auch in der Hoffnung geführt hatte, seine Landsleute zu härten und zu stählen. Mit ihnen sei nichts anzufangen, sagte Mussolini am 23. November 1940: Selbst die «Italiener von 1914 waren besser als diejenigen von heute. Das ist kein schönes Resultat für das Regime, aber es ist so.»[55]

Einsichten dieser Art ließen Mussolini nicht mehr los. Sie verfinsterten immer wieder sein Gemüt, dauerhaft aus dem Konzept brachten sie ihn aber nicht. Der «Duce» war im Frühjahr 1941 kein gebrochener Mann. Er zweifelte weder an seinem politischen Kurs noch an der Stabilität seiner Herrschaft. Auch in puncto Kriegsausgang war er sich seiner Sache ganz sicher: Die «Achse» befand sich auf Erfolgskurs und würde sich durch nichts davon abbringen lassen. Die Niederlagen in Nordafrika und Griechenland waren bitter, sie konnten aber durchaus wieder wettgemacht werden – durch energisches Durchgreifen im Innern und durch deutsche Hilfe an der Front.

Weh tat ihm nur, dass man beim deutschen Partner – trotz der permanenten offiziellen Freundschaftsbeteuerungen – häufig in den herablassendsten Tönen über den Faschismus sprach und dass nicht wenige führende Nationalsozialisten sogar an der Bündnistreue der italienischen Regierung zu zweifeln begannen. Mussolini roch die verächtliche Skepsis der Deutschen förmlich. Er hörte selbst in anerkennenden Worten die unausgesprochene Kritik an seinem Regime und fühlte sich mitunter wie ein Angeklagter vor einem Scherbengericht, das er deshalb lieber mied. Selbst Hitler ging er im Frühjahr 1941 aus dem Weg. Ein Gipfeltreffen kam für ihn erst dann wieder in Frage, wenn sich die italienischen Streitkräfte in Griechenland oder Nordafrika konsolidiert hatten und wenn er erste Erfolge vorweisen konnte.

Die Wende in Griechenland durfte deshalb unter keinen Umständen das alleinige Werk der Wehrmacht sein. Deren massiven Einsatz auf dem Balkan hatte Hitler für das Frühjahr 1941 in Aussicht gestellt, sie wirkte aber bereits seit der Jahreswende mit Dutzenden von Flugzeugen beim Transport italienischer Truppen nach Albanien mit. Die Italiener mussten sich selbst helfen und – koste es, was es wolle – zumindest einen nennenswerten Teilerfolg erzielen, bevor die deutschen Soldaten auf dem südöstlichen Kriegsschauplatz auftauchten.[56]

Mussolini schickte im Winter Division um Division über die Adria, so dass die italienischen Streitkräfte schließlich in der Lage waren, größere und kleinere Gegenoffensiven zu starten, die vom «Duce» – wider besseres Wissen – zu entscheidenden Etappensiegen auf dem Weg zum Triumph aufgebauscht wurden. Als Ende April 1941 die Waffen schwiegen, hatte nicht nur Joseph Goebbels das Gefühl, in einer verkehrten Welt zu leben. «Bericht aus Italien», so liest man in seinem Tagebuch vom 25. April, «man sucht uns dort unsere Erfolge abzugaunern und unsere Siege zu italienischen zu machen». Vier Tage später wurde er noch deutlicher: «Die Italiener benehmen sich frech, arrogant und geradezu schamlos. Mussolini veröffentlicht ein Telegramm an General Caballero [!], in dem er den griechischen Sieg für sich in Anspruch nimmt.»[57]

So weit, wie Goebbels behauptete, ging Mussolini zwar nicht.

Wahr ist aber schon, dass er es im Frühjahr 1941 mit den Tatsachen nicht ganz genau nahm. Er brauchte militärische Erfolge – und erfand sie, wenn es nötig schien. Wen kümmerte schon die Kleinigkeit, dass die italienischen Truppen in Albanien fast ein «zweites Caporetto»[58] erlebt hatten und ohne deutsche Hilfe kaum mehr auf die Beine gekommen wären? Die Depression, die Mussolini um die Jahreswende heimgesucht hatte, war jedenfalls wie weggeblasen. Er verspürte Aufwind und redete sich ein, wieder ganz der Alte zu sein. Abstriche an seinen imperialen Träumen zu machen oder sie ganz abschreiben zu müssen, wie er nur wenige Monate zuvor befürchtet hatte, kam ihm nach diesem neuerlichen Triumph der Autosuggestion nicht mehr in den Sinn.

Nahrung erhielten diese Vorstellungen nicht nur in Griechenland, sondern in ähnlicher Weise auch in Nordafrika. Dort übernahm im Februar 1941 de facto Erwin Rommel das Kommando der deutsch-italienischen Kampftruppen, denen es binnen kurzer Zeit gelang, die Engländer aus der Cyrenaika zu vertreiben. Im Frühjahr 1941 befand sich die «Achse» also auch hier wieder auf der Siegerstraße, die sie ein gutes Jahr später bis weit nach Ägypten führte. Dass dieser Erfolg, trotz beachtlicher militärischer Leistungen der Italiener, vor allem besseren deutschen Waffen und nicht zuletzt dem operativen Geschick Rommels zuzuschreiben war, focht Mussolini nicht wirklich an. Er sah souverän darüber hinweg und ließ sich und seine Streitkräfte hier ebenso als Sieger feiern wie bei der Eroberung Kretas im Mai 1941, obwohl italienische Soldaten dabei «nicht die geringste Rolle»[59] gespielt hatten.

Mussolini berauschte sich an diesen fremden Erfolgen. Italiens wieder gewonnene Größe schmeichelte aber auch vielen seiner Landsleute, die sich vom Schock der nur wenige Monate zurückliegenden Niederlagen rasch erholten und einfach ignorierten, dass die eigenen Kräfte nirgends ausgereicht hatten. Die Frage, ob Italien noch einen «parallelen Krieg» führte oder nicht, rückte so fast automatisch in den Hintergrund. Ja, sie stellte sich überhaupt nicht mehr, weil die Italiener von ihren deutschen Verbündeten nicht zu einem subalternen Krieg für deren Ziele gezwungen wurden. Im Grunde war es fast anders herum: 1941 führten die Deutschen auf dem Balkan, auf Kreta und in Nordafrika Mussolinis Krieg, in dem es fast ausschließlich um italienische Interessen ging. Ohne massives deutsches Engagement wären diese unerreichbar geblieben. «Möglichst uns Krieg führen lassen und selbst erben», kommentierte Goebbels diese paradoxe Rollenverteilung am 22. Juni 1941 auf seine schnoddrige Art. «Das haben wir gerne.»[60]

Im Sommer 1941 hatte der «Duce» mit fremder Hilfe schon so viele Beutestücke eingeheimst, dass sogar die ein halbes Jahr zuvor übermächtigen, aus Unterlegenheit und Abhängigkeit gespeisten Berührungsängste gegenüber seinem deutschen Partner kaum mehr eine Rolle spielten. Einem Treffen mit Hitler stand somit nichts mehr im Wege. Die beiden Diktatoren konnten sich wieder auf Augenhöhe begegnen, wie in alten Zeiten, so meinte er jedenfalls. Mussolini fuhr denn auch in «ziemlich guter Stimmung» Richtung Brenner, wo man sich für den 2. Juni verabredet hatte.[61]

Niemand weiß, was Hitler und Mussolini dort und bei ihren anderen Begegnungen unter vier Augen besprachen. Protokolle gibt es nicht, spätere Zeugnisse gehen oft weit auseinander. Sicher ist aber, dass die beiden auf dem Brenner auch das Thema Sowjetunion behandelten, das seit Längerem die Gemüter erregte und in diesen Tagen besondere Brisanz hatte. Schließlich stand man keine drei Wochen vor dem deutschen Überfall, und schließlich liefen die Vorbereitungen der Wehrmacht für das Unternehmen «Barbarossa» bereits auf Hochtouren. Der «Duce» ahnte seit einem halben Jahr, dass sich im Osten der nächste kriegerische Konflikt zusammenbraute. Die Informationen, die er im Frühjahr 1941 aus ganz unterschiedlichen Quellen erhielt, ließen die Ahnung zur Gewissheit werden: Die Deutschen wollten losschlagen, und zwar schon möglichst bald. Am Brenner erfuhr Mussolini diesbezüglich nichts Neues, den Tag X des Angriffs behielt Hitler anscheinend für sich.

Mussolini war dennoch «zufrieden mit dem Treffen, auch weil er feststellen konnte, dass der Ton in den italienisch-deutschen Beziehungen unverändert geblieben ist».[62] Das war für ihn das Wichtigste, während ihn der Gedanke, dass Hitler einen weiteren Kriegsschauplatz eröffnen wollte, nicht weiter bekümmerte. Er tat jedenfalls nichts, um ihn zu stoppen – weder vor dem Gipfeltreffen auf dem Brenner noch danach. Im Gegenteil: Mussolini drängte auf eine «endgültige Lösung der russischen Frage». Der Entschluss, «Rußland bei der Kehle zu fassen», versetzte nicht nur ihn selbst in Hochstimmung. Er habe, schrieb er Hitler am 23. Juni 1941, auch «in Italien und besonders bei der alten Garde der Partei einen begeisterten Widerhall gefunden».[63]

Im Wissen, was bevorstand, hatte Mussolini seinen Generalstabschef Ugo Cavallero schon Ende Mai 1941 aufgefordert, sich auf den Fall der Fälle im Osten vorzubereiten und drei Divisionen für den Krieg gegen die Sowjetunion bereitzustellen. Wenn es dort losging, durfte Italien in seinen Augen keinesfalls «abseits bleiben».[64] Eile war geboten, und die Zeit wurde tatsächlich genutzt. Wenige Tage vor Kriegsbeginn lagen die Pläne für die Entsendung starker Expeditionstruppen vor, die italienischen Soldaten waren den deutschen Partnern aber nicht wirklich willkommen. Hitler brauchte ihren Beistand nicht, ihm wäre es lieber gewesen, wenn Mussolini seine Truppen in Nordafrika verstärkt hätte. Am Ende gab er seinem heftigen Drängen um der lieben «Achsen»-Eintracht willen aber doch nach. Die Italiener sollten auf dem «südlichen Angriffsflügel zwischen ungarischen und rumänischen Verbänden»[65] zum Einsatz kommen.

Die Hoffnung, durch einen Sieg im Osten Großbritannien schwächen oder gar zur Aufgabe zwingen zu können, spielte bei diesen Entscheidungen Mussolinis keine geringe Rolle. Noch wichtiger waren ideologische Motive: Der Kampf gegen den Bolschewismus gehörte seit jeher zum Markenkern des Faschismus. Der «Duce» und seine Parteigenossen hatten den Hitler-Stalin-Pakt von 1939 immer für einen Irrweg gehalten und sich nur zähneknirschend damit abgefunden. Sie wirkten jetzt wie befreit, dass sie zum alten Kurs zurückkehren konnten und ihre traditionellen Feinde wieder Feinde nennen durften; die Zeit der taktischen Kompromisse war endlich vorbei.

Den Ausschlag gaben aber machtpolitische Überlegungen, die aus der Natur des «Achsen»-Bündnisses resultierten, und die damit untrennbar verbundenen territorialen Zugewinnhoffnungen, sprich die Beutegier Mussolinis, die 1941/42 schier unstillbar war: Das faschistische Italien konnte nicht untätig bleiben, während andere Verbündete des Deutschen Reiches wie Ungarn und Rumänien Truppen in den Osten schickten. Mussolini musste es ihnen zumindest gleichtun – das verlangte sein Rang als ältester und wichtigster Partner Hitlers und das verlangte sein Anspruch, Italien als Großmacht zu etablieren, der nach den Niederlagen von 1940/41 fast illusionär geworden war. Im Osten konnte er die Scharten der Vergangenheit wenigstens teilweise auswetzen. Nur wenn er dort dabei war, durfte er auf weiteren Profit hoffen. Die Deutschen führten zwar in der Sowjetunion ihren eigenen Krieg, für ihre Partner fiel aber – so hoffte Mussolini – immer noch genügend ab. Je größer der Einsatz, desto höher der Gewinn – zumal dann, wenn der Endsieg kein rein deutscher war.

Solche Überlegungen waren im Sommer 1941 nicht gänzlich an den Haaren herbeigezogen. Das königliche Heer stand in Südfrankreich, auf dem Balkan, in Nordafrika und in der Sowjetunion – und sah es zunächst nicht überall danach aus, als sei Mussolinis ambitioniertes Kriegsprogramm tatsächlich zu bewältigen? Die «Achsen»-Mächte eilten von Sieg zu Sieg und träumten von immer neuen Eroberungen: Ägypten, Kleinasien, der Irak und Indien, selbst ein Rollback am Horn von Afrika hielt man nicht mehr für ausgeschlossen – nichts schien ihre Kräfte zu überfordern. Zwanzig Jahre lang, schrieb Mussolini im Januar 1945, habe er davon geträumt, «dem italienischen Volk zu einem Ruhm zu verhelfen, der die Königin allen Ruhmes ist: der militärische».[66] Dieser Traum war unwiderstehlich. Die territoriale Gefräßigkeit der selbsternannten neuen Weltmächte kannte keine Grenze mehr.

Symptome von Größenwahn sind bei Mussolini 1941 nicht zu übersehen. Er war ein Getriebener seiner Visionen, wusste gleichzeitig aber genau, auf welches Spiel er sich an der Seite Hitlers eingelassen hatte und wie hoch der Preis war, der vielleicht einmal mit

Zins und Zinseszinsen fällig sein würde. Er kannte die Risiken, nahm sie aber in Kauf, weil er an den deutschen Sieg glaubte und sich selbst sehr viel davon versprach. Ganz wahnwitzig wird man deshalb nicht einmal seine Kriegserklärung gegen die Vereinigten Staaten nennen können, obwohl sie damals vielen Zeitgenossen so erschien und später von Historikern nicht anders beurteilt wurde.

In Rom erfuhr man Anfang Dezember 1941, dass sich im Fernen Osten die Dinge zuspitzten und dass der japanische Bündnispartner zum Angriff auf die USA entschlossen war. Der Krieg drohte sich damit endgültig zum globalen Konflikt auszuweiten, wobei es aber durchaus offen war, ob auch Italien darin verwickelt werden musste. Die Bestimmungen des im September 1940 geschlossenen Drei-Mächte-Paktes banden die italienische Regierung nicht. Eine Verpflichtung, den Japanern beizuspringen, hätte es nur dann gegeben, wenn Japan angegriffen worden wäre.[67]

Mussolini sah über diese Feinheiten hinweg. Er war «glücklich» über die neue Entwicklung,[68] die der gefühlten Weltmacht Italien einen weiteren Kriegsgegner bescherte, und zögerte deshalb auch keinen Moment, den Japanern noch vor Pearl Harbor die weitreichenden Zusicherungen zu geben, die sie unter Berufung auf den Bündnispakt verlangten. Italien werde alles tun, «um militärisch jenem Kampf zum Erfolg zu verhelfen, den Japan sich vorbereitet, gegen die Vereinigten Staaten und das britische Imperium zu beginnen». Was sein Land angehe, «so habe er keine Einwendung gegen eine Kriegserklärung an die Vereinigten Staaten».[69] Am liebsten wäre er sogar allein vorgeprescht[70] – ohne Hitler, der aber ebenfalls darauf brannte, sich in den Konflikt mit den Vereinigten Staaten zu stürzen. «Wir können den Krieg gar nicht verlieren», schwärmte der «Führer». «Wir haben jetzt einen Bundesgenossen, der in 3000 Jahren nicht besiegt worden ist.»[71]

Was war schon Amerika, schien aus solchen Äußerungen zu sprechen. Mussolini denunzierte die Vereinigten Staaten als eine Art Entwicklungsland ohne Geist und Kultur, das auf Grund seiner Geld- und Profitgier in die Hände des «Weltjudentums» gefallen und damit verloren war. Und wer war schon Roosevelt, der nach einer Kinderlähmung körperlich schwer gehandicapt war? Keinen anderen Politiker überschüttete Mussolini mit mehr Hohn und Spott. In der Geschichte, dozierte er, «hat es noch nie ein Volk gegeben, das von einem Lahmen regiert wurde». Es habe «kahlköpfige Könige gegeben, fette, schöne, sogar dumme, aber niemals musste sich ein König, um aufs Klo, ins Bad oder zu Tisch zu gehen, von anderen Männern tragen lassen».[72]

Hinter diesen Schmähungen steckte blanker Hass, aber auch eine große Portion Angst vor den Vereinigten Staaten, deren enormes industrielles Potenzial ihm natürlich nicht verborgen geblieben war. Mussolini bekümmerte nämlich seit Monaten der Gedanke, dass die Amerikaner in Nordafrika landen und dort aktiv in den Krieg eingreifen könnten; die deutsch-italienische Panzergruppe Afrika hätte dann einen strapaziösen Zwei-Frontenkrieg führen müssen, dem sie nicht gewachsen gewesen wäre. Die Sorge, in Nordafrika in die Zange genommen zu werden, verflüchtigte sich nun. Die USA waren jetzt auf unabsehbare Zeit im Pazifik gebunden und mussten wahrscheinlich auch ihre großzügigen Hilfslieferungen an Großbritannien und die Sowjetunion drosseln. Die strategische Lage der «Achse» hatte sich mit Japans Kriegseintritt eindeutig verbessert – im Osten ebenso wie in Nordafrika, wo nun tatsächlich gewisse Erleichterungen spürbar wurden.

Mussolini traf die Entscheidung zum Krieg gegen die USA ganz allein. Nicht anders war es ein halbes Jahr zuvor gewesen, als Italien der Sowjetunion den Krieg erklärt hatte. Kabinett und Großrat wurden – wie seit Jahren schon – übergangen, der Außenminister sah sich ebenso vor vollendete Tatsachen gestellt wie die militärische Spitze; ihr Rat war nur bei technischen Dingen gefragt. Grundsätzlicher Widerspruch wäre übrigens weder von der einen noch von der anderen Seite zu erwarten gewesen. Fast alle bekannten sich zum Regime, die meisten teilten Mussolinis Eroberungsdrang, und vor allem die zuvor gedemütigten Militärs hätten sich nach den nur mit deutscher Hilfe errungenen Erfolgen in Griechenland und Nordafrika nur zu gerne mit echtem Lorbeer geschmückt. Der Mut zu Widerspruch und Protest stellte sich auch bei ihnen erst nach dem Krieg ein, als Mussolini längst unter der Erde lag.

Und der König? Wäre der alte Herrschaftskompromiss von 1922 noch intakt gewesen, hätte Vittorio Emanuele III. als Staatsoberhaupt zumindest konsultiert werden müssen. Mussolini scherte sich nicht darum. Er traf den Monarchen wöchentlich, manchmal einmal, manchmal zweimal. Er beugte sich bei diesen Audienzen aber nur dem steifen höfischen Zeremoniell, das längst hohl geworden war. In die Karten schauen ließ sich der Diktator dabei nicht. Er bestimmte die Richtlinien der Politik – und der König fand sich mit seiner dekorativen Nebenrolle ab. Nicht immer leichten Herzens, weil er den deutschen Garanten der italienischen Erfolge misstraute und Folgekosten für Italien befürchtete, wenn das Deutsche Reich zu mächtig wurde. Zu einer Kraftprobe kam es aber nie – dafür war Vittorio Emanuele zu feige und berechnend. Auf was hätte er sich denn auch stützen sollen, außer auf die längst prekär gewordene Tradition und Teile der Streitkräfte, denen er schon 1922 nicht vertraut hatte? Viele andere Bataillone hatte er nicht. Außerdem standen sich der König und der Diktator politisch viel zu nahe. Der Monarch hielt Mussolini für einen herausragenden Politiker, der Italien von den «Roten» befreit und aus ihm, dem kleinen König, einen großen Kaiser gemacht hatte. Am faschistischen Herrschaftsmodus hatte er so gut wie nichts auszusetzen, umso empfänglicher war aber auch er für Glanz und Ruhm. Mussolini verschaffte ihm das Vergnügen.

Nach der Kriegserklärung an die Vereinigten Staaten hatte Italien fast die halbe Welt gegen sich. Aber noch immer schien es aufwärts zu gehen, in Nordafrika genauso wie – nach einigen Rückschlägen – in der Sowjetunion, wo die italienischen Truppen auf Drängen Mussolinis bis Sommer 1942 auf 230 000 Mann aufgestockt wurden. Hitler hatte nun keine Einwände mehr dagegen. Der deutsche Vormarsch war im Winter wenige Kilometer vor Moskau zum Erliegen gekommen. Selbst ihm dämmerte nun, dass auch seine Ressourcen begrenzt waren und dringend ergänzt werden mussten. Jetzt war plötzlich jeder Mann gefragt, auch die italienischen Soldaten, die der «Führer» ein halbes Jahr zuvor nur widerwillig akzeptiert hatte. Mussolini sah diese Entwicklung nicht ungern. So sehr er den deutschen Sieg im Osten wünschte, so sehr war ihm daran gelegen, dass der Ostkrieg kein Spaziergang wurde. Der Konflikt sollte die Wehrmacht einiges kosten, je mehr fremde Hilfe sie in Anspruch nehmen musste, desto besser.[73] Mussolini versprach sich davon sehr viel mehr als eine Rehabilitierungs- und Bewährungschance für seine zerzausten Streitkräfte. Er spekulierte auf strategischen Gewinn: Das Kräfteverhältnis in der «Achse» hätte sich bei einem schwer erkämpften, opferreichen Sieg zugunsten der Partner Hitlers verschoben, die erdrückende Dominanz der Deutschen wäre gemindert worden, und er, Mussolini, hätte bei Friedensverhandlungen ganz anders auftreten und ganz andere Forderungen stellen können – vorausgesetzt natürlich, dass Italien tatsächlich in der Lage und willens war, diese Hilfe zu leisten.

Am Willen fehlte es nicht. Mussolini hatte Hitler schon im Juli 1941 ein zweites und im Bedarfsfall sogar ein drittes Armeekorps für den Krieg im Osten in Aussicht gestellt. An Soldaten mangele es Italien nicht, wiederholte er in einem Brief an Hitler vom November 1941, das Problem sei die stockende Rohstoffversorgung und die daraus folgende dürftige Nutzung der industriellen Kapazitäten. Das italienische Volk leide darunter, dass es einen Krieg führen müsse, der «nicht in richtigem Verhältnis zu seiner Volkskraft steht». Es könne und wolle einen «viel größeren Beitrag zum Kriege leisten». «Deutschland darf nicht fast allein die schwersten Opfer, nämlich die des Blutes tragen. Die Zeit der partiellen, fast nur symbolischen Beteiligung ist vorbei; für die Operationen, die sich für 1942 ergeben, hat Italien die Pflicht und, ich möchte auch hinzusetzen, das Recht, eine größere Anstrengung zu leisten.»[74]

Uneigennützige «Achsen»-Solidarität wäre das Letzte, was man Mussolini unterstellen könnte, als er diese Angebote unterbreitete. Er hatte seinen Plan einer parallelen Kriegführung 1940 aufgeben müssen und war dann 1941 mit dem aus der Not geborenen deutschen Krieg für italienische Ziele auf dem Balkan und in Nordafrika nicht schlecht gefahren; nur der Preis der wachsenden deutschen Dominanz war ihm viel zu hoch. Nach der ersten Krise im Osten forderte er für 1942 nun im Grunde eine neue Form der Kriegführung, die ihm diesen Preis künftig ersparte: einen echten Koalitionskrieg, in dem es durchaus um deutschen Lebensraum gehen durfte, bei dem aber auch seine eigenen Interessen gewahrt blieben.

Er wollte bei der Besatzung und Ausbeutung der Sowjetunion mitreden, dann mit vereinten Kräften über den Kaukasus in den Mittleren und Nahen Osten vorstoßen, von dort aus die Briten in die Zange nehmen und schließlich aus Ägypten vertreiben, das italienischem Einfluss unterworfen werden sollte. Vor den Karren Hitlers wollte er sich jedenfalls auch jetzt nicht spannen lassen. Er hatte noch immer seinen eigenen Kopf und seine eigenen Großmacht- und Großraumvisionen, so irrwitzig sie im Nachhinein auch wirken mögen.

Die Hoffnung, mit größerem militärischen Engagement in der Sowjetunion entscheidenden Einfluss auf die Kriegführung der «Achse» gewinnen zu können, war freilich von Beginn an auf Sand gebaut. Mussolini hatte nämlich die Leistungsfähigkeit seines Landes wieder einmal überschätzt. Das italienische Militär gab sich zwar die größte Mühe, möglichst viele und möglichst schlagkräftige Truppen in den Osten zu schicken. Sie waren das Beste, was Italien aufbieten konnte, und nach Bewaffnung und Kampfkraft durchaus mit durchschnittlichen deutschen Infanteriedivisionen vergleichbar,[75] die nach einem Jahr Krieg in der Sowjetunion bereits schwer gelitten hatten.

230 000 Mann waren aber eben doch nur 230 000 Mann und damit wenig im Vergleich mit dem Millionenheer der Wehrmacht, das die Kriegslast im Wesentlichen trug. Außerdem hatte der «Duce» ganz aus den Augen verloren, dass die Italiener schon 1942 nicht mehr wussten, wie sie das, was sie mit deutscher Hilfe erobert hatten und auf dem Papier besaßen, kontrollieren, geschweige denn befrie-

den sollten. Die Italiener bekamen die annektierten und besetzten Gebiete nicht in den Griff. Das galt insbesondere für Slowenien[76] und Montenegro, aber auch für Kroatien und Griechenland. Die Kräfte reichten für eine effektive Besatzungsherrschaft hinten und vorne nicht aus; sogar mit der wirtschaftlichen Ausbeutung tat man sich schwer.

Dabei hatten sich die Italiener um diese neuen Gebiete gerissen und in der Konkurrenz mit ihren deutschen Verbündeten auch manchen hässlichen Streit um Grenzziehungen und Demarkationslinien riskiert. Schließlich hatten sie dort Großes vor. Die neuen Gebiete sollten teils völlig italianisiert, als Protektorate oder Satellitenstaaten teils wirtschaftlich und politisch auf Rom ausgerichtet, in jedem Fall aber Teil einer «Neuen Ordnung» werden, die – nicht mit dem König, sondern mit Mussolini als Imperator an der Spitze – im Innern nach ähnlichen rassistisch-totalitären Kriterien gebaut werden sollte wie das faschistische Mutterland.[77] Am Ende war das Ergebnis aber fast überall das gleiche: Es herrschte Hunger, es herrschte Chaos, und es herrschte blanker Terror.[78]

Die «Sicherung des griechischen Raumes» fiel nach einer Führerweisung vom Mai 1941 «den Italienern zu».[79] Ausgenommen davon waren einige wenige Städte, Kreta und ein paar ägäische Inseln sowie Ostmakedonien und Thrakien, die Bulgarien übernehmen durfte. Ruhe kehrte im italienischen Besatzungsgebiet nie ein. Dafür sorgten eklatante, von den Italienern bewusst verschärfte Versorgungsengpässe, die eine verheerende, vor allem in Athen wütende Hungersnot zur Folge hatten, und dafür sorgten die bald überall lauernden griechischen Partisanen, die sich den faschistischen Neuordnungs-, sprich Unterwerfungsplänen widersetzten und dafür häufig mit dem Leben bezahlen mussten. Die italienische Antwort ließ nämlich nicht lange auf sich warten – und sie fiel fast immer drastisch aus. Die Besatzungsmacht richtete Konzentrationslager ein, brannte ganze Dörfer nieder und führte Massenexekutionen durch – häufig schon bei nichtigen Anlässen und ohne dass die Täter das Geringste zu befürchten hatten.[80] Vor allem die faschistische Miliz wurde ihrem üblen Ruf voll und ganz gerecht. Alles in allem sollen in Griechenland – nach sehr vorsichtigen Schätzungen – 100 000 Menschen Opfer der italienischen Besatzungsherrschaft geworden sein, wahrscheinlich waren es sehr viel mehr.[81]

Die Politik der entgrenzten Vergeltung und Abschreckung blieb in Griechenland ebenso erfolglos wie in den anderen annektierten und besetzten Gebieten. Sie machte alles nur noch schlimmer und löste vor allem im zerschlagenen Jugoslawien eine Spirale der Willkür und Gewalt aus. Diese trug nicht zuletzt deshalb fast apokalyptische Züge, weil hier zu den üblichen Faktoren der Radikalisierung ein tief verwurzelter Antislawismus trat. Mussolini hatte diese spezifische Form des Rassismus schon in den zwanziger Jahren zur offiziellen Regierungspolitik erhoben. Die Ansicht, dass es sich bei den Slawen um «barbarische ‹Untermenschen›»[82] handelte, war in Italien weit verbreitet und machte sich natürlich auch in der Besatzungspraxis sofort bemerkbar.

Italien hatte bei der Invasion Jugoslawiens im Frühjahr 1941 keine nennenswerte Rolle gespielt; Mussolinis Streitkräfte kämpften damals weiter südlich in Albanien und Griechenland um das nackte Überleben. Nach den alten Absprachen mit Hitler war dennoch klar, dass es sich hier um einen Kernraum des geplanten mediterranen Imperiums handelte, von dem Mussolini träumte. Die deutsche Führung zögerte dennoch nicht, diese feierlichen Absprachen zu ignorieren. Sie beanspruchte den nördlichen Teil Sloweniens als eigenes Territorium und besetzte ganz Serbien, während der «Achsen»-Partner sich mit der Annexion des südlichen Slowenien, eines längeren Küstenstreifens von Zadar bis Split und der meisten vorgelagerten Adria-Inseln sowie mit der Oberhoheit in Montenegro begnügen musste. Als annektiertes Gebiet galt auch der Kosovo, der Albanien zugeschlagen wurde, das sich Italien schon vor Jahren einverleibt hatte.

Kroatien hingegen war ein komplizierter Sonderfall, in dem sich die Machtbalance fast ständig verschob. Ursprünglich sollte Italien hier allein den Ton angeben. Kroatien sollte «politisch, militärisch und wirtschaftlich auf Italien»[83] ausgerichtet werden. Man schuf sogar das Königreich Kroatien und setzte mit Prinz Aimone einen Cousin Vittorio Emanueles III. auf den Thron, um die enge Verbindung mit Italien zu dokumentieren. Das «italienische Königshaus», so spottete Goebbels, «will anscheinend auf dem Balkan wieder die alten Monarchien [...] errichten. Die Leichen stehen aus den Gräbern auf, um die Völker zu führen. Es ist eine Affenschande.»[84]

Viel wurde daraus nicht, die ehrgeizigen italienischen Pläne für Kroatien zerschlugen sich rasch. Aimone, der sich Tomislav II. nannte, setzte nur einmal seinen Fuß auf kroatischen Boden – bei einer Stippvisite und inkognito –, und mit der italienischen Oberhoheit war es ebenfalls so eine Sache. Die Italiener mussten in Kroatien nämlich nicht nur mit den serbischen Nationalisten, den bewaffneten Četnici-Verbänden rechnen, sondern vor allem mit der faschistischen Ustaša-Bewegung zu Rande kommen, die seit April 1941 die Regierung in Agram, dem heutigen Zagreb, stellte.[85] Ante Pavelić, der totalitäre Staats- und Regierungschef, den die faschistische Führung über Jahre ausgehalten und im italienischen Exil geschützt hatte, erwies sich als widerspenstiger Geselle. Der kroatische Nationalist in ihm war viel stärker als der faschistische Internationalist, der in den Augen Mussolinis zur Dankbarkeit verpflichtet gewesen wäre. Pavelić ließ sich von den italienischen Besatzern nie unter Kontrolle bringen; im Grunde hassten er und seine Landsleute die Italiener, die sich Teile Dalmatiens unter den Nagel gerissen und damit das überspannte kroatische Nationalgefühl tief verletzt hatten.

Am schwersten aber wog, dass die Wehrmacht bei der Ausrufung des neuen Staates Pate gestanden hatte und den nördlichen, wirtschaftlich interessanteren Teil Kroatiens besetzt hielt.[86] Sie wollte dort zwar nur eine Art vorübergender militärischer Kontrolle ausüben und sich bei Konflikten zwischen Kroaten und Italienern keinesfalls in eine Schiedsrichterrolle drängen lassen.[87] Am Ende waren die Deutschen aber doch überall präsent und vor allem deshalb ein wichtiger politischer Faktor, weil die kroatische Regierung sich lieber auf Hitler als auf Mussolini verließ; von den Deutschen war auch materiell ungleich mehr zu erwarten, nicht zuletzt bei der Aufstellung einer eigenen Armee. Die italienische Oberhoheit stand so nur auf dem Papier. Die erste Geige spielten in der Praxis die Deutschen, die mit den Italienern auch bei zentralen Problemen so oft über Kreuz lagen, dass ihr konfliktreiches Verhältnis als «kalter Krieg» bezeichnet wurde.[88]

Alles in allem fühlten sich die Italiener im jugoslawischen Dschungel noch früher verloren als in Griechenland, wo ihnen wenigstens die giftige Rivalität diverser, seit Langem verfeindeter Ethnien erspart geblieben war. Der massive Italianisierungsdruck, den sie in den besetzten, vor allem aber in den annektierten jugoslawischen Gebieten sofort ausübten, rief ebenso heftige Abwehrreaktionen hervor wie der Versuch einer wirtschaftlichen Gängelung und Ausbeutung. Die ohnehin misstrauische einheimische Bevölkerung widersetzte sich solchen Maßnahmen mit aller Kraft; vor allem Massenumsiedlungen zum Zwecke ethnischer Homogenisierung waren verständlicherweise nicht nach ihrem Geschmack.

Die Folge war hier wie dort die gleiche, und sie unterschied sich von dem, was zeitgleich in Griechenland geschah, nur in einer Hinsicht: Die Partisanenbewegung stellte im ehemaligen Jugoslawien eine noch größere Herausforderung dar. Selbst massive militärische Offensiven vermochten die meist von Kommunisten geführten Aufständischen nicht in Schach zu halten, so dass der dreckige Guerillakrieg immer weitere Kreise zog und mit immer dreckigeren Methoden beantwortet wurde. Die italienischen Besatzer steckten ihre Gegner und deren angebliche Sympathisanten in rasch aufgebaute Konzentrationslager – allein in Slowenien waren es 25 000 bis 30 000, was ca. 7 bis 8 Prozent der Gesamtbevölkerung entsprach –,[89] sie verwüsteten und brandschatzten Hunderte von Dörfern und waren mit Hinrichtungen schnell bei der Hand. Vor dem Einsatz von Giftgas schreckte man am Ende doch zurück; erwogen hatte man ihn.

Kriegsverbrechen waren im ehemaligen Jugoslawien «praktisch an der Tagesordnung. […] Im täglichen Kleinkrieg gegen die Partisanen ließen auch die italienischen Soldaten jegliche humanitäre

Gesittung vermissen: jung, unerfahren und im propagandistisch an-
gefachten Hochgefühl kulturell-rassischer Überlegenheit war ihnen
jedes Mittel recht, wenn es galt, den Gegner so hart wie möglich zu
treffen. Angst, das Bestreben, die eigene Haut zu retten, und das
Bedürfnis nach Rache, waren weitere Motive, die Nachsicht und
Menschlichkeit in den Hintergrund drängten.»[90] Es war das reine
Grauen. «Wenn wir eine Säuberung machen», schrieb ein Soldat
nach Hause, «dann benutzen wir die Flammenwerfer, wir lassen
nichts Lebendes zurück, wir verbrennen alles.»[91] Tausende von Geiseln und gefangenen Partisanen verloren bei dieser Mordbrennerei
ihr Leben, auch viele ihrer Helfershelfer und nicht wenige gänzlich
Unschuldige, die das Pech hatten, zum falschen Zeitpunkt am falschen Ort zu sein.[92] 250 000 Tote weist die Opferbilanz für das ehemalige Jugoslawien aus – und auch hier handelt es sich um sehr vorsichtige Schätzungen.[93]

Nicht wenige Historiker neigen inzwischen dazu, die italienische
Besatzungspolitik in Südosteuropa mit der deutschen in Polen, der
Sowjetunion und auf dem Balkan auf eine Stufe zu stellen. Man
muss solche Zuspitzungen nicht teilen. Die Italiener führten schließlich keinen Vernichtungskrieg, «von der Verfolgung und Ermordung
der Juden gar nicht zu reden».[94] Aber auch wenn Mussolini keinen
Vernichtungskrieg beabsichtigt hatte, konnten sich die Operationen
der königlichen Streitkräfte dazu auswachsen. Die Fakten sind jedenfalls nicht zu bestreiten, sie sprechen für sich und zwingen zu dem
Schluss, dass es mehr Ähnlichkeiten zwischen den Kriegen Hitlers
und Mussolinis gab, als man lange wahrhaben wollte, zumal die
neuere Forschung auch die rassistische Motivation der italienischen
Kriegführung und Besatzungspolitik herausgearbeitet hat. Im Großen und Ganzen «verhielten sich die italienischen Streitkräfte [...]
nicht sehr viel anders als die deutschen nach 1943 in Italien, die
dort – wie in Frankreich, Holland und Skandinavien – ebenfalls
einen anderen Krieg führten als in Osteuropa».[95] Orientiert man sich
nur an der Zahl der Opfer, war ihr Verhalten sogar noch schlimmer.

Dass Mussolini die politische Verantwortung für die Eskalatio-

nen und Exzesse in Griechenland und Jugoslawien trug, liegt auf der
Hand. Er diktierte die «große» Politik in den besetzten und annektierten Gebieten, er wählte das Personal aus, das ihre praktische
Umsetzung gewährleisten sollte, und setzte dabei in der Regel auf
rücksichtslose Draufgänger mit eindeutigem faschistischen Hintergrund. Ganz zu schweigen davon, dass Mussolini sich ständig über
die Geschehnisse vor Ort informierte, dass er die Schandtaten seiner
Untergebenen ausnahmslos deckte und dass er immer wieder direkt
und unmittelbar selbst eingriff. Als Bremser trat er dabei selten in
Erscheinung, in der Regel pochte er auf radikale Lösungen und forcierte damit eine Politik fast maßloser Repression, die bei den Verantwortlichen in der Besatzungsverwaltung ohnehin viele Anhänger
hatte. Er habe die Situation in Slowenien satt, tobte er Mitte 1942,
man müsse «dem Terror der Partisanen mit Feuer und Schwert begegnen». Die Lage sei «dann am günstigsten, wenn der Feind tot
ist».[96]

Äußerungen dieser Art finden sich viele. In militärischen Stress-
situationen agierte der «Duce» auf dem Balkan nicht anders als
wenige Jahre zuvor in Abessinien. Er «genierte sich nie, Mord und
Brand zu befehlen».[97] Neben den Partisanen drohte dieses Schicksal
vor allem den Juden, die in den annektierten und besetzten Gebieten
nach 1941 besonderen Gefahren ausgesetzt waren. Mussolini wusste
1941/42 nur zu gut, was den Juden blühte, wenn sie den Deutschen
in die Hände fielen. Kein Geringerer als Hitler selbst hatte ihm
schon am 2. Juni 1941 auf dem Brenner reinen Wein eingeschenkt.
Die Juden müssten «nach dem Kriege ganz aus Europa hinaus [...].
Auch in den Ostgebieten (Lublin) könnten sie aus hygienischen
Gründen nicht bleiben, da sie infolge ihrer Unsauberkeit dort einen
Krankheitsherd bildeten. Vielleicht könne man sie im Madagaskar
ansiedeln.»[98]

Mussolini nahm diese tödlichen Pläne ungerührt zur Kenntnis,
wahrscheinlich spendete er ihnen sogar Beifall. Radikale Aussied-
lungsprojekte für Juden waren ihm ja nicht fremd, er hatte schon
Ende der dreißiger Jahre an solche Lösungen gedacht. Mussolini

regte sich deshalb auch nicht weiter auf, als er 1942 letzte Gewissheit darüber erlangte, dass die NS-Führung die Ermordung der Juden zur obersten Richtschnur ihrer Politik erhoben und dass der Massenmord bereits begonnen hatte. Er billigte Hitlers Kurs und legte ihm keine Steine in den Weg. Im Gegenteil: Im Mai 1942 wies er seine Vertreter in den annektierten dalmatischen Küstengebieten an, ihr Territorium «judenrein»[99] zu machen. Die 1000 Juden, die dort vor den mörderischen Ustaša-Milizen Zuflucht gesucht hatten, sollten ausgewiesen werden, was ihren sicheren Tod bedeutet hätte.

Im August 1942 ging er noch einen Schritt weiter. Als die deutschen Besatzer ihre italienischen Kollegen aufforderten, bei der «Endlösung der Judenfrage» in Kroatien mitzuwirken, gab Mussolini umgehend grünes Licht. Ein dürres «Nulla osta» von seiner Hand zierte das entsprechende Dokument, das von seinen Untergebenen vor Ort als das interpretiert wurde, was es war: ein ausdrücklicher Befehl des «Duce»,[100] dessen Sinn und Zweck er am 24. Oktober 1942 bekräftigte. Er genehmigte damals nichts anderes als einen Massenmord, als er eine Richtlinie des unter starkem deutschen Druck handelnden Außenministeriums akzeptierte. Juden kroatischer Herkunft, die sich in der italienischen Besatzungszone befanden, sollten sofort interniert und an die Deutschen beziehungsweise die Ustaša ausgeliefert werden. Dass am Ende die Deportation stand, war für niemanden ein Geheimnis.

Wie wenig ihn das Schicksal der Juden rührte, hatte Mussolini keine zwei Wochen zuvor bei einem Treffen mit Heinrich Himmler in Rom bewiesen.[101] Der Reichsführer-SS ließ den «Duce» dabei nicht im Unklaren über die Ziele der deutschen Vernichtungspolitik: «Die Juden», so heißt es in einer Aufzeichnung Himmlers, «würden aus ganz Deutschland, dem Generalgouvernement und allen von uns besetzten Ländern herausgenommen, da sie überall die Träger der Sabotage, Spionage und des Widerstandes sowie der Bandenbildung seien. In Russland hätten wir eine nicht unerhebliche Anzahl von Juden, und zwar Mann und Weib, erschießen müssen, da dort selbst die Frauen und halbwüchsigen Kinder Nachrichtenträger für die Partisanen gewesen wären.» Himmler sagte Mussolini damit nichts Neues. Der «Duce» wusste längst Bescheid und meinte nur trocken, «dass das die einzig mögliche Lösung wäre».[102] Weitere Mitteilungen Himmlers kommentierte er gar nicht mehr. So schrecklich sie auch waren, sie ließen ihn kalt. Wie kalt, zeigte sich Anfang November 1942, als er mit dem Gummifabrikanten Alberto Pirelli sprach. Dabei scherzte er sogar: Die Deutschen veranlassten die Juden, «in eine andere Welt [...] zu emigrieren».[103]

Mussolinis Zynismus blieb den Italienern in der Heimat natürlich unbekannt. Man wusste von seinem Judenhass, kümmerte sich aber nicht um die schrecklichen Blüten, die er trieb. In Rom, Mailand, Neapel und auf dem flachen Land hatte man andere Sorgen, als sich mit den Juden zu beschäftigen, die in der Öffentlichkeit auch nur noch da und dort zu sehen waren. Die große Mehrheit der Italiener hatte sie längst abgeschrieben. In den annektierten und besetzten Gebieten dagegen konnte niemand die Augen vor den tödlichen Konsequenzen verschließen, die Mussolinis Politik nach sich zog. Hier war man tagtäglich mit ihnen konfrontiert, und hier rührten sich auch gewisse Gegenkräfte,[104] die man freilich bis etwa zur Jahreswende 1942/43 ebenso wenig überschätzen sollte wie manche Diplomaten in Rom, die mit ihren Gedanken schon in der Zeit nach dem Krieg waren.

Diese heterogenen Gruppen hatten bis dahin alles mitgemacht: die Rassengesetze, die Entlassung zahlreicher jüdischer Kollegen, auch die Drangsalierung und Isolierung von Juden in den annektierten und besetzten Gebieten; die Ausweitung der Rassengesetze auf Slowenien und auf die neuen Gebiete Dalmatiens beispielsweise ging 1941 fast geräuschlos vor sich. Kein Hahn krähte danach, was mit den Juden dort geschah. Viele Generäle und Diplomaten, die einschreiten und Schlimmeres hätten verhindern können, waren selbst Antisemiten. Sie ließen der Entwicklung ihren Lauf und erwiesen sich im Übrigen auch bei der Bekämpfung der Partisanen nicht als besonders zartbesaitet. Einige von ihnen sahen sich deshalb nach 1945 dem Vorwurf, ein Kriegsverbrecher zu sein, ausgesetzt – wenn nicht alles täuscht, zu Recht.

Warum sie 1942/43 kurz vor Zwölf von der Judenpolitik des «Duce» abrückten, hatte viele Ursachen. Humanitäre Beweggründe, also das schlichte Entsetzen über die namenlosen Schandtaten der Ustaša und das unmenschliche Mordprogramm der Deutschen, werden dabei nicht gefehlt haben. Sie flossen aber mit anderen Motiven zusammen, die mit der angeblich anthropologisch begründeten Gutherzigkeit der Italiener eher weniger zu tun hatten. Korruption ist hier zu nennen, außerdem das gespannte Verhältnis zur Ustaša und insbesondere zu den Deutschen, die sich am Ende auch im italienischen Einflussbereich auf dem Balkan (und im Umgang mit den Juden) wie die allmächtigen Herren benahmen. Viele italienische Offiziere fühlten sich durch dieses Verhalten in ihrer nationalen Ehre gekränkt und wollten sich von den präpotenten Deutschen nichts mehr sagen lassen.[105]

Schließlich: Die italienischen Generäle und Diplomaten, die jetzt in Griechenland, im ehemaligen Jugoslawien und dann auch in Südfrankreich ihre Empathie für die Juden entdeckten, wussten 1942/43 genau, dass der Krieg verloren war und dass die Anti-Hitler-Koalition eine strenge Bestrafung von Kriegsverbrechern und sonstigen Übeltätern angekündigt hatte. Je größer die Distanz zum deutschen Verbündeten war, desto größer erschienen die Chancen für Italien, von den Alliierten nach dem Krieg besser behandelt zu werden, ganz zu schweigen davon, dass auch die eigenen Aktien wieder stiegen, wenn man sich als Retter von verfolgten Minderheiten darstellen konnte. Engagement für Juden war in diesem Sinne auch ein «wertvoller Wechsel auf die Zukunft» der eigenen Haut.[106]

Die Politik der listigen Verschleppung, die aus solchen Einstellungen resultierte, blieb nicht ohne Folgen. Zahlreiche Juden verdankten ihr das Leben, sie konnten mit italienischer Hilfe fliehen oder sich auf anderen Wegen dem tödlichen Zugriff der SS entziehen. Mussolini hatte daran keinen Anteil. Er ließ die zur Moderation entschlossenen Generäle und Diplomaten zwar zeitweise gewähren, kehrte dann aber doch immer wieder zu seinem alten Kurs zurück, ohne dass ihm seine Widersacher, die sich später so viel darauf zugute hielten, energisch in den Arm gefallen wären. Wie groß seine Entschlossenheit zur Tat und seine Macht, die bremsenden Gegenkräfte auszumanövrieren, noch immer waren, zeigte sich im Juni/ Juli 1943 beispielsweise in Südfrankreich, wo viele Juden – auch Emigranten aus Deutschland und Österreich – in der italienischen Besatzungszone Zuflucht gesucht hatten. Mussolini nahm dort den widerspenstigen Generälen die Dinge ganz einfach aus der Hand. Er übertrug die Kompetenz für die Judenpolitik einem Polizeioffizier, der ihm selbst unterstellt war und die Angelegenheit in seinem Sinne regelte: Mitte Juli 1943 befahl er die Auslieferung der Juden aus Südfrankreich.[107]

Es unterliegt keinem Zweifel: Hitler und Ribbentrop drängten mit aller Macht in diese Richtung, und Mussolini wollte wegen der Juden keinen Streit mit dem «Achsen»-Partner riskieren. Warum auch? Er hasste die Juden und wollte sie los werden, egal wie. Das bewies er in der gleichen Zeitspanne auch im Mutterland, wo er – ohne deutschen Druck – die Gangart gegen die Juden ständig verschärfte. Sie waren der Sündenbock für alles, der gefährlichste Teil der bürgerlichen Welt, die Mussolini nun noch härter attackieren ließ, und nicht zuletzt rassische Fremdkörper, die in dem auf seine Reinheit bedachten Italien keinen Platz hatten. Aus freien Stücken verpflichtete er im Mai 1942 alle erwachsenen Juden – Männer wie Frauen – zur Zwangsarbeit. Im Juni 1943 beschloss die faschistische Regierung außerdem, alle zwischen 1907 und 1925 geborenen Juden ohne Ansehen des Geschlechts in Konzentrationslager einzuweisen und sie dort der Zwangsarbeit zu unterwerfen,[108] und noch am Tag seines Sturzes, am 25. Juli, ordnete das von Mussolini geleitete Innenministerium an, die 2000 in Ferramonti in Kalabrien internierten ausländischen Juden nach Bozen zu verlegen, wo sie – so nahe an der Grenze zum Deutschen Reich – gewiss nicht sicherer gewesen wären.[109] Mussolinis Hass auf die Juden hatte sich im Krieg mitnichten gelegt. Die Spirale der Radikalisierung drehte sich – ohne Anstoß von außen – unvermindert weiter. Das Ziel der Vertreibung aller Juden aus Italien verfolgte er selbst dann, wenn damit deren

Vernichtung verbunden sein konnte. Niemand vermochte ihn dabei aufzuhalten.

Stoppen ließ sich Mussolini auch in anderer Hinsicht nicht. Seine geradezu jagende territoriale Beutegier war ungebrochen und brauchte ständig neue Nahrung. Dass sich die italienischen Besatzungsgebiete überall in veritable Kriegsschauplätze verwandelten und dass seine Truppen nirgends in der Lage waren, die eroberten Regionen zu kontrollieren, beeindruckte ihn kaum. Die «Neue Ordnung» des Faschismus würde schon noch aufgerichtet werden, wenn der Endsieg erfochten war und die Kräfte der Gegner wie von selbst erlahmten. Strotzend vor Selbstbewusstsein beanspruchte er deshalb auch noch Ägypten für Italien. Als im Sommer 1942 in Nordafrika die Zeichen auf Sieg zu stehen schienen, reiste er sogar selbst nach Libyen. Er wollte mit dabei sein und träumte davon, als neuer Cäsar in Alexandrien und Kairo einzuziehen.[110]

Lange bevor der Bär erlegt war, teilten Mussolini und Hitler bereits sein Fell untereinander auf. Rommel sollte in Ägypten künftig als militärischer Oberbefehlshaber fungieren, das «politische Primat» sollte aber Italien haben.[111] Mussolini wollte einen zivilen Hochkommissar nach Ägypten schicken, der dort die Besatzungspolitik bestimmte und die Interessen Italiens zur Geltung brachte. Drei Wochen wartete Mussolini in der libyschen Wüste auf das Signal zum Aufbruch nach Kairo – vergeblich, weil Rommels Truppen über El Alamein nicht hinaus kamen.[112] Seinem Optimismus tat das Scheitern der deutsch-italienischen Offensiven aber keinen Abbruch. Mussolini erkannte ebenso wenig wie seine Offiziere vor Ort, dass sich das Blatt in Nordafrika gewendet hatte. Mussolini sei in bester Stimmung aus Afrika zurückgekehrt, notierte Ciano in seinem Tagebuch. Der «Duce» rechnete fest damit, dass die Angriffe in zwei, drei Wochen wieder aufgenommen und zum Ziel führen würden. Er war sich dessen so sicher, «dass er sein persönliches Gepäck in Libyen zurückgelassen hat, als Pfand für eine schnelle Rückkehr».[113]

Solchen imperialen Tagträumen gaben sich 1941/42 in Italien nicht wenige hin. Aus unterschiedlichen Motiven: Die politische und militärische Führung hatte große strategische Ziele. Sie wollte mit einem Sieg am Nil die britische Vorherrschaft im Mittelmeerraum brechen und damit die Briten insgesamt in die Knie zwingen. Die wirtschaftliche Elite des Landes hingegen dachte vor allem an Rohstoffe. Mit Blick auf Ägypten, überhaupt auf Afrika machte man sich dabei keine ganz großen Hoffnungen. Anders lagen die Dinge aber in der Sowjetunion, die vielen als Rohstoffparadies erschien. Was winkte dort nicht alles! Getreide, Kohle, Erdöl und vieles andere mehr. Nach den ersten militärischen Erfolgen in der Sowjetunion ließ man sich in Rom zu den kühnsten Projekten verführen; sogar von einer eigenen Kolonie im Osten träumte man. Im Sommer 1942 wurden weitere fantastisch anmutende Zukunftspläne ausgeheckt, die auf die «langfristige Ausbeutung agrarischer und mineralischer Rohstoffe» zielten, «wobei man neben der Kaukasusregion mit ihren reichen Erdölvorkommen – dort hatte sich Italien bereits nach dem Ersten Weltkrieg engagiert – vor allem die Ukraine im Visier hatte».[114]

Die deutschen Partner hatten gegen diese ambitionierten Projekte im besetzten Osten nichts einzuwenden. Sie versicherten dem italienischen Außenhandelsminister Raffaelo Riccardi, der entsprechende Verhandlungen führte, dass «von uns grundsätzlich anerkannt wird, daß Italien in diesen Gebieten nach bestimmten Richtlinien und Vorschlägen sich betätigen soll und auch zusätzliche wirtschaftliche Kräfte erhalten soll».[115] Vor allem die Kooperation bei der Ölgewinnung erschien ihnen vielversprechend, zumal die Italiener auf diesem Gebiet langjährige Erfahrung hatten und über einen Stamm von Experten verfügten, der jederzeit einsatzbereit war. Sogar Hitler erteilte den italienischen Ambitionen seinen Segen. Er wollte die Italiener zwar von der Krim fernhalten, auf die sie, so meinte er jedenfalls, ein Auge geworfen hatten. Er fand aber nichts dabei, die Gebiete südlich des Kaukasus zur «Interessenssphäre Italiens» zu erklären.[116]

## Der Sturz

Als diese hochfliegenden Pläne geschmiedet wurden, war es nur noch ein Jahr bis zu Mussolinis Sturz. Aus der Rückschau deutet zwar schon vieles auf diese Zäsur hin. Im Sommer 1942 hätte aber kaum jemand darauf gewettet, dass die Tage des «Duce» gezählt waren. Die «Achse» beherrschte fast ganz Europa, ihre Truppen marschierten in Afrika und befanden sich auch in der Sowjetunion wieder in der Offensive. Fiel es da wirklich ins Gewicht, dass Großbritannien noch stand hielt, dass die Partisanen in den besetzten Gebieten ihr stolzes Haupt erhoben und dass man in der Heimat zu murren begann, weil Lebensmittel knapp wurden, die alliierten Bombenangriffe zunahmen und der Krieg sich endlos hinzuziehen schien? Unzufriedenheit hatte es noch in jedem Krieg gegeben, auch im Ersten Weltkrieg, wie Mussolini immer wieder betonte. Was aus der Rückschau wie die untrüglichen Vorboten des Zusammenbruchs wirkt, nahm der «Duce» durchaus zur Kenntnis – er nahm sie aber nicht ernst, sondern hielt sie für normale Begleiterscheinungen des Krieges.

Drei Monate später sah die Lage ganz anders aus. Im Herbst 1942 brach eine Kaskade von Katastrophen über die Streitkräfte der «Achse» herein, die das Bündnis ruinierte und schließlich auch das faschistische Regime in Rom mit sich riss. Die Wende bahnte sich in Nordafrika an. Dort begann Ende Oktober 1942 bei El Alamein die lange vorbereitete britische Offensive. Sie zeitigte Anfang November die entscheidenden Erfolge, zum selben Zeitpunkt also, als in Marokko und Algerien eine große alliierte Invasionsarmee landete und Rommels gehetzte Streitmacht im Rücken bedrohte. Das Ende der italienisch-deutschen Präsenz in Nordafrika war damit, wenn kein Wunder geschah, nur noch eine Frage der Zeit.[1]

Ähnlich düster waren die Aussichten in der Sowjetunion, wo sich keine drei Wochen nach der Wende in Afrika der tödliche Ring um die 6. deutsche Armee in Stalingrad schloss. Deren Vernichtung besiegelte auch das Schicksal der weiter nördlich operierenden 8. italienischen Armee, die zwischen Dezember 1942 und Februar 1943 fast völlig aufgerieben wurde. Am Don und in der ägyptisch-libyschen Wüste ging mehr unter als ein nach Hunderttausenden zählendes Riesenheer. Dort ging die «Achse» in die Brüche – und zwar nicht primär wegen der deprimierenden Niederlagen, die Hitlers und Mussolinis Streitkräfte ins Mark trafen, sondern wegen der Art und Weise, wie man hier wie dort die Niederlagen im giftigen Streit verarbeitete. Wie hatte es dazu kommen können? Wer trug die Schuld? Wer hatte nur an sich gedacht und sich unsolidarisch gegenüber den Waffenbrüdern verhalten? Die Antworten auf diese bohrenden Fragen hätten unterschiedlicher nicht sein können. Italiener und Deutsche bombardierten sich mit schwersten Vorwürfen, die den alten, im Kriegsalltag selbst vielfach entkräfteten Ressentiments neue Nahrung gaben. Am Ende wurde aus Entfremdung sogar Hass und bittere Feindschaft, die nicht auf die Frontsoldaten beschränkt blieb, sondern tief in beide Gesellschaften drang und so das Fundament der «Achse» zerfraß.[2]

Mussolini blieb diese Entwicklung nicht verborgen. Aus den Lageberichten, die ihn täglich erreichten, wusste er außerdem, dass die fatalen Nachrichten aus Afrika und der Sowjetunion weiter auf die ohnehin gedämpfte Stimmung im Volk drückten. Wie lange würde der Krieg noch dauern? Ein Jahr, zwei Jahre? Ein Ende war nicht abzusehen, und die Zahl der Opfer stieg unaufhörlich an, während der Lebensstandard gleichzeitig unaufhörlich sank. Kriegsmüdigkeit und Depression begannen sich breit zu machen – und die Gegenmittel waren rar. Besonders süß war das Leben in Italien nie gewesen. In den dreißiger Jahren lebten die Bauern, Handlanger und Pächter auf dem Land genau so schlecht wie die kleinen Handwerker, Händler und Industriearbeiter in der Stadt. Ihr «dolce vita» bestand aus harter Arbeit und wenig Spaß. Mehr als Brot, Tomaten, Gemüse, Reis und Nudeln kam nicht auf den Tisch. Im Krieg wurden selbst diese Grundnahrungsmittel so knapp, dass viele Familien kaum mehr etwas zu beißen hatten. Hinzu kamen die permanenten Fliegerangriffe der Alliierten, die schon 1942 die Luft über Italien beherrschten.[3] Es gab nur wenige Schutzräume, und die italienische Flugabwehr hatte den feindlichen Bombern so gut wie nichts entgegenzusetzen. In den Städten hausten bald Zehntausende in Notunterkünften. Wer konnte, floh aufs Land, wo man wenigstens seines Lebens einigermaßen sicher war.

Den «Duce» störte das nicht. Sein Mitgefühl für das eigene Volk in Not hielt sich überhaupt in engen Grenzen. Er sei froh, dass Neapel so schwere Nächte erleben musste, sagte der steinkalte Mussolini nach einem schweren Luftangriff auf die Millionenstadt. «Die Rasse wird härter. Der Krieg macht die Neapolitaner zu einem nordischen Volk.»[4] So zynisch wie Mussolini waren nicht viele Parteiführer. Nur wenige faschistische Exzellenzen fanden aber etwas dabei, im Krieg in Saus und Braus zu leben – und ihr Wohlsein auch noch zur Schau zu stellen, während der kleine Mann den Gürtel enger und enger schnallen musste. Außenminister Ciano zeichnete sich in dieser Hinsicht besonders aus. Seiner Frau Edda, der extravaganten Tochter des «Duce», fiel es gar nicht ein, auf irgendetwas zu verzichten. «So lange es möglich ist, gönnen wir uns alles, denn wir wissen, dass uns die Guillotine erwartet», soll sie einer Freundin gesagt haben.[5] Die Familie von Mussolinis Geliebter Claretta Petacci trieb es anscheinend noch bunter. Ganz Rom spekulierte über den obszönen Reichtum des Petacci-Clans, der sich nur höchster Protektion und Korruption verdanken konnte.[6]

Die seit Längerem grassierende Parteiverdrossenheit erhielt damit eine neue aggressive Note. Die Italiener hatten den Krieg satt, und sie wurden nicht mehr satt. Daraus entstand eine leicht entflammbare Missstimmung, die bald überall zu spüren war. Dabei ging es nicht mehr nur um das übliche Gemurre und Gemaule, das –

den Konjunkturen des Krieges folgend – anschwoll und abflaute und gerade in den bürgerlichen und proletarischen Kreisen immer schon zu hören gewesen war. Jetzt wurde der Ton schärfer, Ratlosigkeit und Verzweiflung verschafften sich nun auch öffentlich Luft, mitunter recht derb. Die Kritik bezog sich auf Defizite beim Luftschutz, bei der Lebensmittelversorgung, bei der Bekämpfung des Schwarzmarktes – und immer und überall lag der Schwarze Peter nicht zufällig bei der Partei, die seit den dreißiger Jahren mehr und mehr Kompetenzen an sich gezogen hatte. Sie war allgegenwärtig, fühlte sich für alles zuständig und wurde so jetzt auch für alles, was fehlte und nicht klappte, verantwortlich gemacht. Was sie immer noch leistete, ja dass sie im Überlebenskampf der kleinen Leute unentbehrlich war, geriet demgegenüber leicht in Vergessenheit.[7]

Das Regime stand damit aber noch nicht zur Disposition. Das große faschistische Ganze schien vielen Italienern für die Ewigkeit gebaut. Es sollte gesäubert und renoviert, aber allein schon deshalb nicht demontiert werden, weil es keine Alternative dazu gab. An Mussolini wagte sich lange ebenfalls kaum jemand heran.[8] Er wisse weder von der Prasserei seiner Bonzen noch von den Missständen im Land, redeten viele sich ein. Mussolini stand über der Realität. Der «Duce»-Kult, der ihn seit Jahren umgab, ließ Kritik an ihm gar nicht erst aufkommen. Er galt der überwältigenden Mehrheit noch immer als der unvergleichliche Magier, der für alles ein Rezept hatte, der sich um die Nöte seiner Landsleute sorgte und Italien zu neuer Größe geführt hatte. Wenn es einen Ausweg aus der Krise gab, dann kannte ihn nur einer: der «Duce».

Auch die erste größere Streikwelle vom März/April 1943 änderte daran nicht viel. Sie war «die wichtigste Demonstration der Unzufriedenheit und des Massenprotests» gegen den Faschismus seit 1922.[9] Aber sie brachte die Regierung nicht in Bedrängnis. Gewiss, da und dort ließen sich regimekritische Stimmen vernehmen, ganz am Rande des Geschehens traten sogar kommunistische Kader auf, die nichts sehnlicher wünschten, als sich die Missstimmung zunutze zu machen. Wirklichen Einfluss gewannen sie aber nicht. Die

Streiks waren ohne sie entstanden und sie gingen ohne sie zu Ende. Sie hatten ihre Ursache fast ausschließlich in sozialen Fragen; im Zentrum standen Lohnerhöhungen und die Eindämmung der Preise, die zwar staatlich reguliert waren, aber dennoch unaufhörlich stiegen. Außerdem blieben die Streiks ein regionales Phänomen, betroffen waren nur einige industrielle Regionen Norditaliens – im übrigen Land verhielt man sich still. Und schließlich brachen die Streiks rasch in sich zusammen, als die faschistische Führung mit Butterbroten lockte und mit der Peitsche drohte.

Mussolini verfügte über genügend Informationen, um einschätzen zu können, dass für sein Regime keine Gefahr im Verzug war. Im Ersten Weltkrieg hatte der Unmut viel größere Dimensionen erreicht – und nichts war passiert. Er glaubte, die Lage im Griff zu haben, und zwar auch, weil er die Arbeiterschaft und ihre Führer zu kennen meinte. Sie gingen auf die Straße und machten sich mausig, wie früher, als er noch an ihrer Spitze gestanden hatte, sie rollten ihre Fahnen aber genau so rasch wieder ein, wie sie sie gehisst hatten; wenn sie seine Faust spürten, war der Protestspuk – wie sich jetzt tatsächlich zeigte – schnell vorbei.

Ernste Sorgen bereitete ihm hingegen der Kriegsverlauf. Die Nachrichten aus Nordafrika und von der Don-Front waren Gift für seine Politik und jetzt auch wieder für seine Gesundheit, die schon in den Monaten zuvor nicht die beste gewesen war. Mussolini musste im Herbst und um die Jahreswende 1942/43 immer wieder das Bett hüten. Er hatte heftige Bauchschmerzen, konnte kaum etwas essen, und niemand wusste genau, woran er litt. Die in großer Zahl konsultierten Ärzte waren so ratlos wie der Mann auf der Straße. War es das alte Magengeschwür? Eine Spätfolge einer Syphiliserkrankung oder einer Vergiftung, war es gar Krebs?[10]

Mussolini brauchte einige Zeit, bis er sich von dieser Krise einigermaßen erholte. Sie zehrte an seinen Kräften wie das Alter, das sich nun nicht mehr so leicht überlisten ließ; schließlich ging der von der Propaganda auf ewig frisch gehaltene «Duce» auf die sechzig zu. Das heißt aber nicht, dass er vor seinem Sturz im Sommer 1943 nicht handlungsfähig gewesen wäre. Eher war das Gegenteil der Fall: Mussolini lief, trotz strapazierter Nerven, noch einmal zu Hochform auf, wobei er sich aber, anders als Hitler, nicht in reines Wunschdenken verrannte. Während der «Führer» noch immer felsenfest an den totalen Sieg der deutschen Waffen an allen Fronten glaubte, war Mussolini mittlerweile nüchterner und etwas bescheidener geworden. Er hielt einen Triumph der «Achse» für ebenso ausgeschlossen wie ihre Niederlage, die viele damals schon an die Wand malten. Die Wehrmacht stand noch immer tief in der Sowjetunion und bereitete sich auf eine neuerliche Offensive vor, die den russischen Koloss weiter schwächen konnte. Erleichterung erhoffte sich Mussolini außerdem von den modernisierten deutschen U-Booten, die 1943 in großer Zahl zum Einsatz kommen sollten. Ganz zu schweigen schließlich von den Friktionen im gegnerischen Lager, in dem weder die ideologischen noch die strategischen Konflikte zwischen der totalitären Sowjetunion und dem demokratischen Westen zur Ruhe kamen. Die «monströse angelsächsisch-bolschewistische Koalition wird ihre Ziele der Vernichtung und Ausbeutung der Welt nicht erreichen», schrieb er noch im November 1944, weil sie von einer «ausschließlich materialistischen Weltsicht geleitet ist, die im Kern jüdischer Prägung und daher antieuropäisch ist».[11] Mit anderen Worten: Das Potenzial der «Achse» war in Mussolinis Augen, trotz der bedrohlichen militärischen Lage in Nordafrika, nicht erschöpft, der Krieg war keineswegs entschieden. Er würde noch lange dauern.

Die Situation war verfahren, sie bot aber durchaus Chancen – man musste sie nur zu nutzen wissen. Mussolini glaubte, ein Rezept zu haben, und meinte auch, über die nötige Zeit zu verfügen, um es zur Anwendung zu bringen. Der springende Punkt bestand in der Rückkehr zur Politik, wobei ihm die Außenpolitik zunächst wichtiger schien als die Innenpolitik, weil sie den Rahmen für alles Weitere schuf. Der Leitgedanke seines Rezepts war einfach: Der kräftezehrende Mehrfrontenkrieg musste beendet werden. Mussolini dachte dabei aber nicht – wie viele andere im engeren Führungskreis der faschistischen Partei, im Außenministerium und im Vatikan – an einen Separatfrieden mit den Westmächten. Er fürchtete die Rache der Engländer, in denen er den Feind Nr. 1 sah. Sie würden sein Land zu einer Statistenrolle im Mittelmeerraum degradieren und ihm jeglichen Gestaltungsspielraum rauben. Churchill, aber auch Roosevelt stellten außerdem die Systemfrage und verlangten nicht nur Mussolinis Rücktritt, sondern sogar seine Bestrafung und die Demontage des faschistischen Regimes. Blieb also nur Stalin als potenzieller Verhandlungspartner, der zumindest mit Diktatoren keine Probleme hatte. Die «Achse» sollte ihre Strategie im Osten ändern, sei es durch einen Separatfrieden, sei es durch einen riesigen Ostwall, der es der Wehrmacht erlaubte, die schlagkräftigsten Divisionen abzuziehen und in den Mittelmeerraum zu verlegen, wo sie sich den Westalliierten entgegenstellen sollten. Sie mussten sich in Nordafrika festkrallen, eine alliierte Landung in Italien verhindern und den Angloamerikanern via Spanien und Gibraltar in den Rücken fallen. Hier lag das Epizentrum des Krieges, hier sollte die «Achse» die Entscheidung suchen, hier hatte sie die größten Chancen auf einen Sieg.[12] Das Problem Stalin hätte sich in diesem Szenario von selbst erledigt; auf sich allein gestellt, ging keine Gefahr mehr von ihm aus.

Das Arrangement mit Moskau geisterte seit Mitte 1942 nicht nur durch Mussolinis Gedankenwelt. Ähnliche Überlegungen stellte man zur gleichen Zeit bei den deutschen und mit noch mehr Nachdruck bei den japanischen Verbündeten an. In Tokio versprach man sich große Vorteile von einer Verlagerung des Hauptkriegsschauplatzes nach Nordafrika; aus nahe liegenden Gründen: Die Westmächte hätten sich dort militärisch noch stärker engagieren und deshalb den Druck auf Japan vermindern müssen.[13] Zu konkreten Schritten, sprich italienischen Sondierungen in Moskau, kam es nicht. Dafür wurden die Japaner aktiv, die danach verhaltenen Optimismus signalisierten und damit Mussolini in seinen Hoffnungen bestärkten. Er war sich aber auch so sicher, dass Stalin die Vorteile seines Planes rasch erkannt und zugegriffen hätte. In der Anti-Hitler-Koalition mit den Westmächten war es bisher vor allem die Sowjetunion gewesen, die den höchsten Blutzoll hatte entrichten müssen, während die versprochene «zweite Front» im Westen auf sich warten ließ. Mussolini vermutete, dass Stalin den verlustreichen Krieg beenden wollte – und zwar umso eher, als er ihm große territoriale Zugeständnisse gemacht hätte. Wie große, wurde nie genau festgelegt. Das Angebot schien aber verlockend zu sein.[14] «Die Zeche des Friedens mit Rußland wird Polen zahlen», sagte er im April 1943 zu Alberto Pirelli.[15]

Das Problem bei alledem war Hitler, der sich längst von der Politik zurückgezogen hatte und allen Empfehlungen seiner Berater, einen Ausgleich mit Stalin zu suchen, eine Abfuhr erteilte. Er wollte noch immer mit dem Kopf durch die Wand und von einer Rückkehr zu Politik und Diplomatie nichts wissen. Die Waffen brachten die Entscheidung – sonst nichts. Hitler hielt Mussolinis mit Tokio abgestimmte Pläne für eine – man muss es so deutlich sagen – Schnapsidee. Ein Friedensschluss mit seinem Todfeind Stalin kam für ihn ebenso wenig in Frage wie eine Verlagerung des Hauptkriegsschauplatzes in den Mittelmeerraum. Er hätte damit auf seine eigenen Lebensraumpläne im Osten verzichten und stattdessen die Kastanien Mussolinis aus dem Feuer holen, ja im Grunde erneut einen italienischen Krieg führen müssen. Hitler wies deshalb Mussolinis Masterplan ein ums andere Mal zurück.[16] Am Ende ging er gar nicht mehr darauf ein, während Teile der Wehrmachtsführung und des Auswärtigen Amtes die italienischen Vorstellungen durchaus begrüßten und den «Duce» sogar ermunterten, nur ja nicht aufzugeben. Mussolini sollte Hitler aus der «fanatischen Atmosphäre» herausreißen und den «Bann der sowjetischen Sphinx» brechen, «die sein Denken total beherrscht».[17]

Man braucht es kaum auszusprechen: Mussolini steuerte im Frühjahr 1943 nicht auf eine Beendigung des Krieges zu. Er wollte nur die Stoßrichtung der «Achsen»-Kriegführung ändern und hatte die alten imperialen Pläne noch längst nicht aufgegeben. Die territoriale Beute, die er jetzt vor Augen hatte, war kleiner als die, von der er im Sommer 1940 geträumt hatte. Beute machen wollte er aber noch immer. Das zeigt auch seine Haltung gegenüber einer außenpolitischen Initiative, die 1942/43 von seinem Außenministerium ausging. Der Hintergrund dieses Vorstoßes war ein doppelter: die Atlantikcharta der westlichen Alliierten vom September 1941, die eine neue, auf Frieden und Freiheit begründete Nachkriegsordnung in Aussicht stellte, und vor allem das Unbehagen der kleineren «Achsen»-Partner und einiger neutraler Länder angesichts der Dominanz der Deutschen, die sich beharrlich weigerten, Genaueres und Verbindlicheres über das europäische Haus nach dem Krieg zu sagen. Sie fürchteten die Degradierung zu deutschen oder italienischen Provinzen und zögerten deshalb, der Sache der «Achse» die nötige Unterstützung zu gewähren. Vielfach standen sie ihr innerlich sogar feindlich gegenüber.[18]

Dem Staatssekretär im Außenministerium, Giuseppe Bastianini, waren solche Befürchtungen über einen deutschen Superstaat in Europa alles andere als fremd. Niemand wisse, so Bastianini zu einem Angehörigen der deutschen Botschaft in Rom, «wie der europäische Kontinent nach einem deutsch-italienischen Sieg neugestaltet werden soll». Das Ergebnis hiervon sei, dass keines dieser neutralen oder besetzten Länder «den Sieg der Achsenmächte wünscht. [...] Es sei ausgeschlossen, einen Krieg nur durch die Waffen zu gewinnen. Hierzu gehöre auch eine tragende Idee und daran fehle es bei den Achsenmächten. [...] Gerade der jetzige Augenblick, wo die bolschewistische Gefahr auch den abseits stehenden Ländern Europas so klar vor Augen trete, sei der gegebene, um die durch die Propaganda der Gegenseite verwirrten Gemüter in unserem Sinne zu beeinflussen.»[19]

Bastianini wollte damit nicht nur die antibolschewistischen Energien in Europa stimulieren. Ihm ging es auch darum, die selbst auferlegte politische Abstinenz Roms zu überwinden und propagandistisch wieder in die Offensive zu gelangen. Im Zentrum seiner Überlegungen stand dabei der Plan, der «Atlantikcharta» eine faschistische «Europacharta» entgegenzusetzen. Mit ihr wollte er die kleineren neutralen und besetzten Länder beruhigen, der große Europaplan sollte Klarheit schaffen und vor allem «den Schutz der Nationalitäten» garantieren.[20] Bastianini und seine Mitstreiter im Außenministerium durften sicher sein, dass man selbst in den verbündeten Hauptstädten Budapest, Sofia und Bukarest auf ein solches Signal wartete. Dort hoffte man im Frühjahr 1943 sogar auf die Bildung eines Donau-Balkan-Blockes unter der Führung Italiens, der es leichter haben würde als jeder einzelne Staat, sich von den Deutschen zu distanzieren – und vielleicht sogar gegen den Willen Hitlers aus dem Krieg auszuscheiden. Mussolini machte sich diese Pläne seines Staatssekretärs nie zu eigen. Er wollte nicht aus dem Krieg ausscheiden und sich auch nicht die Hände binden, sondern völlig frei sein – für den Fall, dass seine «russische Karte» doch noch stach und er seine territorialen Ambitionen trotz allem wenigstens in kleinerem Format befriedigen konnte. Sein Entschluss, versicherte er Hitler am 9. März 1943, «bis ans Ende mit Ihnen zu marschieren», sei unerschütterlich. Auch das italienische Volk sei in «seinen verantwortlichen Schichten völlig überzeugt [...], daß bis ans Ende marschiert werden muß, was auch immer geschehen mag».[21]

Diese Bekräftigung des alten Treueschwurs war ernst gemeint. Mussolini hielt an dem einmal eingeschlagenen Kurs fest. Er hatte spätestens mit der Unterzeichnung des «Stahlpakts» im Mai 1939 alles auf eine Karte gesetzt. Eine Umkehr gab es für ihn nicht, auch wenn seine Politik aus der Rückschau wie eine kopflose Flucht nach vorn, wie ein Amoklauf in der Sackgasse erscheinen kann. Dass Hitler seinen russischen Trumpf fast missmutig vom Tisch wischte, quittierte er nicht nur mit einem verständnislosen Achselzucken. Er konnte diese Entscheidung nicht fassen und kam auch später, als das Ende herannahte, immer wieder auf diesen kapitalen politischen Fehler zu sprechen.[22] Resignation gab es für ihn dennoch nicht. Wenn außenpolitisch nichts zu machen war, weil Hitler sich einer Rückkehr zur Politik (noch) versagte, dann musste wenigstens eine innenpolitische Wende erzwungen werden. Ihr Ziel konnte nur sein, die Widerstandskraft Italiens im Abwehrkampf gegen die westlichen Alliierten zu stärken, wobei er nicht zuletzt auf die Generalmobilmachung der faschistischen Partei und ihrer Nebenorganisationen setzte. In puncto militärische Ressourcen war der Spielraum nämlich begrenzt. Italien hatte seine Möglichkeiten zwar längst nicht ausgeschöpft; Mussolini hatte die schwerfälligen Rüstungskonzerne nie richtig auf Trab zu bringen vermocht und war bis dahin auch davor zurückgeschreckt, der italienischen Gesellschaft ähnlich große materielle Opfer und Entbehrungen zuzumuten, wie sie in anderen kriegführenden Ländern an der Tagesordnung waren, um den Ausstoß der Rüstungsbetriebe zu erhöhen. Er hatte sich diese Zurückhaltung leisten können, im Bedarfsfalle standen ja immer die Wehrmacht und die deutsche Kriegswirtschaft bereit.[23] Im Frühjahr 1943 kam eine Umkehr zu spät, in der Kürze der Zeit waren keine militärischen Wunder mehr zu erwarten: Die Zahl der Soldaten ließ sich von 1942 auf 1943 nur mehr geringfügig steigern. Das Bruttosozialprodukt war ebenso leicht rückläufig wie die Quote der Rüstungsausgaben, und es spricht Bände, dass 1943 deutlich weniger Militärflugzeuge produziert wurden als 1942 – und 1942 weniger als 1941. Insgesamt stellte Italien im Krieg bis 1943 pro Jahr so viele Flugzeuge her wie Großbritannien in einem Monat.[24]

Auch der jetzt zu allem entschlossene «Duce» stieß hier – trotz zahlreicher Appelle und drängender Ermahnungen – rasch an seine Grenzen. Was aber nicht heißt, dass Italien im Frühjahr 1943 militärisch kein Faktor mehr gewesen wäre. Das Land hatte immer noch weit über 3,5 Millionen Mann unter Waffen[25] – sie standen zwar vor allem in der Heimat (über zwei Millionen), waren aber auch auf dem Balkan und in Südfrankreich engagiert, nicht zu vergessen die 122 000 Soldaten, die in Nordafrika kämpften, wo sie in opferreichen Rückzugsschlachten den Vormarsch der anglo-amerikanischen Truppen behinderten und damit eine Landung auf dem italienischen Festland verzögerten.

Bei der gesellschaftlichen Mobilisierung des faschistischen Regimes hatte Mussolini viel größere Möglichkeiten. Der alte Voluntarist war dabei auch ganz in seinem Element, weil hier weder Zahlen noch Fakten, weder Kapazitäten noch Kontingente zählten und weil er sich auch von den Deutschen nichts sagen lassen musste. Hier ging es vor allem um den Willen und die Entschlossenheit zur Tat, die er immer schon höher veranschlagt hatte als die Ausrüstung, Versorgung und Ausbildung seiner Soldaten. Eine aufrüttelnde Rede, eine zündende Parole, mit einem Wort: Sein Charisma hatte sich noch immer bewährt. Warum nicht auch jetzt?

Das Ergebnis dieser Glaubens- und Willensanstrengung war die letzte große Richtungsentscheidung des Faschismus. Sie führte zu einer weiteren Radikalisierung, wobei sich Mussolini erneut auf die Seite der Revolutionäre in seiner Partei schlug. Die Jakobiner unter den Faschisten fühlten sich schon seit Längerem nicht mehr wohl im Regime, das in ihren Augen in Routine erstarrt war. Bürgerliche Sattheit hatte sich eingeschlichen, es mangelte an Spontaneität und Kreatitivität. Die Partei sei «impotent», meinte etwa Farinacci.[26] Nichts war nötiger als ein Revitalisierungsschub. Der Krieg sollte, wäre es nach ihnen gegangen, in einen «revolutionären Krieg»[27] verwandelt werden.

Mussolini kannte die drängende Unzufriedenheit der Revolutionäre, die im Krieg vor allem von den jüngeren, im Zeichen des Faschismus herangewachsenen Generationen Zulauf erhielten; insbesondere Studenten und Intellektuelle stärkten ihre Reihen. Er kam ihnen aber lange nicht entgegen, weil er um das prekäre Gleichgewicht im faschistischen Regime fürchtete. 1942/43 ließ er die Rücksichtnahmen auf die müde und bequem gewordenen «Status quo»-Faschisten fallen. Der Kriegsverlauf und die Defizite an kriegerischem Elan, die überall zu Tage traten, zwangen ihn zu dieser Kurskorrektur. Im Abwehrkampf gegen die westlichen Alliierten ging es um alles oder nichts. Jetzt musste auch er selbst noch einmal Farbe bekennen. Wie es scheint, tat er es gerne, weil er sich den Revolutionären seit jeher näher fühlte als den Laumännern in seiner Partei.

Die Kurskorrektur begann im Dezember 1942 mit einem propagandistischen Paukenschlag, der nichts anderes war als ein Aufruf zum totalen Krieg. Mussolini predigte Hass, grenzenlosen Hass.

Nur so war der Feind noch aufzuhalten. In einer Rede vor dem einflusslosen Quasiparlament des Regimes gab er den Ton vor: «Man führt keinen Krieg, ohne den Feind zu hassen. Man führt keinen Krieg, ohne den Feind von morgens bis abends zu hassen, Tag und Nacht, und […] ohne diesen Hass zu einem Teil des eigenen Ich zu machen. Man muss sich ein für allemal von jeder falschen Gefühlsduselei frei machen. Uns stehen Unmenschen, ja Barbaren gegenüber.»[28]

Danach ging es Schlag auf Schlag. Der größte erfolgte Anfang Februar 1943, als Mussolini fast sein gesamtes Kabinett entließ: Neun von zwölf Ministern mussten gehen, unter ihnen seine alten Weggefährten Dino Grandi und Giuseppe Bottai, die seinen Kurs schon lange nicht mehr mittrugen und daraus auch kein Hehl machten. Faschistisch, so meinten viele echte Parteigenossen, war an ihnen eigentlich nur noch ihre Vergangenheit. Das prominenteste Opfer war sein Schwiegersohn, Galeazzo Ciano, der sich in Mussolinis Augen nicht nur durch seinen luxuriösen Lebenswandel diskreditiert hatte. Ciano musste gehen, weil er an der Weisheit von Mussolinis Außenpolitik zweifelte und diese Zweifel urbi et orbi zu Markte trug. Er wollte sich aus dem Bündnis mit Hitler lösen und so rasch wie möglich Friedensfühler zu den Westmächten ausstrecken – also genau das Gegenteil dessen, was der «Duce» zur Richtschnur seiner Politik erhoben hatte.[29]

Unter den neuen Männern befanden sich neben reinen Technokraten einige ganz abgebrühte Squadristen aus der Kampfzeit der Bewegung, die dem Kabinett mehr Schwung und Geschlossenheit verleihen und vor allem dem überall wühlenden Defätismus entgegenwirken sollten. Das gleiche Signal sandte Mussolini im Frühjahr 1943 an die Partei – nicht zum ersten Mal im Übrigen: Der PNF gab ihm seit Längerem Anlass zur Sorge. Mussolini hatte deshalb bereits 1940/41 Alarm geschlagen und die Verfechter einer «rivoluzione continua» zu stärken versucht.[30] Im Dezember 1941 hatte er, ganz auf dieser Linie, schließlich sogar einen radikalen Generationswechsel erzwungen, als er mit dem 27-jährigen, vor Kurzem erst zum Generalsekretär des faschistischen Studentenverbandes berufen Aldo Vidussoni ein fast unbeschriebenes Blatt an die Spitze der Partei holte. Der tüchtigen Jugend eine Gasse, schien die Devise zu lauten, die freilich kaum eine politische Dividende abwarf. Vidussoni konnte sich nicht durchsetzen, er ging im Haifischbecken der Parteigranden rasch unter.

Mussolini zog im April 1943 auch hier die Konsequenzen. Auf Vidussoni folgte Carlo Scorza, ein revolutionärer Scharfmacher mit lupenreiner faschistischer Vergangenheit, von dem Bottai sagte: Er gehöre zu den «gewalttätigsten Squadristen und Parteiführern der gewalttätigen Toskana».[31] Scorza erhielt deutlich mehr Kompetenzen als sein Vorgänger, und zwar nicht nur in der Partei, wo er sich wie ein kleiner Diktator fühlen konnte, sondern auch gegenüber den staatlichen Stellen, die noch stärker unter faschistische Kontrolle gestellt werden sollten.

Das Revirement in der Partei blieb nicht auf die Spitze beschränkt. Es betraf auch die unteren Ebenen und die Nebenorganisationen. Überall setzte Mussolini auf junge fanatische Faschisten und nicht zuletzt auf die alte revolutionäre Garde, die sich schon einmal bewährt hatte. Die alten Kämpfer waren seinem Urteil nach auch jetzt wieder unentbehrlich. «Auch wenn die Jahre unweigerlich Spuren in ihren Gesichtern hinterlassen haben, so konnten sie doch ihrem Geist nichts anhaben.»[32]

Auch Mussolini selbst fühlte sich verpflichtet, sein Engagement für die Partei zu intensivieren. Er hatte bereits 1942 seine engsten und wichtigsten Mitstreiter aufgefordert, sich mehr unter das Volk zu mischen und eigene Propagandakampagnen zu starten. Außerdem ließ er schon 1942 alle Provinzfürsten der Partei, die sogenannten Federali, zu großen Heerschauen nach Rom kommen,[33] wo er ihnen einhämmerte, dass der PNF noch einmal alle Kräfte anspannen müsse. Ihre Aufgabe sei es, den Kampfgeist zu wecken und die Siegeszuversicht zu stärken. Jeder einzelne Faschist müsse Präsenz zeigen und Vorbild sein.[34]

Am 24. Juni 1943, einen Monat vor seinem Sturz, versuchte

Mussolini ein weiteres Mal, die Parteiführung zu neuen Taten anzuspornen. Die Partei «muss mehr denn je der Motor des nationalen Lebens sein, das Blut, das zirkuliert, der Stachel, der anspornt, die Glocke, die schlägt, das stetige Beispiel».[35] Scorza stand ihm dabei in nichts nach. Er versprach, die Partei zu aktivieren und auf eine totalitäre Linie zu bringen, wobei er auch vor harten Schnitten, etwa der Säuberung von korrupten Elementen, nicht zurückschrecken werde. Außerdem wollte er, wie er dem deutschen Botschafter Hans Georg von Mackensen versicherte, «eine grundlegende Erneuerung des italienischen Volks mit allen Mitteln in Angriff nehmen», die «ihren Vergleich mit dem Jahr 1793 in Frankreich aushalten werden. Nichts werde dieser Erneuerung entzogen sein, auch nicht die Armee, ihre Führung oder die Kriegsindustrie.»[36]

Diese und andere ebenso schneidige Versicherungen des Generalsekretärs blieben schon deshalb keine leeren Worte, weil Mussolini hinter ihnen stand und schon seit geraumer Zeit ähnlich radikale Vorsätze hatte. Im Kabinett ließ er seinem revolutionären Furor schon im September 1941 freien Lauf, so dass Dino Grandi ganz erschrocken war. Der «weiße Bolschewismus» des «Duce» erinnerte ihn an den Direktor der Zeitung «Lotta di Classe», also an den frühen Mussolini, den er in seiner Jugend vor 1912 erlebt hatte.[37] Ciano gegenüber äußerte sich Mussolini im April 1942 nicht sehr viel anders. Er fühle in sich «eine revolutionäre Belebung wie nie zuvor».[38]

Der Linksrutsch des «Duce» begann lange vor seinem Sturz und hatte eine verdeckte Vorgeschichte, die tatsächlich bis in seine politischen Anfänge reicht. Der totalitäre Sozialist in Mussolini blieb im mentalen Untergrund immer lebendig und trat in der Kriegswende von 1942/43 in gewandelter Form wieder hervor. Das zeigte sich vor allem in den Kampagnen gegen das Bürgertum, die um diese Zeit eine nie gekannte Schärfe erreichten und geradezu hasserfüllt klangen. Im Visier hatte er dabei namentlich die großen Wirtschaftsbosse, denen er bei der Kriegsproduktion weitgehend freie Hand gelassen hatte – und die diese Freiheit weidlich genutzt hatten. Die privaten Großkonzerne wie Fiat und Ansaldo, aber auch die vom

Staat kontrollierten Betriebe strichen skandalös hohe Gewinne ein, ohne die entsprechenden Gegenleistungen zu erbringen, d. h. moderne Waffen in großer Zahl zu liefern.

Mussolini gestand sich nun ein: Es war ein Fehler gewesen, dass er die Kriegsproduktion seinen alten Klassenfeinden überlassen hatte. Die großen Wirtschaftsbosse hatten sein Vertrauen missbraucht und sollten jetzt dafür büßen. Man müsse den Mut haben, betonte er am 24. Juni 1943 vor dem Direktorium seiner Partei, «alle Industriebetriebe zu schließen, die keine Existenzberechtigung mehr haben. Man muss den Mut haben, alle Industriellen zu entmachten, die der gegenwärtigen Lage nicht gewachsen sind.»[39] Sein neuer Korporationsminister war dafür genau der richtige Mann. Tullio Cianetti, wie Scorza ein Faschist der ersten Stunde, gehörte zum linken Flügel der Partei,[40] der wegen seines dezidierten Antikapitalismus erst im Frühjahr 1943 richtig zum Zuge kam. Der neue Minister wollte die Korporationen beleben, der faschistischen Sozialpolitik neue Impulse geben und dabei vor allem die Macht der Arbeitgeber beschneiden. Ihm schwebte eine Art faschistischer Sozialismus ohne autonome Arbeiterbewegung vor, in dem für private Großkonzerne kein Platz war – sie sollten verstaatlicht, die bereits verstaatlichten besser kontrolliert und zu größerer Effizienz gezwungen werden.[41]

Der «Duce» dachte also selbst ein, zwei Monate vor seinem Sturz nicht daran, seine Sache verloren zu geben. Er bäumte sich noch einmal mit aller Kraft auf. Der Mobilisierung gegen den äußeren Feind schenkte er dabei viel größere Aufmerksamkeit als der Prävention von Gefahren, die von innen drohten. Die Heimatfront bereitete ihm die wenigsten Sorgen. Wer sollte ihm und seinem Regime denn gefährlich werden?

Symptomatisch für diese Selbstsicherheit war, dass er nicht nur alle Warnungen vor Konspiration und Verrat auf die leichte Schulter nahm. Er sträubte sich auch lange, dem Drängen von deutscher Seite nachzugeben, eine italienische Variante der Waffen-SS aufzustellen, die seinen persönlichen Schutz gewährleisten sollte. Erst im

Frühjahr 1942 teilte er Hitler mit, dass er eine solche Formation –
«eine Art SS aus zuverlässigen Parteigenossen» – gebildet habe.[42]
Dennoch geschah fast ein Jahr lang nichts – bis der neue Parteisekretär Scorza und Heinrich Himmler die Sache in die Hand nahmen
und im April 1943 die Division «M» ins Leben riefen.

Bei dieser Spezialeinheit handelte es sich um eine Mussolini direkt unterstellte Prätorianergarde, die bei inneren Unruhen zum
Einsatz kommen sollte. Sie bestand aus 5500 Schwarzhemden mit
Fronterfahrung und verfügte über moderne Waffen aus deutschen
Beständen,[43] darunter gepanzerte Fahrzeuge, Artillerie und Panzerabwehrkanonen. Mussolini war begeistert, als er ein Manöver des
von deutschen Ausbildern trainierten Verbandes beobachtete, und
wollte ihn sofort in den Süden an die Front schicken. Dort war seine
neue Leibgarde in seinen Augen viel besser aufgehoben als am Braccianer See nördlich von Rom, wo niemand sie brauchte, weil niemand ihn bedrohte. Das Veto der deutschen Trainer verhinderte die
überstürzte Verlegung. Die Division «M» blieb, wo sie war, weil ihre
Ausbildung noch ebenso zu wünschen übrig ließ wie ihre Ausrüstung, die längst nicht komplett war.

Es half aber alles nichts. Die Maßnahmen, die der rastlos tätige
Mussolini im Frühjahr 1943 ergriff, blieben ohne Wirkung – oder
machten die Sache nur noch schlimmer. Der seit Langem grassierende Unmut in der Gesellschaft ließ sich vor allem deshalb nicht
mehr eindämmen, weil die militärische Lage trostlos zu werden begann. Am 13. Mai mussten die deutsch-italienischen Truppen in
Tunesien kapitulieren; 250 000 Mann gingen in Kriegsgefangenschaft. Mitte Juni landeten die Alliierten auf Pantelleria und am
10. Juli auf Sizilien.

Jetzt machte die massive Kritik auch vor Mussolini nicht mehr
halt.[44] Sein bereits seit der Jahreswende stark angeschlagener Mythos
zerfiel nun unter dem Druck der militärischen Niederlagen, und
alles, was zuvor der faschistischen Partei angelastet worden war, traf
nun auch ihn. Er hatte den Krieg gewollt, die Streitkräfte nicht ausreichend darauf vorbereitet und mit Hitler den falschen Partner

gewählt, den das gesamte Volk verachtete und hasste – und zwar angeblich immer schon. «One man alone» habe Italien in den Krieg gestürzt, hatte Winston Churchill 1940 ausgerufen. Viele Italiener machten es sich jetzt genau so einfach: Aus dem gefeierten «Duce» wurde der verhasste Sündenbock, den man lieber heute als morgen aus der Geschichte gejagt hätte.[45]

Wie viele so dachten und wie ernst der Vorsatz war, muss Spekulation bleiben. Dissidenz und Protest blieben in der Regel auf die Städte beschränkt und erschöpften sich vielfach in sich selbst. Sie hatten keine Führung und boten keine politische Alternative, wie überhaupt gesagt werden muss, dass die meisten Italiener von Politik nichts mehr wissen wollten. Sie zogen sich ganz auf sich selbst, ihre Familie, vielleicht noch auf die kirchliche Gemeinde zurück, die noch am ehesten so etwas wie Schutz und Trost bieten konnte. Ob in Rom Mussolini oder ein anderer am Ruder war, scherte sie nicht. Auch das Schicksal der Nation, das zuvor wieder und wieder beschworen worden war, verblasste in der existenziellen Krise des Jahres 1943. Hauptsache, der Krieg war bald zu Ende.[46]

In dieser resignativen Stimmung fiel es auch den da und dort wieder hervortretenden oppositionellen Parteien schwer, sich Gehör zu verschaffen. Sie taten zwar alles, um den weit verbreiteten Unmut in Wasser für ihre Mühlen zu verwandeln. Allein, es gelang ihnen nicht. Die Zahl ihrer im Untergrund operierenden Aktivisten war dafür viel zu gering. Sie konnten schon froh sein, wenn sie Kontakt untereinander halten und den Häschern der faschistischen Polizei entgehen konnten. Die breite Gesellschaft nahm keine Notiz von ihnen. Dazu waren ihre führenden Köpfe nicht bekannt genug oder – aus der Zeit vor 1922 – zu verbraucht. Nicht sehr viel anders stand es um ihre Programme. Sie drangen über kleine Zirkel nicht hinaus und boten auch keine Antworten auf die brennenden Alltagsfragen der Italiener. Ganz zu schweigen davon, dass die Parteien in spe über allen wesentlichen Zukunftsfragen im Streit miteinander lagen. Mussolini machte sich sogar lustig über die Opposition. Er sah in ihr «zu vernachlässigende Überbleibsel».[47] Wenn sie ein Problem darstellte, dann war es ein Problem für die Polizei, nicht für ihn. Nein, er, der «Duce», hatte die Zügel noch immer fest in der Hand.

Die sich langsam formierenden Parteien waren an dem, was in der zweiten Julihälfte 1943 geschah, tatsächlich so gut wie unbeteiligt. Sie beeindruckten nicht einmal den König, auf den sich nach der Kapitulation in Tunesien viele Hoffnungen zu richten begannen. Er hatte es nach 1922 nicht ungern gesehen, dass Mussolini die Parteien verboten hatte, und er hielt von ihren Repräsentanten auch jetzt nicht viel: Geister der Vergangenheit, so lautete sein abfälliges Urteil.[48] Was die Parteien im Untergrund dachten und trieben, kümmerte ihn wenig, sieht man davon ab, dass er eine Rückkehr der «Roten» noch genau so fürchtete wie 1922.

Vittorio Emanuele III. blickte schon seit der Jahreswende 1942/43 voller Sorgen in die Zukunft. In seinen Augen war der Krieg nach El Alamein und Stalingrad verloren, Italien musste sehen, wo es blieb, und aus dem Krieg ausscheiden. Das sagten ihm seine Generäle, und das sagte ihm sein gesunder Menschenverstand. Aber hatte er selbst überhaupt noch etwas zu sagen? Vittorio Emanuele wusste nicht genau, ob er noch ein Faktor war, stark genug, um Mussolini die Dinge aus der Hand zu nehmen und den Krieg zu beenden. Er hatte seit 1922 kontinuierlich an Einfluss verloren. Der damalige Herrschaftskompromiss war längst zerbrochen. Die große Politik machte der «Duce», der im kleinen Kreis nicht nur einmal davon sprach, dass er sich der Monarchie nach einem siegreichen Krieg entledigen wolle. Das Fundament des Königshauses war nie wirklich stabil gewesen. Im Süden lehnte man die Savoyer noch immer ab, die Arbeiterschaft dachte seit jeher republikanisch, die katholische Kirche hatte ebenfalls tief verwurzelte Vorbehalte, und auch den Faschisten fiel das Arrangement mit dem kleinen König schwer. Nicht einmal der Streitkräfte konnte sich Vittorio Emanuele sicher sein. In vielen Führungspositionen saßen Generäle, deren politische Gesinnung er nicht kannte, von denen aber zu vermuten war, dass sie es eher mit dem «Duce» hielten als mit ihm.

Viel sprach dafür, diese unsicheren Kantonisten und die demoralisierte Truppe gar nicht erst auf die Probe zu stellen. Das Risiko wäre zu groß gewesen, wenn der König jetzt den Versuch gemacht hätte, Mussolini zu entlassen. Er hätte damit nicht nur den «Duce» und das faschistische Regime herausgefordert, mit dessen Geschichte sein Name seit 1922 verbunden war. Er hätte auch Hitler und die Wehrmacht gereizt, die einem Abfall Italiens bestimmt nicht tatenlos zugesehen hätten. Schon wenn Hitler die Kohle- und Öllieferungen gedrosselt hätte, wäre Italien binnen weniger Wochen am Ende gewesen. Der König und seine Dynastie konnten dabei leicht unter die Räder geraten. Vittorio Emanuele III. spielte deshalb in majestätischer Unentschlossenheit genau so auf Zeit wie die führenden Generäle, die nicht weniger ratlos waren als er. Sie kannten das Ziel, den Ausstieg Italiens aus dem Krieg, aber nicht den Weg dahin und landeten deshalb mit ihren Hoffnungen am Ende immer wieder bei Mussolini, der vielleicht doch noch eine zündende Idee hatte.[49]

Es waren zermürbende Wochen endlosen Wartens und Beratens. Man drehte sich ergebnislos im Kreis und wusste doch, dass eine Entscheidung nicht ewig vertagt werden konnte. Schließlich war nach der Landung der Alliierten auf Sizilien am 10. Juli der Sprung auf das Festland vorprogrammiert. Mit dieser trüben Aussicht beschäftigte sich um diese Zeit auch der engere Führungszirkel der faschistischen Partei. Auch dort herrschte Ratlosigkeit. Niemand wusste, wie man der allgemeinen Misere Herr werden sollte. Keiner hatte ein Rezept gegen den Schwarzmarkt, die galoppierenden Preise und die Luftangriffe. Und über allem schwebte die Frage aller Fragen nach der Zukunft: Wie ging es mit dem Krieg weiter und wie mit einem selbst? Debatten über die Perspektiven des Krieges gab es seit 1940. Sie verstummten und flammten wieder auf, je nachdem, wie es an den Fronten gerade stand. Im Frühjahr 1943 waren sie in aller Munde, ohne dass sich eine einvernehmliche Antwort hätte finden lassen. Jeder hatte seine eigene.

Dieser Streit vermischte sich damals mit den alten, nie definitiv entschiedenen Kämpfen zwischen den eher konservativen und den eher revolutionären Faschisten, die das Regime seit 1922 begleiteten.

Mussolinis gerade getroffene Richtungsentscheidung für die Revolutionäre hatte diesen internen Konflikt nicht beizulegen vermocht. Dazu war die Zahl der Opfer in den eigenen Reihen viel zu groß, und die Opfer waren viel zu prominent. Grandi, Ciano, Bottai und all die anderen, die ihre Posten verloren hatten, traten ja nicht einfach still und gehorsam ins zweite Glied zurück. Sie sannen auf Vergeltung und fanden dabei große Zustimmung in den Gruppen und Schichten, die sich vom neuen radikalen Kurs der faschistischen Partei bedroht fühlten. Das galt vor allem für die Forderung nach Sozialisierung. Sie schreckte das Arbeitgeberlager und überhaupt die besseren Kreise ab, verfehlte aber ihre Wirkung auch bei denen, die sie positiv beeindrucken sollte. Sie kam viel zu spät und wirkte deshalb in der Arbeiterschaft fast wie ein Offenbarungseid. Warum erst jetzt, wo die faschistische Führung doch zwanzig Jahre Zeit gehabt hatte, die entsprechenden Maßnahmen zu treffen?[50]

Mussolinis Richtungsentscheidung sprengte die von den Kriegs- und Friedensdebatten ohnehin schon strapazierte faschistische Partei förmlich auseinander. Die Ankündigungen und Maßnahmen des «Duce» wirkten im eigenen Lager in einem fatalen Sinn belebend: Sie aktivierten Befürworter wie Gegner, die sich in einen erbitterten Streit verstrickten und dabei den Vorrat an Gemeinsamkeiten fast ganz zerschlissen. Die Partei strebte in alle möglichen ideologischen Himmelsrichtungen auseinander – und zwar an der Spitze ebenso wie in den Untergliederungen, wo sich diese Konfrontationen wiederholten und ebenfalls in der Paralyse endeten.

Mussolini hatte keine Handhabe mehr, um diese zentrifugalen, die Partei letztlich lähmenden Kräfte zu bändigen. Er tröstete sich aber mit der Gewissheit, dass er (und nur er) über ein klares politisches Konzept verfügte, das am Ende zum Sieg führen werde. Dass die westlichen Alliierten vor der Tür standen und bald auf dem Festland landen würden, focht ihn nicht an. Er hielt ihr Scheitern für wahrscheinlich und rechnete in diesem Fall mit einem Bruch der Anti-Hitler-Koalition, weil Stalin dann den Glauben an die «zweite Front» endgültig verlieren und sich von seinen westlichen Verbündeten abwenden würde. Selbst eine erfolgreiche Landung, ja selbst ein alliierter Vorstoß bis kurz vor Rom bedeuteten ihm nicht viel. Rückschläge und Rückzüge dieser Art hatte es in allen Kriegen gegeben. Sie brachten nicht die Entscheidung – die Entscheidung war von den deutschen Panzern aus dem Osten zu erwarten, die in großer Zahl auf der Apennin-Halbinsel auftauchen und die alliierten Truppen ins Meer werfen würden, nachdem sich Hitler mit Stalin arrangiert hatte. Mussolini rechnete mit solchen Größen, die eigene Partei oder gar die Opposition zählten in diesem irrwitzigen Spiel nicht viel.

Es bekümmerte ihn auch wenig, dass die Meldungen aus dem Osten Mitte Juli nichts Gutes verhießen. Die deutsche Großoffensive bei Kursk war von der Roten Armee gestoppt und mit energischen Gegenangriffen beantwortet worden.[51] Mussolini atmete sogar auf, weil er hoffte, dass nun auch Hitler zur Vernunft kommen würde. Der «Führer» musste einfach einsehen, wie aussichtslos der Ostfeldzug geworden war und ihn beenden. Sein Plan einer Verlagerung des Hauptkriegsschauplatzes in den Mittelmeerraum gewann damit eine geradezu bezwingende Plausibilität.

Wie Hitler darauf reagierte, kann nicht genau geklärt werden. Als sich die beiden Diktatoren am 19. Juli 1943 in der Nähe von Feltre trafen, ging es – wie immer bei ihren Treffen[52] – um alles. Und nichts davon wurde bekannt, so dass man auf Spekulationen angewiesen ist. Eine davon bezieht sich auf die «russische Karte», von der mit einiger Sicherheit die Rede war. Dass Hitler Mussolinis großen Plan nun rundweg akzeptierte, dürfte so gut wie ausgeschlossen sein. Er könnte den «Duce» aber im Ungewissen gelassen oder auf später vertröstet haben. Mussolini war sich jedenfalls auch nach Feltre sicher, dass die «russische Karte» noch im Spiel war und eher früher als später stechen würde. In diesem Sinne scheint er drei Tage vor seinem Sturz auch den König informiert zu haben, der – wenn nicht alles täuscht – froh war, dass es weitergehen konnte wie bisher.[53]

Am 25. Juli 1943 entschied Vittorio Emanuele III. dann doch ganz anders. Warum? Der König ist und bleibt die große Unbekannte in der Vorgeschichte des Sturzes von Mussolini, solange die privaten Archive des Hauses Savoyen verschlossen sind. Weshalb er handelte und warum er am 24./25. Juli die Initiative ergriff, lässt sich nur aus später entstandenen Dokumenten erschließen, die über den Verdacht der Einseitigkeit nicht erhaben sind. Gesichert ist nicht viel: Der Monarch dachte lange nicht daran, Mussolini zu entlassen.[54] Er war sich nicht einmal sicher, ob er noch die Macht dazu hatte. Der «Duce» hatte ihn in jeder Hinsicht an den Rand gedrängt.

Diese Asymmetrie änderte sich erst im Frühjahr 1943, als die Kriegsmüdigkeit fast die gesamte Gesellschaft erfasste und der «Duce»-Mythos seine Bindekraft verlor. Des Königs neue Stärke war also nichts anderes als die Schwäche des Regimes.

Vittorio Emanuele wusste aber nicht, was er mit dieser neuen, mehr als prekären Stärke anfangen sollte. Gewiss, er wollte den Fortbestand der Monarchie sichern und natürlich aus dem Krieg ausscheiden, am liebsten im Konsens mit Hitler und den westlichen Alliierten, die tatenlos zusehen sollten, wie die Italiener ihre Waffen niederlegten und – als wäre nie etwas geschehen – nach Hause gingen. Dabei schwebte ihm nach dem Rückzug aus dem Krieg nie eine Rückkehr zu Demokratie und Rechtsstaat vor. Das faschistische Regime sollte ein bisschen renoviert, aber nicht völlig dekonstruiert werden. Auch Mussolini konnte bleiben, was er war, zumal er mit der «russischen Karte» einen Trumpf im Ärmel hatte, der am Ende vielleicht doch noch einen militärischen Sieg und die entsprechenden territorialen Prämien verhieß. Ohne den «Duce» wäre es ja vermutlich zum sicheren Bruch mit Hitler und zum Aufstand der faschistischen Partei gekommen. Und einen Bürgerkrieg wollte der König ebenso vermeiden wie einen Einmarsch der deutschen Wehrmacht.

Das heißt aber nicht, dass hinter den Kulissen nicht kräftig vorgesorgt worden wäre. Es gab Pläne für die Entmachtung und Verhaftung von Mussolini, ein Nachfolger des Regierungschefs stand in Gestalt von Badoglio auch schon bereit, über ein neues Kabinett hatte man sich in groben Umrissen ebenfalls verständigt.[55] Entschieden aber war nichts. Der König zauderte und zögerte bis zum

24./25. Juli, und er wäre wohl noch länger untätig geblieben, wenn ihn der Faschistische Großrat nicht unter Zugzwang gesetzt hätte. Das oberste Organ des faschistischen Regimes hatte seit 1939 nicht mehr getagt. Dass es jetzt zusammentrat, war Ausdruck der schweren Krise, die Mussolinis Richtungsentscheidung und der daraus resultierende neue Kurs der Partei nach sich zogen. Die Forderung, den Großrat einzuberufen, ging von den Revolutionären aus, die sich noch längst nicht zufrieden gaben.[56] Der Kurswechsel vom Frühjahr war in ihren Augen nur der erste Schritt gewesen. Weitere mussten folgen, wobei aber mitnichten Einvernehmen darüber herrschte, wie sie aussehen sollten. Scorza, der neue Parteisekretär, stand für die eine Richtung, die auf hartes Durchgreifen und Sozialisierung setzte, Farinacci verkörperte die andere revolutionäre Strömung, deren Credo in einer noch engeren Anlehnung an das totalitäre NS-Regime bestand. Mussolini war dafür, Farinacci zufolge, eher ein Hindernis, der «Duce» sollte den Oberbefehl über die Streitkräfte an den König abtreten, sich überhaupt aus dem operativen Tagesgeschäft auf einen repräsentativen Posten zurückziehen und das Szepter an die faschistische Partei übergeben.

Mussolini kannte diese Pläne. Er hielt sie für belanglos, hatte aber nichts einzuwenden gegen den Vorschlag, sie im Großrat zu diskutieren. Nolens volens bot er damit seinen eigentlichen Gegenspielern eine Bühne. Ciano, Bottai und vor allem Grandi hatten auf eine solche Gelegenheit gewartet. Die Verlierer der Wende vom Frühjahr lechzten nach Vergeltung und wussten in einem Punkt ganz genau, was sie wollten: Sie wollten Mussolini stürzen, den König wieder in seine alten Rechte einsetzen und den Krieg so rasch wie möglich beenden – im Einvernehmen mit Hitler oder gegen ihn? Diese Frage blieb offen. Auf die andere, nicht weniger wichtige nach dem entscheidenden Akteur hatten Mussolinis Gegner hingegen eine Antwort: Der König musste handeln und Mussolini entlassen.[57]

Auch über dieses Projekt war Mussolini informiert, in den Grundzügen zumindest – Grandi selbst hatte ihn ins Bild gesetzt. Er ging sorglos darüber hinweg und übersah, was freilich auch erst aus

der Rückschau klarer zu erkennen ist, dass sich hinter seinem Rücken
ein Herrschaftskompromiss ganz neuer Art herauszubilden begann.
Dabei handelte es sich um ein punktuelles, fast improvisiertes Bündnis der Unterlegenen und der Übriggebliebenen, sprich der gemäßigten Faschisten und des Königshauses, die beide um ihr Überleben
fürchteten und sich deshalb zusammentaten, um zu retten, was für
sie noch zu retten war.

Als der Großrat am Nachmittag des 24. Juli 1943 im Palazzo
Venezia zusammentrat, wusste niemand, dass es dieses Bündnis gab;
es fügte sich unter der Regie des Zufalls erst in der Nacht und am
folgenden Tag zusammen und fiel dann sofort wieder auseinander.
Auch Mussolini ahnte nichts von dieser Kräftebündelung, er fühlte
sich sicher und rechnete nicht im Traum damit, dass ihm der Großrat entgleiten würde.

Genau das aber geschah. Die Führung des faschistischen Regimes brach in der Nacht zum 25. Juli unter seinen Augen auseinander. Die Mitglieder des Großrats stritten über alles, jeder hatte einen
anderen Grund zur Unzufriedenheit, die Fehleranalyse war lang und
sparte natürlich auch Mussolini nicht aus. Am Ende lagen drei Reso-
lutionen zur Abstimmung auf dem Tisch: eine von Scorza und eine
von Farinacci, die sich im Vorfeld nicht einigen konnten und sich damit, wie schon so oft, die Stimmen der radikalen Faschisten streitig
machten. Die dritte stammte von Dino Grandi, der Mussolini in der
stundenlangen Debatte am entschiedensten herausforderte. Der ehemalige Außenminister wählte dabei eine überaus subtile Form, so
dass nicht jeder sofort erkannte, worauf seine Forderung nach Rückkehr zur Verfassung zielte – nämlich auf die vollständige Entmachtung des «Duce» durch den König.[58]

Mussolini hätte die Diskussion jederzeit unterbinden und die
Abstimmung noch in letzter Sekunde verhindern können; Abstim-
mungen waren im Faschismus ein Fremdwort, im entsprechenden,
ganz auf den «Duce» zugeschnittenen Statut des Großrats deshalb
auch nicht vorgesehen. Es wäre ihm sogar ein Leichtes gewesen,
seine Kritiker verhaften zu lassen. Die Miliz stand vor der Tür des

«Sala del Pappagallo» bereit, an ihrer Loyalität gab es keinen Zweifel. Mussolini ließ den Dingen aber ihren Lauf und erlebte um zwei Uhr früh eine böse Überraschung: Er hatte den Rückhalt in der faschistischen Führung verloren, die Resolution seiner Gegner fand mit 19 von 28 Stimmen eine eindeutige Mehrheit.[59]

Vittorio Emanuele III. stand daraufhin vor einer neuen Situation. Er erfuhr bereits am frühen Morgen des 25. Juli von Mussolinis Abstimmungsniederlage und legte nun sein Zögern ab: Der «Duce» musste gehen. Den Ausschlag dafür dürfte der offenkundige Zerfall der faschistischen Führung gegeben haben. Die Faschisten, so meinte und hoffte er, waren nicht mehr wirklich handlungsfähig. Die Gefahr, dass der delegitimierte Mussolini sich zur Wehr setzen und einen Bürgerkrieg anzetteln könnte, bestand – natürlich! Sie erschien dem König nun aber geringer als die Gefahr, die ihm und der Monarchie überhaupt drohte, wenn er weiter an Mussolini festhielt und damit sein Ansehen bei den Angloamerikanern ruinierte. Vielleicht zogen daraus auch die Deutschen die richtigen Konsequenzen. Sie würden mit Mussolini zwar ihren wichtigsten Verbündeten in Italien verlieren. Vielleicht ließen sie das Land aber dennoch in Ruhe, wenn die neue Regierung zu den alten Bündnispflichten stand und den Krieg weiterführte – anfangs jedenfalls und so lange die Kräfte reichten. Einen überzeugenden Grund für einen Einmarsch der Wehrmacht gab es jedenfalls nicht. Die «Achse» hielt ja noch.

Mussolini hätte auch jetzt noch reagieren können. Was stand ihm nicht alles zu Gebote? Die faschistische Geheimpolizei, die Miliz und nicht zuletzt die Division «M» – sie wären auf einen entsprechenden Wink auch nach der Sitzung des Großrates marschiert. Auch in der Partei gab es nicht wenige, die sofort losgeschlagen hätten. Das Signal blieb aber aus, weil Mussolini seine Stellung – trotz mancher Stimmungsschwankungen – noch immer für ungefährdet hielt. Das Votum des Großrats war nicht bindend, man konnte es leicht ignorieren. Der König würde es nicht wagen, ihm das Vertrauen zu entziehen, zumal es niemanden gab, der eine bessere Alternative als die «russische Karte» bot. Wenn sie wirklich nicht stechen sollte, blieb immer noch die Fata Morgana des mit Hitler abgestimmten Rückzugs aus dem Krieg; auch dafür kam nur er in Frage. Das Schlimmste, was passieren konnte, war die Rückgabe des Oberfehls über die Streitkräfte an den König. Aber was zählte das schon? Der 25. Juli 1943 war ein Sonntag. Bereits am Morgen lag eine brütende Hitze über der Ewigen Stadt. Mussolini erschien, wie immer, nach dem Frühstück im Palazzo Venezia. Das Tagesgeschäft rief auch am Feiertag. Er brachte 13 kurze Audienzen hinter sich, ehe er um 12:25 Uhr den japanischen Botschafter empfing, den er noch einmal mit seinen Zukunftsplänen bekannt machte.[60] Nichts an ihm schien auf größere Beunruhigung zu deuten. Mussolini war ernst, aber dennoch aufgeräumt und kündigte dem Botschafter an, dass er in allen italienischen Städten festlich flaggen lassen werde, wenn das Arrangement mit Stalin unter Dach und Fach sei.[61] Danach sprach noch der Staatssekretär im Außenministerium vor – es war Mussolinis letzte Audienz im Palazzo Venezia.

Aber nicht die letzte am 25. Juli. Die fand gegen 17 Uhr in der Villa Savoia, der Stadtresidenz des Königs, statt. Die Audienz dauerte keine zwanzig Minuten, danach hatten sich der kleine Monarch in der prächtigen Uniform eines Marschalls und der massige Ministerpräsident im unscheinbaren Straßenanzug nicht mehr viel zu sagen. «Tut mir leid, tut mir leid, aber eine andere Lösung war nicht möglich», murmelte der König, der den «Duce» nach draußen begleitet hatte, und kehrte hastig in seine Gemächer zurück. Der Diktator, den der Monarch eben als Ministerpräsident abgesetzt hatte, stand noch etwas unschlüssig im Hauptportal des Schlosses. Dann lenkte er seine Schritte in die Richtung, wo er den Wagen vermutete, der ihn zur Audienz gebracht hatte. Auf halbem Weg trat ihm ein Offizier der Carabinieri entgegen: «Seine Majestät hat mir befohlen, Sie zu begleiten, es geschieht zu Ihrem persönlichen Schutz.» Mussolini, nun nicht mehr Alleinherrscher, sondern Privatmann, hielt besondere Vorkehrungen für seinen Schutz für übertrieben. Er musste sich aber fügen, als ihn der Offizier in einen Krankenwagen drängte, der sich sofort in Bewegung setzte und mit großer Geschwindigkeit den Park des königlichen Schlosses verließ. Die Ära Mussolini, die 1922 mit dem Marsch auf Rom triumphal begonnen hatte, schien am Nachmittag des 25. Juli 1943 ganz unspektakulär in einem Sanitätsauto zu Ende zu gehen.[62] Es sei «geradezu erschütternd, sich vorzustellen, daß auf eine solche Weise eine Revolution, die immerhin 21 Jahre an der Macht gewesen ist, liquidiert werden kann», schrieb Goebbels in sein Tagebuch.[63]

# Salò und der Tod

Goebbels irrte. Die faschistische Revolution wurde am 25. Juli 1943 nicht liquidiert, der «Duce» sah sich keineswegs dauerhaft zum Ex degradiert. Die Sache hatte noch ein schreckliches Nachspiel. Allerdings besaß Mussolini zunächst keinerlei Einfluss mehr auf den Gang der Dinge. Er befand sich in einer Art Schutzhaft. Den Ton gaben nun andere an.

In erster Linie galt das für den neuen Regierungschef. Pietro Badoglio war kein unbeschriebenes Blatt. Er hatte im Faschismus eine steile, außerordentlich gut dotierte militärische Karriere gemacht und war als bekennender Monarchist sogar der faschistischen Partei beigetreten, ehe er 1940 nach dem Debakel im Griechenlandfeldzug seinen Posten als Generalstabschef räumen musste – äußerst widerwillig, was ihn aber nicht daran hinderte, sich später als geschworenen Regimegegner zu stilisieren. Seine Mitwirkung an schweren Kriegsverbrechen in Libyen und Abessinien fiel dieser großzügigen Retusche der eigenen Biografie ebenfalls zum Opfer.

Badoglio sah seine Hauptaufgabe zunächst darin, Ruhe und Ordnung herzustellen, und was das konkret hieß, bekamen anfangs namentlich diejenigen seiner Landsleute zu spüren, die am 25. Juli auf die Straßen gingen und überschwänglich feierten, weil sie die Entmachtung Mussolinis als Auftakt des ersehnten Friedens missverstanden. Überall kam es zu solchen Demonstrationen der Erleichterung, überall rollten Mussolini-Büsten in den Staub, und überall versuchte vor allem die politische Linke, ihre subversiven Parolen unter das freudig gestimmte Volk zu bringen. Die Faschisten hingegen waren wie vom Erdboden verschluckt. Sie zeigten so gut

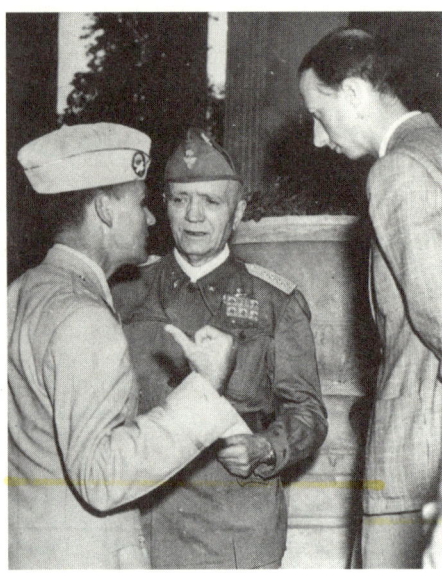

Badoglio: Vom
Gefolgsmann zum
Feind

wie keine Gegenwehr und schienen sich ratlos in die neuen Verhältnisse zu fügen.

Badoglio ging dennoch auf Nummer sicher. Er ersetzte die
faschistische durch eine Militärdiktatur, verhängte den Ausnahme-
zustand und unterdrückte jede politische Betätigung; selbst der
Moloch der faschistischen Partei mit seinen Millionen Mitgliedern
wurde von einem Tag auf den anderen verboten. Der neue Regierungschef wollte mit dieser Politik der eisernen Faust Zeit gewinnen, um den Ausstieg aus der «Achse» und dem Krieg vorbereiten zu
können. Insbesondere die Deutschen mussten beruhigt werden,
schließlich hoffte Badoglio, sein großes Ziel eines Separatfriedens
mit den westlichen Alliierten im Einvernehmen mit dem deutschen
Partner zu erreichen, der seit Jahren eine zentrale Rolle in der italienischen Politik spielte, nun aber schnell zum gefürchteten Haupt-
akteur avancierte. Im Bewusstsein dieser Sachlage hatte Badoglio
noch am Abend des 25. Juli im Rundfunk erklärt: «Der Krieg geht
weiter. […] Italien hält sich als eifersüchtiger Hüter seiner tausend-

jährigen Traditionen an das gegebene Wort.»[1] Ein allzu abrupter Regimewechsel kam für Badoglio nicht in Frage, und auch demonstrative Abgesänge auf den Faschismus und den «Duce», wie sie in allen Städten und Dörfern zu vernehmen waren, hätten dieser Politik der Beschwichtigung von vornherein den Boden entzogen und mussten deshalb energisch zum Verstummen gebracht werden.

Badoglios Politik war aber auch so vergeblich, seine vertrauensbildenden Maßnahmen liefen ins Leere. Hitler dachte gar nicht daran, den «Achsen»-Partner aus seinen Bündnispflichten zu entlassen und Italien «als Kampfraum preiszugeben».[2] Dass sein Verbündeter materiell und militärisch am Ende war und nur noch um den Preis ruinöser Selbstopferung weiterkämpfen konnte, war ihm egal. Das italienische Beispiel hätte schließlich Schule machen und Nachahmer finden können, ganz zu schweigen von den Rückwirkungen im Reich selbst, wo die Sehnsucht nach Frieden ebenfalls von Tag zu Tag wuchs. Badoglio und der König waren schon früher nicht nach seinem Geschmack gewesen, jetzt traute ihnen Hitler erst recht nicht. «Die erklären, sie kämpfen, aber das ist Verrat! Da müssen wir uns klar sein: das ist nackter Verrat», betonte Hitler bereits am Abend des 25. Juli. In seiner namenlosen Wut kündigte er sogar an, die ganze «Bagage» in Rom ausheben zu lassen.[3]

Am Ende fehlten die Mittel für solche verbrecherischen Zugriffe. Hitler musste sich gedulden, er steckte aber nicht auf, sondern schickte in rascher Folge zahlreiche gut ausgerüstete Divisionen über den Brenner, die sich dort – mit zähneknirschender Zustimmung der Italiener – auf den Fall der Fälle einer alliierten Invasion vorbereiteten, zugleich aber wie fremde Besatzungstruppen auftraten und den ebenfalls aufgestockten italienischen Verbänden mit lauernder Feindseligkeit begegneten. Viel Gutes war von ihnen nicht zu erwarten. Mitte August 1943 musste auch dem Letzten klar sein, dass Badoglios Plan eines Separatfriedens mit Hitlers Segen nicht aufgehen würde und dass nun auch das italienische Festland einer düsteren Zukunft als Kriegsschauplatz entgegensah.

Dennoch hielten beide Seiten noch wochenlang am Mythos der

«Achse» fest. Dem Vorwurf des kalten Verrats wollten sich weder die Italiener noch die Deutschen aussetzen, obwohl beide praktisch permanent gegen Geist und Buchstaben des Bündnisses verstießen – die einen, indem sie in Portugal mit den Alliierten über einen Waffenstillstand verhandelten, und die anderen, indem sie ihre Truppenpräsenz auf der Apennin-Halbinsel weiter verstärkten und sich ungeniert auf die Übernahme der Herrschaft in Italien vorbereiteten.

Mussolini wusste davon ebenso wenig wie von den Plänen Hitlers, ihn um beinahe jeden Preis zu befreien und auf die politische Bühne zurückzuholen. Er war am Nachmittag des 25. Juli zunächst in eine Carabinieri-Kaserne in Rom gebracht worden. Müde, deprimiert und erneut von heftigen Magenschmerzen geplagt, wünschte er nur eines: die Verlegung nach Rocca delle Caminate, seinem Landsitz in der Romagna, wo er sich zur Ruhe setzen und der Politik endgültig den Rücken kehren wollte. In diesem Sinne schrieb er jedenfalls einen unterwürfigen Brief an seinen Nachfolger,[4] der nur als definitive Abdankung zu verstehen ist. Er werde, versicherte er Badoglio, «keine Schwierigkeiten bereiten, sondern zu jeglichen möglichen Mitarbeiten bereit sein», und wünsche, «daß die schwere Aufgabe, mit welcher Marschall Badoglio […] im Namen Seiner Majestät des Königs […] befaßt» sei, von Erfolg gekrönt werde.

Der Bittbrief blieb ohne Folgen. Badoglio war das Risiko einer Verlegung nach Rocca delle Caminate zu groß. Die westlichen Alliierten brannten darauf, Mussolini zu schnappen, die Deutschen suchten ihn ebenfalls. Außerdem: Wer wusste denn, was Mussolini als Freigänger in seiner alten Heimat alles anstellte? Der gestürzte Diktator konnte weder auf freien Fuß gesetzt noch vor Gericht gestellt oder gar um die Ecke gebracht werden. Er musste neutralisiert und vorübergehend in Sicherungsverwahrung genommen werden. Dann würde man weitersehen.

Badoglio ließ ihn deshalb zwei Nächte in der Obhut der Carabinieri, ehe man ihn auf die kleine Insel Ponza westlich von Neapel verfrachtete, wo Mussolini seinen sechzigsten Geburtstag feierte.

Sicher war er auch dort nicht. Badoglio misstraute dem Frieden, vermutlich hatte er Wind von den deutschen Fahndungsbemühungen bekommen. Mussolini musste Anfang August erneut umziehen. Als neues Versteck wählte man die Insel Maddalena nördlich von Sardinien, wo ihn mit einiger Verspätung ein erlesenes Geburtstagsgeschenk erreichte: die Gesamtausgabe der Schriften Nietzsches. Das opulent ausgestattete Geschenk – mehr als 20 Bände – stammte von keinem Geringeren als dem «Führer», der die literarischen Vorlieben Mussolinis genau kannte und sich nicht lumpen ließ.

Mussolini blieb auf Maddalena keine drei Wochen; die Lage erwies sich auch hier als problematisch. Die Deutschen waren ihm schon wieder auf der Spur. Mehr Sicherheit erhoffte man sich dagegen in den Abruzzen. In der schwer zugänglichen Hochgebirgsregion um den Gran Sasso würden ihn die deutschen Agenten nie finden. Das Sporthotel Campo Imperatore in mehr als 2100 Meter Höhe schien die ideale Verwahrungsstätte für den prominenten Häftling zu sein. Der «Duce» selbst nannte es in gewohnter Superlativversessenheit das «höchstgelegene Gefängnis der Welt».[5]

Mussolini logierte seit dem 6. September im Campo Imperatore, nachdem er zuvor gut eine Woche am Fuße des Gran Sasso untergebracht gewesen war. Im Gebirge erholte er sich langsam. Auch sein politisches Temperament machte sich wieder bemerkbar, es war nach dem Schock vom 25. Juli nicht wirklich erloschen. Er interessierte sich für die Kriegslage, ließ die Höhe- und Wendepunkte seiner Karriere Revue passieren und zerbrach sich tagelang den Kopf über seinen Rang in der Geschichte; dass es ein überragender war, stand für ihn außer jedem Zweifel. Bei allen Stimmungsschwankungen und depressiven Anwandlungen – Mussolini hatte sich und den Faschismus mitnichten aufgegeben. Es gab noch Hoffnung, es war noch nicht alles verloren. «Ich weigere mich, zu glauben», schrieb er während seiner Haftzeit, «dass es in Italien keine Faschisten mehr gibt. Vielleicht gibt es mehr als zuvor.»[6]

In diesen Regenerationsprozess platzte am 8. September 1943 die Nachricht, dass die Regierung Badoglio einen Waffenstillstand mit den westlichen Alliierten geschlossen hatte und dass starke anglo-amerikanische Verbände südlich von Neapel bei Salerno gelandet waren.[7] Die Invasion des italienischen Festlandes hatte also begonnen, und niemand vermochte zu sagen, ob die Wehrmacht stark genug war, sie zu stoppen. Ähnlich ungewiss war das Schicksal Mussolinis. Noch befand er sich im Gewahrsam seiner Landsleute, die ihm bis dahin kein Haar gekrümmt hatten. Aber wie lange noch? Hatte sich die Regierung Badoglio im Waffenstillstandsvertrag das Recht ausbedungen, ihn selbst zur Verantwortung zu ziehen? Musste er mit einer Auslieferung an die Alliierten rechnen? Stand gar ein amerikanischer oder britischer Handstreich zu befürchten? Eine blitzartige Entführung? Mussolini rechnete mit dem Schlimmsten, mit einem groß aufgemachten Schauprozess in London oder New York, dem er sich unter allen Umständen entziehen wollte – und sei es durch Selbstmord.

Die Zeit der Ungewissheit dauerte nur vier Tage. Hitler reagierte am 8. September nämlich sofort: Er ließ Nord- und Mittelitalien besetzen und die italienischen Streitkräfte entwaffnen, was der Wehrmacht umso leichter fiel, als die italienischen Soldaten von ihrer Führung im Stich gelassen worden waren und nicht wussten, wie sie sich gegenüber ihren alten Verbündeten verhalten sollten. Der König, Badoglio und fast die gesamte Generalität hatten nach der Verkündigung des Waffenstillstandes die von den Deutschen bedrohte Hauptstadt Richtung Brindisi verlassen, ohne die eigenen Truppen auf die Aufkündigung der «Achse» vorzubereiten. Binnen weniger Tage wurden mehr als eine Million italienische Soldaten gezwungen, ihre Waffen niederzulegen. Die Deutschen betrachteten sie als Feinde und behandelten sie auch so. Mehr als 600 000 von ihnen verfrachtete man – vielfach wie Vieh – in das Deutsche Reich und in die besetzten Ostgebiete, wo sie «Zwangsarbeit für den Verbündeten» leisten mussten.[8]

Mussolinis Befreiung stand nun ebenfalls nichts mehr im Wege. Die deutschen Agenten kannten den Aufenthaltsort des «Duce» anscheinend schon seit Längerem. Ein abgefangener Funkspruch des

Innenministeriums an das Wachpersonal auf dem Gran Sasso hatte sie auf die entsprechende Fährte geführt. Ein Zugriff war dennoch nicht erfolgt. Hitler, der die Fahndung nach Mussolini zur Chefsache erklärt hatte, zögerte, weil er der Regierung Badoglio keinen Vorwand liefern wollte, die «Achse» aufzukündigen; die Schuld daran wollte er den Italienern zuschieben.

Nach dem 8. September mussten solche Rücksichten nicht mehr genommen werden. Das deutsche Spezialkommando hatte jetzt freie Hand – und schon vier Tage später war es tatsächlich so weit: Auf der holprigen Wiese vor dem Hotel landeten am 12. September gegen 14 Uhr mehrere Lastensegler und später ein kleines Motorflugzeug. In Begleitung der deutschen Sondereinheit befand sich ein italienischer General, der das Wachpersonal aufforderte, den Dingen ihren Lauf zu lassen und unnötiges Blutvergießen zu vermeiden. Ohnehin nicht sonderlich motiviert und obendrein mit unklaren Befehlen ausgestattet, beugten sich die Carabinieri nur zu gerne diesem auch von Mussolini bekräftigten Appell. Es fiel kein einziger Schuss.

Mussolini war nun wieder ein freier Mann, aber von Beginn an in ein enges Korsett von Terminen und Pflichten eingespannt, die niemand sonst als Hitler bestimmte. Der «Führer» wollte den «Duce» so rasch wie möglich sehen. Also ging es über einen deutschen Luftwaffenstützpunkt bei Rom über Wien zunächst nach München, wo Mussolini seine Frau und seine beiden jüngsten Kinder wieder traf. Dann flog man ihn am 14. September in das «Führerhauptquartier» nach Rastenburg in Ostpreußen. Otto Skorzeny, ein SS-Offizier, der bei der Befreiung auf dem Gran Sasso dabei gewesen war und Mussolini auf seiner Reise zu Hitler begleitete, schilderte ihn so: Mussolini habe krank gewirkt, er sei unrasiert und etwas verwahrlost gewesen, er habe «seine alte Vitalität» aber rasch wiedergewonnen und «in allen Details den Plan zur Organisation seiner neuen Partei und der neuen Regierung» entwickelt. «Ich konnte nicht umhin, die ungewöhnliche Tatkraft und geistige Spannkraft dieser starken Persönlichkeit so unmittelbar nach langer Gefangenschaft zu bewundern.»[9]

Skorzenys Memoiren sind Papier gewordene Zeugnisse ungenierter Aufschneiderei, beim Thema Mussolini aber doch nicht leicht zu ignorieren. Auch andere Quellen widersprechen dem von vielen italienischen Historikern entworfenen Bild eines hinfälligen, depressiven und politisch völlig willenlosen Ex-Diktators, der von Hitler zur Rückkehr in die Politik gezwungen worden sei und dieses Kreuz schließlich auf sich genommen habe. Ohne dieses persönliche Opfer wäre Italien einer ähnlichen Behandlung unterworfen worden wie Polen.[10] «Der Duce ist in einer hervorragenden körperlichen und seelischen Verfassung», notierte etwa Goebbels, der ihn in Rastenburg aus der Nähe beobachten konnte, am 17. September in sein Tagebuch.[11]

Tatsache ist aber schon, dass nicht Mussolini, sondern Hitler die Agenda der Perspektivgespräche der beiden Diktatoren am 14. und 15. September bestimmte. Hitler hatte – als Reaktion auf den Waffenstillstand und während die Suche nach Mussolini noch lief – auch den Rahmen dafür abgesteckt. Zu bereden gab es hier nichts mehr, die Fakten sprachen für sich, sie waren umumstößlich: Italien war besetzt, entwaffnet und in seiner territorialen Integrität nicht nur bedroht, sondern schwer verletzt. Hitler stellte nämlich nicht nur die eigentlichen Kampfzonen südlich von Rom, sondern darüber hinaus fast den ganzen Nordosten Italiens unter direkte deutsche Herrschaft, wobei er vor seinen Vertrauten kein Geheimnis daraus machte, dass es sich hier um definitive Amputationen handelte. Die Gegend vom Brenner bis Fiume (das heutige kroatische Rijeka) würde für immer deutsch werden oder zumindest deutscher Kontrolle unterliegen. Italienischer Einfluss sollte in diesen «Operationszonen» genannten Regionen systematisch zurückgedrängt und am Ende ganz eliminiert werden.[12] Ein ähnliches Schicksal drohte den Italienern in ihren Besatzungszonen jenseits der Adria – auch mit der Herrlichkeit auf dem Balkan war es jetzt vorbei.

Immerhin blieben aber Nord- und Mittelitalien als Staat mit eigener Regierung erhalten. Das war keine Selbstverständlichkeit, die Entscheidung darüber war in der NS-Spitze anfangs heftig umstritten. Der Wehrmachtsführung wäre es am liebsten gewesen, in Italien klare Verhältnisse zu schaffen, d. h. das Land zu besetzen und ihrer totalen Kontrolle zu unterwerfen, ohne Rücksicht auf italienische Instanzen nehmen zu müssen. Die Faschisten spielten im Kalkül der Militärs keine Rolle – auch sie waren Italiener und damit per se unzuverlässig und militärisch nicht zu gebrauchen. Das Außenministerium und andere deutsche Einrichtungen widersetzten sich einem solchen Hauruck-Vorhaben, das die Kräfte der SS überfordert hätte, wie selbst Heinrich Himmler betonte.

Auch Hitler konnte sich mit den Plänen der Militärs nicht anfreunden. Er bestand auf einer Neuauflage der «Achse» und beharrte auf der Meinung, dass man der Regierung Badoglio eine faschistische Alternative entgegensetzen müsse. Mit geschmeidigeren Formen der Herrschaftsausübung fahre man vermutlich besser und könne mehr aus Italien herausholen als durch brachiale Besetzung, weil damit nur Widerstände provoziert würden. Indirekte Herrschaft hieß die in Rastenburg verabredete Zauberformel, die Rudolf Rahn, der «Generalbevollmächtigte des Großdeutschen Reiches in Italien», zu beherzigen hatte.[13]

Die Frage war nur, wer an die Spitze einer neuen faschistischen Regierung treten sollte; Mussolini stand noch nicht zur Verfügung, als die Grundsatzentscheidung fiel. In Rastenburg waren nach dem 25. Juli zwar mehrere versprengte Faschisten vorstellig geworden. Sie hatten nach dem Sturz Mussolinis das Weite gesucht und empfahlen sich nun für neue Führungsaufgaben in Italien. «Bella figura» machte in den deutschen Augen keiner. Vor allem Hitler blieb skeptisch. Er fand weder an Farinacci Gefallen noch an Pavolini und auch nicht an Vittorio Mussolini, der – im Vergleich zu seinem Vater – doch sehr zu wünschen übrig ließ. Nur mit einem richtigen Mussolini an der Spitze eines neuen Regimes ließ sich der Anschein ungebrochener «Achsen»-Kontinuität aufrechterhalten. Hitler billigte deshalb in der Nacht vom 8. auf den 9. September zwar die Bildung einer neuen «Faschistischen Nationalregierung», aber nur, weil er bereits wusste, dass Mussolini lebte und wo er war. Die Statthalterregierung hätte nur dann eine Zukunft gehabt, wenn Mussolinis Befreiung missglückt wäre.

Ohne Mussolini wäre jede italienische Regierung billiger Ersatz geblieben. Mehr als ein Notbehelf im Schatten vergangener Größe war aber auch die Reinthronisation des «Duce» nicht. Sein Kabinett stand ebenso unter deutscher Vormundschaft, wie es bei einem Kabinett von Farinacci gewesen wäre. Rahns Bestallungsurkunde vom 10. September war hier eindeutig. Der «Führer» wolle in seinen «politischen und militärischen Plänen auf den Faschismus keine besondere Rücksicht nehmen», hatte Goebbels schon am 10. August festgehalten.[14] Die ganze deutsche Besatzungskonstruktion einer indirekten Herrschaft diente – mit oder ohne Mussolini – nur einem einzigen Ziel: die militärische Lage an der Südfront zu stabilisieren und die Ressourcen Italiens für deutsche Zwecke zu nutzen, so geschickt wie möglich, aber auch so radikal wie möglich.[15] Alles andere war «Achsen»-Rhetorik und maskuliner Freundschafts- und Treuezauber, der nur noch aus Propagandagründen aufrechterhalten wurde.

Der herzliche Empfang in Rastenburg und die Vorzugsbehandlung, die Mussolini dort genoss, konnten nämlich auch nicht verdecken, dass im Verhältnis der beiden Diktatoren etwas zerbrochen war und dass jeder noch stärker an sich selbst dachte, als das früher bereits der Fall gewesen war. Die alte gegenseitige Wertschätzung, die trotz aller Vorbehalte und Differenzen immer noch geherrscht hatte, war nach dem 25. Juli unwiederbringlich dahin. Vor allem Hitler konnte seine Enttäuschung kaum noch verbergen, sie war bodenlos. Über die Leistungsfähigkeit des faschistischen Regimes hatte er sich schon lange keine Illusionen mehr gemacht. Aber wenigstens Mussolini war über jeden Zweifel erhaben gewesen, über ihn hatte er nicht einmal im kleinsten Kreis ein schlechtes Wort verloren.

Jetzt nahm er zumindest dort kein Blatt mehr vor den Mund. «[…] ich habe den Führer über den Duce noch nie so enttäuscht gesehen wie diesmal. Der Führer erkennt jetzt, daß Italien keine Macht gewesen ist und heute keine Macht darstellt und in Zukunft auch keine Macht darstellen wird», heißt es im Goebbels-Tagebuch vom

23. September 1943. Hitler könne als «absolut ernüchtert seiner Person gegenüber angesehen werden». Man müsse «langsam anfangen, den Duce politisch abzuschreiben», meinte Goebbels und bezog sich dabei auf ein Gespräch mit Hitler, der sich allerdings sichtlich schwer tat, diesen radikalen Schluss zu ziehen.[16]

Hitlers Enttäuschung resultierte aus der sang- und klanglosen Implosion des faschistischen Regimes, vor allem aber aus dem vagen Verdacht, dass «der Duce zu einer gewissen Zeit auch persönlich die Absicht gehabt habe, von uns abzuspringen».[17] Dieser auf reiner Eingebung beruhende Verdacht, dass Mussolini falsch gespielt habe und ein feiger Verräter sei, ließ Hitler nicht mehr los. Er erhielt im Gegenteil immer neue Nahrung und verfestigte sich Anfang 1944 zur Gewissheit. Hitler erfuhr damals anscheinend noch mehr und Genaueres über die Pläne für italienische Grenzbefestigungen am Brenner,[18] und gleichzeitig wurde ihm zugetragen, dass Ciano im Mai 1940 im «Auftrag des Duce» den Termin der deutschen Westoffensive an Belgien und Frankreich verraten habe. Hitler glaubte diese mitnichten verifizierte Nachricht.[19] Er habe jetzt – «was den Duce und den Faschismus» angehe – «jede Hoffnung verloren», so Goebbels am 25. Januar 1944. «Mussolini ist jetzt praktisch für ihn erledigt. Er unterhält zu ihm keine persönlichen Beziehungen und auch keine Freundschaft mehr. Wir können ihn nur noch für unsere Zwecke gebrauchen.»[20]

Mussolini konnten diese schon in Rastenburg spürbare innere Abwendung und der Stimmungssturz, der ihr später folgte, nicht verborgen bleiben. Er fand sich mit ihnen aber ebenso ab wie mit den grundlegenden Entscheidungen über Italien, die Hitler kurz nach dem Waffenstillstand diktiert hatte. Das hieß aber nicht, dass er aufgegeben und vor Hitler kapituliert hätte. Mussolini hatte nach wie vor eigene Pläne, große sogar, die allerdings nur an der Seite der Deutschen und bei einem deutschen Endsieg eine Realisierungschance hatten.[21] Leicht würde es auch dabei nicht werden. Hitler vergaß schwer und vergab nie und würde deshalb auch Mussolinis Italien für den «Verrat» vom 8. September büßen lassen; das Rastenburger Diktat war ein erster Vorgeschmack auf das, was dem «Achsen»-Partner blühte. Italien hatte in Mussolinis Augen selbst «nach dem Siege eine lange Periode der Krise vor sich», wobei ihm freilich die absehbare und durchaus wünschenswerte Schwächung der Deutschen in einem langen Krieg in die Hände spielen konnte. Irgendwann würde Italien die Krise überwinden, die volle Souveränität zurückgewinnen und schließlich wieder eine «kontinentale und mediterrane Macht werden [...]: eine europäische und afrikanische und somit auch eine Großmacht».[22]

Mussolinis ehrgeizige Pläne für einen nationalen Wiederaufstieg richteten sich auf eine ferne Zukunft voller Fragezeichen. Mehr blieb ihm nicht. Alles hing dabei, wie vor dem 25. Juli, vom Kriegsverlauf ab, und der war nicht eben günstig. Mussolini bearbeitete Hitler deshalb noch in Rastenburg ein weiteres Mal, doch endlich ein Arrangement mit Stalin im Osten zu suchen und sich dann mit aufgefrischter Kraft den Angloamerikanern im Mittelmeerraum entgegenzuwerfen. Die «russische Karte» hielt er noch immer für seinen besten Trumpf. Sollte er nicht stechen, weil Hitler – wie zu erwarten stand – sich noch immer weigerte, ihn auszuspielen, hieß es «durare», also auszuharren, abzuwarten und zu hoffen. Die heterogene Koalition der Gegner konnte nicht ewig halten. Vielleicht brachten auch die deutschen Geheimwaffen die Wende. Hitler hatte ihm von ihrer verheerenden Wirkung erzählt, und Mussolini glaubte so fest daran, dass man selbst in deutschen Kreisen zu spotten begann. «Der Duce» habe eine «ziemlich illusionistische Rede vor den Schwarzhemden gehalten, insbesondere über den bevorstehenden Einsatz deutscher Geheimwaffen», schrieb Goebbels am 19. September 1944, um nüchtern hinzuzufügen: «Es wäre schön, wenn die vom Duce gemachten Ausführungen den Tatsachen entsprächen; das ist aber leider nur zu einem geringen Bruchteil der Fall.»[23]

Wusste Mussolini, dass er letztlich auf ein Wunder wartete? Nichts deutet darauf hin, dass er je die Hoffnung verloren hätte. Depression und Verzweiflung waren bei ihm gewiss an der Tagesordnung und auch nicht verwunderlich, angesichts des tiefen Falls, den er aus den Höhen uneingeschränkter Macht erlebt hatte, und angesichts der sich weiter eintrübenden Kriegslage, die natürlich auch ihm zu schaffen machte. Solche Anwandlungen verflogen aber so rasch, wie sie kamen. Lediglich in den zahlreichen Briefen an Claretta Petacci und in den Telefonaten mit ihr gewannen sie eine fast überwältigende Konstanz. Diese Schreiben und Gespräche waren, abgesehen von den ewigen Liebesbeteuerungen, eine einzige Jeremiade. Es wimmelte nur so vor schwärzesten Selbstdiagnosen: Seine Autorität tendiere gegen Null, sein Augenlicht lasse nach, er fühle sich dem Tod nahe, er sei ein lebender, lächerlicher Leichnam und so weiter und so fort.[24]

Politische Bedeutung hatten diese Äußerungen aber nicht, sie waren vermutlich eher hilflose Signale und Appelle eines alternden, um Prestige und Potenz besorgten Exzentrikers an seine Geliebte, ihn nicht zu verlassen und über seine Schwächen hinwegzusehen. Die Öffentlichkeit, seine Minister und Mitarbeiter und auch seine deutschen Verbündeten erlebten einen anderen «Duce». Ihnen zeigte er sein wahres Gesicht.[25]

Dass er es ernst meinte und weiter an sich glaubte, wurde von der ersten Stunde an deutlich. Nach dem Gipfeltreffen mit Hitler nahm er die Zügel sofort entschlossen in die Hand, trotz ständig bohrender Magenschmerzen, die seiner Physis stark zusetzten; im Herbst 1943 wog er nur noch 66 Kilo, zu seiner Glanzzeit waren es 90 gewesen. Ungeachtet dessen wandte er sich noch von München aus via Radio an seine Landsleute, und noch am Tage seiner Rückkehr nach Italien rief er seine neuen Minister zu einer ersten Kabinettssitzung in Rocca delle Caminate am 27. September 1943 zusammen. Sein Landsitz diente kurzzeitig als Ausweichquartier für die Regierung. Gegen Rom als Hauptstadt hatten die Deutschen ihr Veto eingelegt. Es lag zu nahe an der Front und erschien ihnen auch sonst nicht sicher genug, weshalb sich Mussolini schließlich im Oktober 1943 etwas missmutig am Gardasee niederlassen musste. Er selbst fand mit seinem Stab in dem kleinen Örtchen Gargnano am Westufer des Sees eine Bleibe, die Ministerien waren über ganz Norditalien verstreut, das Außenministerium residierte in Salò.

Die Regierung von Salò

In Gargnano fehlte es zunächst an allem, was für eine Regierungstätigkeit nötig war. Nicht einmal das Telefon funktionierte störungsfrei. Dennoch kehrte Mussolini sofort wieder zu seinen alten Gewohnheiten zurück. Er arbeitete nun sogar deutlich mehr als früher. Ablenkungen gesellschaftlicher Art gab es am Gardasee nicht, und auch das zeitraubende Sportprogramm früherer Tage fiel wegen der angeschlagenen Gesundheit meistens aus; nur den Deutschunterricht ließ er auch am Gardasee nicht schleifen. Die Zukunft sprach noch immer Deutsch, weshalb er die Dienste von Professor Vikoler bis zuletzt, wenige Tage vor seiner Hinrichtung, in Anspruch nahm. Mit Vikoler übersetzte er Texte, von ihm ließ er sich für seine Begegnungen mit den Deutschen trimmen.[26]

Davon abgesehen galt die Konzentration aber jetzt fast ganz der Politik. Er saß ab neun Uhr an seinem Schreibtisch und blieb dort auch an den Wochenenden meist bis spät in die Nacht, unterbrochen nur von einem kärglichen Mahl und einem kurzen Mittagsschlaf.[27]

Erneut am Zug

Es waren aufreibend lange Tage voller Besprechungen und Audienzen; an manchen Tagen empfing er mehr als zwei, drei Dutzend Besucher. Seine journalistische Tätigkeit kam darüber keineswegs zu kurz. Zahlreiche Zeitungsartikel und ein Buch zeugen ebenso davon wie seine kämpferischen Radioansprachen, in denen er seine Landsleute aufrief, die Schmach vom 8. September zu tilgen und die Ehre des Vaterlandes wiederherzustellen.[28]

Ein erheblicher Teil der Besucher waren deutsche Experten und Besatzungsoffiziere, wie überhaupt gesagt werden muss, dass sich Mussolini in Gargnano in einem hauptsächlich von den Deutschen geprägten Ambiente bewegte. SS und Wehrmacht hörten mit, wenn er telefonierte, sie kontrollierten seinen Briefverkehr und stellten die Hälfte der Wachleute, die seinen Regierungssitz und seine Privatwohnung sicherten. Die Deutschen übernahmen im Herbst 1943 sogar die medizinische Betreuung des «Duce». Hitlers Leibarzt schickte auf Befehl des «Führers» mit Georg Zachariae einen seiner fähigsten Mitarbeiter an den Gardasee, der Mussolini nach einigen Monaten tatsächlich wieder auf die Beine brachte.[29]

Ein «Gefangener» seiner Bundesgenossen war Mussolini deshalb aber nicht, wie viele Italiener noch heute sagen, um ihn zur Randfigur ohne Verantwortung zu degradieren.[30] Dazu war er politisch zu aktiv und vor allem zu eigenwillig. Im Mittelpunkt von Mussolinis rastloser Tätigkeit stand natürlich die Innenpolitik. Außenpolitisch hatte er sein Pulver in Rastenburg verschossen, als er Hitler zum wiederholten Mal auf die «russische Karte» hingewiesen hatte und erneut abgeblitzt war. Mehr war hier nicht zu tun, zumal die neue faschistische Regierung international fast völlig isoliert war. Nur eine Handvoll verbündeter Staaten hatte sie anerkannt und Botschafter nach Salò entsandt. Mit den inneren Verhältnissen hatte er aber durchaus genug zu tun. Alles musste neu aufgebaut werden. Die wichtigste Frage, die nach der neuen Staatsform, hatte sich allerdings bereits von selbst gelöst. Die Monarchie hatte sich am 25. Juli und 8. September 1943 vollends disqualifiziert, sie herrschte im winzigen «Königreich des Südens» und stand unter der Vormundschaft der Alliierten. Mussolini war nie Monarchist gewesen, er hatte sich mit den Savoyern immer nur arrangiert und nicht selten mit dem Gedanken gespielt, dem Königtum in Italien nach einem siegreichen Krieg ein Ende zu bereiten. Die Geschichte hatte ihm diese Entscheidung abgenommen. Sein Staat hieß: «Repubblica sociale italiana», Republik von Salò nannte man sie auch.

Der direkte Bezug zur Ideologie des alten Regimes fehlte in der neuen Bezeichnung zwar, faschistisch war der Staat dennoch. Mussolini hielt unbeirrt an seinen früheren Überzeugungen fest, er wollte sie nur in etwas reinerer, härterer Form zur Geltung bringen als zuvor und weigerte sich, den Ratschlägen einiger Vertrauter zu folgen, die eine Regierung der «unità nazionale» unter Einschluss regimeferner Kräfte bilden wollten. Er werde, gab er bereits am 15. September 1943 zu verstehen, ein «neues Regime» aufrichten, einen «Kriegsfaschismus mit eisenhartem und rachsüchtigem Antlitz».[31] Mussolini traf damit auch die Stimmungen und Erwartungen des überwiegenden Teils seines faschistischen Anhangs, den es immer noch gab und der auch jetzt die Basis seiner Herrschaft bilden sollte.

Gewiss, die Faschisten hatten sich am 25. Juli nicht gerührt, die Revolutionäre ebenso wenig wie die Gemäßigten. Alle waren verunsichert, ja entgeistert zu Hause oder in ihren Parteilokalen sitzen geblieben und hatten auf ein Signal von oben gewartet, das nicht kam. Niemand konnte sich einen Reim auf die Ereignisse machen. Es war auch nicht ganz leicht: Der Großrat hatte sich gegen den «Duce» gestellt, Mussolini war von der Bildfläche verschwunden, der Generalsekretär der Partei hatte sich aus dem Staub gemacht und allem Anschein nach sogar eine Anweisung an seine Genossen hinterlassen, die Ruhe zu bewahren, und Badoglio verwirrte schließlich mit seiner Erklärung, dass der Krieg an der Seite der Deutschen weitergehe, auch noch die Gemüter. Was bedeutete das Votum des obersten Gremiums der faschistischen Partei? Konnte man es einfach missachten? Durfte man sich gegen Badoglio wenden und damit die Kriegsanstrengungen der nach wie vor bestehenden «Achse» gefährden? Wäre man damit nicht den eigenen Soldaten an der Front in den Rücken gefallen? Zur Vorsicht trug auch bei, dass die Faschisten der neuen Regierung heillos unterlegen gewesen wären, wenn diese bei einem Aufstandsversuch das Militär zum Einsatz gebracht hätte. Immerhin hatte sie bereits den Belagerungszustand ausgerufen und jegliche politische Betätigung verboten.

Nach dem 8. September änderte sich die Lage. Es klarte gewissermaßen auf, und nun wussten auch die Faschisten, was sie zu tun hatten. Es waren überraschend viele und sogar viele einfache Parteigenossen, die sich wieder zu ihrem alten Glauben bekannten. Der Faschismus gehörte nach jahrzehntelanger Einübung zu ihrem Leben. Sie hatten sich an ihn gewöhnt und nicht wenig von ihm profitiert, vom «Duce»-Mythos ganz zu schweigen, der ihnen von früh bis spät eingetrichtert worden war und auch jetzt noch seine

Wirkung entfaltete. Nach eigenen Angaben hatte die Partei im Februar 1944 fast eine halbe Million Mitglieder. Sie lebte also noch, keine Frage.[32]

Am meisten trugen dazu die Fanatiker und Radikalen bei, die ihrem Verdruss über den Fall des Faschismus da und dort schon nach dem 25. Juli schlagenden Ausdruck verliehen hatten. Sie rotteten sich jetzt in zahlreichen Dörfern und Städten spontan zu regelrechten Rollkommandos zusammen und setzten in gewohnt handfester Manier die sichtbarsten Lebenszeichen. Ihre Aggressivität richtete sich dabei nicht primär gegen die neue politische und administrative Elite, die nach der Entmachtung Mussolinis in die regionalen und lokalen Führungspositionen aufgerückt war. Diese kam in der Regel viel glimpflicher davon als die einstigen Parteifreunde, die sich in der Sommerkrise vom Faschismus abgewandt hatten und zum Gegner übergelaufen waren. Sie traf der Abrechnungsfuror mit besonderer Härte.

Unter den gewaltbereiten Aktivisten befanden sich natürlich viele alte Squadristen, die in diesem Vergeltungstaumel ganz in ihrem Element waren. Zu ihnen zählten aber auch viele junge Faschisten, die ihrer Enttäuschung über die älteren, feige und satt gewordenen Generationen freien Lauf ließen. Sie hatten ihre politische Sozialisation vor allem in den faschistischen Gewerkschaften und Studentenverbänden erfahren und glaubten wirklich an den Faschismus, auch wenn sie überall Degenerationserscheinungen entdeckten und heftig dagegen polemisierten. Der 8. September war für sie ein ebenso schwerer Schlag wie der 25. Juli. Sie erlebten den Zusammenbruch des Regimes «mit Abscheu» und empfanden das «zynische Doppelspiel der Monarchie und Badoglios [...] als Beleidigung».[33] Es kam ihnen deshalb gar nicht in den Sinn, ihre faschistischen Grundsätze über Bord zu werfen. Ebenso wenig dachten sie daran, ihre deutschen Bundesgenossen im Stich zu lassen und den «Verrat» von 1915 zu wiederholen. Schließlich stand die nationale Ehre auf dem Spiel. Nicht wenige hatten solche Empfindungen aber bereits hinter sich gelassen. Sie waren schon weiter und dachten in

Dimensionen, die über den Nationalstaat hinausreichten. Ihr Erneuerungs- und Errettungspathos galt einem faschistischen Europa mit «neuen» arischen Menschen, deren Prototypen sie, die Faschisten, selbst waren.[34]

Diese zum Äußersten entschlossenen jungen Burschen erneuerten 1943 das schon länger bestehende informelle Bündnis mit den alten revolutionären Recken des Faschismus. In der Stunde der Bewährung rückten diese ganz unterschiedlichen Kräfte sogar noch näher zusammen, sie bildeten die eigentliche Trägerschicht des «Kriegsfaschismus» von Salò. Ihr entstammten erhebliche Teile der neuen Führung: der Befehlshaber der Miliz Renato Ricci, der selbsternannte, extrem antisemitische Chefideologe Giovanni Preziosi, zahlreiche Provinzbosse vom Schlage eines Farinacci und nicht zuletzt der Generalsekretär der Partei Alessandro Pavolini, der als eine Art faschistischer Jakobiner betrachtet werden kann.[35]

In vielen Einzelfragen lagen die Protagonisten dieser Trägerschicht weit auseinander, in Grundfragen waren sie sich aber doch einig: Sie wollten den Krieg fortsetzen und das «Achsen»-Bündnis aufrechterhalten, auch wenn sie wussten, dass die Deutschen, und nur sie, den Kurs bestimmten. Die Kooperation mit ihnen stand außer Frage, der Krieg der «Achse» in Italien war ihnen schon deshalb heilig, weil er auch ein italienischer Krieg war, für den alle Kräfte angespannt werden mussten. Der König und Badoglio, diese jämmerlichen Repräsentanten des verknöcherten liberalen Italien, waren ihnen ebenso verhasst wie die anglo-amerikanischen Vormächte des «jüdischen Kapitalismus»,[36] mit dem sie noch viel weniger anfangen konnten als mit dem Bolschewismus. Fluchtpunkt ihrer Träume war eine von allem Fremden gereinigte, auf Kampf getrimmte totalitäre Volksgemeinschaft, die Italien im Bündnis mit NS-Deutschland zu neuer Größe führen sollte.

Mussolinis Rückhalt war nirgends größer als bei diesen revolutionären Kräften. Er musste sich aber auch in Salò mit vielen anderen Gruppen arrangieren – am Anfang wenigstens, als alles noch ganz unsicher war. Zu nennen wären vor allem die großen Wirtschaftskapitäne, die vor allem in Norditalien über beträchtlichen Einfluss verfügten, außerdem die Spitzen der Bürokratie und des neuen Militärs, in dem er noch viele getarnte Monarchisten vermutete. Wenn sein neuer Staat funktionieren sollte, blieb ihm fast keine andere Wahl, als einen temporären Modus vivendi mit diesen eher konservativen Kräften zu suchen. Im Innersten aber war er nicht bei ihnen. Sein Herz schlug seit eh und je für die Revolutionäre und Radikalen, die ihm auch jetzt wieder viel näher standen als die gemäßigten, auf nationale Versöhnung bedachten Kreise und die Status-quo-Faschisten, die auf leisen Sohlen durch die Geschichte schlichen.

Das zeigte sich in vielen Fällen, besonders deutlich aber bei dem ersten großen Lackmustest, in dem es um die Frage nach dem Schicksal der «Verräter» vom 25. Juli ging. Für die Revolutionäre war die Sache klar, sie lechzten nach Rache: Die «Verräter» mussten vor Gericht gestellt und wie die Hunde abgeknallt werden. Der Generalsekretär drohte sogar mit Rücktritt, wenn es nicht dazu kommen sollte. Die Glaubwürdigkeit des neuen Regimes stand und fiel nicht nur in seinen Augen damit, ob es die Kraft aufbrachte, in den eigenen Reihen aufzuräumen. Auch Hitler dachte so. Er hatte Mussolini gegenüber bereits in Rastenburg keinen Zweifel daran gelassen, was er von ihm erwartete: Der «Duce» sollte ein Exempel statuieren und durfte insbesondere Ciano, den «Teufel der faschistischen Bewegung» und «Verderber Italiens», wie Goebbels sich ausdrückte, nicht schonen.[37] Hitler forderte Cianos Kopf, und Mussolini wusste genau, dass sein Ansehen bei den Deutschen auf dem Spiel stand, wenn er sich dieser Forderung verschloss.

In dasselbe Horn stießen Mussolinis Ehefrau Rachele, die ihren Schwiegersohn seit jeher verachtete, und Claretta Petacci. Je misstrauischer und einsamer Mussolini am Gardasee wurde, desto mehr Gewicht gewann ihre Stimme. Seine Hauptgeliebte ist auch in der seriösen Forschungsliteratur lange unterschätzt, ja als gänzlich einflussloses dummes Ding hingestellt worden. In Wahrheit war sie am Ende Mussolinis wichtigste Vertraute, Ratgeberin – und schärfste

Kritikerin, die energisch dazwischen fuhr, wenn er von der reinen Lehre abzuweichen schien. Anlässe für solche Interventionen gab es viele, denn Claretta Petacci war eine fanatische Faschistin, eine überzeugte Anhängerin der «Achse» und eine Antisemitin von hohen Graden.[38] Nicht umsonst sagte man von ihr, sie habe den «Prototyp des von Mussolini erträumten ‹neuen Mannes›» verkörpert, «wenn sie keine Frau gewesen wäre».[39] Bei Ciano gab auch sie kein Pardon. Was sie Mussolini riet, hätte von Hitler stammen können: «Um die Zügel wieder in die Hand nehmen zu können und Italien wieder erstehen zu lassen, muss das Blut der Verräter fließen.»[40]

Im Fall Ciano brauchte der von Hitler und den revolutionären Faschisten unter Druck gesetzte Mussolini tatsächlich diesen weiblichen Ansporn. Mussolini hasste seinen Schwiegersohn zwar genauso wie seine anderen alten Weggefährten, die ihm am 25. Juli die Gefolgschaft aufgekündigt hatten und ihm – trotz aller Privilegien, die er ihnen eingeräumt hatte – in den Rücken gefallen waren. Sie hatten gefrevelt und mussten dafür mit dem Leben bezahlen. Aber auch Ciano, der Mann seiner Tochter und der Sohn seines Freundes Costanzo Ciano, den er einmal als seinen Nachfolger ausersehen hatte? Der Beschluss, auch bei ihm keine Gnade walten zu lassen, fiel ihm tatsächlich schwer. Er sorgte sich vor allem um den Familienfrieden und fürchtete den Bruch mit seiner Lieblingstochter. Edda hatte ihm ja in dramatischen Begegnungen vor Augen geführt, dass sie Cianos Tagebücher mit allen kompromittierenden Passagen über ihn publizieren würde und dass sie nie wieder etwas von ihm hören wollte, wenn er ihren Ehemann und den Vater seiner Enkelkinder wirklich hinrichten lassen sollte. Am Ende nahm er aber auch darauf keine Rücksicht. Die Staatsräson habe ihn bewogen, den Prozess von Verona gegen die «Verräter» zu forcieren. «Das Schicksal von Ciano war letztlich von der Vorsehung vorherbestimmt», so Mussolini unter Berufung auf höhere Mächte, gegen die er machtlos war.[41] Um Edda tat es ihm leid, um Ciano nicht. Sein Tod ließ ihn kalt. Er habe den «Duce» am Tag der Hinrichtung «völlig ruhig, sicher und gelassen» angetroffen, meldete Rudolf Rahn an das Auswärtige Amt in Berlin.[42]

Hitler nahm die Nachricht von Cianos Tod mit ebenso großer Erleichterung auf wie die revolutionären Faschisten. Sie konnten sich bestätigt fühlen. Wie immer man ihn gewichten mochte – der Druck der radikalen Basis war nicht umsonst gewesen, Mussolini hatte keinen Rückzieher gemacht, er stand auf ihrer Seite, wie zwei Tage nach der Hinrichtung noch einmal deutlich wurde. Das Kabinett beschloss nämlich am 13. Januar 1944 die Grundlinien eines weitreichenden Sozialisierungsgesetzes und entsprach damit einem Herzenswunsch der Revolutionäre, die auf diese Weise signalisierten, dass sie – Stichwort Abrechnung – nicht nur in die Vergangenheit blickten, sondern auch die Zukunft im Auge und dafür attraktive Angebote hatten.[43]

Dass Mussolini mit solchen linken Eingriffen in die Wirtschafts- und Gesellschaftsordnung sympathisierte, war kein Geheimnis. Er hatte bereits lange vor dem 25. Juli entsprechende Botschaften ausgesandt und gerade in den letzten Monaten vor seinem Sturz keinen Zweifel daran gelassen, dass er seine sozialistische Vergangenheit und die antikapitalistischen und sozialrevolutionären Ideen des frühen Faschismus nicht ganz vergessen hatte. «Zurück zu den Wurzeln» wollte er dennoch nicht. Dieses Motto der Revolutionäre war ihm zu schlicht und vor allem nicht stolz genug, weil es die – in seinen Augen – epochalen Errungenschaften des Faschismus wie etwa die Überwindung des Klassenkampfes im korporativen Staat ignorierte. Gewiss, auch er glaubte, dass die Zukunft «links liegt»[44] – aber doch nicht im alten verstaubten sozialistischen, sondern in einem modernen faschistischen Sinne, den natürlich er allein definieren wollte. Mussolini wusste ziemlich genau, dass sein neues Regime ein noch krasseres Legitimationsdefizit hatte als das alte, das die bürgerliche Oberschicht und den breiten Mittelstand zu lange privilegiert und zugleich beträchtliche Teile der Land- und Industriearbeiter vernachlässigt, jedenfalls nicht im wünschenswerten Maße erreicht hatte.

Diese schädliche Asymmetrie sollte jetzt behoben werden, und zwar durch die «modernste Sozialgesetzgebung der Welt»,[45] wie Botschafter Rudolf Rahn die Absichten Mussolinis bezeichnete, und vor allem durch das im Februar 1944 endgültig verabschiedete Sozialisierungsgesetz, das namentlich der politisch unruhigen Industriearbeiterschaft weit entgegenkam, während es im schon länger angefeindeten Besitzbürgertum Angst und Schrecken verbreiten sollte und tatsächlich auch verbreitete. Das Gesetz verhieß die Verstaatlichung aller wichtigen Großbetriebe, die Mitbestimmung der Arbeitnehmer im Betrieb, die Beteiligung der Arbeiterschaft am Aktienbesitz und viele andere Mitsprache- und Teilhabechancen und wurde von den von sich selbst und ihrer Kühnheit berauschten revolutionären Faschisten als grandiose antikapitalistische Großtat verkauft. Mussolini sprach sogar davon, dass mit dem Sozialisierungsgesetz «ein neuer Abschnitt in der Menschheitsgeschichte» beginne.[46]

Andere gesellschaftliche Gruppen beurteilten das Gesetz ganz anders. Die Arbeitgeber widersetzten sich von Natur aus, sie sahen im Sozialisierungsdekret die Vorboten des Kommunismus, und auch die Arbeiterschaft war nicht sonderlich interessiert, wie sich in den großen Märzstreiks des Jahres 1944 zeigte, die eine einzige Demonstration gegen das faschistische Regime waren. Sie misstraute den Faschisten, die zwanzig Jahre Zeit gehabt hatten, das Nötige gegen die großen Wirtschaftsbosse zu tun. Warum regten sie sich erst jetzt? Hinzu kam, dass das neue Gesetz eine mehr als eindeutige faschistische Schlagseite hatte. Es gab kein Streikrecht, keine freien Gewerkschaften und keine Tarifautonomie. Selbst die innerbetriebliche Mitbestimmung ließ bei näherer Betrachtung zu wünschen übrig, weil im Konfliktfall eben doch die Arbeitgeber am längeren Hebel saßen. Mussolini und die Revolutionäre im Faschismus machten Zugeständnisse – das schon. Über ihren Schatten sprangen sie aber nicht. Die große Mehrheit der Arbeiter hatte schon recht: Das Regime wäre im Kern auch mit in Kraft gesetztem Sozialisierungsgesetz genauso autoritär geblieben, wie es früher gewesen war. Es versuchte in Salò nur, die Unternehmer und die Großbourgeoise einzuschüchtern und auf Linie zu bringen. Die Arbeiterschaft konnte davon profitieren, allerdings nur, wenn sie sich dem Willen des

«Duce» widerspruchslos fügte. Ansonsten drohte, wie früher, die Peitsche, wie Mussolini nach einigen Streiks im Februar 1944 seinem Getreuen Paolo Zerbino klar machte: «Hoeren Sie, wenn noch einmal das Geringste vorkommt, dann greifen Sie sofort zu den schaerfsten Mitteln, ruecksichtslos u. unerbittlich. Wir muessen die Herren gleich von vorneherein unsere eiserne Faust fuehlen lassen. Jede Milde und Verhandlung muss abgelehnt werden. [...] Der Marschall Stalin ist uns der beste Lehrmeister in solchen Faellen. Es ist das einzige und notwendigste Mittel, um diese Verbrecher zu fassen. Darum befehle ich Ihnen: Jeden Mann, der seine Arbeit nicht mehr tun will – zu erschiessen. Ich wiederhole, hoeren Sie – jeder, der sich zur Arbeitsverrichtung weigert, wird erschossen. Diese Herrschaften sollen nun endlich unser anderes Gesicht kennen lernen.»[47]

Der Versuch einer Sozialisierung scheiterte aber ohnehin. Die deutschen Kontroll- und Aufsichtsbehörden verzögerten oder unterbanden nämlich alles, was geeignet schien, die «Ausbeutung der italienischen Industrie für die Zwecke der deutschen Kriegführung»[48] zu stören. Mussolini und sein linker Anhang konnten angesichts dieser widrigen Umstände nicht viel ausrichten. Sie mühten sich zwar nach Kräften, und namentlich Mussolini ließ sich auch von massiven deutschen Obstruktionsversuchen nicht entmutigen. Er hielt bis zum April 1945 an seinen ambivalenten Zielen fest. Am Ende musste aber auch er einsehen, dass gegen den Willen der Deutschen nichts zu machen war.

Das war symptomatisch, aber nicht ganz, weshalb es auch so schwierig ist, Mussolinis Rolle nach 1943 zu definieren. Die Meinungen über ihn in Salò gehen jedenfalls sehr weit auseinander.[49] War er eine hilf- und willenlose Marionette? Verwandelte er sich in Salò vom «ersten Verbündeten in den letzten Kollaborateur»?[50] Oder hatte Hitler recht, der im April 1944 bei einem Treffen mit dem «Duce» in Kleßheim behauptete: «Italien sei der erste und auch heute noch der einzige uns durch seine Weltanschauung eng verwandte Verbündete?»[51]

Die Wahrheit liegt in der Mitte und variiert von Fall zu Fall:

Mussolini hatte in manchen Politikbereichen andere Vorstellungen als die Deutschen, in nicht wenigen lag er dagegen fast ganz auf ihrer Linie; das galt insbesondere bei vielen grundsätzlichen Fragen. Dennoch war er weder ein echter Bündnispartner noch ein bloßer Kollaborateur. Er blieb auch in Salò ein Politiker mit eigenem Profil und Projekt, wobei es aber mit beidem eine besondere Bewandtnis hatte: Das eigene, mit großer Zähigkeit verfolgte Projekt eines nationalen Wiederaufstiegs war nur bei einem deutschen Sieg zu realisieren, die eigene Kraft reichte dazu längst nicht mehr, die Republik von Salò war ohne deutsche Hilfe weder lebens- noch gefechtsfähig. Das eigene Profil musste unter diesen Umständen notwendig unscharf bleiben, in der dichten Grauzone von Konsens und Dissens verlor es mitunter jegliche Kontur. Mit anderen Worten: Mussolinis Gestaltungswillen waren enge Grenzen gesetzt. Sein Vorsatz, Autonomie und Autorität seines neuen Regimes zu stärken, war vielfach nichts anderes als Wunschdenken. Er ging aber nie verloren und blieb auch nicht ohne Folgen.

Breite Übereinstimmung herrschte beispielsweise bei der Beurteilung der italienischen Partisanen. Diese von den Kommunisten dominierte Bewegung speiste sich aus vielen alten und neuen antifaschistischen Resistenzkräften, die im letzten Kriegsjahr zu einer mächtigen Widerstandsbewegung zusammenwuchsen.[52] Bereits im Frühjahr 1944 stellten die Partisanen eine ernste Bedrohung für die Wehrmacht dar. Sie galten sowohl den Deutschen als auch den Faschisten nicht als Patrioten, sondern als vogelfreie «Banditen», die sich aus unlauteren Motiven und mit verbrecherischen Methoden in das Kriegsgeschehen mischten. Auch bei der Frage nach ihrer Behandlung lag man nahe beieinander. «Unnachsichtig» lautete das Adjektiv, das in den entsprechenden Befehlen am häufigsten zu finden war.

Mussolini teilte diese Einschätzungen, er beließ es dabei aber nicht. Wie in Slowenien[53] und im besetzten Teil Kroatiens ermunterte er die Warlords an der Spitze seiner Miliz- und Polizeiformationen, auch in der Heimat und im Kampf mit den Partisanen kein

Pardon zu gewähren, obwohl es sich um Landsleute handelte. «Wir müssen diese abscheuliche Plage mit Feuer und Schwert ausrotten», gab er einem General mit auf den Weg, der im Juli 1944 ein sogenanntes Säuberungsunternehmen im Piemont leitete.[54] Was Mussolini damit meinte, hatte er am 21. Juni 1944 einem Offizier des Verbindungsstabes der Wehrmacht erklärt: Einen Tag zuvor waren am Lago Maggiore 200 «Rebellen» erschossen worden. Der «Duce», so heißt es in der Gesprächsnotiz, knüpfte an diese Nachricht an und betonte, dass «die Vernichtung der Banden eine Lebensfrage für die deutschen Truppen in Italien und für die im Restteil Italiens verbliebenen Faschisten sei. Dazu bemerkte er, dass man diese Banden radikal auslöschen und jeden Dazugehörigen ohne Kriegsgericht erschiessen müsse, auch wenn es 20 000 und mehr seien.»[55] Ähnlich radikale Befehle erhielten auch Kriegsminister Rodolfo Graziani sowie andere Offiziere und Parteifunktionäre, die solcher Anfeuerung vermutlich gar nicht bedurft hätten. Sie wussten auch so, was der «Duce» im Umgang mit den Partisanen von ihnen erwartete.

Das heißt aber nicht, dass Mussolini im Partisanenkampf überhaupt keine Grenze gekannt hätte. Vor allem das äußerst rabiate Vorgehen der Wehrmacht fand immer wieder seine Kritik. In Briefen an Botschafter Rahn beschwerte er sich häufig über ein «mehr als feindliches» Verhalten der deutschen Truppen, über Verschleppungen und Vergewaltigungen von Frauen und Mädchen sowie über die Zerstörung ganzer Dörfer, deren Einwohner den Partisanen Unterschlupf gewährt hatten oder auch nur verdächtigt wurden, ihnen geholfen zu haben.[56] Die deutschen Übergriffe gingen ihm insbesondere dann viel zu weit, wenn auch Faschisten und deren Familien zu den Opfern gehörten. Hier profilierte er sich mit einigem Erfolg als Anwalt seiner eigenen Landsleute. Selbst Albert Kesselring, der Oberfehlshaber der deutschen Streitkräfte in Italien, milderte seine Befehle auf Intervention des «Duce» etwas ab.[57] Repressalien sollten, so hieß es in der entsprechenden Anweisung, «in der Regel» nur noch Partisanen treffen und nicht die «unschuldige Bevölkerung».[58]

Viel unkritischer war Mussolini anscheinend bei den extremen

Ausschreitungen seiner eigenen Spezialeinheiten, die der Wehrmacht und der SS im Nahkampf mit den ebenfalls nicht zimperlichen Partisanen in nichts nachstanden.[59] Nur wenige seiner Mitstreiter hatten etwas zu befürchten, wenn ihre Untergebenen Recht und Gesetz mit Füßen traten. Mussolini deckte fast alles – die Missetaten der Miliz[60] ebenso wie die Übergriffe der Polizei und die Exzesse der autonomen faschistischen Sondereinheiten, die im Rücken der Wehrmacht – und vielfach mit Unterstützung der Deutschen – ihr Unwesen trieben.[61] Er griff nur dann ein, wenn er glaubte, dass diese Taten weiteren Widerstand der Partisanen provozierten und den Zulauf zur Resistenza erhöhten. Rein taktischen Überlegungen entsprangen auch die Amnestien für Partisanen aus dem Jahr 1944. Sie standen nicht im Zeichen von Vergebung und nationaler Aussöhnung, sondern sollten Zwietracht in der Widerstandsbewegung säen und ihr das Wasser abgraben.

Es musste schon sehr viel passieren, dass sich Mussolinis Gewissen regte. Er hatte zu viel auf dem Kerbholz, als dass ihn der blutige Bürgerkrieg im eigenen Land noch wirklich gerührt hätte. «Man meldet schreckliche Fälle von Gewalt», schrieb er am 2. Juli 1944 an seine Geliebte, um weltgeschichtliche Betrachtungen voller Zynismus daran zu knüpfen: «Ich beginne zu glauben, dass das italienische Volk – nach dem chinesischen – das grausamste des Universums ist. Es ist das Volk von Cesare Borgia […]. Grausamkeit und Schwäche sind dabei nicht zu trennen. Diese Italiener verstehen sich gut darauf, sich gegenseitig umzubringen. Anders liegt der Fall, wenn es gegen die Amerikaner geht.»[62] Genau so zynisch und skrupellos zeigte sich Mussolini, wenn es um andere Regimegegner und «Volksschädlinge» wie Homosexuelle, Sinti und Roma, psychisch Kranke, «Arbeitsscheue» oder um Antifaschisten ging.[63] Die Ausgrenzung und Drangsalierung dieser Männer und Frauen mit «Makel» hatte sich bereits in den dreißiger Jahren verschärft, in Salò erreichte der Verfolgungsdruck eine neue Qualität. Die schon früher einsetzenden Radikalisierungsprozesse kamen nach 1943 nicht zum Stillstand. Sie beschleunigten sich in der Endphase des Krieges und prägten auch die Lage in den Krankenhäusern, Anstalten und Lagern, wo bald infernalische Verhältnisse herrschten.[64] Willkür und Gleichgültigkeit des faschistischen Wachpersonals spielten dabei eine große Rolle. Der Anteil von Rassehygienikern und anderen, auf soziale Flurbereinigung bedachten Experten kann hingegen noch nicht taxiert werden.

Mussolini konnte sich bei der Behandlung von Gegnern und «Schädlingen» und insbesondere bei der Bekämpfung der Partisanen auf einen überwältigenden Konsens in Partei und Miliz stützen. Besonderes Engagement zeigten aber auch hier die Revolutionäre, die mit den kommunistischen Partisanen nicht zuletzt Konkurrenten um die Sympathien der Arbeiterschaft eliminieren wollten. Die linken Widerstandskämpfer waren in ihren Augen ein ebenso großes Hindernis auf dem Weg zu einer homogenen Volksgemeinschaft wie die Juden, die in der Republik von Salò mit noch schwereren Schlägen rechnen mussten. Die Juden galten den Revolutionären als die Verkörperung des verachteten Bürgertums, und sie repräsentierten in ihren Augen den verhassten Kapitalismus, den sie schon mit dem Sozialisierungsgesetz zu treffen versucht hatten. Sie sollten ausgeschaltet werden, wobei allerdings nicht primär rassistisches Denken den Ausschlag für ihre Forderung gab. Das brachten andere faschistische Kräfte mit, aber auch die bloß antikapitalistisch orientierten Antisemiten ließen sich nur allzu leicht für das radikalste Grundanliegen des NS-Regimes einspannen: die Vernichtung der Juden, die ab Herbst 1943 auch in Italien mit rücksichtsloser Härte ins Werk gesetzt wurde.

Aufs Ganze gesehen trafen die Deutschen bei ihrem Vernichtungswerk in Italien auf ein beträchtliches Maß an aktiver Kooperationsbereitschaft,[65] auch wenn nicht dick genug unterstrichen werden kann, dass vor 1943 nicht einmal die fanatischsten Faschisten an eine totale Auslöschung der Juden dachten. Vertreibung statt Vernichtung, das war ihr Motto und das vieler anderer Antisemiten im Faschismus. Es galt aber nur bis 1943, danach kann man weder bei ihnen noch bei Mussolini ganz sicher sein. Der «Duce» wusste seit

1942 genau, was mit den Juden geschah. Er dachte trotzdem kein bisschen um. Er wurde nach seinem Sturz sogar noch radikaler und sah teilnahmslos zu, wie Hitler und seine Schergen das nationalsozialistische Vernichtungsprogramm auf die Apennin-Halbinsel ausdehnten und wie zahlreiche Faschisten sich als effiziente freiwillige Helfer erwiesen. Auch als die gesamte zivilisierte Welt den Schlag gegen das jüdische Ghetto von Rom am 16. Oktober 1943 verurteilte, blieb er stumm, obwohl dabei mehr als 1250 Juden verhaftet und über 1000 von ihnen nach Auschwitz deportiert wurden. Vergleichbare «Judenaktionen» in mehreren anderen größeren Städten Nord- und Mittelitaliens kommentierte er ebenfalls nicht.[66]

Was hätte er auch sagen sollen, wenn er keinen Monat nach der Razzia in Rom das ideologische Grundsatzprogramm der Republik von Salò verabschieden ließ, das eine Kriegserklärung an die Juden enthielt? In dem von ihm inspirierten «Manifest von Verona» vom 14. November 1943 hieß es kurz und knapp: «Die Angehörigen der jüdischen Rasse sind Ausländer. Während der Dauer des Krieges gelten sie als Angehörige einer feindlichen Nationalität.»[67] Die Juden wurden damit auch de jure aus dem italienischen Volk ausgestoßen. Sie verloren ihre Staatsangehörigkeit und die letzten bürgerlichen Rechte, die ihnen noch geblieben waren. Selbst sogenannte Mischlinge, denen man die Zugehörigkeit zur «arischen Rasse» attestiert hatte, blieben nicht unbehelligt. Sie galten ebenfalls als gefährlich und sollten von der Polizei unter besondere Beobachtung gestellt werden.

Mussolini ging wenig später sogar noch einen Schritt weiter. Sein Innenminister verfügte am 30. November 1943 mit seiner ausdrücklichen Zustimmung die Einweisung aller Juden – und zwar unabhängig von ihrer Nationalität – in Konzentrationslager; Vermögen und Besitz der Geächteten fielen an den Staat. Die Begründung für diesen Raub hatte der Generalsekretär der faschistischen Partei auf dem Kongress von Verona gegeben: «Es handelt sich dabei, um es ganz klar zu sagen, um nichts anderes als Blut aus dem italienischen Volkskörper. Es ist nur gerecht, dass dieses Blut in den Volkskörper zurückgeführt wird.»[68]

Mussolini und seine Regierung handelten dabei aus eigenem Antrieb. Sie wussten genau, was sie taten. Es konnte ihnen nicht verborgen geblieben sein, dass sie dem Mord an den Juden nicht nur Vorschub leisteten, sondern ihn aktiv unterstützten. Allem Anschein nach gab es sogar eine geheime Absprache auf höchster Ebene über die deutsch-italienische Arbeitsteilung bei der Verfolgung und Ermordung der Juden,[69] die in der Regel so funktionierte: Die faschistischen Sicherheitsorgane spürten die Juden auf, verfrachteten sie in Lager und übergaben sie dort den Deutschen, die dann die Deportation in die Todesmühlen im Osten organisierten. Insgesamt wurden in Italien zwischen 7700 und 7900 Juden verhaftet und deportiert, wenn sie nicht schon zuvor in den Lagern ums Leben gekommen waren. Die meisten Transporte gingen nach Auschwitz, und von dort kehrte kaum jemand in die Heimat zurück.[70]

Es ist undenkbar, dass Mussolini diese Absprache nicht kannte. Er traf sie vermutlich sogar selbst. Alles geschah unter seinen Augen, mit Billigung seiner Regierung und unter dem Beifall des journalistischen Fußvolkes, das in der Republik von Salò alle antisemitischen Register zog und dabei durchaus «Stürmer»-Niveau erreichte. Mussolini selbst musste sich übrigens vor seinen geifernden Kollegen von der schreibenden Zunft nicht verstecken. Er wetterte fast unentwegt gegen Juden und solche, die er dazu machte, wenn ihm danach war. Als Forum für seine Attacken[71] nutzte er die vom Ministerium für Volkskultur herausgegebene «Corrispondenza Repubblicana», eine Art offiziöses Amtsblatt, dessen Artikel von zahlreichen Tageszeitungen übernommen wurden, so dass auch noch dem letzten Leser klar wurde, wie der «Duce» über die Juden dachte.

Wie weit seine tödliche Aversion gegen Juden ging, zeigte sich besonders drastisch in einem Artikel vom Februar 1944, den er nach einem schweren Bombenangriff auf das zwischen Florenz und Ancona gelegene Städtchen Urbania schrieb. Antisemitismus, Rassismus und Antiamerikanismus verbanden sich darin zu einer giftigen Mischung, die durch ihre alttestamentarische Grundierung eine apokalyptische Note bekam: «Die amerikanischen ‹Befreier› haben alle Einwohner von Urbania vom Leben ‹befreit›. Sie haben mit der sadistischen Wut ihrer, der Negerrasse entstammenden Piloten den Grundsatz ins Werk gesetzt: Terror gegen Terror, Massaker gegen Massaker, ganz im Sinne der grausamen Lehre des Talmud, die das internationale Judentum in diesem Krieg gegen alles, was christlich ist, befolgt.» Europa habe schreckliche Zeiten mit unerhörten Heimsuchungen hinter sich, die man sich früher mit der Wiederkunft des Antichrist erklärt habe. «Die wenigen Überlebenden von Urbania denken heute vielleicht so ähnlich. Der Antichrist ist geboren. Der Antichrist ist derjenige, der das Menschengeschlecht hasst und an seinem Körper die Stigmata eines besonderen Fluches trägt, er ist derjenige, der so grausam wie Herodes von Judäa ist und die Vernichtung der Unschuldigen befohlen hat, sie will und genießt. Der Antichrist des 20. Jahrhunderts hat einen Namen. Er heißt Franklin Delano Roosevelt.»[72]

Ähnlich gespenstische Töne schlug Mussolini zwei Monate vor seinem Tod an, als er von den Ergebnissen der Konferenz von Jalta erfuhr, wo sich Churchill, Roosevelt und Stalin über die Machtverhältnisse in Europa und speziell die Teilung Deutschlands verständigt hatten. «Verglichen mit dem Programm, das die *Gangster* von Jalta verkündet haben, erscheint der Westfälische Friede von 1648 […] eher unbesonnen als grausam, und nicht einmal der Versailler Vertrag stand so im Zeichen der Unterwerfung wie die Beschlüsse von Jalta, die der monströsen Fantasie des mit dem Bolschewismus verbündeten Manchesterkapitalismus entsprungen sind, mit Juda als Bindeglied [dieser Koalition].»[73] Hitler und Goebbels äußerten sich 1944/45 nicht viel anders. Die Amerikaner, der Bolschewismus und vor allem das selbst geschaffene Phantom des Weltjudentums hatten auch Mussolini das Fürchten gelehrt. Er hatte Angst vor ihrer Rache, fragte sich aber nie, wofür.

Muss man es noch einmal betonen? Mussolini traute den Juden alles zu, er hasste sie, sie mussten weg – egal, wie und wie viele dabei auf der Strecke blieben. Seine Ziele und die der Deutschen fielen am Ende fast zusammen. Mussolini präsentierte sich seinen Landsleuten, den Verbündeten und der Welt als das, was er war: als effizienter Helfer aus voller Überzeugung.

Dabei konnte Mussolini bei anderen Fragen durchaus streitbar sein. Wenn die ideologische Affinität und die praktische Interessenidentität mit den Deutschen nicht allzu groß waren, stellte sich Mussolini immer wieder gegen die Verbündeten, um seine und nationale Anliegen zur Geltung zu bringen. Er scheute dabei auch vor heftiger Kritik nicht zurück. Rudolf Rahn musste sich einiges anhören und scharfe Protestschreiben entgegennehmen. Auch seinen Botschafter in Berlin, Filippo Anfuso, setzte er regelmäßig in Marsch, um Abhilfe für Missstände in Italien zu verlangen.

In der Regel ging es dabei um demütigende Eingriffe in die Verwaltung, um willkürliche Beschlagnahmen von Maschinen und Material oder nicht abgestimmte Razzien, um Arbeitskräfte auszuheben, also um die Verletzung administrativer Hoheitsbereiche, die Mussolini für sich und seine Regierung beanspruchte. Der «Duce» litt unter diesen Eigenmächtigkeiten, weil er genau wusste, dass sein neues Regime nie auf die Beine kommen würde, wenn die Deutschen sie nicht abstellten. Er blitzte mit seinen Beschwerden aber häufig ab, vor allem Ribbentrop machte sich ein Vergnügen daraus, ihn mit immer neuen Ausflüchten hinzuhalten oder brutal vor den Kopf zu stoßen. Im August 1944 schrieb Mussolini deshalb einen verzweifelten Bittbrief an Rahn, der nur als kaum verhüllte Rücktrittsdrohung zu verstehen war: Die Deutschen sollten «den Italienern wenigstens den Eindruck vermitteln, dass eine Republik und eine Regierung bestehen, dass diese Regierung als verbündet betrachtet wird, und dass ihr Hoheitsgebiet keine ‹Kriegsbeute› ist».[74]

Rahn hatte durchaus Verständnis für diese Klagen und Bitten. Er hatte 1943 das Besatzungskonzept der indirekten Herrschaft miterfunden und glaubte auch 1944/45 noch daran, dass man – um einen Ausspruch von ihm abzuwandeln – eine Kuh nicht verhungern lassen durfte, wenn man sie melken wollte.[75] Mussolini hatte in ihm deshalb häufig einen Fürsprecher, ja sogar einen Verbündeten, wenn es darum ging, den krassesten deutschen Ausbeutungsmaßnahmen die Spitze zu nehmen. Durchschlagende Erfolge hatten die beiden nicht, in manchen Bereichen gelang es ihnen aber doch, italienischen Interessen zum Durchbruch zu verhelfen und damit den Eindruck zu entkräften, dass Mussolini überhaupt nichts zu sagen hatte.

Auch Hitler war auf diesem Ohr nicht ganz taub. Ihm lag ebenfalls nicht daran, Mussolinis Autorität vollends zu ruinieren. Der «Duce» brauchte Erfolge, er sollte sie haben. Hitler kam ihm deshalb mehrmals entgegen, ohne sich selbst freilich allzu viel zu vergeben. So war es etwa bei der Behandlung der mehr als 600 000 italienischen Soldaten, die im September 1943 ins Deutsche Reich verschleppt worden waren und dort – unter der Bezeichnung Militärinternierte[76] – mehr als schlecht behandelt wurden. Mussolini brachte dieses Problem immer wieder auf die Tagesordnung. Er stand dabei unter dem Erwartungsdruck unzähliger Landsleute, die sich einfach nicht erklären konnten, warum der «Achsen»-Partner die italienischen Soldaten festhielt, warum er sie so unerbittlich ausbeutete – und vor allem: warum die eigene Regierung nicht für Abhilfe sorgte. War Mussolini am Ende vielleicht zu schwach dafür?

Hitler kannte diese Fragen, und ihm war auch bewusst, wie sehr das Ansehen Mussolinis darunter litt, dass er nicht im Stande war, die eigenen Soldaten nach Italien zurückzuholen oder wenigstens ihr Los zu verbessern. Der «Duce» selbst hatte ihm bei ihrer vorletzten Begegnung in Klessheim im April 1944 erklärt, dass «die Stimmung des italienischen Volkes wesentlich gehoben würde, wenn eine Verbesserung in der Lage der Militärinternierten eintreten könnte».[77]

Hitler sperrte sich dennoch lange gegen ein Zugeständnis. Das Deutsche Reich brauchte dringend Arbeitskräfte, die 600 000 italienischen Soldaten hatten die Lage spürbar entspannt. Außerdem begegnete er den einstigen Waffenbrüdern voller Misstrauen. Er hielt sie für «verdorben» und nicht resozialisierbar. Sie hatten vor 1943 nicht gekämpft, waren nach dem Sturz des «Duce» zu Badoglio übergelaufen und würden sich jetzt den Partisanen anschließen, wenn man sie in die Heimat schickte. Hitler gab erst bei dem letzten Treffen mit dem «Duce» am 20. Juli 1944 nach, aber nicht, weil er nach

**Das letzte Treffen**

dem Attentat verwirrt oder besonders sentimental gewesen wäre. Den Ausschlag gab der dringende Rat seiner Experten, dass man aus den italienischen Arbeitskräften nur dann mehr herauspressen könne, wenn man ihre Lebensbedingungen verbesserte. Die Militärinternierten hatten fortan den Status von Zivilarbeitern, der ihnen das Leben tatsächlich etwas erleichterte, auch wenn sie weiterhin im Deutschen Reich bleiben und arbeiten mussten.

Mussolini konnte 1944/45 mehrere solcher kleineren und größeren Erfolge verbuchen, und die faschistische Propagandamaschinerie ließ es sich natürlich nicht nehmen, sie in den leuchtendsten Farben herauszustellen und als Beleg für das Funktionieren der «Achse» zu verkaufen. Die erwartete Prestigedividende blieb dennoch meistens aus. Die «Erfolge» und Erleichterungen, die Mussolini halb zu Recht für sich reklamierte, gingen im Inferno des letzten Kriegsjahres unter. Sie waren nichts im Vergleich zu dem, was die kriegsmüden, längst zermürbten Italiener erwarteten, und nichts, wenn man sie mit dem verrechnete, was die Deutschen Tag für Tag aus Italien herausholten oder dort für sich beanspruchten: Besatzungskosten in riesiger Höhe, Hunderttausende von Arbeitskräften, den Staatsschatz. Mussolini musste schon mehr bieten, wenn er den Rückhalt seiner Landsleute zurückgewinnen wollte und der Faschismus mehr sein sollte als die Sache einer Minderheit.

Niemand wusste das besser als der «Duce» selbst. Ein Wende war nur dann zu erwarten, wenn die Wehrmacht auf die Siegerstraße zurückfand und wenn die Italiener selbst wieder auf dem Kriegsschauplatz auftauchten – mit nationalen Streitkräften an der Seite der deutschen Verbündeten. Nur mit eigenen Soldaten konnte er auf Rehabilitierung beim «Achsen»-Partner hoffen und den Anspruch aufrechterhalten, im Falle eines Sieges nicht ganz leer auszugehen. Ohne Armee war sein gesamtes politisches Projekt eines nationalen Wiederaufstiegs auf Sand gebaut.

Ein Staat ohne Armee sei eine «parodia», schrieb er seiner Geliebten am 4. Februar 1944,[78] und auch seine Generäle und Minister bekamen nichts anderes zu hören. Eigene Streitkräfte aufzubauen, hielt er für seine «heilige Pflicht».[79] Die wahren Italiener – und er als Letzter – würden niemals aufgeben und auf «nichts verzichten». Sie würden weiterkämpfen, «damit das Vaterland gerettet werde, stark, groß und vollständig in seinen Grenzen, die Gott ihm gegeben hat, durch die Geographie, die Arbeit der Menschen und die Opfer der Gefallenen».[80]

Die Revolutionäre an seiner Seite sahen es nicht anders. Ihr Ziel war es, eine ideologisch gefestigte Freiwilligenmiliz nach dem Vorbild der deutschen SS ins Leben zu rufen, während Kriegsminister Graziani der alten militärischen Tradition treu bleiben wollte. Ihm schwebte eine professionelle Nationalarmee ohne allzu offenkundigen ideologischen Auftrag vor, für die er 500 000 Mann in 25 Divisionen mobilisieren wollte. Mussolini entschied sich für beides. Nachdem er Graziani grünes Licht gegeben hatte, genehmigte er auch die Bildung einer Republikanischen Garde, einem Zwitter aus Miliz und Polizei, die vor allem in der Partisanenbekämpfung eingesetzt wurde und sich dabei einen üblen Ruf erwarb.

Trotz dieser Differenzen, die nach dem «Machtwort» des «Duce» natürlich weiterschwelten, hatte das Projekt einer eigenen Armee keinen schlechten Start.[81] Mussolinis Ruf zu den Fahnen stieß anfangs auf bemerkenswert große Resonanz. Das galt für die Militärinternierten im Deutschen Reich, noch mehr aber für die Jahrgänge 1923 bis 1925, von denen sich in manchen Gegenden keiner dem nationalen Dienst an der Waffe entzog. Im April 1944 belief sich die Stärke der italienischen Streitkräfte auf immerhin 245 000 Mann.

Italienisches Potenzial war also durchaus vorhanden. Es kam aber nicht zum Einsatz, zumindest nicht dort, wo Mussolini es sehen wollte: an der Front, in der heldenhaften Konfrontation mit den westlichen Alliierten. Die meisten Rekruten standen im Dienst der Wehrmacht oder anderer deutscher Einrichtungen wie der Organisation Todt, wo sie in den rückwärtigen Heeresgebieten Hilfsdienste leisteten. «Der deutsche Soldat kämpft, der Italiener arbeitet für ihn», hatte die 10. Armee als Grundsatz ausgegeben[82] und damit die Ansicht der Wehrmachtsführung und Hitlers auf eine griffige Formel gebracht. Der «Führer» wollte keine Armee des «Achsen»-Partners, italienische Soldaten waren ihm ein Gräuel, er ließ die faschistische Regierung darüber auch nicht im Zweifel.

Selbst der permanent drängende Mussolini biss hier auf Granit. Kein Ziel lag ihm mehr am Herzen, keines verfolgte er mit größerem Engagement, bei keinem setzte er Hitler so stark unter Druck. Es war trotzdem vergeblich. Hitler gestattete nur die Aufstellung von vier für den Fronteinsatz bestimmten Divisionen, die im Deutschen Reich von deutschen Offizieren ausgebildet werden sollten. Demütigender konnte ein Zugeständnis kaum sein, zumal man sich bei der Ausbildung viel Zeit ließ und auch bei der Ausstattung nicht übertrieb.

Hart zu bleiben fiel Hitler umso leichter, als ihn aus Italien ständig Nachrichten erreichten, die ihn in seiner abschätzigen Meinung über die italienischen Soldaten bestätigten. Der anfängliche Zudrang zu den Streitkräften von Salò legte sich nämlich rasch, als deutlich wurde, dass der alliierte Vormarsch nur verzögert, aber nicht gestoppt werden konnte und dass der Krieg der «Achse» nicht mehr zu gewinnen war. Bereits um die Jahreswende 1943/44 hatten die Streitkräfte Grazianis fast jegliche Attraktivität verloren. Die Rekruten kehrten dem Militär rasch wieder den Rücken, viele junge Männer stellten sich erst gar nicht mehr.

Anspruch und Wirklichkeit klafften so immer weiter auseinander. Es half alles nichts, auch die drakonischen Maßnahmen, die Mussolini im April 1944 ergriff, verpufften bald.[83] Sogar die Einführung der anscheinend hundertfach verhängten Todesstrafe für Deserteure und die Drohung, die Familienangehörigen der Fahnenflüchtigen als Geiseln zu nehmen, verfehlten ihre Wirkung. Selbst die im Deutschen Reich ausgebildeten Divisionen ließen sich von der allgemeinen Erosion anstecken, als sie ab Sommer 1944 in die Heimat zurückkehrten und zumeist in den Partisanenkampf gegen eigene Landsleute geschickt wurden. Mussolini hatte so große Hoffnungen in diese Soldaten gesetzt, die ihn bei seinem Truppenbesuch im April 1944 im bayerischen Grafenwöhr noch frenetisch begrüßt hatten. Nun liefen sie ebenfalls in Scharen davon.

Trotzdem: Mussolini verschloss sich der Einsicht, dass Zwang allein nicht ausreichte, um eine Armee aus dem Boden zu stampfen, die der sicheren Niederlage entgegensah. Noch im November 1944 träumte er davon, mit frischen deutsch-italienischen Kräften in der Stärke von 80 000 bis 100 000 Mann in die Offensive zu gehen. Er sei überzeugt, schrieb er Hitler, «diese Operation würde den ersehnten ersten Sonnentag nach so vielen Nebelmonaten bringen».[84] So ging es weiter bis zum Schluss. Fünf Wochen vor seinem gewaltsamen Tod verlor er sich ein letztes Mal in seinem Spezialgebiet der militärischen Fantasterei: «Die echten Soldaten, die wahren Krieger, sehnen sich danach, sich mit dem Feind zu messen, ihm, wenn möglich, von Angesicht zu Angesicht gegenüberzustehen, ihn zu töten und ihm klar zu machen, dass es Italiener gibt, zum Glück sogar sehr viele, die nie und nimmer die Schande und die Schmach des Verrats

**Inspektion in Grafenwöhr**

hinnehmen, aber alles tun werden, in jeder Sekunde ihres Lebens, mit all ihrem Trachten, um den Lauf der Ereignisse zu wenden und ein neues Kapitel in der Geschichte Italiens aufzuschlagen, das uns dorthin zurückbringen muss, wo wir waren und wohin wir zurückkehren wollen.»[85]

Mussolinis Traum einer eigenen Armee erfüllte sich nicht. Als er platzte, platzte auch sein Projekt eines souveränen Staates von Salò, der den Nukleus für das neue, viel größere faschistische Reich der Zukunft bilden sollte, das er nach dem Sieg der «Achse» errichten wollte. Die alliierten Truppen standen am Po, am Rhein und an der Oder und rüsteten sich für den Endkampf, über dessen Ausgang es keinen Zweifel mehr gab. Zugleich verschärfte sich die innere Krise in der Republik von Salò von Tag zu Tag. Die Lebensmittelversorgung stockte, der Schwarzmarkt blühte, wer konnte, duckte sich und hoffte, dass er übrig blieb. Die Italiener hatten genug von Politik und ignorierten die Parolen der Resistenza ebenso wie die Losungen der

Faschisten, von den Verheißungen der Deutschen und der westlichen Alliierten ganz zu schweigen. Mussolini erreichte ebenfalls nur noch wenige, sein Zauber war verflogen. Selbst viele seiner treuesten Mitstreiter fielen von ihm ab, sein Charisma wirkte nicht einmal mehr bei seinen Jüngern.

Mussolini fiel es schwer, die Tatsache seiner Entzauberung zu akzeptieren und sich einzugestehen, dass er auf der ganzen Linie gescheitert war: der «neue Mensch», der totalitäre Volksstaat und das große europäisch-afrikanische Reich. Nichts davon hatte er erreicht. Ursachenforschung war seine Sache nie gewesen, Selbstkritik noch weniger. Jetzt machte er es sich noch leichter: Schuld waren die Italiener, die seinen hohen Ansprüchen nicht genügten und so vor der Geschichte versagen mussten. Besonders positiv hatte er seine Landsleute nie beurteilt. Er könne nicht umhin, soll er wenige Tage vor seinem Sturz im Sommer 1943 gesagt haben, «einen schroffen Unterschied zwischen Italien und den Italienern festzustellen. Die Italiener beweisen gerade, dass sie Italiens wenig würdig sind oder wenigstens meines Italiens.»[86] Er war, wollte er sagen, zu groß für sein Land.

In Salò hatte er an seinen Landsleuten eher noch mehr auszusetzen. Mit ihnen sei nichts anzufangen, sie seien «undankbar», «krank», «feige» und würfen sich vor den westlichen Alliierten in den Staub, wofür er auch eine weit aus der Geschichte hergeholte Erklärung hatte, auf die er immer wieder rekurrierte: «Der Duce spricht dann von der Essenz unseres Volkes», die verwässert und verdorben werde von den Nachfahren der «Sklaven und Freigelassenen des alten Rom», notierte sein Staatssekretär im Außenministerium.[87] Die Italiener seien ein Volk, «das es nicht schafft. Nach dem 25. Juli und nach dem 8. September ist es fertig. Ein Schritt vorwärts, zehn zurück», schrieb er seiner Geliebten am 4. Februar 1945.[88] Mussolini verachtete sein Volk, weil es am Leben hing und sich weigerte, für seine Hybris zu sterben.

Am Ende hatte sich Mussolini auch seiner Familie entfremdet, und zwar völlig. Seine Tochter Edda lag schwer krank in einer

Schweizer Klinik. Der Rest der Familie hatte sich von ihm und er sich von ihr abgewandt. Von seiner Frau Rachele sprach er nur noch wie von einem fremden Wesen, «Signora Guidi» nannte er sie. Auch die Beziehung zu Claretta Petacci war mittlerweile stark abgekühlt, vielleicht sogar ruiniert. Seine Geliebte hatte sich in Salò bald als sein wichtigster psychologischer Rückhalt erwiesen. Er brauchte sie noch mehr als sie ihn. Beide wurden aber mit ihren Gefühlen und miteinander nicht fertig. Sie verzehrten sich vor Eifersucht und machten sich so das Leben immer wieder zur Hölle. Im Herbst 1944 ließ Mussolini sogar die Villa seiner Geliebten durchsuchen, nachdem Rachele ihm gesteckt hatte, dass Claretta eine Spionin sei und einen anderen Mann als Liebhaber habe.

Hinzu kam, dass Mussolini es auch in Salò nicht lassen konnte, als einige andere frühere Geliebte am Gardasee auftauchten. Frauen waren seit jeher eine Art Moltofill für seine innere Leere gewesen, sie blieben es bis zuletzt. Liebe und Zuneigung waren bei diesen flüchtigen déjà vu-Seitensprüngen nicht im Spiel. Er benutzte diese Frauen, wie man aus Gewohnheit in «alte Pantoffel» schlüpft,[89] gab er selbst ungeniert zu und fand trotzdem Gefallen daran. Hier konnte er sich beweisen, seine Potenzängste betäuben und seine Dominanzbedürfnisse ausleben. Als ihm Claretta Petacci im September 1944 einmal mehr auf die Schliche gekommen war, gestand er ihr: Er liebe diese Frau nicht. «Aber von Zeit zu Zeit, immer seltener, habe ich Lust dazu, an ihr einen Akt der Unterwerfung zu vollziehen.»[90]

Claretta Petacci litt unter diesen Demütigungen, die kein Ende nehmen wollten. Noch mehr schmerzte sie aber der psychische Verfall des «Duce», der sich ihr gegenüber – anders als in der Öffentlichkeit – auch kaum mehr Mühe gab, ihn zu verschleiern. Claretta Petacci erkannte ihn nicht wieder, nichts erinnerte sie mehr an seine frühere Kraft und Entschlossenheit, wenn er – grau in grau – vor sich hin sinnierte, mit dem Schicksal haderte und seine Landsleute wehleidig mit bitteren Klagen überzog. Für Claretta Petacci brach eine Welt zusammen, sie kündigte ihm nicht nur ihre Liebe, sondern auch ihre politische Gefolgschaft. «Erlaube mir, Dir zu sagen, dass

Du ein Mistkerl bist, ein echter Mistkerl. Ich verachte Dich. [...] Wenn ein Mann, den ich als Führer, als Gott betrachtet habe, für den ich sterben will oder wollte – bis zuletzt für ihn –, sich so weit von sich selbst entfernt hat ... dann reicht es! Nein, mein Lieber, nein. Ich kann Dir nicht mehr folgen, ich weigere mich, Dir zu folgen, ich weigere mich, einen Mann zu lieben und ihm zu folgen, der keiner mehr ist und der keinen Respekt mehr erheischt. Adieu.»[91]

Es muss offen bleiben, ob es danach – wie schon so oft – zu einer erneuten Aussöhnung kam. Tatsache ist, dass Claretta Petacci bei Mussolini blieb. Mochte das Leben an seiner Seite noch so problematisch sein, ein anderes wollte sie nicht führen. Mussolinis letzte Pläne bezogen sich deshalb immer auch auf seine Geliebte. Sie waren das Produkt reiner Verzweiflung, ein fast panisches Aufbäumen gegen die Wirklichkeit, in das sich freilich immer noch eine kleine Hoffnung auf einen Umschwung mischte. Der alte, oft bewährte Mechanismus der Selbsttäuschung war gestört, aber nicht ganz außer Kraft gesetzt.

Mussolini konnte es einfach nicht glauben, dass das Spiel aus war. Er sondierte deshalb in alle Richtungen, wobei er allerdings rasch an seine Grenzen stieß. Die Schweiz schied als neue Heimat aus, die dortige Regierung würde ihm nie Asyl gewähren, prophezeite er seiner Geliebten schon im September 1944, «auch wenn ich es wollte, weil ich *die Nummer 2 auf der Liste der sogenannten Kriegsverbrecher* bin».[92] Ungarn und Japan kamen ebenfalls nicht in Frage. Die besten Perspektiven bot vermutlich Spanien, wo Mussolini mit Francos Hilfsbereitschaft rechnete; schließlich hatte er entscheidend dazu beigetragen, dass der Caudillo an die Macht gelangt war. Claretta Petacci und er lernten Spanisch und saßen mit den entsprechenden Ausreisepapieren bereits auf gepackten Koffern, als sich Mitte April 1945 auch diese Option aus ungeklärten Gründen zerschlug.

Mussolini steckte fest. Er ließ die Hoffnung aber immer noch nicht ganz fahren. «Es gibt immer noch Möglichkeiten», schrieb er seiner Geliebten am 17. April 1945. «Vielleicht habe ich zu lange gezögert. Aber die Politik ist die Kunst, selbst für die schwierigsten

Probleme eine Lösung zu finden.»[93] Am Tag danach brach er nach Mailand auf, wo er seine Regierung und die Überreste der noch immer zu allem entschlossenen faschistischen Kampfverbände versammelte, die er mit zündenden Reden auf ein zähes «Weiter so» einzustimmen versuchte. Sein Ziel war es anscheinend, sich mit den Partisanen zu arrangieren, in deren Reihen er viele alte Genossen aus seiner sozialistischen Zeit vermutete. Er konnte ihnen ja die Kapitulation seiner Streit-, Partei- und Polizeikräfte anbieten und im Gegenzug freies Geleit und das nackte Überleben fordern. Durch Vermittlung des Erzbischofs von Mailand kam es am 25. April 1945 tatsächlich zu einer ersten Kontaktaufnahme, die aber zu nichts führte. Abgesehen davon, dass die Partisanen ihn als ihren Todfeind betrachteten, hatte Mussolini ihnen auch nichts mehr zu bieten. Sein Angebot einer Kapitulation war keines, wie er beim Treffen mit den Partisanen zu seiner Bestürzung erfuhr. Die Deutschen hatten sich nämlich hinter seinem Rücken mit den Alliierten schon auf einen Waffenstillstand geeinigt, der in den nächsten Tagen in Kraft treten und auch für die Streitkräfte von Salò gelten sollte.[94]

Nun, da selbst die Deutschen den Krieg verloren gaben, war auch er bereit, den Tatsachen in die Augen zu sehen und aufzugeben. Er war bankrott und zugleich vor Enttäuschung wie betäubt. Er, der sich fast sein Leben lang dem vielfach sogar unausgesprochenen Verdacht widersetzt hatte, einem Volk von Verrätern anzugehören, ja selbst ein Verräter in spe zu sein, er war nun selbst verraten worden – und ausgerechnet von denen, die mit dem Verratsvorwurf am schnellsten bei der Hand gewesen waren: von seinen deutschen Verbündeten und, so schien es ihm, auch von Hitler. Was folgte, war die kopf- und ziellose Flucht eines verzweifelten Mannes einer Zukunft entgegen, die schon lange eine ehemalige war. Die Fluchtwege aus Mailand waren mittlerweile in drei Himmelsrichtungen versperrt, weil es dort vor Partisanen wimmelte und weil dort täglich mit der Ankunft der westlichen Alliierten zu rechnen war. Den Plan einiger Fanatiker, das letzte Aufgebot in einer Art Alpenfestung zu sammeln und mit ihnen «in bellezza» im Gefecht zu sterben, hatte er zwar gebilligt, im Grunde hatte er ihm aber nie viel abgewinnen können. Am Ende geriet dieses Projekt mangels Masse in Vergessenheit. Jetzt hieß es auch für Mussolini nur noch: Rette sich, wer kann.

Nach Norden, Richtung Como, führte vielleicht noch eine freie Gasse, es war eine Sackgasse, wie sich sogleich herausstellte. Auch in Como war er nicht sicher, auch dort hatten die Partisanen bereits das Heft in der Hand. Die Reise führte deshalb das westliche Seeufer entlang weiter nach Norden, nach Menaggio, wo sich Mussolini, anscheinend nach einem letzten vergeblichen Versuch, doch noch die nahe Schweiz zu erreichen, ganz in deutsche Hände begab – und damit die Logik seiner Entwicklung seit den dreißiger Jahren und die Konsequenzen seiner mentalen Selbstverpflichtung auf eine pervertierte Spitze trieb: Wer einen Freund hat, muss mit ihm bis zum Ende marschieren, auch wenn der Freund schon lange keiner mehr war und ihn eben erst verraten hatte. Er setzte einen deutschen Stahlhelm auf, schlüpfte in einen deutschen Militärmantel und tat sich mit seinen letzten Getreuen (einigen Ministern, Parteifunktionären und natürlich Claretta Petacci, die sich nicht abschütteln ließ) mit einer Nachrichteneinheit der deutschen Luftwaffe zusammen, die sich in der allgemeinen Auflösung der Wehrmacht selbständig gemacht hatte und nach Meran durchbrechen wollte. Weit kam der Trupp nicht. Er wurde am 27. April kurz vor Dongo, am nordwestlichen Ufer des Comer Sees, von kommunistischen Partisanen gestoppt, die sich allerdings auf keine Gefechte mehr einlassen wollten. Sie ließen die deutschen Soldaten passieren, achteten aber streng darauf, dass sich unter ihrem Schutz nicht auch Faschisten aus dem Staub machten.

Damit war das Schicksal Mussolinis besiegelt. Er wurde – trotz deutscher Verkleidung – erkannt, festgenommen und zusammen mit seiner Geliebten an einem sicheren Ort, einem Bauernhof bei Giulino di Mezzegra, versteckt. Es war eine Frage der nationalen Ehre und damit Sache der Resistenza, ihn zur Verantwortung zu ziehen. Der neuen königlichen Regierung traute man die sachgerechte Behandlung ebenso wenig zu wie den Alliierten, die im Waffenstillstand von 1943 auf der Auslieferung Mussolinis beharrt hatten und sich jetzt fieberhaft bemühten, den ihnen zustehenden «Duce» in ihre Hand zu bringen.[95]

Ein ordentliches Gerichtsverfahren hatte die Widerstandsbewegung von Beginn an ausgeschlossen. In ihren Augen hatte keine geringere Instanz als die Geschichte das Urteil über den «Duce» bereits gefällt. Es musste nur noch vollstreckt werden. Wie das geschah, ist nach wie vor nicht ganz geklärt. Alles spricht aber dafür, dass die Entscheidung, mit Mussolini kurzen Prozess zu machen, in einem kleinen, von den Linkskräften dominierten Führungskreis fiel, dem auch der spätere Staatspräsident Sandro Pertini angehörte. Die praktische Ausführung des Urteils übertrug man dem im Spanischen Bürgerkrieg bewährten Kommunisten Walter Audisio, der sich am Nachmittag des 28. April 1945 nicht nur seines eigentlichen Auftrags entledigte, sondern auch Claretta Petacci in den Tod schickte. Er und ein weiterer kommunistischer Kommissar holten die beiden Gefangenen aus ihrem Versteck und fuhren mit ihnen zu einem Landhaus am Rande des Dorfes Giulino di Mezzegra. Dort mussten Mussolini und seine Geliebte aussteigen, wenig später wurden sie umstandslos erschossen. «Zielt auf das Herz!», sollen Mussolinis letzte Worte gewesen sein.[96]

Audisios Mission war damit noch nicht erfüllt. Er kehrte nach Dongo zurück, wo er sein «blutiges Handwerk»[97] an den Ministern und Parteifunktionären fortsetzte, die zusammen mit Mussolini gefangen genommen worden waren. 15 von ihnen – darunter auch Pavolini, der letzte Parteisekretär – waren dem Tod geweiht. Das Gesicht dem Comer See zugewandt, wurden sie gegen 18 Uhr, etwa eine Stunde nach Mussolinis Ende, auf der Piazza in Dongo hingerichtet.

Mussolini war tot, doch das war den Protagonisten der Resistenza zu wenig. Der Tod des Diktators verlangte nach Publizität, schließlich handelte es sich bei den Ereignissen am Comer See nicht um eine lokale Tat. Hier war der Trennungsstrich zur faschistischen Vergangenheit gezogen worden, der weithin sichtbar werden sollte.

Der Leichnam Mussolinis wurde deshalb am 29. April zusammen mit den anderen Opfern der Hinrichtungsaktion vom Comer See in einem Möbelwagen nach Mailand gebracht und dort auf die Piazzale Loreto gekippt. Die kommunistische Partei, die dabei Regie führte, hatte den Ort mit Bedacht und viel Sinn für Symbolik gewählt. Auf dem kleinen Platz waren im August 1944 auf deutschen Befehl fünfzehn italienische Geiseln von faschistischen Milizionären niedergestreckt und zur Abschreckung ausgestellt worden. Dort sollte nun die Antwort darauf und generell auf die Opfer des Faschismus gegeben werden. Entsprechend groß war der Aufwand, den die kommunistische Partei betrieb. Ganz Mailand sollte den toten Tyrannen sehen und Abschied nehmen von seiner Schreckensherrschaft.[98]

Ihr Wille geschah, allerdings auf so brutale Weise, dass man am liebsten den Schleier des Vergessens darüber breiten möchte: Auf der Piazzale Loreto herrschte an diesem Sonntagmorgen Volksfeststimmung; mehrere Zehntausend hatten sich eingefunden. Junge Burschen trampelten auf den Toten herum. Zahlreiche Schaulustige hatten Gewehre und Pistolen mitgebracht und feuerten auf die Leichen. Andere spuckten oder schlugen mit Peitschen und Ochsenziemern auf sie ein oder versuchten, eine tote Maus in den Mund des toten Mussolini zu stopfen. Einige Frauen genierten sich nicht einmal, ihre Notdurft über dem toten «Duce» zu verrichten. Ein kräftiger Partisan aus dem Ordnungsdienst machte sich sogar den perversen Spaß, auf Zurufe der johlenden Menge hin einzelne Opfer hochzuhalten, so dass auch die weiter hinten Stehenden auf ihre Kosten kamen. So ging es eine ganze Weile, bis schließlich jemand auf den Gedanken verfiel, Stricke zu besorgen und die Leichen kopfüber an einer Tankstelle aufzuhängen. Mussolini war der Erste. Unter Hohngeschrei wurde seine Leiche hochgezogen und dabei noch mit Steinen und Müll beworfen.

Als sich die Furien der Leichenschändung schließlich beruhigten, bot sich ein schauerliches Bild. Mussolinis Kopf war eingeschlagen und so deformiert, dass man Mühe hatte, Augen, Mund und Nase zu erkennen. Tiefe Wunden zogen sich über den kahlen Schädel, Stirn

Das schauerliche Ende

und Kinn waren zerschmettert, auf Oberlippe, Nase und Wangen ver-
rieten tiefe Brandstellen, dass man dort Zigaretten ausgedrückt hatte.
Die prominentesten faschistischen Führer konnten bei Kriegsende
nirgends auf Nachsicht hoffen. Wenn sie sich ihrer Verantwortung
nicht durch Selbstmord oder Flucht entzogen, sahen sie 1945/46 in
der Regel dem Todesurteil und der Hinrichtung entgegen. Keiner von
ihnen wurde aber so bestialisch behandelt wie der einst vergötterte, als
Mann der Vorsehung gepriesene «Duce». Fast schien es, als wollten die
Massen von Mailand mit dem Manne selbst auch die Erinnerung an
ihn und die eigene Verstrickung in den Faschismus auslöschen.[99]

## Das Erbe

Mussolini lebt – vor allem dort, wo er geboren wurde und wo er begraben ist. «Die Atmosphäre in Predappio ist so stark von ‹Ihm› geprägt, von der Erinnerung an ihn, von seinem Antlitz, von seinen Worten und Gesten, dass man sich nicht leicht vorstellen kann, wie dort noch Platz für eine andere Person sein könnte. […] Predappio wird über Generationen an seinem Namen und an der Erinnerung an ‹Ihn› zu tragen haben»,[1] heißt es in einem 1954 erschienenen Buch.

Es waren Urteile wie diese und ähnliche Stimmen aus späteren Jahren, die uns bewogen, in die Emilia Romagna zu fahren und uns selbst ein Bild zu machen. Steht Predappio wirklich noch immer im Zeichen des ehemaligen «Duce»? Ist die Kleinstadt tatsächlich das viel besuchte Mekka des Neofaschismus, als das es oft beschrieben wird? Hunderttausend Besucher sollen Jahr für Jahr an diesem ge-fährlichen Erinnerungsort registriert werden. Besonders groß, so sagt man, sei der Andrang am Jahrestag der Hinrichtung, am Geburtstag Mussolinis und am 28. Oktober, wenn der Marsch auf Rom sich jährt.

An einem dieser faschistischen «Feiertage» treffen auch wir in Predappio ein. Wir parken in der Nähe der leicht erhöhten, dem hei-ligen Antonius geweihten Pfarrkirche. Von hier aus hat man einen guten Blick über den Ortskern, der ein einziges «Monument des Faschismus» ist.[2] Mussolini hat seine Heimatstadt in den zwanziger und dreißiger Jahren nach Kräften herausgeputzt. Das bäuerliche Provinznest war danach nicht wiederzuerkennen. Ein Prachtbau nach dem anderen reihte sich die Hauptstraße entlang, Geld spielte keine Rolle, der Sinn für Proportion und Dimension ebenso wenig. Nirgends wird das deutlicher als an der unterhalb der Kirche gelegenen «Casa del Fascio», dem Verwaltungsgebäude der faschistischen Partei, das auch in Ravenna oder Verona stehen könnte, so groß ist es. Sein mächtiger Glockenturm erinnert an eine Kirche und war auch als herausfordernder Kontrapunkt zum eigentlichen Gotteshaus schräg gegenüber gedacht. Die «Casa del Fascio» bot Raum für Tausende Besucher und steht jetzt leer. Kaum weniger protzig und herrisch im Gestus sind die Kaserne der Carabinieri, die heute noch von den Ordnungshütern genutzt wird, das frühere «Albergo Appenino» und das Telegrafenamt mit seinem Vorbau, der «sich wie ein gewaltiges Kinn in die Straße hineinreckt».[3]

Predappio ist Stein gewordene Ambition, der auch der Zahn der Zeit kaum etwas von ihrer Anmaßung nehmen kann. Einladend ist das alles nicht, auch das Wetter drückt die Stimmung. Die Kleinstadt liegt an diesem 28. April 2014 unter dichten Wolken. Es hat die ganze Nacht geregnet, Besserung ist nicht in Sicht. Wer kann, bleibt in der warmen Stube. Die wenigen Passanten, die auf der Hauptstraße zu sehen sind, wirken nicht gefährlich: keine schwarzen Hemden, keine Springerstiefel, kein verdächtiges Plakat. Die Kleinstadt geht ihren normalen Geschäften nach, es sind nicht viele, an diesem Montag nicht und sonst auch nicht. Predappio hat wirtschaftlich kaum etwas zu bieten, die großen Touristenströme ziehen dreißig Kilometer von der Stadt entfernt nach Rimini, es gibt kein einziges Hotel.

Mussolinis Heimatstadt lebt von sich selbst und von Tagesausflüglern. Am freien Tag zuvor zählte man rund 300, fast alles Neofaschisten. Sie kamen vor allem in Bussen und marschierten mit schwarzen Fahnen durch die Viale Matteotti zur Piazza S. Antonio vor der großen Pfarrkirche. Von dort ging es zum Friedhof San Cassiano, wo der Gedenktag in der imposanten Familiengruft der Mussolini seinen Höhepunkt erreichte.

Die «Nostalgiker», man nennt sie wirklich so, verharrten vor dem Marmorsarkophag des früheren «Duce», stumm, versunken, den

**Steinerne Pilgerstätte**

rechten Arm zum römischen Gruß gereckt. Viele von ihnen trugen
sich am Ende in das Kondolenzbuch ein. «Du bist das Licht, das uns
führt», liest man dort.[4]

Nur den wenigsten Pilgern, die heute zur Familiengruft strömen
und dort solch lyrische Banalitäten hinterlassen, ist bekannt, dass
Mussolini erst seit 1957 in Predappio begraben liegt.[5] Sein Leichnam hatte eine wahre Odyssee hinter sich, ehe er in der alten Heimat
die letzte Ruhestätte fand. Die auf dem Piazzale Loreto geschände-
ten sterblichen Überreste des Diktators waren Ende April 1945 zunächst auf dem größten Friedhof Mailands in einem anonymen Grab
verscharrt worden. Nach Ansicht der Partisanen verdiente Mussolini nur ein formloses Armenbegräbnis. Niemand sollte wissen, dass
er auf Feld 16 lag. Man wollte kein Aufsehen und Kundgebungen am
Grab unter allen Umständen vermeiden. Findige Neofaschisten mit
Salò-Vergangenheit kamen ihm dennoch auf die Spur. Sie raubten

den Toten in der Nacht vom 22. auf den 23. April 1946 und brachten ihn in eine Berghütte im Veltlin, ehe sie die Leiche vor lauter Verlegenheit in christliche Obhut gaben. Auch hier, im Kloster Sant'Angelo in Mailand, blieb sie nicht lange. Nach der Verhaftung der drei Grabräuber hielten es die auf Diskretion bedachten Franziskaner für das Beste, die Holzkiste mit den Gebeinen Mussolinis in die Kartause von Pavia zu verlegen, wo sie am 12. August 1946 nach intensiver Fahndung von der Polizei entdeckt wurde.[6]

Nun stellte sich die Frage, was mit den schauerlichen Resten des «Duce» geschehen sollte, ein zweites Mal. Die Regierung hatte noch immer Angst vor der Attraktivität des toten Mussolini und entschied sich erneut dafür, ihn nicht aus der Sicherheitsverwahrung zu entlassen und der Familie zu übergeben. Sie versteckte ihn im Kapuzinerkloster Cerro Maggiore bei Mailand, wo man den Leichnam elf Jahre lang in Frieden ließ. Nur der Abt und eine Handvoll Politiker und hoher Beamter kannten die Grabstelle. Die Familie hingegen tappte ebenso im Dunkeln wie die neu formierten neofaschistischen Gruppen und die Regenbogenpresse, die Spekulationen über den Verbleib der Leiche immer breiteren Raum gab. Der längst verweste Mussolini schlug die Italiener kaum weniger in seinen Bann, als der lebende es getan hatte. Seine postmortale Präsenz war so groß, dass sich auch Schriftsteller wie Cesare Pavese, Italo Calvino und der Nobelpreisträger Salvatore Quasimodo in ihren Schriften und Gedichten seiner annahmen. Schließlich sah auch die Regierung ein, dass sie dem Trauerspiel ein Ende bereiten musste. Ein schaler Beigeschmack blieb freilich selbst noch beim letzten Akt. Der Christdemokrat Adone Zoli, der ihn ins Werk setzte, kannte Mussolini und seine Familie aus alten Tagen. Und: Er war nur mit den Stimmen der Neofaschisten in das Amt des Ministerpräsidenten gewählt worden und sah sich deshalb sofort dem Verdacht eines politischen Kuhhandels ausgesetzt, als die prominenten Gebeine Ende August 1957 nach Predappio überführt wurden.

Der Ex-«Duce» sollte dort im engsten Familienkreis beigesetzt werden. Seine Angehörigen und die Behörden hatten sich zu strengs-

ter Geheimhaltung verpflichtet, am Ende aber doch nicht dicht gehalten. Auch die neofaschistische Sympathisantenszene hatte Wind
davon bekommen und ließ es sich nicht nehmen, ihrem «Duce» die
nun definitiv letzte Ehre zu erweisen. Mehr als dreitausend Trauer-
gäste zählte die Polizei, die auch in den Jahren danach alle Hände
voll zu tun hatte, des Besucherstroms Herr zu werden. Am 29. Juli
1983 kamen zum hundertsten Geburtstag Mussolinis mehr als drei-
ßigtausend «Nostalgiker» nach Predappio.

Wir fragen in einer Bar, was von den periodischen Einfällen der
Neofaschisten zu halten ist, und ernten gleichgültiges Achselzucken.
In Predappio ist man müde und zermürbt von den jahrzehntelangen
Auseinandersetzungen und den ewig gleichen bohrenden Fragen.
Die Neofaschisten sind eine Minderheit. Sollen sie doch machen,
was sie wollen, solange sie nicht stören! Die große Mehrheit hat mit
der Vergangenheit abgeschlossen, Mussolini ist weit weg und längst
kein Stein des Anstoßes mehr. Bis in die achtziger Jahre des 20. Jahrhunderts war das anders. Predappio stand damals stramm links. Die
tonangebenden Kommunisten wollten von den «Duce»-Pilgern nichts
wissen und empfingen sie unter Steinhageln mit glühender Verachtung. Jahr für Jahr kam es zu blutigen Schlägereien mit den Neofaschisten und der zur Schlichtung berufenen Polizei.

Mittlerweile gehören solche Szenen der Vergangenheit an. Heute
blickt man in die Zukunft und arrangiert und ignoriert sich. Mussolini ist sogar zu einer Einnahmequelle geworden. Die Bars profitieren davon, die Kioske ebenso und natürlich auch die zwei, drei
Devotionalienhandlungen auf dem Viale Matteotti, in denen alles zu
haben ist, was mit Mussolini nur irgendwie in Verbindung gebracht
werden kann: Bücher, Fotografien, Büsten, Orden, Helme und sons-
tiges Kriegsgerät. Die Carabinieri sitzen nur einen Steinwurf entfernt
und sehen großzügig über diesen stark frequentierten Mussolini-
Basar hinweg. Kein italienisches Gesetz, so scheint es, ist so häufig
missachtet worden wie ein Gesetz aus dem Jahr 1952, das die Apologie des Faschismus unter Strafe stellt.

Wie unbekümmert man mit der Reminiszenz des Faschismus

umgeht, erleben wir auch in Gesprächen mit einem Weinhändler und zwei Angestellten der linken Gewerkschaft. Was soll man tun? Es ist, wie es ist, und nicht zu ändern, liest man auf ihren Mienen. Eine junge Kellnerin wiegelt ebenfalls ab. In ihrem Ristorante «La Vëcia Cantêna d'la Prè» an der Piazza Cavour im alten Predappio treffen wir zu unserer Überraschung etwa 50, überwiegend ältere Neofaschisten – alle in schwarzer Kluft, alkoholisiert und bester Stimmung, als es am späteren Nachmittag mit römischem Gruß und faschistischen Sprüchen ans Abschiednehmen geht. Dass ein ausländisches Ehepaar am Nebentisch sitzt und mithört, kümmert sie nicht. Sie kämen jedes Jahr am 28. April, sagt uns die aufgeräumte Kellnerin, und seien völlig harmlos.

Den Autoritäten vor Ort kann diese Versammlung nicht entgangen sein. Alle wissen davon und schweigen. Nur der Bürgermeister von Predappio leidet unter solchen Altlasten. Der knapp 50 Jahre alte Geologe ist Sozialist, einer von der pragmatischen Sorte. Er reagiert etwas genervt auf die Frage, wie es sich in Predappio mit Mussolini lebt. Kein Wunder: Der Professore hört sie nicht zum ersten Mal. Auch am 28. April 2014 wird sie ihm nicht nur von uns gestellt. Er muss mehrere Telefoninterviews geben. Außerdem hat sich eine skandinavische Zeitung angesagt. Giorgio Frassineti, so heißt der Mann, will Neues wagen – mit der Vergangenheit, die sich nicht abschütteln lässt, in seinen Augen aber auch nicht zur Dauerbelastung für seine Stadt werden darf. Er will produktiv mit ihr umgehen und etwas aus der Geschichte machen. Der erste Schritt ist bereits getan. Seit einem guten halben Jahr ist im Geburtshaus des «Duce» eine Ausstellung über den «jungen Mussolini» vor dem Ersten Weltkrieg zu sehen.

Die Resonanz ist groß und bestärkt den Bürgermeister in seinem ehrgeizigen Plan, in der leer stehenden «Casa del Fascio» eine Dauerausstellung über den ganzen Faschismus einzurichten. Mehr als 2000 Quadratmeter Fläche stünden dafür zur Verfügung. Es fehlt nur das Geld für die Sanierung und vor Ort auch der kritische Sachverstand, denn so bieder und vorsichtig bemüht, nur ja keine wun-

**Gut gemeint**

den Punkte zu berühren, wie die jetzige Ausstellung dürfte die künftige nicht sein. Predappio ist mit seiner Geschichte überfordert. Eine Dokumentationsstätte über den Faschismus ist eine nationale Aufgabe, der sich freilich noch keine Regierung in Rom gestellt hat und wohl auf absehbare Zeit auch nicht stellen wird. Der Fluchtpunkt der offiziellen Erinnerungspolitik ist noch immer die Resistenza. Mussolini, der Faschismus und erst recht die Republik von Salò liegen dagegen weiter in der Schmuddelecke des kollektiven Gedächtnisses. Nur eine Minderheit fordert Aufklärung und historische Aufarbeitung.

Im Grunde tun sich Staat und Gesellschaft heute noch fast genauso schwer mit der faschistischen Vergangenheit wie in den ersten Jahren nach dem Zweiten Weltkrieg, als die Regierung den toten «Duce» versteckte, weil sie einen gefährlichen Märtyrer in ihm sah. Gewiss, damals sagte sich Italien mit einer demokratischen Verfassung

definitiv vom Faschismus los. Außerdem mussten zwölf- bis fünfzehn-
tausend Faschisten wie Mussolini meist ohne Verfahren über die
Klinge springen. Zehntausende standen vor Gericht, und Hunderttausende waren als Richter und Schöffen, Staatsanwälte und Verteidiger,
Zeugen und Beobachter in die politische Säuberung involviert. Sie
gewannen dabei eine gewisse Vorstellung vom Ausmaß der faschistischen Verbrechen und von der Hybris des faschistischen Regimes,
das sich durch stupende Erfolglosigkeit selbst widerlegt hatte.[7] Der
antifaschistische Grundkonsens, der aus solchen Erfahrungen und
Enttäuschungen resultierte und von der großen Mehrheit getragen
wurde, hat trotz mancher Anfechtungen bis heute Bestand.

Tatsache ist aber auch, dass es mit diesem postumen Bündnis gegen den Faschismus eine besondere Bewandtnis hat. Es beruhte von
Beginn an nur auf partiellen Einsichten und Erfahrungen und war –
wie hätte es angesichts des damaligen dürftigen Kenntnisstandes
auch anders sein können? – nie durch umfassendes Wissen über den
Faschismus gedeckt. Die Geschichtslektion der ersten Stunden, wie
sie vor Gericht und in den Säuberungskammern erteilt wurde, fand
keine Fortsetzung. Sie wurde in den Jahren danach nicht vertieft,
sondern schon 1946/47 vom Stundenplan gestrichen – auf Dauer
und im Unterschied zur Bundesrepublik Deutschland, wo die Auseinandersetzung mit dem Nationalsozialismus spätestens seit den
1960er Jahren immer weitere Kreise zog. Zahlreiche Schandtaten des
faschistischen Regimes, die von den meist nur lokal agierenden Ge-
richten und Abrechnungsinstanzen nicht aufgegriffen werden konnten, weil sie nicht oder nur in vagen Umrissen bekannt waren, blieben
so nicht nur ungesühnt, sie wurden auch nie angemessen themati-
siert.[8] Das gilt für die Giftgaseinsätze in Libyen ebenso wie für die
Kriegsverbrechen im besetzten Jugoslawien, die Hungerpolitik in
Griechenland nicht weniger als für die Gräueltaten in Abessinien,
von der Entrechtung und Vertreibung der Juden ganz zu schweigen.

Es versteht sich von selbst, dass der bereits durch die Kriegsplei-
ten ramponierte «Duce»-Mythos im hochkontroversen Abrechnungs-
und Ahndungstaumel nach 1945 weiter litt. Er wurde aber, da so

vieles am Ende ausgespart blieb, doch nicht in seinen Grundfesten zerstört. Namentlich zahlreiche Salò-Faschisten hielten, trotz der feigen Flucht Mussolinis und anderer politischer und charakterlicher Defizite, an ihrem Idol fest. Sie gründeten sogar eine eigene Partei, den Movimento Sociale Italiano (MSI), die sich auf den «Duce» und das faschistische Regime berief. Sie schufen sich auch ein eigenes, streng abgeschottetes kulturelles Submilieu mit eigenen Zeitungen und Journalen, das – je länger, desto mehr – aufklärerischen Argumenten gegenüber immer unzugänglicher wurde. Hier rächte sich besonders, dass die kommunistischen Partisanen den bequemen Weg gewählt und Mussolini einfach erschossen hatten. Ein umfassendes Gerichtsverfahren, ein italienisches «Nürnberg»,[9] hätte die Wissenslücken über Mussolini schließen und seinen Mythos in dem Moment, wo er am schwächsten war, vielleicht dauerhaft zersetzen können. So erlebte er mit der Zeit vermutlich sogar eine gewisse Neukonjunktur, weil es in Italien ja nicht aufwärts ging, als die Waffen endlich schwiegen. Das Land versank nach dem Krieg in einer beispiellosen wirtschaftlichen Krise. Es litt außerdem unter der giftigen Dauerkonfrontation zwischen links und rechts und sah sich schließlich im Friedensvertrag von 1947 auch noch um den Lohn seiner außenpolitischen Kehrtwende vier Jahre zuvor gebracht. Viele sehnten sich deshalb nach der scheinbaren Normalität der zwanziger und dreißiger Jahre zurück, die untrennbar mit Mussolini und den unzähligen verlogenen «Duce»-Legenden verbunden war: der aufmerksame Familienvater, der selbstlose Hüter der Staatskasse und der überlegene Weltenlenker, der ein weiteres Ruhmesblatt der großen Geschichte des Landes geschrieben hatte. Zu einer systematischen «Entzauberung des faschistischen Diktators» kam es nach 1945 jedenfalls nicht.[10]

Das war auch später nicht der Fall. Die konservativen Regierungen nach Mussolini rührten nicht an diese Versäumnisse. Sie wollten Ruhe in dem vom Bürgerkrieg entzweiten Land und das anpassungsbereite Fußvolk des Faschismus an sich binden. Ihr Hauptaugenmerk aber galt der Rehabilitierung der italienischen Nation, die als unterdrücktes Opfer einer kleinen faschistischen Clique und der verbrecherischen Deutschen präsentiert wurde. Die kommunistische Opposition, die den Widerstand gegen den Faschismus vor allem getragen hatte, hieb aus ähnlichen Motiven in dieselbe Kerbe. Sie setzte außerdem alles daran, die Legende vom Kampf eines ganzen Volkes gegen Nationalsozialismus und Faschismus im öffentlichen Bewusstsein zu verankern, sich selbst als Speerspitze dieses nationalen Kampfes zu stilisieren und sich auf diesem Wege als verlässliche demokratische Kraft zu profilieren. Jede nähere Nachprüfung verbot sich damit von selbst, sie hätte ja auch das Märchen vom verführten, aber «guten Italiener» widerlegen können, der sich – auf welchen Kriegsschauplätzen auch immer – keinerlei Verbrechen schuldig gemacht hatte und auch sonst kein Wässerchen trüben konnte. Linke wie Rechte hielten über Jahrzehnte an dieser bewussten Geschichtskonstruktion fest, die zum Wesenskern der nationalen Identität erklärt wurde.[11]

Die wirkliche Geschichte des Faschismus passte niemandem ins Konzept. Sie blieb hinter der Milchglasfassade des offiziellen antifaschistischen Konsenses aber auch deshalb so lange unscharf, weil die Endphase von Salò mit der deutschen Besatzung Italiens zusammenfiel. Die fast zweijährige Schreckensherrschaft von Wehrmacht und SS überschattete alles, was früher geschehen war, und erleichterte den Italienern die Flucht aus der Vergangenheit. In Italien sprach alle Welt von den deutschen Verbrechen auf Kephalonia, in Marzabotto und in den Fosse Ardeatine, aber niemand verlor eine Silbe über Debrà Libanòs und andere Orte des Grauens, wo italienische Täter ihr tödliches Werk verrichtet hatten. Die Frage nach eigener Schuld und Verantwortung kam auch aus solchen Gründen gar nicht erst auf. Die Omnipräsenz der deutschen Besatzer in der öffentlichen Wahrnehmung erstickte auch jegliche Empathie für die Opfer italienischer Verbrechen. Mit Themen wie Entschädigung und Wiedergutmachung beschäftigt man sich bis heute nicht, mehr als symbolische Akte hatten und haben die Opfer nicht zu erwarten.[12]

Staatliche und parteiliche Interessen flossen bei dieser auf kollektive Entschuldung zielenden Operation ineinander und waren umso wirksamer, als sie sich mit zahlreichen individuellen Entlastungs- und Verschleierungsinitiativen deckten. Memoiren spielten dabei eine zentrale Rolle. Der italienische Buchmarkt wurde nach 1945 mit Erinnerungsschriften von mehr oder weniger stark belasteten Faschisten regelrecht überschwemmt. Parteibonzen, Minister, Diplomaten und Generäle – wer schreiben oder sich einen Ghostwriter leisten konnte, schrieb und bot unter seinem Namen eine ganz eigene Version der Geschichte, die mit der wahren kaum noch Ähnlichkeit besaß.

Viele dieser Memoiren erlebten mehrere Auflagen und wurden Best- und Longseller, die auch in den Devotionalienläden von Predappio zu kaufen sind. Sie lieferten außerdem Stoff für zahlreiche Reportagen und Hintergrundgeschichten, die in den damals florierenden Zeitschriften und Magazinen ein nach Absolution verlangendes Massenpublikum fanden. Millionen lasen diese Bekennerschriften und die Erinnerungen von Mussolinis Angehörigen, unter denen seine Frau den ausgeprägtesten Äußerungsdrang entwickelte. Rachele, die grablos trauernde Witwe, gab zahlreiche Interviews und erwies sich dabei als ebenso meinungsstark wie erfinderisch. Der Faschismus habe nicht nur Schlechtes bewirkt, und auch Mussolini müsse mit ganz anderen Augen gesehen werden. So schlimm, wie in der antifaschistischen Propaganda behauptet werde, sei der «Duce» nie gewesen. Er habe immer nur das Beste für Italien gewollt, Tag und Nacht für Gotteslohn geschuftet, und wozu? Um am Ende von allen verraten und verkauft zu werden.[13]

Mit halben und ganzen Freisprüchen dieser Art warteten auch viele Intellektuelle auf. Nur die wenigsten hatten sich im Faschismus nicht kompromittiert. Auch sie hatten deshalb allen Grund, es mit der Wahrheit nicht ganz genau zu nehmen. Selbst Benedetto Croce, die moralische Großinstanz der inneren Emigration, machte es seinen Landsleuten leicht. Er sah den Faschismus als Werk einer «Bande von Abenteurern, ohne Wurzeln in der Vergangenheit», als eine Parenthese in der glorreichen Geschichte wie eine Krankheit, die

den gesunden Organismus Italiens befallen habe, nun aber ausge-
heilt sei und keine schwerwiegenden Schädigungen hinterlassen
habe.[14]

Solche tröstlichen Analysen las man nach dem Krieg ebenso
gern wie die ungezählten, im Reich der Science-Fiction angesiedel-
ten Spott- und Schmähschriften, in denen es nicht selten – so wort-
reich wie drastisch – um die «genitalen Implikationen» des «Duce»-
Kults ging.[15] Aufklärerischen Mehrwert hatten diese Schriften nicht.
Sie luden den Leser zur Distanzierung vom Diktator ein, lenkten aber
doch nur auf raffinierte Weise von ihm ab, wenn sie wie der Schriftsteller Carlo Emilio Gadda die Zeit des Faschismus als «Ära des
Schwanzes»[16] bezeichneten, in der Mussolini als gefallsüchtiger viri-
ler Protz erschien, als unförmiger, hässlicher Syphilitiker, ein Opfer
seiner Triebe.

Noch lieber griff man nach 1945 aber zu den Artikeln und
Büchern des ebenfalls nicht unbelasteten Starjournalisten Indro
Montanelli,[17] der bis nach der Jahrtausendwende die Rolle eines
gütigen Beichtvaters der Nation spielte, ohne von seinen Lesern eine
intensive Gewissenserforschung oder gar Buße zu verlangen. Die
Italiener hätten keinen Grund, sich ihrer Vergangenheit zu schämen.
Der Faschismus sei ein wirksames Instrument zur Abwehr des Bolschewismus gewesen und habe nie eine totalitäre Schreckensherrschaft errichtet. Fast bis zum letzten Atemzug hielt Montanelli beispielsweise an der durch Zahlen und Fakten längst widerlegten
Legende fest, dass es in Ostafrika nicht zum Einsatz von Giftgas gekommen sei. Er sei schließlich selbst dabei gewesen und habe nichts
gehört und nichts gesehen. Und Mussolini? Das «Schrecklichste an
ihm war», so heißt es in einer Schrift Montanellis, «dass er immer
nur Grimassen schnitt». Wirklicher Verbrechen habe sich der Ope-
rettenpolitiker nicht schuldig gemacht. Im Gegenteil: Mussolini
habe sich 1943 geopfert und mit seiner Rückkehr an die Macht in
Salò zu retten versucht, «was im besetzten Italien zu retten war».[18]

Mussolini, der Märtyrer, das Opfer, der weibstolle Psychopath,
der Hochstapler und Clown – in welcher Variante er in Zeitschriften,

Büchern und Filmen auch auftauchte, die Skeptiker hatten dieser einseitigen Meinungsfreudigkeit wenig entgegenzusetzen. Da fast jeder erwachsene Italiener in der faschistischen Partei oder einer ihrer Nebenorganisationen gewesen war und sich nur eine verschwindende Minderheit in der Resistenza rehabilitiert hatte, befanden sie sich von Beginn an in der Defensive. Dass den Zweiflern die Argumente fehlten, lag auch an den Historikern, die jahrzehntelang einen Bogen um den Faschismus machten. Den bürgerlichen Geschichtsforschern hatte Croce das erlösende Stichwort geliefert. Die beste Art, eine Wiederbelebung des Faschismus zu verhindern, hatte er schon 1944 geschrieben, sei, über ihn zu schweigen.[19] Das taten, von wenigen Ausnahmen abgesehen, auch ihre linken Kollegen. Sie befassten sich lieber mit dem «besseren» Italien, das sie noch im kleinsten Partisanen verkörpert sahen. Namentlich den «Duce» hielten sie für eine Unperson, die man leicht verteufeln konnte, aber nicht zu untersuchen brauchte. Er sei eine «traurige Figur» gewesen, deren Erforschung sich nicht lohne.[20]

Eine Ausnahme bildete Renzo De Felice,[21] der sich freilich rasch von einem linken zu einem eher rechten Historiker wandelte und mit seiner 1965 gestarteten und 1997 abgeschlossenen Mussolini-Biografie die Faschismusforschung auf eine neue Basis stellte, zugleich aber eine Menge Verwirrung stiftete. De Felice präsentierte Mussolini als Diktator mit Samthandschuhen und Aggressor wider Willen, dem Rassismus fremd gewesen sei und dem der Antisemitismus von Hitler aufgezwungen werden musste. Diese Apologie blieb nicht unwidersprochen, das änderte aber nichts an ihrer Resonanz in der historischen Zunft und vor allem in der Öffentlichkeit. Der Mann auf der Straße und die gebildeten Laien werden zwar an den acht Bänden der Biografie mit ihren 6400 Seiten gescheitert sein. Sie stürzten sich aber auf De Felices Zeitungsartikel und vor allem auf seine beiden Interviewbände,[22] in denen sich der damals in Rom lehrende Historiker mit steilen Thesen und raunenden Spekulationen als Virtuose der Selbstvermarktung und regelrechter Verschleierungskünstler erwies.

De Felice prägte mehr als dreißig Jahre lang die Debatten über den Faschismus. Er bereitete zusammen mit Indro Montanelli außerdem den Boden für den Versuch einer Entwertung der Resistanza, und er lieferte schließlich – nolens volens? – Stoff für hemmungslose Geschichtspolitiker vom Schlag eines Silvio Berlusconi, die mit der Vergangenheit machten, was sie wollten. Das faschistische Regime, betonte der Ministerpräsident 2003 in einer seiner bizarren Eingebungen, sei durchaus «gutartig» gewesen. Mussolini habe niemanden ermordet, er habe nur einige Antifaschisten auf Inseln wie Ponza und Ventotene auf «Urlaub» geschickt.[23] Berlusconi war an Geschichte eigentlich nicht interessiert, er wusste aber genau, dass er mit seinem historischen Schabernack über den «Duce» Wähler am rechten Rand erreichte und sich in der breiten Mitte nicht wirklich schadete.

Berlusconis Kalkül ging tatsächlich auf. Mussolini wird in Italien noch immer unterschätzt, er ist alles andere als ein negativ besetztes Tabu. Es kursieren zahlreiche schön retuschierte «Duce»-Bilder, und zwar in allen Schichten, unabhängig von Bildung, Einkommen und politischer Orientierung. Die eklatanten Wissenslücken über den Faschismus bilden ideale Nistplätze für harmlose Anekdoten und billige Legenden, die zu Lebzeiten von Mussolini in rein propagandistischer Absicht erfunden wurden. Der einstige Gott ist gefallen, er beschäftigt die Fantasie der Gläubigen und deren Nachkommenschaft aber weiter, weil die mit ihm verbundenen schönen Trugbilder gesellschaftliche Grundbedürfnisse ansprechen, die im heutigen Italien brach liegen: soziale Gerechtigkeit, zwischenmenschliche Solidarität und vor allem der von der römischen Geschichte diktierte verhängnisvolle Wunsch nach nationaler Größe, der in Italien noch immer lebendig ist. Das Elend der Gegenwart begünstigt solche Eskapaden in eine erfundene Vergangenheit.

Ist deshalb aber schon Gefahr im Verzug? Sind «Faschismusapologie und ‹Duce›-Bewunderung» wirklich «in der Mitte der Gesellschaft angekommen»[24] und damit zu einer Bedrohung geworden, wie in der Ära Berlusconi viele meinten? Rom wurde nicht an einem

Tag erbaut, und das heutige Italien wird nicht so rasch zerstört. Die Resistenza-Erinnerung ist zählebig und wird nicht nur durch die landesweiten, zum Staatsritual erhobenen Befreiungsfeiern am 25. April, sondern tagtäglich durch die Topografie der Städte und Dörfer mit ihren Matteotti- und Gramscistraßen und Gedenktafeln für antifaschistische Märtyrer bestätigt. Vor einem Rückfall schützt aber vor allem das eigentliche Erbe von Mussolini: Demokratie und Rechtsstaat als Antwort auf den Faschismus, die, trotz zahlreicher Mängel und eklatanter Defizite, durchaus intakt sind. Die Institutionen funktionieren auch in der seit Jahrzehnten währenden wirtschaftlichen Misere, die demokratischen Gepflogenheiten werden respektiert. Das politische System ist so flexibel und gefestigt, dass es nicht nur zahlreiche Krisen und endlose Skandale überstand, sondern auch mit zwei radikalen politischen Herausforderungen fertig wurde; mit dem Partito Comunista Italiano (PCI), immerhin der größten kommunistischen Partei Westeuropas, und dem Movimento Sociale Italiano sind die alten, auf Systemüberwindung zielenden Flügelmächte verschwunden.

Ein gutes Beispiel dafür ist Predappio, wo etwa einen Monat nach unserem Besuch Europawahlen stattfinden. Der Wahlkampf kommt nur schleppend in Gang. Wir sehen nur wenige Plakate. Die großen Parteien halten sich ganz zurück, von den kleinen machen nur die «Fratelli d'Italia-Alleanza Nazionale» mit fast unscheinbaren Aufklebern auf sich aufmerksam. Am Ende landete diese Gruppierung, die im Parteiemblem eine gewisse Nähe zum alten Neofaschismus suggeriert und die Verbindung zur europäischen Rechten sucht, in Predappio bei 4,5 Prozent; im Landesdurchschnitt waren es magere 3,7 Prozent. Eine echte neofaschistische Partei gibt es in Predappio ebenso wenig wie einen radikalen Nachfolger des PCI. Vieles deutet darauf hin, dass auch der giftige Populismus eines Berlusconi bereits Geschichte ist und dass der Komiker Beppe Grillo einem ähnlichen Schicksal entgegensieht. Auch seine exaltierte Protest- und Bürgerbewegung scheint sich langsam zu normalisieren. Das Land im Dauerstress straft die Untergangspropheten wieder einmal Lügen und erweist sich zumindest in politischer Hinsicht als erstaunlich krisenfest.

Namentlich die Gefahr einer Renaissance des Faschismus ist heute gering. Groß war sie auch in der Vergangenheit nicht. Die selbst ernannten Erben Mussolinis im MSI brachten es nach 1945 bei Nationalwahlen in der Regel auf sechs bis acht Prozent der Stimmen, mussten sich aber so lange mit einem Platz am Katzentisch der Politik begnügen, bis sie sich vom Faschismus distanzierten und auch sonst zivilisierten. Mittlerweile ist das parteipolitische Kapital des Neofaschismus fast restlos aufgebraucht. Einige Splittergruppen ringen noch um die bescheidene Konkursmasse. Sie spielen aber auf der parlamentarischen Ebene keine Rolle.

Anders liegt der Fall bei neofaschistischen Hooligans und anderen gewaltbereiten rechtsradikalen Gruppen, die mit ihren Verbindungen in die kriminelle Unterwelt eine ständige Bedrohung darstellen. Sie haben zwar mit dem MSI und der mittlerweile ebenfalls aufgelösten Alleanza Nazionale ihren politischen Arm verloren, deshalb ihren umstürzlerischen Plänen aber nicht abgeschworen. Diese ebenso nationalistischen wie fremdenfeindlichen Kräfte sind, so scheint es, für die «normale» Politik verloren. Sie interessieren sich weder für Parteien noch für Parlamente und wissen auch vom historischen Faschismus nicht viel. Ähnliches gilt für den Nationalsozialismus, Hitler und für andere faschistische Führer. Sie sind für die italienischen Neofaschisten im Untergrund kaum mehr als ideologisch entkernte Ikonen, die als Passepartout für alles dienen können. Mit Mussolini dürfte es sich nicht anders verhalten.

Aber was sagt das schon? Rechtsradikale sind keine Historiker, die über Kontinuität und Wandel streiten. Sie entscheiden nach ihren eigenen Kriterien, was sie in der Geschichte für anschlussfähig halten und was sie von ihr brauchen können. Mussolini, der «global pioneer» einer neuen Form charismatischer Herrschaft im 20. Jahrhundert,[25] gehört fraglos dazu, und zwar nicht nur in den rechten Kreisen Italiens, wie es scheint. Er ist für die neofaschistische Szene noch immer wie ein großes Kraftdepot: Sie beruft sich in ihrem Auftreten auf ihn. Sie bedient sich aus dem Schlagwortfundus des Faschismus, bezieht die Lizenz zu Terror und Gewalt von ihm und gewinnt Dynamik und Standvermögen aus dem kometenhaften Aufstieg des ehemaligen «Duce», dem es der Legende nach 1918/19 gelang, eine die Welt bewegende politische Kraft zu schmieden – aus dem Stand heraus und nur auf sich gestellt.

Dort, wo am 29. Juli 1883 alles begann, scheint man die Fatalität solcher Legenden und überhaupt die latente Attraktivität Mussolinis zu spüren. Vor allem den Bürgermeister lässt der Faschismus nicht los. Er plant, wie erwähnt, eine große Dauerausstellung über das gesamte Regime. Eine nationale Dokumentationsstätte dieser Art gibt es in ganz Italien nicht, sein Predappio könnte so zu *dem* nationalen Ort der Erinnerung avancieren. So viel Geschäftssinn muss und darf schon sein. Giorgio Frassineti glaubt aber auch an die Kraft der historischen Aufklärung, obwohl er natürlich weiß, dass die harte Rechte nichts und niemand umstimmen kann. Ihm geht es um die Unsicheren, die Zweifler und die von den Schulen allein gelassenen jungen Generationen, die es vor allem zu immunisieren gilt. Er hält deshalb an seinem ehrgeizigen Plan – trotz zahlloser Widerstände – beharrlich fest. «Der Tourismus im Schwarzhemd muss in Predappio ein Ende haben. Die Stadt darf den Faschismus weder feiern, noch muss sie ihn ertragen», betont Professore Frassineti, um einen Satz anzufügen, der nicht nur für Predappio gelten sollte: Man muss den Faschismus «genau kennen» und «wissen, was der Faschismus gewesen ist, wie er entstanden und wie er gescheitert ist. Man muss darüber berichten, ohne Scheu. Wir brauchen dazu ein Museum.»[26]

# Anhang

# Anmerkungen

## Einleitung

1 Ich habe erst nach der Festlegung des von Thomas Schlemmer vorgeschlagenen Titels entdeckt, dass Anthony L. Cardoza (Benito Mussolini.
The First Fascist, New York u. a. 2006) für seine Mussolini-Biografie
denselben Titel gewählt hat.

2 Jan-Werner Müller, Das demokratische Zeitalter. Eine politische Ideengeschichte Europas im 20. Jahrhundert, Berlin 2013, S. 157.

3 Vgl. August Bernhard Hasler, Das Duce-Bild in der faschistischen Literatur, in: QFIAB 60 (1980), S. 420–506; Jens Petersen, Mussolini: Wirklichkeit und Mythos eines Diktators, in: Karl-Heinz Bohrer (Hrsg.),
Mythos und Moderne, Frankfurt a. M. 1983, S. 242–261.

4 Zit. nach Spiegel Special 1/2008 (29.1.2008), Georg Bönisch, Hitlers
Lehrmeister, S. 97; Alessandro Campi, Mussolini und die italienische
Nachkriegsgesellschaft. Italien zwischen Erinnern und Vergessen, in:
Christoph Cornelißen/Lutz Klinkhammer/Wolfgang Schwentker
(Hrsg.), Erinnerungskulturen. Deutschland, Italien und Japan seit 1945,
Frankfurt a. M. 2003, S. 108–122.

5 Emilio Gentile, Der «neue Mensch» des Faschismus. Reflexionen über
ein totalitäres Experiment, in: Thomas Schlemmer/Hans Woller (Hrsg.),
Der Faschismus in Europa. Wege der Forschung, München 2014, S. 101.

6 Vgl. Eric Hobsbawn, Das Zeitalter der Extreme. Weltgeschichte des
20. Jahrhunderts, München/Wien 1995, S. 37–281.

## Herkunft und politische Lehrjahre

1 Vgl. vor allem Renzo De Felice, Mussolini il rivoluzionario 1883–1920,
Turin 1965; Richard J. B. Bosworth, Mussolini. Un dittatore italiano,
Mailand 2004; Pierre Milza, Mussolini, Rom 2000; Denis Mack Smith,

Mussolini. Eine Biographie, München 1983; Fabrizio Castellini, Il ribelle di Predappio. Amori e giovinezza di Mussolini, Mailand 1996; Luigi Preti, Mussolini giovane, Mailand 1982.

2   Vgl. Giovanni Sabbatucci/Vittorio Vidotto (Hrsg.), Storia d'Italia, Bd. 3: Liberalismo e Democrazia, Rom/Bari 1999, S. 607.

3   Vgl. Hans Woller, Geschichte Italiens im 20. Jahrhundert, München 2010, S. 22.

4   Vgl. Bosworth, Mussolini, S. 52.

5   Vgl. La mia vita dal 29 luglio 1883 al 23 novembre 1911, in: Opera Omnia di Benito Mussolini (künftig: OO), hrsg. von Edoardo und Duilio Susmel, Bd. XXXIII (Opere Giovanili), Florenz 1961, S. 215–269.

6   Vgl. Milza, Mussolini, S. 66–94.

7   Vgl. Amedeo La Mattina, Mai sono stata tranquilla. La vita di Angelica Balabanoff, la donna che ruppe con Mussolini e Lenin, Turin 2011; Angelica Balabanoff, Wesen und Werdegang des italienischen Fascismus, Wien/Leipzig 1931.

8   Vgl. De Felice, Mussolini il rivoluzionario, S. 37.

9   Intermezzo polemico, 25.4.1908, in: OO, Bd. I (Dagli inizi all'ultima sosta in Romagna), Florenz 1951, S. 128.

10  Zeev Sternhell/Mario Sznajder/Maia Asheri, Die Entstehung der faschistischen Ideologie. Von Sorel zu Mussolini, Hamburg 1999, S. 55.

11  Ebenda, S. 76.

12  Müller, Das demokratische Zeitalter, S. 165.

13  OO, Bd. XXXIII, S. 5–37.

14  Der Brief vom 26.2.1905 ist abgedruckt in: Preti, Mussolini giovane, S. 23. Vgl. auch Stefan Breuer, Nationalismus und Faschismus. Frankreich, Italien und Deutschland im Vergleich, Darmstadt 2005, S. 107.

15  Fango! Fango!, 11.7.1908, in: OO, Bd. I, S. 161.

16  Un grande amico dell'Italia. Augusto von Platen, in: OO, Bd. II (Il periodo trentino verso la fondazione de «La Lotta di Classe»), Florenz 1951, S. 175.

17  Pro Candidatura Cipriani, 14.1.1914, in: OO, Bd. VI (Dalla fondazione di «Utopia» alla vigilia della fondazione de «Il Popolo d'Italia»), Florenz 1953, S. 44 f.

18  Milza, Mussolini, S. 123.

19  Vgl. Hans Woller, Ante portas. Mussolini in Trient 1909, in: Hannes Obermair/Stephanie Risse/Carlo Romeo (Hrsg.), Regionale Zivilgesellschaft in Bewegung. Festschrift für Hans Heiss, Wien/Bozen 2012, S. 483–500.

20  Vgl. Birgit Schönau, Benito Mussolini – ein sozialistischer Journalist 1902–1914. Eine «journalistische Biographie» Mussolinis unter besonde-

rer Berücksichtigung der Kontinuitäten und Brüche seiner politischen Entwicklung, unveröffentlichte Diplomarbeit, Dortmund 1991, S. 69.

21   Vgl. Benito Mussolini, L'amante del Cardinale. Claudia Particella. Romanzo storico, hrsg. von Paolo Orvieto, Rom 2009.

22   Mussolinis Gespräche mit Emil Ludwig, Berlin/Wien/Leipzig 1932, S. 195.

23   Die Studie erschien im Frühjahr 1911, das erste Kapitel war allerdings in veränderter Form schon im Herbst 1910 in der Zeitschrift «Pagine libere» publiziert worden. Vgl. OO, Bd. XXXIII, S. 149–213.

24   Vgl. Giorgio Fabre, Mussolini razzista. Dal socialismo al fascismo: la formazione di un antisemita, Mailand 2005.

25   Mussolini, Il Trentino veduto da un socialista, in: OO, Bd. XXXIII, S. 153–161.

26   Fabre, Mussolini razzista, S. 168.

27   L'attuale momento politico (Considerazioni inattuali), 18.4.1908, in: OO, Bd. I, S. 119.

28   Fabre, Mussolini razzista, S. 204.

29   Le condizioni per la pace, 20.12.1916, in: OO, Bd. VIII (Dall'intervento alla crisi del Ministero Boselli), Florenz 1951, S. 251.

30   Convegno supremo, 24.2.1909, in: OO, Bd. II, S. 17.

31   Mussolini, L'amante del Cardinale, S. 72.

32   Ebenda, S. 129.

33   Fabre, Mussolini razzista, S. 175.

34   La filosofia della forza (Postille alla conferenza dell'on. Treves), 29.11., 6. und 13.12.1908, in: OO, Bd. I, S. 177.

35   Vgl. auch zum Folgenden Hans Kramer, Benito Mussolini in Trient und die österreichischen Behörden im Jahre 1909, in: Südostforschungen, Bd. XIV (1955), S. 186–204.

36   Vgl. Woller, Ante portas, S. 496.

37   L'Avanti!, 30.9.1909, S. 1.

## Der totalitäre Sozialist

1   Vgl. De Felice, Mussolini il rivoluzionario, S. 79–111.

2   Al Lavoro!, 9.1.1910, in: OO, Bd. III (Dalla fondazione de «La Lotta di Classe» al primo complotto contro Mussolini), Florenz 1952, S. 6.

3   Benito Mussolini, 4.3.1912, in: OO, Bd. IV (Dal primo complotto contro Mussolini alla sua nomina a Direttore dell'«Avanti!»), Florenz 1952, S. 288.

4   Documenti per una nuova «Storia di dieci anni», 23.3.1912, in: OO, Bd. IV, S. 119.

5   Gaudens Megaro, Mussolini. Dal mito alla realtà, Mailand 1947, S. 338–441.

6   Vgl. Lino Del Fra, Sciara Sciat. Genocidio nell'oasi. L'esercito italiano a Tripoli, Rom 1995, S. 14–20.

7   Vgl. Emilio Gentile, Le origini dell'Italia contemporanea. L'età giolittiana, Rom/Bari 2003, S. 186; Franco Gaeta, La crisi di fine secolo e l'età giolittiana, Turin 1982.

8   Vgl. Se mi assolverete mi farete piacere, se mi condannerete mi farete onore, 25.11.1911, in: OO, Bd. IV, S. 104–107.

9   Vgl. Bosworth, Mussolini, S. 102 f.

10  Vgl. Mack Smith, Mussolini, S. 44 f.

11  Vgl. die Zeitschrift La Vita, 9./10.7.1912, in: OO, Bd. IV, S. 293; Preti, Mussolini giovane, S. 124–127.

12  Vgl. Schönau, Mussolini-Journalist, S. 138 f.

13  Vgl. Sull'azione del gruppo parlamentare, 8.7.1912, in: OO, Bd. IV, S. 161–170.

14  Ebenda, S. 169.

15  So Cesare Sarfatti, der Ehemann von Mussolinis späterer Geliebter Margherita Sarfatti, laut Milza, Mussolini, S. 160.

16  Vgl. Emilio Gentile, Mussolini's Charisma, in: Modern Italy 3 (1998), S. 219–235.

17  Vgl. Gherardo Bozzetti, Mussolini direttore dell'«Avanti!», Mailand 1979.

18  Zit. nach De Felice, Mussolini il rivoluzionario, S. 168.

19  Anna Kuliscioff an Filippo Turati, 18.2.1913, in: Filippo Turati e Anna Kuliscioff, Carteggio, Teil III, 1910–1914, Teilband 2, hrsg. von Franco Pedone, Turin 1977, S. 894.

20  Vgl. Preti, Mussolini giovane, S. 157.

21  Vgl. Schönau, Mussolini-Journalist, S. 143–157; De Felice, Mussolini il rivoluzionario, S. 188.

22  Per l'intransigenza del socialismo. Le ragioni del cosidetto «pacifismo», 29.3.1913, in: OO, Bd. V (Dalla direzione dell'«Avanti!» alla vigilia della fondazione di «Utopia»), Florenz 1953, S. 134.

23  Il valore storico del socialismo, 8.2.1914, in: OO, Bd. VI, S. 80.

24  Vgl. den Auftaktartikel für «Utopia», Al largo, 22.11.1913, in: OO, Bd. VI, S. 5–8.

25  Vgl. De Felice, Mussolini il rivoluzionario, S. 182.

26  La teoria sindacalista, 27.5.1909, in: OO, Bd. II, S. 124.

27  Vgl. L'ultima capriola, 26.11.1910, in: OO, Bd. III, S. 271; Fine stagione,

17.10.1910, in: Ebenda, S. 289–292; Sternhell/Sznajder/Asheri, Die Entstehung der faschistischen Ideologie.

28    Note retrospettive sullo sciopero generale metallurgico di Milano, 8.6.1913, in: OO, Bd. V, S. 171.

29    Vgl. Gentile, Le origini dell'Italia contemporanea, S. 253.

30    Ebenda.

31    Lavoratori d'Italia, scioperate!, 9.6.1914, in: OO, Bd. VI, S. 210.

32    Per la proclamazione dello sciopero generale, 9.6.1914, in: OO, Bd. VI, S. 213.

33    Per la cessazione dello sciopero generale, 11.6.1914, in: OO, Bd. VI, S. 215.

34    Ebenda und Tregua d'armi, 12.6.1914, in: OO, Bd. VI, S. 219.

35    Replica a Graziadei, Anfang Juli 1914, in: OO, Bd. VI, S. 249.

36    Per la cessazione dello sciopero generale, 11.6.1914, in: OO, Bd. VI, S. 216.

37    Zit. nach Michael Maar, Große Tagebücher von Samuel Pepys bis Virginia Woolf, München 2013, S. 192.

38    Dalla neutralità assoluta alla neutralità attiva ed operante, 18.10.1914, in: OO, Bd. VI, S. 397.

39    Mezzo milione di organizzati sono col partito socialista per la neutralità assoluta dell'Italia, 6.8.1914, in: OO, Bd. VI, S. 311.

40    Vgl. «De profundis», 3.8.1914, in: OO, Bd. VI, S. 295.

41    Vgl. u. a. Wolfgang Schieder, Benito Mussolini, München 2014, S. 17.

42    Vgl. Note di guerra, 15.8.-1.9.1914, in: OO, Bd. VI, S. 321.

43    Un accordo anglo-franco-russo per la discussione delle condizioni di pace, 7.9.1914, in: OO, Bd. VI, S. 359.

44    La situazione internazionale, 9.9.1914, in: OO, Bd. VI, S. 361.

45    Contro la guerra, 22.9.1914, in: OO, Bd. VI, S. 366–368.

46    Vgl. sein Interview mit Giornale d'Italia, 5.10.1914: Neutralità e socialismo, in: OO, Bd. VI, S. 376–379.

47    Vgl. Dalla neutralità assoluta alla neutralità attiva ed operante, 18.10.1918, in: OO, Bd. VI, S. 393–403.

48    Intermezzo polemico, 8.10.1914, in: OO, Bd. VI, S. 383.

49    Vgl. De Felice, Mussolini il rivoluzionario, S. 266 f.

50    Zit. nach ebenda, S. 265.

51    Vgl. Le dimissioni da Direttore dell'«Avanti!»,19./20.10.1914, in: OO, Bd. VI, S. 404–408.

52    Vgl. die Interviews mit Il Secolo, 20.10.1914, und Corriere della Sera, 20.10.1914, in: OO, Bd. VI, S. 409–412 und 413–415.

53    Vgl. De Felice, Mussolini il rivoluzionario, S. 271–278.

54    Vgl. Preti, Mussolini giovane, S. 253–255.

## Der Faschist

1   La Mattina, Mai sono stata tranquilla, S. 82.

2   Vgl. Mimmo Franzinelli, Il Duce e le donne. Avventure e passioni extra-coniugali di Mussolini, Mailand 2013; Roberto Olla, Dux. Una biografia sessuale di Mussolini, Mailand 2012.

3   Vgl. Karin Wieland, Die Geliebte des Duce. Das Leben der Margherita Sarfatti und die Erfindung des Faschismus, München/Wien 2004; Marianne Brentzel/Uta Ruscher, Margherita Sarfatti. «Ich habe mich geirrt. Was soll's». Jüdin, Mäzenin, Faschistin, Zürich 2008; Margherita G. Sarfatti, Mussolini. Lebensgeschichte, Leipzig 1926.

4   Vgl. Fernando Esposito, Mythische Moderne. Aviatik, Faschismus und die Sehnsucht nach Ordnung, München 2011.

5   Vgl. Holger Afflerbach, Der Dreibund. Europäische Großmacht- und Allianzpolitik vor dem Ersten Weltkrieg, Wien/Köln/Weimar 2002.

6   La prima guerra d'Italia, 14.2.1915, in: OO, Bd. VII (Dalla fondazione de «Il Popolo d'Italia» all'intervento), Florenz 1951, S. 197.

7   Vgl. Abbasso il Parlamento!, 11.5.1915, in: OO, Bd. VII, S. 376.

8   Abbasso la pace!, 1.4.1915, in: OO, Bd. VII, S. 299.

9   Nell'attesa, 29.4.1915, in: OO, Bd. VII, S. 358. Vgl. auch Klaus Heit-mann, Delenda Germania! Deutschland aus der Sicht des jungen Mus-solini, in: QFIAB 90 (2010), S. 311–345.

10  … E guerra sia!, 24.5.1915, in: OO, Bd. VII, S. 419.

11  Marx e … Hindenburg, 28.8.1915, in: OO, Bd. VIII, S. 184.

12  La prima guerra d'Italia, 14.2.1915, in: OO, Bd. VII, S. 197.

13  L'ultima perfidia della social-democrazia!, 29.6.1915, in: OO, Bd. VIII, S. 54.

14  Mussolini an De Falco, 22.12.1916, in: OO, Bd. VIII, S. 272.

15  Benito Mussolini, Mein Kriegstagebuch, Zürich/Leipzig/Wien 1930, S. 135.

16  L'inevitabile cimento, 11.2.1915, in: OO, Bd. VII, S. 191; In ogni caso, 21.3.1915, in: Ebenda, S. 271.

17  Le condizioni per la pace, November 1916, in: OO, Bd. VIII, S. 252; Ita-lia, Serbia e Dalmazia, 25.11.1916, in: Ebenda, S. 260–264; Il terreno dell'intesa italo-serba, 26.11.1916, in: Ebenda, S. 265–269.

18  Vgl. Paul O'Brien, Al capezzale di Mussolini. Ferite e malattia 1917–1945, in: Italia contemporanea 226 (März 2002), S. 5–29.

19  Vgl. Nicola Tranfaglia, La prima guerra mondiale e il fascismo, Turin 1995, S. 100–105.

20  Vgl. Woller, Geschichte Italiens, S. 77–86.

21  Vgl. Rudolf Lill, Geschichte Italiens vom 16. Jahrhundert bis zu den Anfängen des Faschismus, Darmstadt 1980, S. 290.

22  Vgl. Giovanni Sabbatucci/Vittorio Vidotto (Hrsg.), Storia d'Italia, Bd. 4: Guerre e Fascismo, Rom/Bari 1997, S. 748.

23  Zit. nach Milza, Mussolini, S. 285.

24  Curzio Malaparte, Der Staatsstreich, Leipzig/Wien 1932, S. 193 f.

25  Vgl. Francesco Malgeri, Il Partito popolare italiano, in: Ders. (Hrsg.), Storia del movimento cattolico in Italia, Rom 1980, S. 1–201.

26  Vgl. De Felice, Mussolini il rivoluzionario, S. 500–520; Hans Woller, Rom, 28. Oktober 1922. Die faschistische Herausforderung, München 1999, S. 30.

27  Vgl. Patrizia Dogliani, Il fascismo degli italiani. Una storia sociale, Turin 2008, S. 15–17; Adrian Lyttelton, La conquista del potere. Il fascismo dal 1919 al 1929, Rom/Bari 1974, S. 67–87.

28  Zit. nach Milza, Mussolini, S. 279.

29  Vgl. ebenda, S. 279–281.

30  Vgl. ebenda, S. 302 f., und MacGregor Knox, To the Threshold of Power, 1922/33. Origins and Dynamics of the Fascist and National Socialist Dictatorship, Bd. 1, Cambridge 2007, S. 313 f.

31  Eine Ausnahme bildete Sarzana, wo die Faschisten im Juli 1921 eine der wenigen schweren «militärischen» Niederlagen einstecken mussten. Vgl. Roger Engelmann, Provinzfaschismus in Italien. Politische Gewalt und Herrschaftsbildung in der Marmorregion Carrara 1921–1924, München 1992, S. 89–112.

32  Vgl. Woller, Rom, 28. Oktober 1922, S. 32 f.

33  Emilio Gentile, Il fascismo come religione politica, in: Storia contemporanea 21 (1990), S. 1090.

34  Vgl. Renzo De Felice, Mussolini il fascista, Bd. I: La conquista del potere 1921–1925, Turin 1966, S. 100–202.

35  Vgl. Stanley Payne, Geschichte des Faschismus. Aufstieg und Fall einer europäischen Bewegung, München/Berlin 2001, S. 134 f.

36  Vgl. Emilio Gentile, Storia del Partito Fascista 1919–1922. Movimento e Milizia, Rom/Bari 1989.

37  Vgl. Breuer, Nationalismus und Faschismus, S. 114.

38  Vgl. Sven Reichardt, Faschistische Kampfbünde. Gewalt und Gemeinschaft im italienischen Squadrismus und in der deutschen SA, Köln/Weimar/Wien 2002; Mimmo Franzinelli, Squadristi. Protagonisti e tecniche della violenza fascista (1919–1922), Mailand 2003; Matteo Millan, Squadrismo e squadristi nella dittatura fascista, Rom 2014.

39   Zit. nach Milza, Mussolini, S. 305.

40   Vgl. Maurizio Bach, Mussolini und Hitler als charismatische Führer. Was kann Max Webers Modell der charismatischen Herrschaft zur Erklärung der Dynamik faschistischer Bewegungen beitragen?, in: Schlemmer/Woller (Hrsg.), Der Faschismus in Europa, S. 107–121; Maurizio Bach/Stefan Breuer, Faschismus als Bewegung und Regime. Italien und Deutschland im Vergleich, Wiesbaden 2010; Emilio Gentile, Fascismo. Storia e interpretazione, Rom/Bari 2002, S. 24.

41   Vgl. Michael Mann, Der Faschismus und die Faschisten. Vorbereitende Überlegungen zur Soziologie faschistischer Bewegungen, in: Mittelweg 36 16 (2007/8), S. 26–54.

42   Vgl. Gentile, Der «neue Mensch» des Faschismus, S. 89–106.

43   Zit. nach Milza, Mussolini, S. 329.

44   Libertà e Civiltà, 17.(?).8.1925, in: OO, Bd. XXI (Dal delitto Matteotti all'attentato Zaniboni), Florenz 1956, S. 381.

45   Payne, Geschichte des Faschismus, S. 17.

46   Vgl. Robert O. Paxton, Anatomie des Faschismus, München 2006, S. 25.

47   Fernando Esposito, Faschismus und Moderne, in: Schlemmer/Woller (Hrsg.), Der Faschismus in Europa, S. 55.

48   Vgl. Paxton, Anatomie des Faschismus, S. 209 und 317.

49   Vgl. Wolfgang Schieder, Der italienische Faschismus 1919–1945, München 2010, S. 24; Tranfaglia, La prima guerra mondiale e il fascismo, S. 256–266.

50   Vgl. Jens Petersen, Das Problem der Gewalt im italienischen Faschismus, 1919–1925, in: Wolfgang J. Mommsen/Gerhard Hirschfeld (Hrsg.), Sozialprotest, Gewalt, Terror. Gewaltanwendung durch politische und soziale Randgruppen im 19. und 20. Jahrhundert, Stuttgart 1982, S. 325–348; Adrian Lyttelton, Faschismus und Gewalt: Sozialer Konflikt und politische Aktion in Italien nach dem Ersten Weltkrieg, in: Ebenda, S. 303–324.

51   Vgl. Woller, Rom, 28. Oktober 1922, S. 36–40.

52   Vgl. Giulia Albanese, La marcia su Roma, Rom/Bari 2006, S. 65–75.

53   Zit. nach Milza, Mussolini, S. 331.

54   Vgl. Woller, Rom, 28. Oktober 1922, S. 14 f.

55   Vgl. Marco Mondini, La politica delle armi. Il ruolo dell'esercito nell'avvento del fascismo, Rom/Bari 2006, S. 177.

56   Zit. nach ebenda, S. 166.

57   Vgl. Albanese, La marcia, S. 77; Mondini, La politica delle armi.

58   Vgl. Albanese, La marcia, S. 97–105.

59   Vgl. ebenda und Antonino Répaci, La marcia su Roma. Mito e realtà, 2 Bde., Rom 1963.

## Der Diktator

1   Nach dem Attentat verwüsteten 50 Squadristen die Synagoge in Padua.
    Vgl. Kilian Bartikowski, Der italienische Antisemitismus im Urteil des
    Nationalsozialismus 1933–1943, Berlin 2013, S. 40.

2   Vgl. Alberto Aquarone, L'organizzazione dello Stato totalitario, Turin 1965,
    S. 47–110; Adrian Lyttelton, La dittatura fascista, in: Sabbatucci/Vidotto
    (Hrsg.), Storia d'Italia, Bd. 4, S. 169–178; Claudio Longhitano, Il Tri-
    bunale di Mussolini (Storia del Tribunale Speciale 1926–1943), Rom 1995.

3   Vgl. Schieder, Der italienische Faschismus 1919–1945, S. 9.

4   Vgl. Woller, Rom, 28. Oktober 1922, S. 41 f.

5   Vgl. Acquarone, L'organizzazione dello Stato totalitario, S. 15–17.

6   Vgl. Brunello Mantelli, Kurze Geschichte des italienischen Faschismus,
    Berlin 1998, S. 68.

7   Vgl. Millan, Squadrismo e squadristi, S. 26–30.

8   Vgl. Albanese, La marcia, S. 175.

9   Vgl. Gian Luigi Gatti, Die faschistische Miliz – der bewaffnete Arm der
    Partei, in: Lutz Klinkhammer/Amedeo Osti Guerrazzi/Thomas
    Schlemmer (Hrsg.), Die «Achse» im Krieg. Politik, Ideologie und Krieg-
    führung 1939–1945, Paderborn u. a. 2010, S. 255–272.

10  Vgl. Loreto Di Nucci, Lo Stato-partito del fascismo. Genesi, evoluzione
    e crisi 1919–1943, Bologna 2009.

11  Vgl. Wolfgang Schieder, Der Strukturwandel der faschistischen Partei
    Italiens in der Phase der Herrschaftsstabilisierung, in: Ders. (Hrsg.),
    Faschismus als soziale Bewegung. Deutschland und Italien im Vergleich,
    Göttingen 1983 (2. Auflage), S. 80.

12  Vgl. Di Nucci, Lo Stato-partito del fascismo, S. 565; Emilio Gentile, La
    via italiana al totalitarismo. Il partito e lo Stato nel regime fascista, Rom
    1995, S. 196.

13  Vgl. Arnd Bauerkämper, Der Faschismus in Europa 1918–1945, Stuttgart
    2006, S. 59.

14  Vgl. Sabbatucci/Vidotto (Hrsg.), Storia d'Italia, Bd. 4, S. 749.

15  Vgl. Giuseppe Parlato, La sinistra fascista. Storia di un progetto man-
    cato, Bologna 2000.

16  Vgl. Mauro Canali, Il delitto Matteotti. Affarismo e politica nel primo
    governo Mussolini, Bologna 1997.

17  Vgl. Bosworth, Mussolini, S. 212.

18  Vgl. De Felice, Mussolini il fascista, Bd. I, S. 619–730.

19  Zit. nach Giovanni Sabbatucci, I socialisti nella crisi dello Stato liberale

(1918–1926), in: Ders. (Hrsg.), Storia del socialismo italiano, Bd. 3: Guerra e dopoguerra (1914–1926), Rom 1980, S. 370.

20  La politica interna al Senato, 5.12.1924, in: OO, Bd. XXI, S. 196.

21  Vgl. Mack Smith, Mussolini, S. 141–143.

22  Zit. nach De Felice, Mussolini il fascista, Bd. I, S. 721 f.

23  Vgl. Aquarone, L'organizzazione dello Stato totalitario, S. 48 f.

24  Vgl. Bauerkämper, Der Faschismus in Europa, S. 60 f.

25  Vgl. Aquarone, L'organizzazione dello Stato totalitario, S. 15–17.

26  Vgl. Matteo Di Figlia, Farinacci. Il radicalismo fascista al potere, Rom 2007; Lorenzo Santoro, Roberto Farinacci e il Partito Nazionale Fascista 1923–1926, Soveria Mannelli 2008.

27  Vgl. Michael R. Ebner, Ordinary Violence in Mussolini's Italy, Cambridge 2011.

28  Vgl. ders., Terror und Bevölkerung im italienischen Faschismus, in: Sven Reichardt/Armin Nolzen (Hrsg.), Faschismus in Italien und Deutschland. Studien zu Transfer und Vergleich, Göttingen 2005, S. 201–224.

29  Vgl. Mimmo Franzinelli, I tentacoli dell'Ovra. Agenti, collaboratori e vittime della polizia politica fascista, Turin 2000 (3. Auflage); Mauro Canali, Le spie del regime, Bologna 2004.

30  Eine wichtige Rolle spielte dabei Arturo Bocchini, der Chef der Polizei und Vertraute Mussolinis. Vgl. Domizia Carafoli/Gustavo Padiglione, Il viceduce. Storia di Arturo Bocchini capo della polizia fascista, Mailand 1987; Marco Innocenti, I gerarchi del fascismo. Storia del ventennio attraverso gli uomini del «Duce», Mailand 1992, S. 166–168.

31  Vgl. Ebner, Ordinary Violence, S. 13 und 151 f.

32  Vgl. Rolf Petri, Storia economica d'Italia. Dalla Grande guerra al miracolo economico (1918–1963), Bologna 2002, S. 60, 73 und 78.

33  Vgl. Stephanie Tilly, Arbeit-Macht-Markt. Industrieller Arbeitsmarkt 1900–1929. Deutschland und Italien im Vergleich, Berlin 2006, S. 447 f.

34  Vgl. Daniela Liebscher, Freude und Arbeit. Zur internationalen Freizeit- und Sozialpolitik des faschistischen Italien und des NS-Regimes, Köln 2009.

35  Vgl. Ute Schleimer, Die Opera Nazionale Balilla bzw. Gioventù Italiana del Littorio und die Hitlerjugend – eine vergleichende Darstellung, Münster u. a. 2004.

36  Vgl. Gustave Le Bon, Psychologie der Massen, Stuttgart 1922.

37  Al popolo di Cagliari, 12.6.1923, in: OO, Bd. XIX (Dalla marcia su Roma al viaggio negli Abruzzi), Florenz 1956, S. 269.

38  Al popolo di Catania, 11.5.1924, in: OO, Bd. XX (Dal viaggio negli Abruzzi al delitto Matteotti), Florenz 1956, S. 268.

39  Il Governo Fascista e la Nazione, 4.10.1924, in: OO, Bd. XXI, S. 96.

40  Vgl. Hans Woller, Churchill und Mussolini. Offene Konfrontation und geheime Kooperation?, in: VfZ 49 (2001), S. 563–594; Mimmo Franzinelli, L'arma segreta del Duce. La vera storia del Carteggio Churchill-Mussolini, Mailand 2015.

41  Zit. nach Wolfgang Schieder, Mythos Mussolini. Deutsche in Audienz beim Duce, München 2013, S. 271.

42  Zit. nach ebenda, S. 230.

43  Vgl. Enrico Sturani, Otto milioni di cartoline per il Duce, Turin 1995.

44  Vgl. Emilio Gentile, Il culto del littorio. La sacralizzazione della politica nell'Italia fascista, Rom/Bari 1993.

45  Vgl. Tranfaglia, La prima guerra mondiale e il fascismo, S. 418–420; Pietro Scoppola, Chiesa e fascismo. Documenti e interpretazioni, Rom/Bari 1971.

46  Zit. nach De Felice, Mussolini il fascista, Bd. II, S. 417.

47  Gustav Seibt, Rom oder Tod. Der Kampf um die italienische Hauptstadt, Berlin 2001, S. 302.

48  Karl Dietrich Bracher/Wolfgang Sauer/Gerhard Schulz, Die nationalsozialistische Machtergreifung. Studien zur Errichtung des totalitären Herrschaftssystems in Deutschland 1933/34, Wiesbaden 1960, S. 13.

49  Vgl. Di Nucci, Lo Stato-partito del fascismo.

50  Zur Rolle der Partei im Nationalisierungsprozess und zu ihren Mobilisierungserfolgen (bzw. deren Grenzen) vgl. Paul Corner, The Fascist Party and Popular Opinion in Mussolini's Italy, Oxford 2012, und die Kritik daran von Patrick Bernhard, Renarrating Italian Fascism: New Directions in the Historiography of a European Dictatorship, in: Contemporary European History 23 (2014), S. 151–163.

51  Vgl. Gentile, La via italiana al totalitarismo, S. 46; Matteo Millan, The Institutionalisation of *Squadrismo*: Disciplining Paramilitary Violence in the Italien Fascist Dictatorship, in: Contemporary European History 22 (2013), S. 555.

## Der Imperialist

1  Vgl. Tranfaglia, La prima guerra mondiale e il fascismo, S. 131–146.

2  Il problema dell'Emigrazione, 31.3.1923, in: OO, Bd. XIX, S. 191.

3  Zit. nach Ernst Nolte, Der Faschismus. Von Mussolini zu Hitler, München 1968, S. 46.

4 Vgl. MacGregor Knox, Destino comune. Dittatura, politica estera e guerra nell'Italia fascista e nella Germania nazista, Turin 2003, S. 139.

5 Presentazione di alcuni disegni di legge, 19.5.1925, in: OO, Bd. XXI, S. 314.

6 L'articolo 13 della legge sui rapporti collettivi di lavoro, 11.12.1925, in: OO, Bd. XXII (Dall'attentato Zaniboni al discorso dell'Ascensione), Florenz 1957, S. 37.

7 Vgl. Prefazione a «Cirenaica verde», 23.12.1930, in: OO, Bd. XXIV (Dagli accordi del Laterano al dodicesimo anniversario della fondazione dei Fasci), Florenz 1958, S. 327.

8 Secondo discorso di Tripoli, 11.4.1926, in: OO, Bd. XXII, S. 114.

9 Vgl. Eric Salerno, Genocidio in Libia. Le atrocità nascoste dell'avventura coloniale italiana (1911–1931), Rom 2005.

10 La diana del nuovo tempo, 8.12.1928, in: OO, Bd. XXIII (Dal discorso dell'Ascensione agli accordi del Laterano), Florenz 1957, S. 271.

11 Aram Mattioli, Die vergessenen Kolonialverbrechen des faschistischen Italien in Libyen 1923–1933, in: Fritz-Bauer-Institut (Hrsg.), Völkermord und Kriegsverbrechen in der ersten Hälfte des 20. Jahrhunderts, Frankfurt a. M. 2004, S. 212. Vgl. Helmut Mejcher, Umar al-Mukhtar: Seine Person und sein Wirken im Spiegel zeitgenössischer deutscher Berichterstattung, in: Sabine Frank / Martina Kamp (Hrsg.), Libyen im 20. Jahrhundert. Zwischen Fremdherrschaft und nationaler Selbstbestimmung, Hamburg 1995, S. 87–107.

12 Vgl. Salerno, Genocidio in Libia, S. 83.

13 Vgl. Vera Torunsky, Der Korfu-Konflikt von 1923. Großmachtinteressen und das System der kollektiven Sicherheit, in: Jost Dülffer / Hans-Otto Mühleisen / Vera Torunsky, Inseln als Brennpunkte internationaler Politik. Konfliktbewältigung im Wandel des internationalen Systems 1890–1984: Kreta, Korfu, Zypern, Köln 1986, S. 60–96.

14 Il Governo Fascista e la Nazione, 4.10.1924, in: OO, Bd. XXI, S. 96.

15 Prefazione a «La Civiltà Fascista», 17.12.1927, in: OO, Bd. XXIII, S. 79.

16 Asvero Gravelli an Mussolini, 6.12.1930, zit. nach Stefano Eleuteri, Paneuropa und «Antieuropa». Eine Zeitschrift zwischen europäischem Gedankengut und italienischem Faschismus (1929–1943), München 1995 (Hausarbeit zur Magisterprüfung an der Ludwig-Maximilians-Universität), S. 67.

17 Vgl. Michael Arthur Ledeen, L'Internazionale Fascista, Rom/Bari 1973; Marco Cuzzi, L'Internazionale delle Camicie nere. I CAUR, Comitati d'azione per l'universalità di Roma 1933–1939, Mailand 2005.

18 Vgl. Gentile, Der «neue Mensch» des Faschismus, S. 89–106.

19  Vgl. Schieder, Mythos Mussolini.

20  Vgl. Fortunato Minniti, Fino alla guerra. Strategie e conflitto nella politica di potenza di Mussolini 1923–1940, Neapel 2000, S. 44–51; H. James Burgwyn, Il revisionismo fascista. La sfida di Mussolini alle grandi potenze nei Balcani e sul Danubio 1925–1933, Mailand 1979.

21  Vgl. John Gooch, Mussolini and his Generals. The Armed Forces and Fascist Foreign Policy, 1922–1940, Cambridge 2007, S. 108–120.

22  Vgl. Ladislaus Hory/Martin Broszat, Der kroatische Ustascha-Staat 1941–1945, Stuttgart 1964; Alexander Korb, Im Schatten des Weltkriegs. Massengewalt der Ustaša gegen Serben, Juden und Roma in Kroatien 1941–1945, Hamburg 2013.

23  Vgl. Woller, Rom, 28. Oktober 1922, S. 97–103.

24  Vgl. ebenda, S. 102 f.

25  Vgl. Davide Rodogno, Il nuovo ordine mediterraneo. Le politiche di occupazione dell'Italia fascista in Europa (1940–1943), Turin 2003.

26  Vgl. Arnd Bauerkämper, Die «radikale Rechte» in Großbritannien. Nationalistische, antisemitische und faschistische Bewegungen vom späten 19. Jahrhundert bis 1945, Göttingen 1991.

27  Vgl. den ursprünglich in der Zeitschrift Gerarchia erschienenen Artikel «Maschere e volto della Germania», in: Renzo De Felice, Mussolini e Hitler. I rapporti segreti (1922–1933), Florenz 1983, S. 9–16, hier S. 13 f.; Silvana Casimirri, Il viaggio di Mussolini in Germania nel marzo del' 1922, in: Storia e politica, Januar-März 1973, S. 86–112; Edgar R. Rosen, Mussolini und Deutschland 1922–1923, in: VfZ 5 (1957), S. 17–41.

28  Vgl. Hans Woller, Machtpolitisches Kalkül oder ideologische Affinität? Zur Frage des Verhältnisses zwischen Mussolini und Hitler vor 1933, in: Wolfgang Benz/Hans Buchheim/Hans Mommsen (Hrsg.), Der Nationalsozialismus. Studien zur Ideologie und Herrschaft, Frankfurt a. M. 1993, S. 42–63.

29  Vgl. Kurt G. W. Lüdecke, I knew Hitler. The Story of a Nazi who escaped the blood Purge, London 1938.

30  Vgl. Alan Cassels, Mussolini and German Nationalism, 1922–25, in: Journal of Modern History 35 (1963), Nr. 2, S. 150 f.

31  Hitler. Reden, Schriften, Anordnungen. Februar 1925 bis Januar 1933, Bd. II A: Außenpolitische Standortbestimmung nach der Reichstagswahl Juni-Juli 1928, eingeleitet von Gerhard L. Weinberg, hrsg. und kommentiert von Gerhard L. Weinberg, Christian Hartmann und Klaus A. Lankheit, München u. a. 1995, S. 52, 53 und 56.

32  Zit. nach Henry Picker, Hitlers Tischgespräche im Führerhauptquartier 1941–1942, Stuttgart 1963, S. 134.

33  Bericht von Renzetti, 21.6.1932, in: De Felice, Mussolini e Hitler, S. 241.

34  Vgl. Wolfgang Schieder, Faschismus im politischen Transfer. Giuseppe Renzetti als faschistischer Propagandist und Geheimagent in Berlin 1922–1941, in: Reichardt/ Nolzen (Hrsg.), Faschismus in Italien und Deutschland, S. 28–58.

35  Berichte von Renzetti, 12.6. und 25.10.1932, in: Bundesarchiv Koblenz, Nachlass Renzetti, Nr. 11.

36  Hobsbawn, Das Zeitalter der Extreme, S. 170. Vgl. auch Federico Scarano, Mussolini e la Repubblica di Weimar. Le relazioni diplomatiche tra Italia e Germania dal 1927 al 1933, Neapel 1996, S. 213 f.

37  Kurt Bauer, Hitler und der Juliputsch in Österreich. Eine Fallstudie zur nationalsozialistischen Außenpolitik in der Frühphase des Regimes, in: VfZ 59 (2011), S. 227.

38  Die Tagebücher von Joseph Goebbels. Im Auftrag des Instituts für Zeitgeschichte und mit Unterstützung des Staatlichen Archivdienstes Rußlands hrsg. von Elke Fröhlich, Teil I: Aufzeichnungen 1923–1941, Bd. 3/I, München 2005, 28.7.1934, S. 85.

39  Zit. nach Bauer, Hitler und der Juliputsch, S. 218.

40  Zit. nach Manfred Funke, Sanktionen und Kanonen. Hitler, Mussolini und der internationale Abessinienkonflikt 1934–1936, Düsseldorf 1970, S. 28.

41  Vgl. Joint Resolution of the Stresa Conference, 14. April 1935, House of Commons Parliamentary Papers Online.

42  Vgl. Giorgio Rochat, Le guerre italiane 1935–1943. Dall'impero d'Etiopia alla disfatta, Turin 2005, S. 29; Minniti, Fino alla guerra, S. 96–103; Salvatore Minardi, L'accordo militare segreto Badoglio-Gamelin del 1935, in: Clio. Rivista trimestrale di studi storici XXIII (1987), Nr. 2, S. 271–300.

43  Vgl. Minniti, Fino alla guerra, S. 73 f., und Christopher Duggan, Fascist Voices. An Intimate History of Mussolini's Italy, Oxford 2012, S. 251–257.

44  Le province africane, 7.6.1935, in: OO, Bd. XXVII (Dall'inaugurazione della provincia di Littoria alla proclamazione dell'Impero), Florenz 1959, S. 84.

45  Dopo le grandi manovre, 24.8.1934, in: OO, Bd. XXVI (Dal Patto a Quattro all'inaugurazione della provincia di Littoria), Florenz 1958, S. 308.

46  Zit. nach Gianluca Falanga, Mussolinis Vorposten in Hitlers Reich. Italiens Politik in Berlin 1933–1945, Berlin 2008, S. 62.

47  Renzetti an Ciano, 21.6.1935, in: I Documenti Diplomatici Italiani (künftig: DDI), Ottava Serie: 1935–1939, Bd. I, Rom 1991, S. 440.

48  Vgl. Jens Petersen, Deutschland und Italien im Sommer 1935. Der

Wechsel des italienischen Botschafters in Berlin: in: GWU 20 (1969), S. 330–341; Falanga, Mussolinis Vorposten in Hitlers Reich, S. 54–64.

49  Schieder, Mythos Mussolini, S. 299 f.

50  Botschafter von Hassell an AA, 3.10.1935, in: Akten zur Deutschen Auswärtigen Politik 1918–1945 (künftig: ADAP), Serie C: 1933–1937, Bd. IV, 2, Göttingen 1975, S. 679.

51  Vgl. Petra Terhoeven, Liebespfand fürs Vaterland. Krieg, Geschlecht und faschistische Nation in der italienischen Gold- und Eheringsammlung 1935/36, Tübingen 2003, S. 63–78.

52  Vgl. Aram Mattioli, Experimentierfeld der Gewalt. Der Abessinienkrieg und seine internationale Bedeutung 1935–1941, Zürich 2005, S. 72; ders., Ein vergessenes Schlüsselereignis der Weltkriegsepoche, in: Asfa-Wossen Asserate/Aram Mattioli (Hrsg.), Der erste faschistische Vernichtungskrieg. Die italienische Aggression gegen Äthiopien 1935–1941, Köln 2006, S. 11; Nicola Labanca, Una guerra per l'impero. Memorie della campagna d'Etiopia 1935–36, Bologna 2005.

53  Vgl. Martin Clark, Mussolini. Profiles in Power, Harlow 2005, S. 196.

54  Vgl. Woller, Geschichte Italiens, S. 145 f.; Renzo De Felice, Mussolini il duce, Bd. I: Gli anni del consenso 1929–1936, Turin 1974, S. 718–725.

55  Il piano regolatore della nuova economia italiana, 23.3.1936, in: OO, Bd. XXVII, S. 242.

56  Botschafter von Hassell an AA, 7.1.1936, in: ADAP, Serie C, Bd. IV, 2, S. 957.

57  Schieder, Mythos Mussolini, S. 302.

58  Vgl. Giorgio Rochat, Guerre italiane in Libia e in Etiopia. Studi militari 1921–1939, Paese (Treviso) 1991, S. 143–176; Angelo Del Boca, I gas di Mussolini. Il fascismo e la guerra d'Etiopia, mit Beiträgen von Giorgio Rochat, Ferdinando Pedriali und Roberto Gentilli, Rom 1996; Simone Belladonna, Gas in Etiopia. I crimini rimossi dell'Italia coloniale, Vicenza 2015.

59  Vgl. Piero Pieri/Giorgio Rochat, Badoglio. Maresciallo d'Italia, Turin 1974.

60  Vgl. Ferdinando Pedriali, L'Aereonautica italiana nelle guerre coloniali. Guerra etiopica 1935–36, Rom 1997.

61  Aram Mattioli, Entgrenzte Kriegsgewalt. Der italienische Giftgaseinsatz in Abessinien 1935–1936, in: VfZ 51 (2003), S. 314; Giulia Brogini Künzi, Italien und der Abessinienkrieg 1935/36. Kolonialkrieg oder Totaler Krieg, Paderborn u. a. 2006.

62  Vgl. Rainer Baudendistel, Das Rote Kreuz unter Feuer, in: Asserate/Mattioli (Hrsg.), Der erste faschistische Vernichtungskrieg, S. 59–72.

63 Vgl. Giordano B. Guerri, Galeazzo Ciano. Una vita (1903–1944), Mailand 2001; Ray Moseley, Zwischen Hitler und Mussolini. Das Doppelleben des Grafen Ciano, Berlin 1998; Tobias Hof, Galeazzo Ciano. Eine Studie über Außenpolitik und Faschismus in Italien 1933–1944 (in Vorbereitung); zur Problematik der Ciano-Tagebücher vgl. ders., Die Tagebücher von Galeazzo Ciano, in: VfZ 60 (2012), S. 507–527.

64 Vittorio Mussolini, Bomber über Abessinien, München 1937, S. 79.

65 Ebenda, S. 134.

66 Vgl. Romano Canosa, Graziani. Il maresciallo d'Italia dalla guerra d'Etiopia alla Repubblica di Salò, Mailand 2004.

67 Mattioli, Experimentierfeld der Gewalt, S. 147.

68 Ebenda; Asfa-Wossen Asserate, Der letzte Kaiser von Afrika. Triumph und Tragödie des Haile Selassie, Berlin 2014.

69 Ian L. Campbell/Degife Gabre-Tsadik, La repressione fascista in Etiopia: la ricostruzione del massacro di Debrà Libanòs, in: Studi Piacentini 21 (1997), S. 79–128; Angelo Del Boca, Italiani, brava gente? Un mito duro a morire, Vicenza 2005, S. 205–227; Gabriele Schneider, Mussolini in Afrika. Die faschistische Rassenpolitik in den italienischen Kolonien 1936–1941, Köln 2000.

70 Vgl. Matteo Dominioni, Konterguerilla, in: Asserate/Mattioli (Hrsg.), Der erste faschistische Vernichtungskrieg, S. 122.

71 Vgl. Mattioli, Experimentierfeld der Gewalt, S. 153.

72 Dogliani, Il fascismo degli italiani, S. 295, die hier von Äthiopien spricht.

## Der Rassist und Antisemit

1 Vgl. Mattioli, Experimentierfeld der Gewalt, S. 157.

2 Marcia funebre, 9.6.1934, in: OO, Bd. XXVI, S. 262.

3 Vgl. Dogliani, Il fascismo degli italiani, S. 71–73.

4 Vgl. Paxton, Anatomie des Faschismus, S. 243; Renzo De Felice, Mussolini il duce, Bd. II: Lo Stato totalitario 1936–1940, Turin 1981, S. 100.

5 Vgl. Jens Petersen, Die Entstehung des Totalitarismusbegriffs in Italien, in: Manfred Funke (Hrsg.), Totalitarismus. Ein Studien-Reader zur Herrschaftsanalyse moderner Diktaturen, Düsseldorf 1978, S. 105–128.

6 Vgl. Roger Griffin, The Nature of Fascism, London 1991, S. 75.

7 Paxton, Anatomie des Faschismus, S. 209.

8 La prima tessera fascista del 1928, 1.1.1928, in: OO, Bd. XXIII, S. 86.

9 Discorso ai medici, 22.11.1931, in: OO, Bd. XXV (Dal dodicesimo anniversario della fondazione dei Fasci al Patto a Quattro), Florenz 1958, S. 61.

10 Discorso di Trieste, 18.9.1938, in: OO, Bd. XXIX (Dal viaggio in Germania all'intervento dell'Italia nella seconda guerra mondiale), Florenz 1959, S. 146.

11 Vgl. Schneider, Mussolini in Afrika, S. 198.

12 Vgl. Kilian Bartikowski/Giorgio Fabre, Donna bianca e uomo nero (con una variante). Il razzismo anti-nero nei colloqui tra Mussolini e Bülow-Schwante, in: Quaderni di Storia 70 (Juli-Dezember 2009), S. 207.

13 Vgl. Schneider, Mussolini in Afrika, S. 241.

14 Vgl. Gentile, Fascismo, S. 254.

15 «Intransigenza assoluta», 22.6.1925, in: OO, Bd. XXI, S. 363.

16 Vgl. Carl Ipsen, Dictating Demography. The problem of population in Fascist Italy, Cambridge 1996.

17 Später korrigierte man das Ziel auf 50 Millionen. Vgl. Patrizia Dogliani, L'Italia fascista 1922–1940, Mailand 1999, S. 241.

18 Vgl. Il discorso dell'Ascensione, 26.5.1927, in: OO, Bd. XXII, S. 366.

19 Le leggi e lo spirito, 1.9.1928, in: OO, Bd. XXIII, S. 216.

20 137. Sitzung des Gran Consiglio del Fascismo, 3.3.1937, in: OO, Bd. XXVIII (Dalla proclamazione dell'Impero al viaggio in Germania), Florenz 1959, S. 134.

21 Cifre in declino, 30.1.1937, in: OO, Bd. XXVIII, S. 111.

22 Si rivede Pangloss, in: Ebenda, S. 117.

23 Vgl. Dogliani, L'Italia fascista 1922–1940, S. 153–163.

24 Vgl. dies., Il fascismo degli italiani, S. 199.

25 Vgl. Alain Badiou, Das Jahrhundert, Zürich/Berlin 2006, S. 17 f. (zit. nach Aleida Assmann, Das neue Unbehagen an der Erinnerungskultur. Eine Intervention, München 2013, S. 94).

26 Vgl. Ebner, Ordinary Violence, S. 197–202; Giorgio Rochat, Regime fascista e Chiese evangeliche. Direttive ed articolazioni del controllo e della repressione, Turin 1990.

27 Vgl. Ebner, Ordinary Violence, S. 193–197; Lorenzo Benadusi, Il nemico dell'uomo nuovo: omosessualità nell'esperimento totalitaria fascista, Mailand 2005.

28 Vgl. Helmut Walser Smith, Fluchtpunkt 1941. Kontinuitäten der deutschen Geschichte, Stuttgart 2010, S. 213.

29 Victoria De Grazia, Die Radikalisierung der Bevölkerungspolitik im faschistischen Italien: Mussolinis «Rassenstaat», in: Geschichte und Gesellschaft 26 (2000), S. 234.

30 Vgl. Matteo Petracci, I Matti del Duce. Manicomi e repressione politica nell'Italia fascista, Rom 2014, S. 28–30.

31   Galeazzo Ciano, Diario 1937–1943 (künftig: Ciano-Tagebücher), hrsg. von Renzo De Felice, Mailand 1990, 18.6.1938, S. 149.

32   Ebenda, 17.7.1938, S. 159.

33   Vgl. ebenda, 28.11.1938, S. 217 f.

34   Vgl. Thomas Buzzegoli, La polemica antiborghese nel fascismo (1937–1939), Rom 2007.

35   Ebenda, S. 35.

36   Sintesi del regime, 18.3.1934, in: OO, Bd. XXVI, S. 192.

37   Ciano-Tagebücher, 12.8.1940, S. 458.

38   Vgl. Giorgio Fabre, Mussolinis engagierter früher Antisemitismus, in: QFIAB 90 (2010), S. 354.

39   Zit. nach Thomas Schlemmer/Hans Woller, Der italienische Faschismus und die Juden 1922–1945, in: VfZ 53 (2005), S. 179 f. Eine gegenteilige Meinung vertritt Jonathan Steinberg, Deutsche, Italiener und Juden. Der italienische Widerstand gegen den Holocaust, Göttingen 1992.

40   Vgl. Brentzel/Ruscher, Margherita Sarfatti; Wieland, Die Geliebte des Duce; La Mattina, Mai sono stata tranquilla.

41   Edda Ciano, La mia vita, Mailand 2001, S. 30.

42   Zit. nach Fabre, Mussolinis engagierter früher Antisemitismus, S. 357.

43   Der Ausdruck stammt von einem italienischen Juden. Zit. nach Michele Sarfatti, Autochthoner Antisemitismus oder Übernahme des deutschen Modells?, in: Klinkhammer/Osti Guerrazzi/Schlemmer (Hrsg.), Die «Achse» im Krieg, S. 237.

44   Vgl. Fabre, Mussolinis engagierter früher Antisemitismus, S. 360.

45   So Mussolini gegenüber Renzetti; zit. nach Sarfatti, Autochthoner Antisemitismus, in: Klinkhammer/Osti Guerrazzi/Schlemmer (Hrsg.), Die «Achse» im Krieg, S. 237.

46   Der Bericht von Sven von Müller ist abgedruckt in: Schieder, Mythos Mussolini, S. 299.

47   So die These von Fabre, Mussolinis engagierter früher Antisemitismus, S. 347.

48   Ebenda, S. 348.

49   Claretta Petacci. Mussolini Segreto. Diari 1932–1938, hrsg. von Mauro Suttora, Mailand 2009, S. 393 (künftig: Petacci-Tagebücher I).

50   Il troppo storpia, 31.12.1936, in: OO, Bd. XXVIII, S. 98.

51   Vgl. zur Zuverlässigkeit der Tagebücher von Claretta Petacci den Aufsatz von Giorgio Fabre, Mussolini, Claretta e la questione della razza. 1937–38, in: Annali della Fondazione Ugo La Malfa XXIV (2009), S. 347–367.

52   Petacci-Tagebücher I, 18.4.1938, S. 299 f.

53   Ebenda, 2.9.1938, S. 405.

54    Ebenda, 11.10.1938, S. 423.

55    Ciano-Tagebücher, 30.8.1938, S. 170.

56    Ebenda, 4.9.1938, S. 173.

57    Scoperta!, 26.7.1938, in: OO, Bd. XXIX, S. 126.

58    Vgl. Renzo De Felice, Storia degli ebrei italiani sotto il fascismo, Turin 1993, S. 567–575.

59    Vgl. ebenda, S. 576–580; Michele Sarfatti, Le leggi antiebraiche spiegate agli italiani di oggi, Turin 2002; ders., Gli ebrei nell'Italia fascista. Vicende, identità, persecuzione, Turin 2000; Enzo Collotti, Il fascismo e gli ebrei. Le leggi razziali in Italia, Rom/Bari 2003; Giorgio Israel/Pietro Nastasi, Scienza e razza nell'Italia fascista, Bologna 1998; Francesca Pelini/Ilaria Pavan, La doppia epurazione. L'Università di Pisa e le leggi razziali tra guerra e dopoguerra, Bologna 2009.

60    Vgl. De Felice, Storia degli ebrei italiani, S. 302–306.

61    Ciano-Tagebücher, 28.11.1938, S. 217.

62    Ebenda, 12.11.1938, S. 211.

63    Vgl. Michael A. Livingston, The Fascists and the Jews of Italy. Mussolini's Race Laws, 1938–1943, Cambridge 2014.

64    Zur Reaktion der italienischen Gesellschaft auf die Rassengesetze vgl. Mario Avagliano/Marco Palmieri, Di pura razza italiana. L'Italia «ariana» di fronte alle leggi razziali, Mailand 2013.

65    Ciano-Tagebücher, 6.10.1938, S. 193.

66    Der entsprechende Gesetzentwurf vom Oktober 1940 ist abgedruckt in: De Felice, Storia degli ebrei italiani, S. 589 f.

67    Vgl. Le Leggi della Vergogna. Norme contro gli ebrei in Italia e Germania, hrsg. von Valerio Di Porto, Florenz 2000.

### Der Verbündete Hitlers

1    Vgl. Brunello Mantelli, Vom «bilateralen Handelsausgleich» zur «Achse Berlin-Rom». Der Einfluß wirtschaftlicher Faktoren auf die Entstehung des deutsch-italienischen Bündnisses 1933–1936, in: Jens Petersen/Wolfgang Schieder (Hrsg.), Faschismus und Gesellschaft in Italien. Staat-Wirtschaft-Kultur, Köln 1998, S. 253–279.

2    Vgl. Enzo Collotti (in Zusammenarbeit mit Nicola Labanca und Teodoro Sala), Fascismo e politica di potenza. Politica estera 1922–1939, Mailand 2000, S. 286–300.

3    Vgl. Unterredung Görings mit Ciano, 13.10.1936, in: ADAP, Serie C: 1933–1936, Bd. V, 2, Göttingen 1977, S. 1008 f.

4 Ulrich von Hassell, Römische Tagebücher und Briefe 1932–1938, hrsg. von Ulrich Schlie, München 2004, S. 164.

5 Vgl. Jens Petersen, Hitler-Mussolini. Die Entstehung der Achse Berlin-Rom 1933–1936, Tübingen 1973; Hans Woller, Hitler, Mussolini und die Geschichte der «Achse», in: Klinkhammer/Osti Guerrazzi/Schlemmer (Hrsg.), Die «Achse» im Krieg, S. 34–48.

6 Vgl. Enzo Collotti/Lutz Klinkhammer, Il fascismo e l'Italia in guerra. Una conversazione fra storia e storiografia, Rom 1996, S. 35 f.

7 Vgl. beispielsweise Hassell, Römische Tagebücher und Briefe 1932–1938, S. 154 und 206.

8 Ähnliches gilt für den Bereich der Kultur. Vgl. dazu Jens Petersen, Vorspiel zu «Stahlpakt» und Kriegsallianz: Das deutsch-italienische Kulturabkommen vom 23. November 1938, in: VfZ 36 (1988), S. 41–77.

9 Goebbels-Tagebücher, Teil I, Bd. 3/II, 24.5.1936, S. 90.

10 Aufzeichnung eines Vertrauensmannes der deutschen Botschaft, 19.5.1938, in: ADAP, Serie D: 1937–1945, Bd. I, Baden-Baden 1950, S. 910 f.

11 Vgl. Ferdinand Siebert, Der deutsch-italienische Stahlpakt. Entstehung und Bedeutung des Vertrags vom 22. Mai 1939, in: VfZ 7 (1959), S. 372–395.

12 Goebbels-Tagebücher, Teil I, Bd. 4, 18.9.1937, S. 317.

13 Ebenda, 29.9.1937, S. 334.

14 Max Domarus, Mussolini und Hitler. Zwei Wege – Gleiches Ende, Würzburg 1977, S. 217.

15 Goebbels-Tagebücher, Teil I, Bd. 4, 28.9.1937, S. 332 f., und 29.9.1937, S. 334.

16 Petacci-Tagebücher I, 27.10.1937, S. 75.

17 Unterredung von Neuraths mit Mussolini, 3.5.1937, in: ADAP, Serie C: 1933–1937, Bd. VI, 2, S. 759.

18 Zit. nach Thilo Baier, Italiens Österreichpolitik 1934–1938, Hamburg 2014, S. 124 f.

19 Vgl. Georg Christoph Berger Waldenegg, Hitler, Göring, Mussolini und der «Anschluß» Österreichs an das Deutsche Reich, in: VfZ 51 (2003), S. 147–182.

20 Petacci-Tagebücher I, 13.3.1938, S. 242.

21 Vgl. Malte König, Kooperation als Machtkampf. Das faschistische Achsenbündnis Berlin-Rom im Krieg 1940/41, Köln 2007, S. 238–249.

22 Vgl. Arnd Bauerkämper, Die Inszenierung transnationaler faschistischer Politik. Der Staatsbesuch Hitlers in Italien im Mai 1938, in: Stefan Vogt (Hrsg.), Ideengeschichte als politische Aufklärung, Berlin 2010, S. 129–153.

23  Vgl. Hans Woller, Vom Mythos der Moderation. Mussolini und die Münchener Konferenz 1938, in: Jürgen Zarusky/Martin Zückert (Hrsg.), Das Münchener Abkommen von 1938 in europäischer Perspektive, München 2013, S. 211–215; Patrizia Dogliani, Das faschistische Italien und das Münchener Abkommen, in: Ebenda, S. 53–68.

24  Ciano-Tagebücher, S. 265.

25  Unterredung von Mackensens mit Ciano, 10.2.1939, in: ADAP, Serie D, Bd. IV, Baden-Baden 1951, S. 502 f.

26  Ciano-Tagebücher, 15.3.1939, S. 264.

27  Vgl. Unterredung von Neuraths mit Mussolini, 3.5.1937, in: ADAP, Serie C, Bd. VI, 2, S. 769.

28  Gedanken für Wehrmachtbesprechung mit Italien, 26.11.1938, in: ADAP, Serie D, Bd. IV, S. 464.

29  Vgl. Vecchiaia, 15.1.1937, in: OO, Bd. XXVIII, S. 103 f.; Declino, 17.1.1937, in: Ebenda, S. 106 f.; In casa nostra, 26.1.1937, in: Ebenda, S. 109 f.

30  Unterredung Cianos mit Ribbentrop, 6./7.5.1939, in: DDI, Ottava Serie: 1935–1939, Vol. XI, Rom 2006, S. 771.

31  Discorso di Torino, 14.5.1939, in: OO, Bd. XXIX, S. 273.

32  Zit. nach Enzo Collotti (in Zusammenarbeit mit Nicola Labanca und Teodoro Sala), Fascismo e politica di potenza, S. 427.

33  Mussolini-Rede vor dem Gran Consiglio del Fascismo, 5.2.1939, in: DDI, Ottava Serie, Vol. XI, S. 194.

34  Vgl. Duggan, Fascist Voices, S. 325.

35  Ciano-Tagebücher, 13.5.1939, S. 297.

36  Vgl. Collotti/Klinkhammer, Il fascismo e l'Italia in guerra, S. 46.

37  Vgl. Hermann Graml, Europas Weg in den Krieg. Hitler und die Mächte 1939, München 1990, S. 223.

38  Vgl. Rolf Petri, Von der Autarkie zum Wirtschaftswunder. Wirtschaftspolitik und industrieller Wandel in Italien 1935–1963, Tübingen 2001.

39  Vgl. Luciano Segreto, L'industria della guerra, in: Storia d'Italia. Annali 18: Guerra e pace, hrsg. von Walter Barberis, Turin 2002, S. 645.

40  Knox, Destino comune, S. 172.

41  Giorgio Rochat, Le guerre del fascismo, in: Storia d'Italia. Annali 18, S. 707; Lucio Ceva, Storia delle Forze Armate in Italia, Turin 1999, S. 260.

42  MacGregor Knox, Alleati di Hitler. Le regie forze armate, il regime fascista e la guerra del 1940–1943, Mailand 2002, S. 38.

43  Amedeo Osti Guerrazzi, Noi non sappiamo odiare. L'esercito italiano tra fascismo e democrazia, Turin 2010, S. 138.

44  Knox, Alleati di Hitler, S. 15.

45　Vgl. ebenda, S. 36.

46　Mitte August 1939 gab er Badoglio den Befehl, Angriffspläne gegen Jugoslawien und Griechenland auszuarbeiten. Vgl. Ceva, Storia delle Forze Armate, S. 252.

47　Vgl. Attolico an Anfuso, 11.7.1939, in: DDI, Ottava Serie, Vol. XII, Rom 1952, S. 401; Attolico an Ciano, 1.8.1939, in: Ebenda, S. 559–562.

48　Vgl. Mussolini an Hitler, 25.8.1939, in: DDI, Ottava Serie, Vol. XIII, S. 164 f.

49　Vgl. Jürgen Matthäus/Frank Bajohr (Hrsg.), Alfred Rosenberg. Die Tagebücher von 1934 bis 1944, Frankfurt a. M. 2015, S. 284 (Eintrag vom 28.8.1939).

50　Goebbels-Tagebücher, Teil I, Bd. 7, 31.8.1939, S. 85.

51　Vgl. Magistrati an Ciano, 23.8.1939, in: DDI, Ottava Serie, Vol. XIII, Rom 1953, S. 125.

52　Vgl. Ciano an Attolico, 25.8.1939, in: DDI, Ottava Serie, Vol. XIII, S. 156; Mussolini an Hitler, 25.8.1939, in: Ebenda, S. 164 f.; Mussolini an Hitler, 26.8.1939, in: Ebenda, S. 195.

53　Vgl. Gerhard Schreiber, Die politische und militärische Entwicklung im Mittelmeerraum 1939/40, in: Das Deutsche Reich und der Zweite Weltkrieg, Bd. 3: Der Mittelmeerraum und Südosteuropa. Von der «non belligeranza» Italiens bis zum Kriegseintritt der Vereinigten Staaten, Stuttgart 1984, S. 4–85.

54　Vgl. Hitler an Mussolini, 27.8.1939, in: DDI, Ottava Serie, Bd. XIII, S. 211 f.; Hitler an Mussolini, 1.9.1939, in: Ebenda, S. 330.

55　Goebbels-Tagebücher, Teil I, Bd. 7, 28.8.1939, S. 80.


## Der Profiteur der «Achse»


1　Vgl. Knox, Alleati di Hitler, S. 38.

2　Vgl. Mussolini an Hitler, 3.1.1940, in: ADAP, Serie D, Bd. VIII, Baden-Baden/Frankfurt a. M. 1961, S. 476. Vgl. dazu auch Ulrich von Hassell, Die Hassell-Tagebücher 1938–1944. Aufzeichnungen vom Andern Deutschland, hrsg. von Friedrich Freiherr Hiller von Gaertringen, Berlin 1989, S. 159.

3　Mussolini an den König u. a., 31.3.1940, in: DDI, Nona Serie:1939–1943, Vol. III, Rom 1959, S. 578.

4　Vgl. Woller, Hitler, Mussolini, S. 45; Maximiliane Rieder, Deutsch-italienische Wirtschaftsbeziehungen. Kontinuitäten und Brüche 1936–1957, Frankfurt a. M./New York 2003, S. 130–148.

5 Vgl. ebenda, S. 143 f.

6 Ciano-Tagebücher, 21.1.1940, S. 389.

7 Führerweisung, 4.4.1940, in: ADAP, Serie D, Bd. IX, Frankfurt a. M. 1962, S. 61.

8 Mussolini an Hitler, 11.4.1940, in: DDI, Nona Serie: 1939–1943, Vol. IV, S. 27.

9 Mussolini an Hitler, 2.5.1940, in: Ebenda, S. 223.

10 Claretta Petacci, Verso il disastro. Mussolini in guerra. Diari 1939–1940, hrsg. von Mimmo Franzinelli, Mailand 2011, 14.5.1940, S. 319 (künftig: Petacci-Tagebücher II).

11 Attolico an Ciano, 13.1.1940, in: DDI, Nona Serie, Vol. III, S. 81.

12 Petacci-Tagebücher II, 6.12.1939, S. 262.

13 Ciano-Tagebücher, S. 434.

14 Ebenda, 29.5.1940, S. 435.

15 Vgl. Schreiber, Die politische und militärische Entwicklung im Mittelmeerraum 1939/40, S. 86–111; Marco Palla, Mussolini e il Fascismo, Florenz 1993, S. 116–120; Gli Italiani in guerra. Conflitti, identità, memorie dal Risorgimento ai nostri giorni, Vol. IV, Bd. 2: Il Ventennio fascista: la Seconda guerra mondiale, hrsg. von Mario Isenghi/Giulia Albanese, Turin 2008; König, Kooperation als Machtkampf, S. 19–26.

16 Zit. nach Bosworth, Mussolini, S. 401.

17 Mussolini an Hitler, 12.6.1940, in: DDI, Nona Serie, Vol. V, Rom 1965, S. 7.

18 Vgl. Rochat, Le guerre italiane 1935–1943, S. 246–251.

19 Vgl. Milza, Mussolini, S. 842.

20 Ciano-Tagebücher, 25.6.1940, S. 446.

21 Ebenda, 2.7.1940, S. 449.

22 Petacci-Tagebücher II, 21.6.1940, S. 335.

23 Ebenda, 2.7.1940, S. 348.

24 Vgl. Bosworth, Mussolini, S. 402.

25 Vgl. Ciano an Mussolini, 18.6.1940, in: DDI, Nona Serie, Vol. V, S. 35 f.; Ciano an Mussolini, 19.6.1940, in: Ebenda, S. 50–52; Alfieri an Ciano, 21.6.1940, in: Ebenda, S. 60; Deutscher Botschafter in Rom an AA, 17.7.1940, in: ADAP, Serie D, Bd. X, S. 207; Milza, Mussolini, S. 844; Davide Rodogno, Die faschistische Neue Ordnung und die politischökonomische Umgestaltung des Mittelmeerraums 1940 bis 1943, in: Klinkhammer/Osti Guerrazzi/Schlemmer (Hrsg.), Die «Achse» im Krieg, S. 211–230.

26 Petacci-Tagebücher II, 13.7.1940, S. 366.

27 Ciano-Tagebücher, 12.10.1940, S. 470.

28  Vgl. Ceva, Storia delle Forze Armate, S. 288.

29  Vgl. Unterredung Hitlers mit Ciano, 7.7.1940, in: ADAP, Serie D, Bd. X, S. 123–129; Ciano an Mussolini, 7.7.1940, in: DDI, Nona Serie, Vol. V, S. 188.

30  Vgl. Ceva, Storia delle Forze Armate, S. 287.

31  Vgl. König, Kooperation als Machtkampf, S. 43.

32  Vgl. Milza, Mussolini, S. 845 f.; Amedeo Osti Guerrazzi, Rodolfo Graziani. Karriere und Weltanschauung eines faschistischen Generals, in: Christian Hartmann (Hrsg.), Von Feldherren und Gefreiten. Zur biographischen Dimension des Zweiten Weltkriegs, München 2008, S. 21–32.

33  Vgl. Renzo De Felice, Mussolini l'alleato 1940–1945, Bd. I: L'Italia in guerra 1940–1943, Teil 1: Dalla guerra «breve» alla guerra lunga, Turin 1990, S. 189–198; Milza, Mussolini, S. 849 f.

34  Goebbels-Tagebücher, Teil I, Bd. 8, 28.9.1940, S. 349.

35  Vgl. Pietro Cavallo, Italiani in guerra. Sentimenti e immagini dal 1940 al 1943, Bologna 1997, S. 52.

36  Ciano-Tagebücher, 30.9.1940, S. 467.

37  Jacomoni an Benini, 24.9.1940, in: DDI, Nona Serie, Vol. V, S. 617.

38  In der Regel dauerten diese Akte nur wenige Minuten. Vgl. Petacci-Tagebücher II, 1.1.1939, S. 25 f. Claretta Petacci nannte ihn nicht umsonst «Lustmolch»; vgl. auch Quinto Navarra, Memorie del cameriere di Mussolini, Mailand 1972, S. 209 f., 215, 218 und 230.

39  So heißt es auf dem Schutzumschlag von Petacci, Verso il disastro.

40  Milza, Mussolini, S. 848.

41  Ciano-Tagebücher, 12.10.1940, S. 470. Vgl. auch Gerhard Schreiber, Deutschland, Italien und Südosteuropa. Von der politischen und wirtschaftlichen Hegemonie zur militärischen Aggression, in: Das Deutsche Reich und der Zweite Weltkrieg, Bd. 3, S. 368–414.

42  Unterredung Mussolinis mit den führenden Militärs, 15.10.1940, in: DDI, Nona Serie, Vol. V, S. 702.

43  Mussolini an Hitler, 19.10.1940, in: DDI, Nona Serie, Vol. V, S. 721.

44  Das von Ciano stammende Protokoll der Unterredung ist abgedruckt in: Galeazzo Ciano, L'Europa verso la Catastrofe, Mailand 1948, S. 601–607.

45  Goebbels-Tagebücher, Teil I, Bd. 8, 13.10.1940, S. 416, und 14.11.1940, S. 417.

46  Unterredung Mussolinis mit den führenden Militärs, 10.11.1940, in: DDI, Nona Serie, Vol. VI, Rom 1986, S. 61 und 62.

47  Vgl. Matteo Dominioni, Lo sfascio dell'impero. Gli italiani in Etiopia 1936–1941, Rom/Bari 2008.

48  König, Kooperation als Machtkampf, S. 41.

49  Petacci-Tagebücher II, 11.12.1940, S. 404.
50  Ebenda, 22.11.1940, S. 399.
51  Vgl. Hitler an Mussolini, 20.11.1940, in: ADAP, Serie D, Bd. XI/2, Bonn 1964, S. 535–539.
52  Ciano-Tagebücher, 22.11.1940, S. 481.
53  Vgl. Gentile, Der «neue Mensch» des Faschismus, S. 105 f.
54  Petacci-Tagebücher II, S. 313.
55  Ciano-Tagebücher, S. 491.
56  Vgl. die Rede Mussolinis am 20.3.1941, in: OO, Bd. XXX (Dall'intervento dell'Italia nella seconda guerra mondiale al discorso al direttorio nazionale del P. N. F. del 3 gennaio 1942), Florenz 1960, S. 71 f.
57  Goebbels-Tagebücher, Teil I, Bd. 9, 25.4.1941, S. 270, und 29.4.1941, S. 278. Goebbels meinte hier Ugo Cavallero.
58  Cavallo, Italiani in guerra, S. 59.
59  Milza, Mussolini, S. 853.
60  Goebbels-Tagebücher, Teil I, Bd. 9, 22.6.1941, S. 394.
61  Ciano-Tagebücher, 1.6.1941, S. 520.
62  Ebenda, 2.6.1941, S. 520.
63  In: ADAP, Serie D, Bd. XIII/1, S. 7; Thomas Schlemmer (Hrsg.), Die Italiener an der Ostfront 1942/43. Dokumente zu Mussolinis Krieg gegen die Sowjetunion, München 2005, S. 7; ders., Invasori, non vittime. La campagna italiana di Russia 1941–1943, Rom/Bari 2009; Gerhard Schreiber, Italiens Teilnahme am Krieg gegen die Sowjetunion. Motive, Fakten und Folgen, in: Jürgen Förster (Hrsg.), Stalingrad. Ereignis – Wirkung – Symbol, München/Zürich 1992, S. 250–292.
64  Mussolini an Hitler, 23.6.1941, in: DDI, Nona Serie 1939–1943, Bd. VII, S. 286.
65  Schlemmer, Italiener an der Ostfront, S. 8.
66  Brief an Claretta Petacci, 16.1.1945, zit. nach Mimmo Franzinelli, Il prigioniero di Salò. Mussolini e la tragedia italiana del 1943–1945, Mailand 2012, S. 111.
67  Vgl. Dreimächtepakt zwischen Deutschland, Italien und Japan, 27.9.1941, in: ADAP, Serie D, Bd. XI, 1, S. 175 f.
68  Ciano-Tagebücher, 4.12.1941, S. 563.
69  Botschafter in Rom an AA, 3.12.1941, in: ADAP, Serie D, Bd. XIII/2, Göttingen 1970, S. 768.
70  Vgl. Renzo De Felice, Mussolini l'alleato, Bd. I, Teil 1, S. 411.
71  Zit. nach Ian Kershaw, Hitler 1936–1945, Stuttgart 2000, S. 595.
72  Ciano-Tagebücher, 28.5.1941, S. 517.
73  Vgl. ebenda, 30.6.1941, S. 529, und 20.7.1941, S. 535.

74    Mussolini an Hitler, 6.11.1941, in: OO, Bd. XXX, S. 219; ebenfalls in: ADAP, Serie D, Bd. XIII/ 2, S. 614 f.

75    Vgl. Schlemmer, Italiener an der Ostfront, S. 15–17.

76    Vgl. Rolf Wörsdörfer, Transnationale Aspekte italienischer und deutscher Besatzungsherrschaft in Slowenien 1941 bis 1945, in: Klinkhammer/Osti Guerrazzi/Schlemmer (Hrsg.), Die «Achse» im Krieg, S. 340–367; Rolf Wörsdörfer, Krisenherd Adria 1915–1955. Konstruktion und Artikulation des Nationalen im italienisch-jugoslawischen Grenzraum, Paderborn u. a. 2004.

77    Vgl. Rodogno, Die faschistische Neue Ordnung, in: Klinkhammer/Osti Guerrazzi/Schlemmer (Hrsg.), Die «Achse» im Krieg, S. 214 und 216.

78    Vgl. Elena Aga Rossi/Maria Teresa Giusti, Una guerra a parte. I militari italiani nei Balcani 1940–1945, Bologna 2011; Gianni Oliva, «Si ammazza troppo poco». I crimini di guerra italiani. 1940–43, Mailand 2006.

79    Führerweisung vom 17.5.1941, in: ADAP, Serie D, Bd. XII/2, Göttingen 1969, S. 703.

80    Vgl. Marco Clementi, Camicie nere sull'Acropoli. L'occupazione italiana in Grecia (1941–1943), Rom 2013.

81    Vgl. Brunello Mantelli, Die Italiener auf dem Balkan, in: Christof Dipper/Lutz Klinkhammer/Alexander Nützenadel (Hrsg.), Europäische Sozialgeschichte. Festschrift für Wolfgang Schieder, Berlin 2000, S. 60–63; Lidia Santarelli, Il sistema dell'occupazione italiana in Grecia. Aspetti e problemi di ricerca, in: Annali. Studi e strumenti di Storia contemporanea 5 (2000), S. 381–407; dies., Muted violence: Italian war crimes in occupied Greece, in: Journal of Modern Italian Studies 9 (2004), S. 280–299.

82    Mantelli, Italiener auf dem Balkan, S. 73.

83    Korb, Im Schatten des Weltkriegs, S. 117.

84    Goebbels-Tagebücher, Teil I, Bd. 9, 1.5.1941, S. 284. Vgl. ebenda, 4.5.1941, S. 290.

85    Vgl. Korb, Im Schatten des Weltkriegs.

86    Vgl. Holm Sundhaussen, Der Ustascha-Staat: Anatomie eines Herrschaftssystems, in: Österreichische Osthefte 37 (1995), Heft 2, S. 497–533.

87    Vgl. Ribbentrop an Gesandtschaft in Agram, 21.8.1941, in: ADAP, Serie D, Bd. XIII/ 1, Göttingen 1970, S. 283. Vgl. auch Korb, Im Schatten des Weltkriegs, S. 127.

88    Zit. nach ebenda, S. 125; James H. Burgwyn, Empire on the Adriatic, Mussolini's Conquest of Yugoslawia, 1941–1943, New York 2005.

89   Vgl. Wörsdörfer, Transnationale Aspekte italienischer und deutscher Besatzungsherrschaft, S. 356.

90   Amedeo Osti Guerrazzi, «Schonungsloses Handeln gegen den bösartigen Feind». Italienische Kriegführung und Besatzungspraxis in Slowenien 1941/42, in: VfZ 62 (2014), S. 566 f.; ders., L'Esercito italiano in Slovenia 1941–1943. Strategie di repressione antipartigiana, Rom 2011.

91   Zit. nach Mantelli, Italiener auf dem Balkan, S. 70.

92   Zur Lage in Slowenien vgl. Osti Guerrazzi, «Schonungsloses Handeln gegen den bösartigen Feind», S. 537–567.

93   Vgl. Mantelli, Italiener auf dem Balkan, S. 58.

94   Osti Guerrazzi, «Schonungsloses Handeln gegen den bösartigen Feind», S. 567.

95   Ebenda.

96   Zit. nach ebenda, S. 543.

97   MacGregor Knox, Das faschistische Italien und die «Endlösung» 1942/43, in: VfZ 55 (2007), S. 71.

98   Unterredung Hitlers mit Mussolini, 2.6.1941, in: ADAP, Serie D, Bd. XII/2, S. 792.

99   Knox, Das faschistische Italien, S. 82.

100   Vgl. ebenda, S. 53–55.

101   Vgl. Himmler über seinen Besuch bei Mussolini vom 11.-14. Oktober 1942, in: VfZ 4 (1956), S. 423–426.

102   Ebenda, S. 425.

103   Alberto Pirelli, Taccuini 1922/1943, hrsg. von Donato Barbone, Bologna 1984, S. 365.

104   Vgl. Ruth Nattermann, Humanitäres Prinzip oder politisches Kalkül? Luca Pietromarchi und die italienische Politik gegenüber den Juden im besetzten Kroatien, in: Klinkhammer/Osti Guerrazzi/Schlemmer (Hrsg.), Die «Achse» im Krieg, S. 319–339; Ruth Nattermann (Hrsg.), I diari e le agende di Luca Pietromarchi (1938–1940). Politica estera del fascismo e vita quotidiana di un diplomatico romano del'900, Rom 2009; Menachem Shelah, Kroatische Juden zwischen Deutschland und Italien. Die Rolle der italienischen Armee am Beispiel des Generals Giuseppe Amico 1941–1943, in: VfZ 41 (1993), S. 175–195; ders., Un Debito di Gratitudine. Storia dei rapporti tra l'Esercito italiano e gli ebrei in Dalmazia (1941–1943), Rom 1991.

105   Vgl. Schlemmer/Woller, Der italienische Faschismus und die Juden, S. 190 f.; Knox, Das faschistische Italien, S. 90–92.

106   Schlemmer/Woller, Der italienische Faschismus und die Juden, S. 191.

107   Vgl. Knox, Das faschistische Italien, S. 79.

108 Vgl. Carlo Spartaco Capogreco, I campi del duce. L'internamento civili nell'Italia fascista (1940–1943), Turin 2004.

109 Schlemmer/Woller, Der italienische Faschismus und die Juden, S. 186 f.

110 Vgl. Milza, Mussolini, S. 865.

111 So Ribbentrop am 6.7.1942 an die Botschaft in Rom, in: ADAP, Serie E (1941–1945), Bd. III, Göttingen 1974, S. 105.

112 Vgl. Reinhard Stumpf, Der Krieg im Mittelmeerraum 1942/43: Die Operationen in Nordafrika und im mittleren Mittelmeer, in: Das Deutsche Reich und der Zweite Weltkrieg, Bd. 6: Der Globale Krieg. Die Ausweitung zum Weltkrieg und der Wechsel der Initiative 1941–1943, Stuttgart 1990, S. 648–709.

113 Ciano-Tagebücher, 21.7.1942, S. 637.

114 Schlemmer, Italiener an der Ostfront, S. 26.

115 Undatierte Aufzeichnung ohne Unterschrift (Juli 1942), in: ADAP, Serie E, Bd. III, S. 173.

116 Unterredung Hitlers mit Botschafter Alfieri, 4.8.1942, in: Ebenda, S. 304.

## Der Sturz

1 Vgl. Stumpf, Der Krieg im Mittelmeerraum 1942/43, S. 688–709.

2 Vgl. Schlemmer, Italiener an der Ostfront, S. 70–75; ders., Zwischen Erfahrung und Erinnerung. Die Soldaten des italienischen Heeres im Krieg gegen die Sowjetunion, in: QFIAB 85 (2005), S. 425–466; Amedeo Osti Guerrazzi/Thomas Schlemmer, I soldati italiani nella campagna di Russia. Propaganda, esperienza, memoria, in: Annali dell'Istituto storico italo-germanico in Trento XXXIII (2007), S. 385–417.

3 Vgl. Richard Overy, Der Bombenkrieg. Europa 1939 bis 1945, Berlin 2014, S. 703–784.

4 Ciano-Tagebücher, 11.7.1941, S. 532 f.

5 Zit. nach Milza, Mussolini, S. 869 f.

6 Vgl. Bosworth, Mussolini, S. 421.

7 Vgl. Simona Colarizi, L'opinione degli italiani sotto il regime 1929–1943, Rom/Bari 1991.

8 Vgl. Angelo Michele Imbriani, Gli italiani e il Duce. Il mito e l'immagine di Mussolini negli ultimi anni del fascismo (1938–1943), Neapel 1999, S. 133–168.

9 Renzo De Felice, Mussolini l'alleato 1940–1945, Bd. I: L'Italia in guerra 1940–1943, Teil 2: Crisi e agonia del regime, Turin 1990, S. 937.

10 Vgl. ebenda, S. 1082–1086; Giuseppe Bottai, Diario 1935–1944, hrsg. von Giordano Bruno Guerri, Mailand 1982, S. 354. Man munkelte sogar, dass Ferdinand Sauerbruch nach Rom gefahren sei, um Mussolini zu untersuchen. Vgl. Hassell-Tagebücher, S. 348 und 354.

11 Mussolini an Kurt Ellwangen, 7.11.1944, zit. nach Franzinelli, Il prigioniero di Salò, S. 39.

12 Vgl. Mussolini an Hitler, 26.3.1943, in: ADAP, Serie E, Bd. V, Göttingen 1978, S. 481–484; Hassell-Tagebücher, S. 359 und 364.

13 Vgl. Eugenio Di Rienzo/Emilio Gin, Le Potenze dell'Asse e l'Unione Sovietica 1939–1945, Soveria Mannelli 2013, S. 303–339.

14 Vgl. Unterredung Hitlers mit Ciano, 18.12.1942, in: ADAP, Serie E, Bd. IV, Göttingen 1975, S. 538–555.

15 Pirelli-Tagebücher, 22./23.4.1943, S. 428.

16 Vgl. Unterredung Ribbentrops mit Mussolini, 25.2.1943, in: ADAP, Serie E, Bd. V, Göttingen 1978, S. 289; Hitler an Mussolini, 16.2.1943, in: Ebenda, S. 235; Hitler an Mussolini, 14.3.1943, in: Ebenda, S. 402.

17 Zit. nach Frederick W. Deakin, Die brutale Freundschaft. Hitler, Mussolini und der Untergang des italienischen Faschismus, Köln/Berlin 1964, S. 294.

18 Vgl. Monica Fioravanzo, Die Europakonzeptionen von Faschismus und Nationalsozialismus (1939–1943), in: VfZ 58 (2010), S. 509–541.

19 Unterredung von Bismarcks mit Bastianini, 23.2.1943, in: ADAP, Serie E, Bd. V, S. 278.

20 Fioravanzo, Europakonzeptionen, S. 537.

21 In: ADAP, Serie E, Bd. V, S. 380. Vgl. auch Ciano-Tagebücher, 21.1.1943, S. 691.

22 Vgl. Mussolini an Petacci, 25.6.1944, in: Benito Mussolini, A Clara. Tutte le lettere a Clara Petacci 1943–1945, hrsg. von Luisa Montevecchi, Mailand 2011, S. 223.

23 Vgl. Rochat, Le guerre italiane 1935–1943, S. 322.

24 Vgl. Mark Harrison, The economies of World War II: an overview, in: Ders. (Hrsg.), The economies of World War II: Six great powers in international comparison, Cambridge u. a. 1998, S. 11 und 14; Vera Zamagni, Italy: how to lose the war and win the peace, in: Ebenda, S. 196; Schreiber, Die politische und militärische Entwicklung im Mittelmeerraum 1939/40, S. 71.

25 Vgl. Rochat, Le guerre italiane 1935–1943, S. 312.

26 Zit. nach Deakin, Brutale Freundschaft, S. 271.

27 De Felice, Mussolini l'alleato, Bd. I, Teil 2, S. 876.

28 L'ultimo discorso alla camera dei fasci e delle corporazioni, 2.12.1942, in:

OO, XXXI (Dal discorso al direttorio nazionale del P. N. F. del 3 gennaio 1942 alla liberazione di Mussolini), Florenz 1960, S. 130.

29 Vgl. De Felice, Mussolini l'alleato, Bd. I, Teil 2, S. 1056–1058.

30 Vgl. Gentile, La via italiana al totalitarismo, S. 225–290.

31 Zit. nach De Felice, Mussolini l'alleato, Bd. I, Teil 2, S. 1030.

32 Rede vor dem Direttorio Nazionale del PNF, 11.3.1943, in: OO, Bd. XXXI, S. 168.

33 Vgl. De Felice, Mussolini l'alleato, Bd. I, Teil 2, S. 1013.

34 Vgl. die entsprechenden Berichte in: OO, Bd. XXXI, S. 1–52.

35 Gli imperiosi doveri dell'ora, 24.6.1943, in: Ebenda, S. 196.

36 Unterredung von Botschafter Mackensen mit Scorza, 14.7.1943, in: ADAP, Serie E, Band VI, Göttingen 1979, S. 247.

37 So gibt Ciano am 27.9.1941 eine Äußerung von Grandi wieder. Ciano-Tagebücher, S. 539.

38 Ebenda, 10.4.1942, S. 609.

39 Gli imperiosi doveri dell'ora, in: OO, Bd. XXXI, S. 188.

40 Vgl. Parlato, La sinistra fascista; Tullio Cianetti, Memorie dal carcere di Verona, hrsg. von Renzo De Felice, Mailand 1983.

41 Vgl. ebenda und De Felice, Mussolini l'alleato, Bd. I, Teil 2, S. 1042–1044.

42 Unterredung Hitlers mit Mussolini, 29.4.1942, in: ADAP, Serie E, Bd. II, Göttingen 1972, S. 307.

43 Filippo Cappellano, La divisione corazzata «M», poi «Centauro II», in: Storia militare, Nr. 133 (Jg. XII), Oktober 2004, S. 33.

44 Vgl. Imbriani, Gli italiani e il Duce, S. 169–202.

45 Vgl. Colarizi, L'opinione degli italiani sotto il regime, S. 400–402.

46 Vgl. Corner, The Fascist Party and Popular Opinion, S. 283.

47 Gli imperiosi doveri dell'ora, 24.6.1943, in: OO, Bd. XXXI, S. 197.

48 Vgl. Hans Woller, Die Abrechnung mit dem Faschismus in Italien 1943 bis 1948, München 1996, S. 104.

49 Vgl. Antonio Spinosa, Vittorio Emanuele III. L'astuzia di un Re, Mailand 1990.

50 Vgl. Lutz Klinkhammer, Zwischen Bündnis und Besatzung. Das nationalsozialistische Deutschland und die Republik von Salò 1943–1945, Tübingen 1993, S. 342.

51 Vgl. Christian Hartmann, Unternehmen Barbarossa. Der deutsche Krieg im Osten 1941–1945, München 2012 (2. durchgesehene Auflage), S. 98–101.

52 Gänzlich unzulänglich und irreführend Santi Corvaja, Hitler and Mussolini. The Secret Meetings, New York 2001.

53 Vgl. De Felice, Mussolini l'alleato, Bd. I, Teil 2, S. 1349.

54   Vgl. Paolo Puntoni, Parla Vittorio Emanuele III, Mailand 1958, S. 133
     (1./2./3.6.1943), S. 135 (18.6.1943) und S. 136 (5.7.1943).
55   Vgl. ebenda, S. 136 f. (5.7.1943); De Felice, Mussolini l'alleato, Bd. I, Teil
     2, S. 1184–1186; Spinosa, Vittorio Emanuele III.
56   Vgl. Botschafter von Mackensen an AA, 22.7.1943, in: ADAP, Serie E,
     Bd. VI, Göttingen 1979, S. 286–289.
57   Vgl. Dino Grandi, 25 luglio. Quarant'anni dopo, hrsg. von Renzo De
     Felice, Bologna 1983, S. 217; ders., Il mio paese. Ricordi autobiografici,
     hrsg. von Renzo De Felice, Bologna 1985.
58   Die Resolution von Grandi findet sich in: OO, Bd. XXXI, S. 201–205.
     Vgl. Bottai, Diario 1935–1944, S. 404–421.
59   Vgl. Milza, Mussolini, S. 884–886.
60   Vgl. die Datenbank aller Audienzen bei Mussolini, die Amedeo Osti
     Guerrazzi im Auftrag des Deutschen Historischen Instituts in Rom er-
     stellt hat.
61   Vgl. Di Rienzo/Gin, Le Potenze dell'Asse e l'Unione Sovietica 1939–
     1945, S. 336 f.; Botschafter von Mackensen an AA, 28.7.1943, in: ADAP,
     Serie E, Bd. VI, S. 328.
62   Vgl. Woller, Abrechnung mit dem Faschismus, S. 9.
63   Teil II, Bd. 9, 27.7.1943, S. 169.

## Salò und der Tod

1   Zit. nach Paolo Monelli, Roma 1943, Rom 1945, S. 155 f.
2   Goebbels-Tagebücher, Teil II, Bd. 9, 10.8.1943, S. 250.
3   Helmut Heiber (Hrsg.), Lagebesprechungen im Führerhauptquartier.
    Protokollfragmente aus Hitlers militärischen Konferenzen 1942–1945,
    München 1963, S. 152 und 156.
4   Vgl. Sir Ivone Kirkpatrick, Mussolini, Berlin 1964, S. 500 f.
5   Benito Mussolini, Geschichte eines Jahres. Enthüllungen über die tragi-
    schen Ereignisse zwischen dem 25. Juli und dem 8. September 1943,
    Mailand 1945, S. 107.
6   Pensieri pontini e sardi, 19.8.1943, in: OO, Bd. XXXIV (Il mio diario di
    Guerra (1915–1917), La dottrina del fascismo (1932), Vita di Arnaldo
    (1932), Parlo con Bruno (1941), Pensieri pontini e sardi (1943), Storia di
    un anno (1944), Florenz 1961, S. 278.
7   Vgl. Elena Aga Rossi, Una nazione allo sbando. L'armistizio italiano del
    settembre 1943, Bologna 1998.
8   Gabriele Hammermann, Zwangsarbeit für den «Verbündeten». Die

Arbeits- und Lebensbedingungen der italienischen Militärinternierten in Deutschland 1943–1945, Tübingen 2002; Gerhard Schreiber, Die italienischen Militärinternierten im deutschen Machtbereich 1943–1945. Verraten, verachtet, vergessen, München 1990.

9 Otto Skorzeny, Geheimkommando Skorzeny, Hamburg 1950, S. 156 und 157.

10 Vgl. Monica Fioravanzo, Mussolini e Hitler. La Repubblica sociale sotto il Terzo Reich, Rom 2009, die sich gegen diese Legendenbildung zahlreicher italienischer Historiker wendet. An der Legende hält, ohne Beleg, weiter fest Clark, Mussolini, S. 302, der Mussolini im Übrigen nicht in die Nähe anderer Diktatoren des 20. Jahrhunderts, sondern in die Nähe von David Lloyd George und Theodore Roosevelt rückt.

11 Goebbels-Tagebücher, Teil II, Bd. 9, S. 519.

12 Vgl. Michael Wedekind, Nationalsozialistische Besatzungs- und Annexionspolitik in Norditalien 1943 bis 1945. Die Operationszonen «Alpenvorland» und «Adriatisches Küstenland», München 2003; Karl Stuhlpfarrer, Die Operationszonen «Alpenvorland» und «Adriatisches Küstenland», Wien 1969.

13 Vgl. Klinkhammer, Zwischen Bündnis und Besatzung, S. 66–68; Rudolf Rahn, Ruheloses Leben. Aufzeichnungen und Erinnerungen, Düsseldorf 1949.

14 Goebbels-Tagebücher, Teil II, Bd. 9, S. 253.

15 Ebenda, 23.9.1943, S. 573.

16 Ebenda, S. 568, 571 und 591.

17 Ebenda, S. 590.

18 Vgl. König, Kooperation als Machtkampf, S. 238–249.

19 Vgl. Schreiber, Die politische und militärische Entwicklung im Mittelmeerraum 1939/40, S. 17.

20 Goebbels-Tagebücher, Teil II, Bd. 11, 25.1.1944, S. 158. Vgl. auch Matthäus/Bajohr, Rosenberg-Tagebücher, S. 496 f. (Eintrag vom 2.5.1944).

21 Vgl. Dianella Gagliani, Brigate nere. Mussolini e la militarizzazione del Partito fascista repubblicano, Turin 1999, S. 45–48.

22 Mussolini, Geschichte eines Jahres, S. 239. Vgl. Dianella Gagliani, Diktat oder Konsens? Die Republik von Salò und das Dritte Reich, in: Klinkhammer/Osti Guerrazzi/Schlemmer (Hrsg.), Die «Achse» im Krieg, S. 470.

23 Goebbels-Tagebücher, Teil II, Bd. 13, S. 518.

24 Vgl. Mussolini, A Clara; Pasquale Chessa/Barbara Raggi, L'ultima lettera di Benito. Mussolini e Petacci: amore e politica a Salò 1943–45, Mailand 2010; Franzinelli, Il prigioniero di Salò.

25  Vgl. beispielsweise Gianni Scipione Rossi, Mussolini e il diplomatico. La vita e i diari di Serafino Mazzolini, un monarchico a Salò, Soveria Mannelli 2005.

26  Vgl. Mussolini, A Clara, S. 361 und 363.

27  Vgl. Deakin, Brutale Freundschaft, S. 691.

28  Vgl. Nicholas Farrell, Mussolini. A new life, London 2003, S. 435.

29  Vgl. Georg Zachariae, Mussolini si confessa, Mailand 1948.

30  Vgl. Franzinelli, Il prigioniero di Salò.

31  Fioravanzo, Mussolini e Hitler, S. 29.

32  Vgl. Renzo De Felice, Mussolini l'alleato 1940–1945, Bd. II: La Guerra civile 1943–1945, Turin 1997, S. 107; Dianella Gagliani, Il partito nel fascismo repubblicano delle origini: una prima messa a punto, in: Rivista di Storia Contemporanea 23/24 (1994/95), S. 130–169.

33  So das Urteil von Giorgio Amendola, Lettere a Milano 1939–1945, Rom 1973, S. 176. Vgl. auch Roberto Vivarelli, La fine di una stagione. Memoria 1943–1945, Bologna 2000.

34  Vgl. Parlato, La sinistra fascista, S. 317; Thomas Schlemmer/Hans Woller, Essenz oder Konsequenz? Zur Bedeutung von Rassismus und Antisemitismus für den Faschismus, in: Dies. (Hrsg.), Der Faschismus in Europa, S. 142–144.

35  Vgl. Arrigo Petacco, Il Superfascista. Vita e morte di Alessandro Pavolini, Mailand 1998.

36  Die Bezeichnung stammt von Mussolini, war im radikalen Faschismus aber Gemeingut. Vgl. die Rede von Mussolini «Alle Camicie Nere della Brigata Nera ‹Aldo Resega›», 14.10.1944, in: OO, Bd. XXXII (Dalla liberazione di Mussolini all'epilogo. La Repubblica Sociale Italiana), Florenz 1960, S. 115.

37  Goebbels-Tagebücher, Teil II, Bd. 9, 23.9.1943, S. 588.

38  Vgl. Franzinelli, Il prigioniero di Salò, S. 49.

39  Chessa/Raggi, L'ultima lettera di Benito, S. 27.

40  Ebenda, S. 61.

41  Rossi, Mussolini e il diplomatico, S. 451.

42  Rahn an AA, in: ADAP, Serie E, Bd. VII, Göttingen 1979, S. 333.

43  Vgl. sechste Sitzung des «Consiglio dei Ministri Repubblicano», 12.2.1944, in: OO, Bd. XXXII, S. 41–56.

44  Franzinelli, Il prigioniero di Salò, S. 132.

45  Rahn, Ruheloses Leben, S. 279.

46  Ai fascisti di Torino, 2.2.1945, in: OO, Bd. XXXII, S. 149.

47  Abgehörtes Telefonat zwischen Mussolini und Zerbino, 16.2.1944, in: IfZ-Archiv, Sammlung Schreiber, Verbindungsstab der Deutschen Wehr-

macht beim Duce, Kriegstagebuch. Im Zitat wurden orthografische Un-
ebenheiten geglättet.

48 Klinkhammer, Zwischen Bündnis und Besatzung, S. 97.

49 Vgl. Dianella Gagliani, Il ruolo di Mussolini nella Repubblica sociale italiana e nella crisi del 1943–1945, in: Storia e problemi contemporanei 17
(2004), Nr. 37, S. 155–168.

50 Chessa/Raggi, L'ultima lettera di Benito, S. 170 f.

51 Aufzeichnung über die Unterredung des Führers mit dem Duce in
Schloß Kleßheim, 23.4.1944, in: Staatsmänner und Diplomaten bei Hit-
ler. Zweiter Teil: Vertrauliche Aufzeichnungen über Unterredungen mit
Vertretern des Auslandes 1942–1944, hrsg. von Andreas Hillgruber,
Frankfurt a. M. 1970, S. 438.

52 Vgl. Claudio Pavone, Una guerra civile. Saggio storico sulla moralità
nella Resistenza, Turin 1991.

53 Vgl. Osti Guerrazzi, «Schonungsloses Handeln gegen den bösartigen
Feind», S. 537–567.

54 Zit. nach Deakin, Brutale Freundschaft, S. 815.

55 IfZ-Archiv, Sammlung Schreiber, Verbindungsstab der Deutschen Wehrmacht beim Duce, K. T. B. Notiz: Ia Tagesmeldung vom 21.6.1944.

56 Vgl. Gagliani, Diktat oder Konsens?, S. 467 f. Zu den deutschen Verbrechen in Italien vgl. Lutz Klinkhammer, Stragi naziste in Italia (1943–44),
Rom 2006; Carlo Gentile, Wehrmacht und Waffen-SS im Partisanenkrieg. Italien 1943–1945, Paderborn 2012; Gerhard Schreiber, Deutsche
Kriegsverbrechen in Italien. Täter, Opfer, Strafverfolgung, München
1996; Friedrich Andrae, Auch gegen Frauen und Kinder. Der Krieg der
deutschen Wehrmacht gegen die Zivilbevölkerung in Italien 1943–1945,
München/Zürich 1995.

57 Vgl. Klinkhammer, Zwischen Bündnis und Besatzung, S. 485.

58 Ebenda.

59 Vgl. Gagliani, Brigate nere.

60 Vgl. Andrea Rossi, Le Guerre delle Camicie Nere. La Milizia Fascista
dalla Guerra Mondiale alla Guerra Civile, Pisa 2004.

61 Vgl. Milza, Mussolini, S. 924.

62 Mussolini an Petacci, 2.7.1944, in: Mussolini, A Clara, S. 229.

63 Vgl. Amedeo Osti Guerrazzi, Der italienische Faschismus und die «Zigeuner», in: Jahrbuch für Antisemitismusforschung 18 (2009), S. 139–160.

64 Vgl. Petracci, I Matti del Duce.

65 Vgl. Amedeo Osti Guerrazzi, Kain in Rom. Judenverfolgung und Kollaboration unter deutscher Besatzung 1943/44, in: VfZ 54 (2006), S. 231–
268; ders., Caino a Roma. I complici romani della Shoah, Rom 2005.

66  Vgl. Richard Breitman, Dannecker und Kappler in Rom. Neue Quellen
    zur Oktober-Deportation 1943, in: Jürgen Matthäus/Klaus-Michael
    Mallmann (Hrsg.), Deutsche, Juden, Völkermord. Der Holocaust als Ge-
    schichte und Gegenwart, Darmstadt 2006, S. 191–203; Frauke Wildvang,
    Der Feind von nebenan. Judenverfolgung im faschistischen Italien 1936–
    1944, Köln 2008, S. 252–293.

67  Zit. nach De Felice, Storia degli ebrei italiani, S. 446.

68  Zit. nach Fioravanzo, Mussolini e Hitler, S. 88.

69  Vgl. ebenda, S. 97 f.; Michele Sarfatti, La Shoah in Italia. La persecu-
    zione degli ebrei sotto il fascismo, Turin 2005.

70  Vgl. Schlemmer/Woller, Der italienische Faschismus und die Juden,
    S. 195; Liliana Picciotto, Il libro della memoria. Gli Ebrei deportati
    dall'Italia (1943–1945), Mailand 1991.

71  Vgl. z. B. Consuntivo 1943, 27.12.1943, in: OO, Bd. XXXII, S. 284; Stato
    e chiesa, 14.7.1944, in: Ebenda, S. 381.

72  Urbania, 9.2.1944, in: OO, Bd. XXXII, S. 311 f. Die Urheberschaft dieses
    Artikels konnten die Herausgeber der Opera Omnia nicht klar bestim-
    men. Aus einem abgehörten Telefonat zwischen Mussolini und Claretta
    Petacci ergibt sich aber, dass der Artikel mit an Sicherheit grenzender
    Wahrscheinlichkeit von Mussolini stammt. Die Mitschrift des Tele-
    fonats findet sich in IfZ-Archiv, Sammlung Schreiber, Verbindungsstab
    der Deutschen Wehrmacht beim Duce, Kriegstagebuch, 5.2.1944.

73  Brenno a Jalta, 18.2.1945, in: OO, Bd. XXXII, S. 452.

74  Mussolini an Rahn, 17.8.1944, zit. nach Fioravanzo, Mussolini e Hitler,
    S. 131.

75  Vgl. Fioravanzo, Mussolini e Hitler, S. 120.

76  Vgl. Hammermann, Zwangsarbeit für den «Verbündeten»; dies. (Hrsg.),
    Zeugnisse der Gefangenschaft. Aus Tagebüchern und Erinnerungen ita-
    lienischer Militärinternierter in Deutschland 1943–1945, Berlin/Mün-
    chen/Boston 2014.

77  Zit. nach ebenda, S. 205.

78  Mussolini, A Clara, S. 110.

79  Zit. nach der Einleitung von ebenda, S. 56.

80  Corrispondenza Repubblicana, 23.8.1944, in: OO, Bd. XXXII, S. 395.

81  Vgl. De Felice, Mussolini l'alleato, Bd. II, S. 307.

82  Zit. nach Klinkhammer, Zwischen Bündnis und Besatzung, S. 185.

83  Vgl. Protokoll der 8. Kabinettssitzung, 18.4.1944, in: OO, Bd. XXXII,
    S. 81 f.

84  Zit. nach Deakin, Brutale Freundschaft, S. 829. Das Original dieses Brie-
    fes ist anscheinend verschollen. Dass er geschrieben wurde, bestätigt auch

Serafino Mazzolini (Rossi, Mussolini e il diplomatico) in seinem Tagebuch, S. 517.

85  Nel ventiseiesimo annuale della fondazione dei fasci, 23.3.1945, in: OO,
Bd. XXXII, S. 185.

86  Zit. nach Gentile, Der «neue Mensch» des Faschismus, S. 106.

87  Tagebuch von Serafino Mazzolini, 22.2.1944 (Rossi, Mussolini e il diplomatico, S. 463).

88  Zit. nach Franzinelli, Il prigioniero di Salò, S. 137.

89  Mussolini, A Clara, 7.1.1945, S. 346.

90  Ebenda, 18.9.1944, S. 288.

91  Undatierter Brief vom Februar 1945, zit. nach Franzinelli, Il prigioniero
di Salò, S. 139.

92  Mussolini, A Clara, 4.9.1944, S. 277.

93  Ebenda, S. 394.

94  Vgl. Bradley F. Smith/Elena Agarossi, Unternehmen «Sonnenaufgang»,
Köln 1981.

95  Vgl. Woller, Abrechnung mit dem Faschismus, S. 259–261.

96  Zit. nach Sergio Luzzatto, Il Duce: Das Leben nach dem Tod, Frankfurt
a. M. 2008, S. 77. Vgl. den Artikel «La fine del Duce», in: L'Unità,
23.1.1996.

97  Kirkpatrick, Mussolini, S. 573.

98  Vgl. Mirco Dondi, Piazzale Loreto, in: Mario Isenghi (Hrsg.), I luoghi
della memoria: Simboli e miti dell'Italia unita, Rom/Bari 1996, S. 489–
499; Verena Kümmel, Faustpfand und Ballast. Die Leiche Benito Mussolinis und die italienische Gesellschaft, in: Thomas Großbölting/Rüdi-
ger Schmidt (Hrsg.), Der Tod des Diktators. Ereignis und Erinnerung
im 20. Jahrhundert, Göttingen 2011, S. 59–79.

99  Vgl. zu Mussolinis Tod und der Inszenierung auf dem Piazzale Loreto
Woller, Abrechnung mit dem Faschismus, S. 260–263.

## Das Erbe

1  Vittore Querèl, Il Paese di Benito. Cronache di Predappio e dintorni,
Rom 1954, S. 77; Massimo Baioni, Predappio, in: Isenghi (Hrsg.), I luo-
ghi della memoria, S. 503–511; Vittorio Emiliani, Il paese dei Mussolini,
Turin 1984.

2  So Thomas Steinfeld in der Süddeutschen Zeitung vom 25.4.2014 («Ein
Museum für Mussolini»).

3  Ebenda.

4   Vgl. dazu auch Duggan, Fascist Voices, S. 431–435.

5   Vgl. Luzzatto, Il Duce; Kümmel, Faustpfand und Ballast, S. 59–79.

6   Vgl. Domenico Leccisi, Con Mussolini prima e dopo Piazzale Loreto, Rom 1991.

7   Vgl. Woller, Abrechnung mit dem Faschismus, S. 401–406.

8   Vgl. dazu beispielsweise Davide Conti, Criminali di guerra italiani. Accuse, processi e impunità nel secondo dopoguerra, Rom 2011.

9   Vgl. Michele Battini, Peccati di memoria. La mancata Norimberga italiana, Rom/Bari 2003.

10  Lutz Klinkhammer, Der «Duce» im Schatten Hitlers? Mussolini im Lichte der italienischen Historiographie, in: Georg Christoph Berger Waldenegg/Francisca Loetz (Hrsg.), Führer der extremen Rechten. Das schwierige Verhältnis der Nachkriegsgeschichtsschreibung zu «großen Männern» der eigenen Vergangenheit, Zürich 2006, S. 90.

11  Vgl. Filippo Focardi, Il cattivo tedesco e il bravo italiano. La rimozione delle colpe della seconda guerra mondiale, Rom/Bari 2013; ders., La guerra della memoria. La Resistenza nel dibattito politico italiano dal 1945 a oggi, Rom/Bari 2005; Wolfgang Schieder, Die Verdrängung der faschistischen Tätervergangenheit im Nachkriegsitalien, in: Asserate/Mattioli (Hrsg.), Der erste faschistische Vernichtungskrieg, S. 177–197.

12  Vgl. Hans Woller, Der Rohstoff des kollektiven Gedächtnisses. Die Abrechnung mit dem Faschismus in Italien und ihre erfahrungsgeschichtliche Dimension, in: Cornelißen/Klinkhammer/Schwentker (Hrsg.), Erinnerungskulturen, S. 67–76.

13  Vgl. u. a. Rachele Mussolini, La mia vita con Benito, Mailand 1948; dies., Mussolini ohne Maske. Erinnerungen, hrsg. von Albert Zarca, Stuttgart 1974; Anita Pensotti, Rachele. Settant'anni con Mussolini nel bene e nel male, Farigliano 1983.

14  Klinkhammer, Der «Duce» in Schatten Hitlers?, S. 96.

15  Luzzatto, Il Duce, S. 187.

16  Zit. nach ebenda, S. 194.

17  Vgl. Duggan, Fascist Voices, S. 304.

18  Zit. nach Luzzatto, Il Duce, S. 173.

19  Zit. nach Woller, Abrechnung mit dem Faschismus, S. 406.

20  Vgl. Klinkhammer, Der «Duce» im Schatten Hitlers?, S. 89–107.

21  Vgl. Pasquale Chessa/Francesco Villari (Hrsg.), Interpretazioni su Renzo De Felice, Mailand 2002.

22  Vgl. Renzo De Felice, Der Faschismus. Ein Interview von Michael A. Ledeen, Stuttgart 1977; ders., Rosso e Nero, hrsg. von Pasquale Chessa, Mailand 1995; Jens Petersen, Der Ort Mussolinis in der Ge-

schichte Italiens nach 1945, in: Dipper/Klinkhammer/Nützenadel (Hrsg.), Europäische Sozialgeschichte, S. 505–524.

23 Zit. nach Aram Mattioli, «Viva Mussolini!» Die Aufwertung des Faschismus im Italien Berlusconis, Paderborn u. a. 2010, S. 55.

24 Ebenda, S. 11.

25 Vgl. Cardoza, Benito Mussolini, S. 164.

26 Il Giornale, 19.4.2014.

# Auswahlbibliografie

Afflerbach, Holger: Der Dreibund. Europäische Großmacht- und Allianzpolitik vor dem Ersten Weltkrieg, Wien/Köln/Weimar 2002

Aga Rossi, Elena/ Giusti, Maria Teresa: Una guerra a parte. I militari italiani nei Balcani 1940–1945, Bologna 2011

Aga Rossi, Elena: Una nazione allo sbando. L'armistizio italiano del settembre 1943, Bologna 1998

Albanese, Giulia: La marcia su Roma, Rom/Bari 2006

Albanese, Giulia: Mussolinis Marsch auf Rom. Die Kapitulation des liberalen Staates vor dem Faschismus, Paderborn 2015

Amendola, Giorgio: Lettere a Milano 1939–1945, Rom 1973

Andrae, Friedrich: Auch gegen Frauen und Kinder. Der Krieg der deutschen Wehrmacht gegen die Zivilbevölkerung in Italien 1943–1945, München/Zürich 1995

Aquarone, Alberto: L'organizzazione dello Stato totalitario, Turin 1965

Asserate, Asfa-Wossen/Mattioli, Aram (Hrsg.): Der erste faschistische Vernichtungskrieg. Die italienische Aggression gegen Äthiopien 1935–1941, Köln 2006

Avagliano, Mario/Palmieri, Marco: Di pura razza italiana. L'Italia «ariana» di fronte alle leggi razziali, Mailand 2013

Bach, Maurizio/Breuer, Stefan: Faschismus als Bewegung und Regime. Italien und Deutschland im Vergleich, Wiesbaden 2010

Bach, Maurizio: Mussolini und Hitler als charismatische Führer. Was kann Max Webers Modell der charismatischen Herrschaft zur Erklärung der Dynamik faschistischer Bewegungen beitragen?, in: Schlemmer/Woller (Hrsg.): Der Faschismus in Europa

Balabanoff, Angelica: Wesen und Werdegang des italienischen Fascismus, Wien/Leipzig 1931

Barberis, Walter (Hrsg.): Storia d'Italia. Annali 18: Guerra e pace, Turin 2002

Bartikowski, Kilian: Der italienische Antisemitismus im Urteil des Nationalsozialismus 1933–1943, Berlin 2013

Battini, Michele: Peccati di memoria. La mancata Norimberga italiana, Rom/Bari 2003

Bauer, Kurt: Hitler und der Juliputsch in Österreich. Eine Fallstudie zur nationalsozialistischen Außenpolitik in der Frühphase des Regimes, in: VfZ 59 (2011)

Bauerkämper, Arnd: Der Faschismus in Europa 1918–1945, Stuttgart 2006

Bauerkämper, Arnd: Die Inszenierung transnationaler faschistischer Politik. Der Staatsbesuch Hitlers in Italien im Mai 1938, in: Vogt (Hrsg.): Ideengeschichte als politische Aufklärung

Belladonna, Simone: Gas in Etiopia. I crimini rimossi dell'Italia coloniale, Vicenza 2015

Benadusi, Lorenzo: Il nemico dell'uomo nuovo: omosessualità nell'esperimento totalitaria fascista, Mailand 2005

Benz, Wolfgang/Buchheim, Hans/Mommsen, Hans (Hrsg.): Der Nationalsozialismus. Studien zur Ideologie und Herrschaft, Frankfurt a. M. 1993

Berger Waldenegg, Georg Christoph/Loetz, Francisca (Hrsg.): Führer der extremen Rechten. Das schwierige Verhältnis der Nachkriegsgeschichtsschreibung zu «großen Männern» der eigenen Vergangenheit, Zürich 2006

Berger Waldenegg, Georg Christoph: Hitler, Göring, Mussolini und der «Anschluß» Österreichs an das Deutsche Reich, in: VfZ 51 (2003)

Bernhard, Patrick: Renarrating Italian Fascism: New Directions in the Historiography of a European Dictatorship, in: Contemporary European History 23, 1 (2014)

Bohrer, Karl-Heinz (Hrsg.): Mythos und Moderne, Frankfurt a. M. 1983

Boog, Horst/Rahn, Werner/Stumpf, Reinhard/Wegner, Bernd: Das Deutsche Reich und der Zweite Weltkrieg, Bd. 6: Der Globale Krieg. Die Ausweitung zum Weltkrieg und der Wechsel der Initiative 1941–1943, Stuttgart 1990

Bosworth, Richard J. B.: Mussolini. Un dittatore italiano, Mailand 2004

Bottai, Giuseppe: Diario 1935–1944, hrsg. von Giordano Bruno Guerri, Mailand 1982

Bozzetti, Gherardo: Mussolini direttore dell'«Avanti!», Mailand 1979

Brentzel, Marianne/Ruscher, Uta: Margherita Sarfatti. «Ich habe mich geirrt. Was soll's». Jüdin, Mäzenin, Faschistin, Zürich 2008

Breuer, Stefan: Nationalismus und Faschismus. Frankreich, Italien und Deutschland im Vergleich, Darmstadt 2005

Brogini Künzi, Giulia: Italien und der Abessinienkrieg 1935/36. Kolonialkrieg oder Totaler Krieg, Paderborn u. a. 2006

Burgwyn, H. James: Il revisionismo fascista. La sfida di Mussolini alle grandi potenze nei Balcani e sul Danubio 1925–1933, Mailand 1979

Burgwyn, James H.: Empire on the Adriatic: Mussolini's Conquest of Yugoslavia 1941–1943, New York 2005

Burgwyn, James H.: Italian Foreign Policy in the Interwar Period 1918–1940, Westport/London 1997

Buzzegoli, Thomas: La polemica antiborghese nel fascismo, Rom 2007

Campell, Ian L./Gabre-Tsadik, Degife: La repressione fascista in Etiopia: la ricostruzione del massacro di Debrà Libanòs, in: Studi Piacentini 21 (1997)

Canali, Mauro: Il delitto Matteotti. Affarismo e politica nel primo governo Mussolini, Bologna 1997

Canali, Mauro: Le spie del regime, Bologna 2004

Canosa, Romano: Graziani. Il maresciallo d'Italia dalla guerra d'Etiopia alla Repubblica di Salò, Mailand 2004

Cappellano, Filippo: La divisione corazzata «M», poi «Centauro II», in: Storia militare, Nr. 133 (Jg. XII), Oktober 2004

Carafoli, Domizia/Padiglione, Gustavo: Il viceduce. Storia di Arturo Bocchini capo della polizia fascista, Mailand 1987

Cardoza, Anthony L.: Benito Mussolini. The First Fascist, New York u. a. 2006

Casimirri, Silvana: Il viaggio di Mussolini in Germania nel marzo del'1922, in: Storia e politica 1 (1973)

Cassels, Alan: Mussolini and German Nationalism, 1922–25, in: Journal of Modern History 35 (1963), Nr. 2

Castellini, Fabrizio: Il ribelle di Predappio. Amori e giovinezza di Mussolini, Mailand 1996

Cavallo, Pietro: Italiani in guerra. Sentimenti e immagini dal 1940 al 1943, Bologna 1997

Ceva, Lucio: Storia delle Forze Armate in Italia, Turin 1999

Chessa, Pasquale/Raggi, Barbara: L'ultima lettera di Benito. Mussolini e Petacci: amore e politica a Salò 1943–45, Mailand 2010

Cianetti, Tullio: Memorie dal carcere di Verona, hrsg. von Renzo De Felice, Mailand 1983

Ciano, Edda: La mia vita, Mailand 2001

Ciano, Galeazzo: Diario 1937–1943, hrsg. von Renzo De Felice, Mailand 1990

Clark, Martin: Mussolini. Profiles in Power, Harlow 2005

Clementi, Marco: Camicie nere sull'Acropoli. L'occupazione italiana in Grecia (1941–1943), Rom 2013

Colarizi, Simona: L'opinione degli italiani sotto il regime 1929–1943, Rom/Bari 1991

Collotti, Enzo (in Zusammenarbeit mit Nicola Labanca und Teodoro Sala): Fascismo e politica di potenza. Politica estera 1922–1939, Mailand 2000

Collotti, Enzo / Klinkhammer, Lutz: Il fascismo e l'Italia in guerra. Una conversazione fra storia e storiografia, Rom 1996

Collotti, Enzo: Il fascismo e gli ebrei. Le leggi razziali in Italia, Rom / Bari 2003

Conti, Davide: Criminali di Guerra Italiani. Accuse, processi e impunità nel secondo dopoguerra, Rom 2011

Cornelißen, Christoph / Klinkhammer, Lutz / Schwentker, Wolfgang (Hrsg.): Erinnerungskulturen. Deutschland, Italien und Japan seit 1945, Frankfurt a. M. 2003

Corner, Paul: The Fascist Party and Popular Opinion in Mussolini's Italy, Oxford 2012

Corvaja, Santi: Hitler and Mussolini. The Secret Meetings, New York 2001

Cuzzi, Marco: L'Internazionale delle Camicie nere. I CAUR, Comitati d'azione per l'universalità di Roma 1933–1939, Mailand 2005

Damm, Matthias: Die Rezeption des italienischen Faschismus in der Weimarer Republik, Baden-Baden 2013

Deakin, Frederick W.: Die brutale Freundschaft. Hitler, Mussolini und der Untergang des italienischen Faschismus, Köln / Berlin 1964

De Felice, Renzo: Der Faschismus. Ein Interview von Michael A. Ledeen, Stuttgart 1977

De Felice, Renzo: Mussolini e Hitler. I rapporti segreti (1922–1933), Florenz 1983

De Felice, Renzo: Mussolini il rivoluzionario 1883–1920, Turin 1965

De Felice, Renzo: Mussolini il fascista, Bd. I: La conquista del potere 1921–1925, Turin 1966

De Felice, Renzo: Mussolini il fascista, Bd. II: L'organizzazione dello Stato fascista 1925–1929, Turin 1968

De Felice, Renzo: Mussolini il duce, Bd. I: Gli anni del consenso 1929–1936, Turin 1974

De Felice, Renzo: Mussolini il duce, Bd. II: Lo Stato totalitario 1936–1940, Turin 1981

De Felice, Renzo: Mussolini l'alleato 1940–1945, Bd. I: L'Italia in guerra 1940–1943, Teil 1: Dalla guerra «breve» alla guerra lunga, Turin 1990

De Felice, Renzo: Mussolini l'alleato 1940–1945, Bd. I: L'Italia in guerra 1940–1943, Teil 2: Crisi e agonia del regime, Turin 1990

De Felice, Renzo: Mussolini l'alleato 1940–1945, Bd. II: La Guerra civile 1943–1945, Turin 1997

De Felice, Renzo: Rosso e Nero, hrsg. von Pasquale Chessa, Mailand 1995

De Felice, Renzo: Storia degli ebrei italiani sotto il fascismo, Turin 1993

De Grazia, Victoria: Die Radikalisierung der Bevölkerungspolitik im faschistischen Italien: Mussolinis «Rassenstaat», in: Geschichte und Gesellschaft, 26 (2000)

Del Boca, Angelo: I gas di Mussolini. Il fascismo e la guerra d'Etiopia, mit Beiträgen von Giorgio Rochat, Ferdinando Pedriali und Roberto Gentilli, Rom 1996

Del Boca, Angelo: Italiani, brava gente? Un mito duro a morire, Vicenza 2005

Del Boca, Angelo/ Legnani, Massimo/ Rossi, Mario G. (Hrsg.), Il Regime Fascista. Storia e Storiografia, Rom/Bari 1995

De Luna, Giovanni: Benito Mussolini, Reinbek bei Hamburg 1978

Di Figlia, Matteo: Farinacci. Il radicalismo fascista al potere, Rom 2007

Di Nucci, Loreto: Lo Stato-partito del fascismo. Genesi, evoluzione e crisi 1919–1943, Bologna 2009

Di Porto, Valerio (Hrsg.): Le Leggi della Vergogna. Norme contro gli ebrei in Italia e Germania, Florenz 2000

Di Rienzo, Eugenio/ Gin, Emilio: Le Potenze dell'Asse e l'Unione Sovietica 1939–1945, Soveria Mannelli 2013

Dipper, Christof/Klinkhammer, Lutz/Nützenadel, Alexander (Hrsg.): Europäische Sozialgeschichte. Festschrift für Wolfgang Schieder, Berlin 2000

Dogliani, Patrizia: Il fascismo degli italiani. Una storia sociale, Turin 2008

Dogliani, Patrizia: L'Italia fascista 1922–1940, Mailand 1999

Dominioni, Matteo: Lo sfascio dell'impero. Gli italiani in Etiopia 1936–1941, Rom/Bari 2008

Dondi, Mirco: Piazzale Loreto, in: Isnenghi (Hrsg.): I luoghi della memoria

Duggan, Christopher: Fascist Voices. An Intimate History of Mussolini's Italy, Oxford 2012

Ebner, Michael R.: Ordinary Violence in Mussolini's Italy, Cambridge 2011

Ebner, Michael R.: Terror und Bevölkerung im italienischen Faschismus, in: Reichardt/Nolzen (Hrsg.): Faschismus in Italien und Deutschland

Emiliani, Vittorio: Il paese dei Mussolini, Turin 1984

Engelmann, Roger: Provinzfaschismus in Italien. Politische Gewalt und Herrschaftsbildung in der Marmorregion Carrara 1921–1924, München 1992

Esposito, Fernando: Faschismus und Moderne, in: Schlemmer/Woller (Hrsg.): Der Faschismus in Europa

Esposito, Fernando: Mythische Moderne. Aviatik, Faschismus und die Sehnsucht nach Ordnung, München 2011

Fabre, Giorgio: Mussolini razzista. Dal socialismo al fascismo: la formazione di un antisemita, Mailand 2005

Fabre, Giorgio: Mussolini, Claretta e la questione della razza. 1937–38, in: Annali della Fondazione Ugo La Malfa XXIV (2009)

Fabre, Giorgio: Mussolinis engagierter früher Antisemitismus, in: QFIAB 90 (2010)

Falanga, Gianluca: Mussolinis Vorposten in Hitlers Reich. Italiens Politik in Berlin 1933–1945, Berlin 2008

Farrell, Nicholas: Mussolini. A new life, London 2003

Fioravanzo, Monica: Die Europakonzeptionen von Faschismus und Nationalsozialismus (1939–1943), in: VfZ 58 (2010)

Fioravanzo, Monica: Mussolini e Hitler. La Repubblica sociale sotto il Terzo Reich, Rom 2009

Focardi, Filippo: Il cattivo tedesco e il bravo italiano. La rimozione delle colpe della seconda guerra mondiale, Rom/Bari 2013

Focardi, Filippo: La guerra della memoria. La Resistenza nel dibattito politico italiano dal 1945 a oggi, Rom/Bari 2005

Förster, Jürgen (Hrsg.): Stalingrad. Ereignis – Wirkung – Symbol, München/Zürich 1992

Frandini, Paola: Ebreo, tu non esisti! Le vittime delle Leggi razziali scrivono a Mussolini, San Cesario di Lecce 2007

Franzinelli, Mimmo: I tentacoli dell'Ovra. Agenti, collaboratori e vittime della polizia politica fascista, Turin 2000

Franzinelli, Mimmo: Il Duce e le donne. Avventure e passioni extraconiugali di Mussolini, Mailand 2013

Franzinelli, Mimmo: L'arma segreta del Duce. La vera storia del Carteggio Churchill – Mussolini, Mailand 2015

Franzinelli, Mimmo: Squadristi. Protagonisti e tecniche della violenza fascista (1919–1922), Mailand 2003

Franzinelli, Mimmo; Il prigioniero di Salò. Mussolini e la tragedia italiana del 1943–1945, Mailand 2012

Fritz-Bauer-Institut (Hrsg.), Völkermord und Kriegsverbrechen in der ersten Hälfte des 20. Jahrhunderts, Frankfurt a. M. 2004

Funke, Manfred (Hrsg.): Totalitarismus. Ein Studien-Reader zur Herrschaftsanalyse moderner Diktaturen, Düsseldorf 1978

Funke, Manfred: Sanktionen und Kanonen. Hitler, Mussolini und der internationale Abessinienkonflikt 1934–1936, Düsseldorf 1970

Gaeta, Franco: La crisi di fine secolo e l'età giolittiana, Turin 1982

Gagliani, Dianella: Brigate nere. Mussolini e la militarizzazione del Partito fascista repubblicano, Turin 1999

Gagliani, Dianella: Diktat oder Konsens? Die Republik von Salò und das Dritte Reich, in: Klinkhammer/Osti Guerrazzi/Schlemmer (Hrsg.): Die «Achse» im Krieg

Gagliani, Dianella: Il partito nel fascismo repubblicano delle origini: una prima messa a punto, in: Rivista di Storia Contemporanea 23/24 (1994/95)

Gagliani, Dianella: Il ruolo di Mussolini nella Repubblica sociale italiana e nella crisi del 1943–1945, in: Storia e problemi contemporanei (2004), Nr. 37

Gatti, Gian Luigi: Die faschistische Miliz – der bewaffnete Arm der Partei, in: Klinkhammer/Osti Guerrazzi/Schlemmer (Hrsg.): Die «Achse» im Krieg

Gentile, Carlo: Wehrmacht und Waffen-SS im Partisanenkrieg. Italien 1943–1945, Paderborn 2012

Gentile, Emilio: Der «neue Mensch» des Faschismus. Reflexionen über ein totalitäres Experiment, in: Schlemmer/Woller (Hrsg.): Der Faschismus in Europa

Gentile, Emilio: Fascismo. Storia e interpretazione, Rom/Bari 2002

Gentile, Emilio: Il culto del littorio. La sacralizzazione della politica nell'Italia fascista, Rom/Bari 1993

Gentile, Emilio: Il fascismo come religione politica, in: Storia contemporanea 21(1990)

Gentile, Emilio: La via italiana al totalitarismo. Il partito e lo Stato nel regime fascista, Rom 1995

Gentile, Emilio: Le origini dell'Italia contemporanea. L'età giolittiana, Rom/Bari 2003

Gentile, Emilio: Mussolini's Charisma, in: Modern Italy (1998), Nr. 3

Gentile, Emilio: Storia del Partito Fascista 1919–1922. Movimento e Milizia, Rom/Bari 1989

Gooch, John: Mussolini and his Generals. The Armed Forces and Fascist Foreign Policy, 1922–1940, Cambridge 2007

Grandi, Dino: 25 luglio. Quarant'anni dopo, hrsg. von Renzo De Felice, Bologna 1983

Grandi, Dino: Il mio paese. Ricordi autobiografici, hrsg. von Renzo De Felice, Bologna 1985

Griffin, Roger: The Nature of Fascism, London 1991

Großbölting, Thomas/Schmidt, Rüdiger (Hrsg.): Der Tod des Diktators. Ereignis und Erinnerung im 20. Jahrhundert, Göttingen 2011

Guerri, Giordano B.: Galeazzo Ciano. Una vita (1903–1944), Mailand 2001

Hammermann, Gabriele (Hrsg.): Zeugnisse der Gefangenschaft. Aus Tagebüchern und Erinnerungen italienischer Militärinternierter in Deutschland 1943–1945, Berlin/München/Boston 2014

Hammermann, Gabriele: Zwangsarbeit für den «Verbündeten». Die Arbeits- und Lebensbedingungen der italienischen Militärinternierten in Deutschland 1943–1945, Tübingen 2002

Hartmann, Christian: Unternehmen Barbarossa. Der deutsche Krieg im Osten 1941–1945, München 2012

Hartmann; Christian (Hrsg.): Von Feldherren und Gefreiten. Zur biographischen Dimension des Zweiten Weltkriegs, München 2008

Hasler, August Bernhard: Das Duce-Bild in der faschistischen Literatur, in: QFIAB 60 (1980)

Heitmann, Klaus: Delenda Germania! Deutschland aus der Sicht des jungen Mussolini, in: QFIAB 90 (2010)

Hobsbawn, Eric: Das Zeitalter der Extreme. Weltgeschichte des 20. Jahrhunderts, München/Wien 1995

Hof, Tobias: Die Tagebücher von Galeazzo Ciano, in: VfZ 60 (2012)

Hof, Tobias: Galeazzo Ciano. Eine Studie über Außenpolitik und Faschismus in Italien 1933–1944 (in Vorbereitung)

Imbriani, Angelo Michele: Gli italiani e il Duce. Il mito e l'immagine di Mussolini negli ultimi anni del fascismo (1938–1943), Neapel 1999

Innocenti, Marco: I gerarchi del fascismo. Storia del ventennio attraverso gli uomini del «Duce», Mailand 1992

Ipsen, Carl: Dictating Demography. The problem of population in Fascist Italy, Cambridge 1996

Isnenghi, Mario/Giulia Albanese (Hrsg.): Gli Italiani in guerra. Conflitti, identità, memorie dal Risorgimento ai nostri giorni, Vol. IV, Bd. 2: Il Ventennio fascista: la Seconda guerra mondiale, Turin 2008

Isnenghi, Mario (Hrsg.): I luoghi della memoria: Simboli e miti dell'Italia unita, Rom/Bari 1996

Israel, Giorgio/Nastasi, Pietro: Scienza e razza nell'Italia fascista, Bologna 1998

Kirkpatrick, Sir Ivone: Mussolini, Berlin 1964

Klinkhammer, Lutz/Osti Guerrazzi, Amedeo/Schlemmer, Thomas (Hrsg.): Die «Achse» im Krieg. Politik, Ideologie und Kriegführung 1939–1945, Paderborn u. a. 2010

Klinkhammer, Lutz: Der «Duce» im Schatten Hitlers? Mussolini im Lichte der italienischen Historiographie, in: Berger Waldenegg/Loetz (Hrsg.): Führer der extremen Rechten

Klinkhammer, Lutz: Stragi naziste in Italia (1943–44), Rom 2006

Klinkhammer, Lutz: Zwischen Bündnis und Besatzung. Das nationalsozialistische Deutschland und die Republik von Salò 1943–1945, Tübingen 1993

Knox, MacGregor: Alleati di Hitler. Le regie forze armate, il regime fascista e la guerra del 1940–1943, Mailand 2002

Knox, MacGregor: Das faschistische Italien und die «Endlösung» 1942/43, in: VfZ 55 (2007)

Knox, MacGregor: Destino comune. Dittatura, politica estera e guerra nell'Italia fascista e nella Germania nazista, Turin 2003

Knox, MacGregor: To the Threshold of Power, 1922/33. Origins and Dynamics of the Fascist and National Socialist Dictatorship. Bd. 1, Cambridge 2007

König, Malte: Kooperation als Machtkampf. Das faschistische Achsenbündnis
 Berlin-Rom im Krieg 1940/41, Köln 2007
Korb, Alexander: Im Schatten des Weltkriegs. Massengewalt der Ustaša gegen Ser-
 ben, Juden und Roma in Kroatien 1941–1945, Hamburg 2013
Kümmel, Verena: Faustpfand und Ballast. Die Leiche Benito Mussolinis und die
 italienische Gesellschaft, in: Großbölting/Schmidt (Hrsg.): Der Tod des
 Diktators
La Mattina, Amedeo: Mai sono stata tranquilla. La vita di Angelica Balabanoff, la
 donna che ruppe con Mussolini e Lenin, Turin 2011
Leccisi, Domenico: Con Mussolini prima e dopo Piazzale Loreto, Rom 1991
Ledeen, Michael Arthur: L'Internazionale Fascista, Rom/Bari 1973
Liebscher, Daniela: Freude und Arbeit. Zur internationalen Freizeit- und Sozial-
 politik des faschistischen Italien und des NS-Regimes, Köln 2009
Livingston, Michael A.: The Fascists and the Jews of Italy. Mussolini's Race Laws,
 1938–1943, Cambridge 2014
Longhitano, Claudio: Il Tribunale di Mussolini (Storia del Tribunale Speciale
 1926–1943), Rom 1995
Ludwig, Emil: Mussolinis Gespräche mit Emil Ludwig, Berlin/Wien/Leipzig 1932
Lupo, Salvatore: Il Fascismo. La politica in un regime totalitario, Rom 2000
Luzzatto, Sergio: Il Duce: Das Leben nach dem Tod, Frankfurt a. M. 2008
Lyttelton Adrian: La conquista del potere. Il fascismo dal 1919 al 1929, Rom/Bari
 1974
Lyttelton, Adrian: Faschismus und Gewalt: Sozialer Konflikt und politische
 Aktion in Italien nach dem Ersten Weltkrieg, in: Mommsen/Hirschfeld
 (Hrsg.): Sozialprotest, Gewalt, Terror
Lyttelton, Adrian: La dittatura fascista, in: Sabbatucci/Vidotto (Hrsg.): Storia
 d'Italia, Bd. 4
Mack Smith, Denis: Mussolini. Eine Biographie, München 1983
Mann, Michael: Fascists, Cambridge 2004
Mantelli, Brunello: Die Italiener auf dem Balkan, in: Dipper/Klinkhammer/Nüt-
 zenadel (Hrsg.): Europäische Sozialgeschichte
Mantelli, Brunello: Kurze Geschichte des italienischen Faschismus, Berlin 1998
Mantelli, Brunello: Vom «bilateralen Handelsausgleich» zur «Achse Berlin-Rom».
 Der Einfluß wirtschaftlicher Faktoren auf die Entstehung des deutsch-
 italienischen Bündnisses 1933–1936, in: Petersen/Schieder (Hrsg.):
 Faschismus und Gesellschaft in Italien
Matthäus, Jürgen/Bajohr, Frank (Hrsg.): Alfred Rosenberg. Die Tagebücher von
 1934 bis 1944, Frankfurt a. M. 2015
Mattioli, Aram: «Viva Mussolini!» Die Aufwertung des Faschismus im Italien Ber-
 lusconis, Paderborn u. a. 2010

Mattioli, Aram: Die vergessenen Kolonialverbrechen des faschistischen Italien in Libyen 1923–1933, in: Fritz-Bauer-Institut (Hrsg.): Völkermord und Kriegsverbrechen in der ersten Hälfte des 20. Jahrhunderts

Mattioli, Aram: Ein vergessenes Schlüsselereignis der Weltkriegsepoche, in: Asserate / Mattioli (Hrsg.): Der erste faschistische Vernichtungskrieg

Mattioli, Aram: Entgrenzte Kriegsgewalt. Der italienische Giftgaseinsatz in Abessinien 1935–1936, in: VfZ 51 (2003)

Mattioli, Aram: Experimentierfeld der Gewalt. Der Abessinienkrieg und seine internationale Bedeutung 1935–1941, Zürich 2005

Megaro, Gaudens: Mussolini. Dal mito alla realtà, Mailand 1947

Michaelis, Meir: Mussolini and the Jews. German-Italian relations and the Jewish question in Italy 1922–1945, Oxford 1978

Millan, Matteo: The Institutionalisation of *Squadrismo*: Disciplining Paramilitary Violence in the Italien Fascist Dictatorship, in: Contemporary European History 22 (2013), Nr. 4

Millan, Matteo: Squadrismo e squadristi nella dittatura fascista, Rom 2014

Milza, Pierre: Mussolini, Rom 2000

Minardi, Salvatore: L'accordo militare segreto Badoglio-Gamelin del 1935, in: Clio. Rivista trimestrale di studi storici XXIII (1987), Nr. 2

Minniti, Fortunato: Fino alla guerra. Strategie e conflitto nella politica di potenza di Mussolini 1923–1940, Neapel 2000

Mommsen, Wolfgang J. / Hirschfeld, Gerhard (Hrsg.): Sozialprotest, Gewalt, Terror. Gewaltanwendung durch politische und soziale Randgruppen im 19. und 20. Jahrhundert, Stuttgart 1982

Mondini, Marco: La politica delle armi. Il ruolo dell'esercito nell'avvento del fascismo, Rom / Bari 2006

Moseley, Ray: Zwischen Hitler und Mussolini. Das Doppelleben des Grafen Ciano, Berlin 1998

Mussolini, Benito: A Clara. Tutte le lettere a Clara Petacci 1943–1945, hrsg. von Luisa Montevecchi, Mailand 2011

Mussolini, Benito: Geschichte eines Jahres. Enthüllungen über die tragischen Ereignisse zwischen dem 25. Juli und dem 8. September 1943, Mailand 1945

Mussolini, Benito: L'amante del Cardinale. Claudia Particella. Romanzo storico, hrsg. von Paolo Orvieto, Rom 2009

Mussolini, Benito: Mein Kriegstagebuch, Zürich / Leipzig / Wien 1930

Mussolini, Rachele: La mia vita con Benito, Mailand 1948

Mussolini, Rachele: Mussolini ohne Maske. Erinnerungen, hrsg. von Albert Zarca, Stuttgart 1974

Mussolini, Vittorio: Bomber über Abessinien, München 1937

Nattermann, Ruth: Die Tagebücher des Diplomaten Luca Pietromarchi (1938–1940), in: QFIAB 86 (2006)

Nattermann, Ruth: I diari e le agende di Luca Pietromarchi (1938–1940). Politica estera del fascismo e vita quotidiana di un diplomatico romano del '900, Rom 2009

Navarra, Quinto: Memorie del cameriere di Mussolini, Mailand 1972

Nolte, Ernst: Der Faschismus. Von Mussolini zu Hitler, München 1968

Nolte, Ernst: Der Faschismus in seiner Epoche. Action française – Italienischer Faschismus – Nationalsozialismus, München 1963

Nolte, Ernst (Hrsg.): Theorien über den Faschismus, Köln/Berlin 1967

Ernst Nolte, Die faschistischen Bewegungen. Die Krise des liberalen Systems und die Entwicklung der Faschismen, München 1966

Obermair, Hannes/Risse, Stephanie/Romeo, Carlo (Hrsg.): Regionale Zivilgesellschaft in Bewegung. Festschrift für Hans Heiss, Wien/Bozen 2012

Oliva, Gianni: «Si ammazza troppo poco». I crimini di guerra italiani. 1940–43, Mailand 2006

Olla, Roberto: Dux. Una biografia sessuale di Mussolini, Mailand 2012

Osti Guerrazzi, Amedeo: Rodolfo Graziani. Karriere und Weltanschauung eines faschistischen Generals, in: Hartmann (Hrsg.): Von Feldherren und Gefreiten

Osti Guerrazzi, Amedeo/Schlemmer, Thomas: I soldati italiani nella campagna di Russia. Propaganda, esperienza, memoria, in: Annali dell'Istituto storico italo-germanico in Trento XXXIII (2007)

Osti Guerrazzi, Amedeo: L'Esercito italiano in Slovenia 1941–1943. Strategie di repressione antipartigiana, Rom 2011

Osti Guerrazzi, Amedeo: «Schonungsloses Handeln gegen den bösartigen Feind». Italienische Kriegführung und Besatzungspraxis in Slowenien 1941/42, in: VfZ 62 (2014)

Osti Guerrazzi, Amedeo: Caino a Roma. I complici romani della Shoah, Rom 2005

Osti Guerrazzi, Amedeo: Der italienische Faschismus und die «Zigeuner», in: Jahrbuch für Antisemitismusforschung 18 (2009)

Osti Guerrazzi, Amedeo: Kain in Rom. Judenverfolgung und Kollaboration unter deutscher Besatzung 1943/44, in: VfZ 54 (2006)

Osti Guerrazzi, Amedeo: Noi non sappiamo odiare. L'esercito italiano tra fascismo e democrazia, Turin 2010

Overy, Richard: Der Bombenkrieg. Europa 1939 bis 1945, Berlin 2014

Palla, Marco: Mussolini e il Fascismo, Florenz 1993

Parlato, Giuseppe: La sinistra fascista. Storia di un progetto mancato, Bologna 2000

Pavone, Claudio: Una guerra civile. Saggio storico sulla moralità nella Resistenza, Turin 1991

Paxton, Robert O.: Anatomie des Faschismus, München 2006

Payne, Stanley: Geschichte des Faschismus. Aufstieg und Fall einer europäischen Bewegung, München/Berlin 2001

Pedriali, Ferdinando: L'Aereonautica italiana nelle guerre coloniali. Guerra etiopica 1935–36, Rom 1997

Pensotti, Anita: Rachele. Settant'anni con Mussolini nel bene e nel male, Farigliano 1983

Petacci, Claretta: Mussolini Segreto. Diari 1932–1938, hrsg. von Mauro Suttora, Mailand 2009

Petacci, Claretta: Verso il disastro. Mussolini in guerra. Diari 1939–1940, hrsg. von Mimmo Franzinelli, Mailand 2011

Petacco, Arrigo: Il Superfascista. Vita e morte di Alessandro Pavolini, Mailand 1998

Petersen, Jens/Schieder, Wolfgang (Hrsg.): Faschismus und Gesellschaft in Italien. Staat – Wirtschaft – Kultur, Köln 1998

Petersen, Jens: Das Problem der Gewalt im italienischen Faschismus, 1919–1925, in: Mommsen/Hirschfeld (Hrsg.): Sozialprotest, Gewalt, Terror

Petersen, Jens: Der Ort Mussolinis in der Geschichte Italiens nach 1945, in: Dipper/Klinkhammer/Nützenadel (Hrsg.): Europäische Sozialgeschichte

Petersen, Jens: Deutschland und Italien im Sommer 1935. Der Wechsel des italienischen Botschafters in Berlin: in: Geschichte in Wissenschaft und Unterricht 20 (Juni 1969), Nr. 6

Petersen, Jens: Die Entstehung des Totalitarismusbegriffs in Italien, in: Funke (Hrsg.): Totalitarismus.

Petersen, Jens: Hitler-Mussolini. Die Entstehung der Achse Berlin-Rom 1933–1936, Tübingen 1973

Petersen, Jens: Mussolini: Wirklichkeit und Mythos eines Diktators, in: Bohrer (Hrsg.): Mythos und Moderne

Petersen, Jens: Vorspiel zu «Stahlpakt» und Kriegsallianz: Das deutsch-italienische Kulturabkommen vom 23. November 1938, in: VfZ 36 (1988)

Petracci, Matteo: I Matti del Duce. Manicomi e repressione politica nell'Italia fascista, Rom 2014

Petri, Rolf: Storia economica d'Italia. Dalla Grande guerra al miracolo economico (1918–1963), Bologna 2002

Petri, Rolf: Von der Autarkie zum Wirtschaftswunder. Wirtschaftspolitik und industrieller Wandel in Italien 1935–1963, Tübingen 2001

Picker, Henry: Hitlers Tischgespräche im Führerhauptquartier 1941–1942, Stuttgart 1963

Pieri, Piero/Rochat, Giorgio: Badoglio. Maresciallo d'Italia, Turin 1974

Pirelli, Alberto: Taccuini 1922/1943, hrsg. von Donato Barbone, Bologna 1984

Preti, Luigi: Mussolini giovane, Mailand 1982

Puntoni, Paolo: Parla Vittorio Emanuele III, Mailand 1958

Querèl, Vittore: Il Paese di Benito. Cronache di Predappio e dintorni, Rom 1954

Reichardt, Sven/Nolzen, Armin (Hrsg.): Faschismus in Italien und Deutschland. Studien zu Transfer und Vergleich, Göttingen 2005

Reichardt, Sven: Faschistische Kampfbünde. Gewalt und Gemeinschaft im italienischen Squadrismus und in der deutschen SA, Köln/Weimar/Wien 2002

Répaci, Antonino: La marcia su Roma. Mito e realtà, 2 Bde., Rom 1963

Rieder, Maximiliane: Deutsch-italienische Wirtschaftsbeziehungen. Kontinuitäten und Brüche 1936–1957, Frankfurt a. M./New York 2003

Rochat, Giorgio: Guerre italiane in Libia e in Etiopia. Studi militari 1921–1939, Paese (Treviso) 1991

Rochat, Giorgio: Le guerre del fascismo, in: Barberis (Hrsg.), Storia d'Italia. Annali 18, Guerra e pace

Rochat, Giorgio: Le guerre italiane 1935–1943. Dall'impero d'Etiopia alla disfatta, Turin 2005

Rochat, Giorgio: Regime fascista e Chiese evangeliche. Direttive ed articolazioni del controllo e della repressione, Turin 1990

Rodogno, Davide: Die faschistische Neue Ordnung und die politisch-ökonomische Umgestaltung des Mittelmeerraums 1940 bis 1943, in: Klinkhammer/Osti Guerrazzi/Schlemmer (Hrsg.): Die «Achse» im Krieg

Rodogno, Davide: Il nuovo ordine mediterraneo. Le politiche di occupazione dell'Italia fascista in Europa (1940–1943), Turin 2003

Rossi, Andrea: Le Guerre delle Camicie Nere. La Milizia Fascista dalla Guerra Mondiale alla Guerra Civile, Pisa 2004

Rossi, Gianni Scipione: Mussolini e il diplomatico. La vita e i diari di Serafino Mazzolini, un monarchico a Salò, Soveria Mannelli 2005

Sabbatucci, Giovanni (Hrsg.): Storia del socialismo italiano, Bd. 3: Guerra e dopoguerra (1914–1926), Rom 1980

Sabbatucci, Giovanni/Vidotto, Vittorio (Hrsg.): Storia d'Italia, Bd. 3: Liberalismo e Democrazia, Rom/Bari 1999

Sabbatucci, Giovanni/Vidotto, Vittorio (Hrsg.): Storia d'Italia, Bd. 4: Guerre e Fascismo, Rom/Bari 1997

Sabbatucci, Giovanni: I socialisti nella crisi dello Stato liberale (1918–1926), in: Ders. (Hrsg.): Storia del socialismo italiano, Bd. 3

Salerno, Eric: Genocidio in Libia. Le atrocità nascoste dell'avventura coloniale italiana (1911–1931), Rom 2005

Santarelli, Lidia: Il sistema dell'occupazione italiana in Grecia. Aspetti e problemi di ricerca, in: Annali. Studi e strumenti di Storia contemporanea 5 (2000)

Santarelli, Lidia: Muted violence: Italian war crimes in occupied Greece, in: Journal of Modern Italian Studies 9 (2004)

Santoro, Lorenzo: Roberto Farinacci e il Partito Nazionale Fascista 1923–1926, Soveria Mannelli 2008

Sarfatti, Margherita: Mussolini. Lebensgeschichte, Leipzig 1926

Sarfatti, Michele: Autochthoner Antisemitismus oder Übernahme des deutschen Modells?, in: Klinkhammer/Osti Guerrazzi/Schlemmer (Hrsg.): Die «Achse» im Krieg

Sarfatti, Michele: Gli ebrei nell'Italia fascista. Vicende, identità, persecuzione, Turin 2000

Sarfatti, Michele: La Shoah in Italia. La persecuzione degli ebrei sotto il fascismo, Turin 2005

Sarfatti, Michele: Le leggi antiebraiche spiegate agli italiani di oggi, Turin 2002

Scarano, Federico: Mussolini e la Repubblica di Weimar. Le relazioni diplomatiche tra Italia e Germania dal 1927 al 1933, Neapel 1996

Schieder, Wolfgang: Benito Mussolini, München 2014

Schieder, Wolfgang: Der italienische Faschismus 1919–1945, München 2010

Schieder, Wolfgang: Der Strukturwandel der faschistischen Partei Italiens in der Phase der Herrschaftsstabilisierung, in: Ders. (Hrsg.): Faschismus als soziale Bewegung

Schieder, Wolfgang: Die Verdrängung der faschistischen Tätervergangenheit im Nachkriegsitalien, in: Asserate/Mattioli (Hrsg.): Der erste faschistische Vernichtungskrieg

Schieder, Wolfgang: Faschismus als soziale Bewegung. Deutschland und Italien im Vergleich, Göttingen 1983

Schieder, Wolfgang: Faschismus im politischen Transfer. Giuseppe Renzetti als faschistischer Propagandist und Geheimagent in Berlin 1922–1941, in: Reichardt/Nolzen (Hrsg.): Faschismus in Italien und Deutschland

Schieder, Wolfgang: Mythos Mussolini. Deutsche in Audienz beim Duce, München 2013

Schieder, Wolfgang: Faschistische Diktaturen. Studien zu Italien und Deutschland, Göttingen 2008

Schleimer, Ute: Die Opera Nazionale Balilla bzw. Gioventù Italiana del Littorio und die Hitlerjugend – eine vergleichende Darstellung, Münster u. a. 2004

Schlemmer, Thomas: Invasori, non vittime. La campagna italiana di Russia 1941–1943, Rom/Bari 2009

Schlemmer, Thomas: Zwischen Erfahrung und Erinnerung. Die Soldaten des italienischen Heeres im Krieg gegen die Sowjetunion, in: QFIAB 85 (2005)

Schlemmer, Thomas (Hrsg.): Die Italiener an der Ostfront 1942/43. Dokumente zu Mussolinis Krieg gegen die Sowjetunion, München 2005

Schlemmer, Thomas/Woller, Hans (Hrsg.): Der Faschismus in Europa. Wege der Forschung, München 2014

Schlemmer, Thomas/Woller, Hans: Der italienische Faschismus und die Juden 1922–1945, in: VfZ 53 (2005)

Schlemmer, Thomas/Woller, Hans: Essenz oder Konsequenz? Zur Bedeutung von Rassismus und Antisemitismus für den Faschismus, in: Dies. (Hrsg.): Der Faschismus in Europa

Schneider, Gabriele: Mussolini in Afrika. Die faschistische Rassenpolitik in den italienischen Kolonien 1936–1941, Köln 2000

Schönau, Birgit: Benito Mussolini – ein sozialistischer Journalist 1902–1914. Eine «journalistische Biographie» Mussolinis unter besonderer Berücksichtigung der Kontinuitäten und Brüche seiner politischen Entwicklung, unveröffentlichte Diplomarbeit Dortmund 1991

Schreiber, Gerhard/Stegemann, Bernd/Vogel, Detlef: Das Deutsche Reich und der Zweite Weltkrieg, Bd. 3: Der Mittelmeerraum und Südosteuropa. Von der «non belligeranza» Italiens bis zum Kriegseintritt der Vereinigten Staaten, Stuttgart 1984

Schreiber, Gerhard: Deutsche Kriegsverbrechen in Italien. Täter, Opfer, Strafverfolgung, München 1996

Schreiber, Gerhard: Deutschland, Italien und Südosteuropa. Von der politischen und wirtschaftlichen Hegemonie zur militärischen Aggression, in: Schreiber/Stegemann/Vogel: Das Deutsche Reich und der Zweite Weltkrieg, Bd. 3: Der Mittelmeerraum und Südosteuropa

Schreiber, Gerhard: Die italienischen Militärinternierten im deutschen Machtbereich 1943–1945. Verraten, verachtet, vergessen, München 1990

Schreiber, Gerhard: Die politische und militärische Entwicklung im Mittelmeerraum 1939/40, in: Schreiber/Stegemann/Vogel: Das Deutsche Reich und der Zweite Weltkrieg, Bd. 3: Der Mittelmeerraum und Südosteuropa

Schreiber, Gerhard: Italiens Teilnahme am Krieg gegen die Sowjetunion. Motive, Fakten und Folgen, in: Förster (Hrsg.): Stalingrad. Ereignis – Wirkung – Symbol

Segreto, Luciano: L'industria della guerra, in: Barberis (Hrsg.), Storia d'Italia. Annali 18: Guerra e pace

Siebert, Ferdinand: Der deutsch-italienische Stahlpakt. Entstehung und Bedeutung des Vertrags vom 22. Mai 1939, in: VfZ 7 (1959)

Smith, Bradley F./Agarossi, Elena: Unternehmen «Sonnenaufgang», Köln 1981

Spinosa, Antonio: Vittorio Emanuele III. L'astuzia di un Re, Mailand 1990

Steinberg, Jonathan: Deutsche, Italiener und Juden. Der italienische Widerstand gegen den Holocaust, Göttingen 1992

Sternhell, Zeev/Sznajder, Mario/Asheri, Maia: Die Entstehung der faschistischen Ideologie. Von Sorel zu Mussolini, Hamburg 1999

Stumpf, Reinhard: Der Krieg im Mittelmeerraum 1942/43: Die Operationen in Nordafrika und im mittleren Mittelmeer, in: Boog/Rahn/Stumpf/Wegner: Das Deutsche Reich und der Zweite Weltkrieg, Bd. 6: Der Globale Krieg

Sturani, Enrico: Otto milioni di cartoline per il Duce, Turin 1995

Terhoeven, Petra: Liebespfand fürs Vaterland. Krieg, Geschlecht und faschistische Nation in der italienischen Gold- und Eheringsammlung 1935/36, Tübingen 2003

Tranfaglia, Nicola: La prima guerra mondiale e il fascismo, Turin 1995

Vivarelli, Roberto: La fine di una stagione. Memoria 1943–1945, Bologna 2000

Vivarelli, Roberto: Storia delle origini del fascismo. L'Italia dalla grande Guerra alla Marcia su Roma, 2 Bde., Bologna 1991

Vogt, Stefan (Hrsg.): Ideengeschichte als politische Aufklärung, Berlin 2010

Von Hassell, Ulrich: Römische Tagebücher und Briefe 1932–1938, hrsg. von Ulrich Schlie, München 2004

Von Hassell, Ulrich: Die Hassell-Tagebücher 1938–1944. Aufzeichnungen vom Andern Deutschland, hrsg. von Friedrich Freiherr Hiller von Gaertringen, Berlin 1989

Wedekind, Michael: Nationalsozialistische Besatzungs- und Annexionspolitik in Norditalien 1943 bis 1945. Die Operationszonen «Alpenvorland» und «Adriatisches Küstenland», München 2003

Wieland, Karin: Die Geliebte des Duce. Das Leben der Margherita Sarfatti und die Erfindung des Faschismus, München/Wien 2004

Wippermann, Wolfgang: Europäischer Faschismus im Vergleich (1922–1982), Frankfurt a. M. 1983

Woller, Hans: Ante portas. Mussolini in Trient 1909, in: Obermair/Risse/Romeo (Hrsg.): Regionale Zivilgesellschaft in Bewegung

Woller, Hans: Churchill und Mussolini. Offene Konfrontation und geheime Kooperation?, in: VfZ 49 (2001)

Woller, Hans: Der Rohstoff des kollektiven Gedächtnisses. Die Abrechnung mit dem Faschismus in Italien und ihre erfahrungsgeschichtliche Dimension, in: Cornelißen/Klinkhammer/Schwentker (Hrsg.): Erinnerungskulturen

Woller, Hans: Die Abrechnung mit dem Faschismus in Italien 1943 bis 1948, München 1996

Woller, Hans: Geschichte Italiens im 20. Jahrhundert, München 2010

Woller, Hans: Hitler, Mussolini und die Geschichte der «Achse», in: Klinkhammer/Osti Guerrazzi/Schlemmer (Hrsg.): Die «Achse» im Krieg

Woller, Hans: Machtpolitisches Kalkül oder ideologische Affinität? Zur Frage des
    Verhältnisses zwischen Mussolini und Hitler vor 1933, in: Benz / Buch-
    heim / Mommsen (Hrsg.): Der Nationalsozialismus

Woller, Hans: Rom, 28. Oktober 1922. Die faschistische Herausforderung, Mün-
    chen 1999

Woller, Hans: Vom Mythos der Moderation. Mussolini und die Münchener Kon-
    ferenz 1938, in: Zarusky / Zückert (Hrsg.): Das Münchener Abkommen
    von 1938 in europäischer Perspektive

Zachariae, Georg: Mussolini si confessa, Mailand 1948

Zarusky, Jürgen / Zückert, Martin (Hrsg.): Das Münchener Abkommen von 1938
    in europäischer Perspektive, München 2013

# Abkürzungsverzeichnis

AA      Auswärtiges Amt
ADAP      Akten zur Deutschen Auswärtigen Politik
DDI      Documenti Diplomatici Italiani
IRI      Istituto di Ricostruzione Industriale
MSI      Movimento Sociale Italiano
OO      Opera Omnia
PCI      Partito Comunista Italiano
PNF      Partito Nazionale Fascista
PPI      Partito Popolare Italiano
PSI      Partito Socialista Italiano
QFIAB      Quellen und Forschungen aus italienischen Archiven und Bibliotheken
VfZ      Vierteljahrshefte für Zeitgeschichte

# Abbildungsverzeichnis

Abbildung auf S. 153: Abessinier salutieren vor dem «Großen weißen Vater»
Mussolini
Quelle: Popperfoto / Getty Images
Abbildung auf S. 179: Mussolini und Hitler auf dem Münchner Hauptbahnhof
(September 1937)
Quelle: Bundesarchiv, BildNr. 183–C13676, Fotograf: Scherl
Abbildung auf S. 180: Hitler verabschiedet Mussolini auf dem Lehrter Bahnhof
in Berlin (September 1937)
Quelle: bpk
Abbildung auf S. 207: Galeazzo Ciano und Hitler in der Reichskanzlei in Berlin
(September 1940)
Quelle: ullstein bild / Heinrich Hoffmann
Abbildung auf S. 210: Claretta Petacci (1940)
Quelle: ullstein bild
Abbildung auf S. 272: Pietro Badoglio im Gespräch mit Vertretern der Alliierten
Kontrollkommission (Ende 1943)
Quelle: ullstein bild
Abbildung auf S. 284: Mussolini in einer Sitzung des Ministerrats (November
1943)
Quelle: ullstein bild
Abbildung auf S. 285: Mussolini beim Schach (1944)
Quelle: Eitel Friedrich Moellhausen: Die gebrochene Achse, Alfeld /
Leine 1949
Abbildung auf S. 304: Mussolini zu Besuch bei Hitler in Rastenburg (20. Juli
1944)
Quelle: ullstein bild
Abbildung auf S. 308: Mussolini weiht in Grafenwöhr die neue Fahne der
Division «Monte Rosa» ein (April 1944)
Quelle: ullstein bild
Abbildung auf S. 316: Die Leichen von Claretta Petacci und Mussolini in Mailand
(April 1945)
Quelle: National Archives, No. 209 241
Abbildung auf S. 319: Das Familiengrab von Mussolini in Predappio (2014)
Quelle: Privataufnahme Woller
Abbildung auf S. 323: Eine Ausstellung über den jungen Mussolini in Predappio
(2014)
Quelle: Privataufnahme Woller

# Personenregister

# Italien bei C.H.Beck

Hans Woller
Europäische Geschichte im 20. Jahrhundert
**Geschichte Italiens im 20. Jahrhundert**
2010. 480 Seiten mit 3 Karten. Gebunden

Friederike Hausmann
Die Deutschen und ihre Nachbarn
**Italien**
Herausgeben von Helmut Schmidt und
Richard Freiherr von Weizsäcker
2009. 232 Seiten mit 17 Abbildungen und 2 Karten. Gebunden

Volker Reinhardt
Beck's Historische Bibliothek
**Geschichte Italiens**
Von der Spätantike bis zur Gegenwart
2003. 348 Seiten. Leinen

Volker Reinhardt
**Geschichte Italiens**
4. Auflage. 2011. 128 Seiten mit 3 Karten. Paperback
C.H.Beck Wissen Band 2118

Wolfgang Schieder
**Der italienische Faschismus**
1919–1945
2010. 127 Seiten. Paperback
C.H.Beck Wissen Band 2429

Corrado Augias
**Die Geheimnisse Italiens**
Roman einer Nation
Aus dem Italienischen von Sabine Heymann
2014. 272 Seiten mit 16 Abbildungen. Gebunden

## Verlag C.H.Beck München